Ajax Design Patterns und Best Practices

Christian Gross

Ajax Design Patterns und Best Practices

Übersetzung aus dem Amerikanischen
von Reinhard Engel

Bibliografische Information der Deutschen Nationalbibliothek
Die Deutsche Nationalbibliothek verzeichnet diese Publikation in der
Deutschen Nationalbibliografie. Detaillierte bibliografische Daten sind
im Internet über http://dnb.d-nb.de abrufbar.

ISBN-10: 3-8266-1692-8
ISBN-13: 978-3-8266-1692-8
1. Auflage 2007

Alle Rechte, auch die der Übersetzung, vorbehalten. Kein Teil des Werkes darf in irgendeiner Form (Druck, Fotokopie, Mikrofilm oder einem anderen Verfahren) ohne schriftliche Genehmigung des Verlages reproduziert oder unter Verwendung elektronischer Systeme verarbeitet, vervielfältigt oder verbreitet werden. Der Verlag übernimmt keine Gewähr für die Funktion einzelner Programme oder von Teilen derselben. Insbesondere übernimmt er keinerlei Haftung für eventuelle aus dem Gebrauch resultierende Folgeschäden.

Die Wiedergabe von Gebrauchsnamen, Handelsnamen, Warenbezeichnungen usw. in diesem Werk berechtigt auch ohne besondere Kennzeichnung nicht zu der Annahme, dass solche Namen im Sinne der Warenzeichen- und Markenschutz-Gesetzgebung als frei zu betrachten wären und daher von jedermann benutzt werden dürften.

Übersetzung der amerikanischen Originalausgabe
Christian Gross: Ajax Patterns and Best Practices, 2006
Original English language edition published by Apress L.P., 2560 Ninth Street, Suite 219, Berkley, CA 94710 USA. Copyright © 2006 by Apress L.P. German edition copyright © by REDLINE GMBH. All rigths reserved.

Printed in the Netherlands

© Copyright 2007 by REDLINE GMBH, Heidelberg,
www.mitp.de

Lektorat: Sabine Schulz
Sprachkorrektorat: Petra Heubach-Erdmann
Satz: DREI-SATZ, Husby

Inhaltsverzeichnis

	Über den Autor	11
	Über den Fachlektor	11
	Danksagungen	11
	Einführung	12
1	**Einführung in Ajax**	17
1.1	Bilder sagen mehr als tausend Worte	18
1.2	Ein weiteres Ajax-Beispiel	23
1.3	Grundlagen der Ajax-Architektur	25
	1.3.1 Die Rolle der Daten	26
	1.3.2 Die Rolle der Navigation	28
1.4	Ajax im Vergleich zu anderen Anwendungstypen	30
	1.4.1 Lokale Rich-Client-Installation	30
	1.4.2 Rich Client Webservices	32
	1.4.3 Simple Webanwendung	32
1.5	Einige abschließende Überlegungen	33
2	**Die Grundlagen von Ajax**	35
2.1	Ajax für Ungeduldige	35
	2.1.1 Die REST-Theorie verstehen	35
	2.1.2 REST-Daten implementieren	37
	2.1.3 Die Ajax-Anwendung implementieren	38
	2.1.4 Ajax und REST kombinieren	40
	2.1.5 Die Auswirkungen von Ajax und REST verstehen	42
2.2	XMLHttpRequest-Details	43
2.3	Das Factory-Pattern anwenden	44
	2.3.1 Eine XMLHttpRequest Factory definieren	46
	2.3.2 Die Ajax-Anwendung mit einer Factory umschreiben	47
2.4	Asynchrone Anfragen stellen	48
2.5	XMLHttpRequest praktisch nutzen	53
	2.5.1 Einen asynchronen Aufrufmechanismus implementieren	53
	2.5.2 Andere Domains als die Serving Domain aufrufen	66
2.6	Einige abschließende Überlegungen	73

3	**Content Chunking-Pattern**	75
3.1	Zweck	75
3.2	Motivation	75
3.3	Anwendbarkeit	76
3.4	Verwandte Patterns	77
3.5	Architektur	77
	3.5.1 Den Ablauf einer Webanwendung ordnen	77
	3.5.2 Inhalte mit Inhaltsblöcken definieren	80
3.6	Implementierung	82
	3.6.1 Die HTML-Framework-Seite implementieren	83
	3.6.2 Inhalte mit Dynamic HTML einfügen	84
	3.6.3 Blöcke mit Binärdaten, URLs und Bildern	93
	3.6.4 Blöcke mit JavaScript	95
3.7	Besonderheiten des Patterns	102
4	**Cache Controller-Pattern**	103
4.1	Zweck	103
4.2	Motivation	103
4.3	Anwendbarkeit	105
4.4	Verwandte Patterns	106
4.5	Architektur	106
	4.5.1 HTML und HTTP-Cache-Direktiven	107
	4.5.2 Performance-Probleme beim HTTP-Expiration-Modell	108
	4.5.3 Ein besserer Ansatz: HTTP-Validierung	109
	4.5.4 Einige Aspekte der serverseitigen Zwischenspeicherung	111
	4.5.5 Statische HTTP-Validierung	113
	4.5.6 Dynamische HTTP-Validierung	115
4.6	Implementierung	117
	4.6.1 Einen passiven Zwischenspeicher implementieren	117
	4.6.2 Die HTML-Clientseite definieren	118
	4.6.3 Die Serverseite des HTTP-Validators implementieren	127
4.7	Besonderheiten des Patterns	137
5	**Permutations-Pattern**	139
5.1	Zweck	139
5.2	Motivation	139
5.3	Anwendbarkeit	143

5.4	Verwandte Patterns	144
5.5	Architektur	144
	5.5.1 Warum die Ressource von der Repräsentation getrennt wird	144
	5.5.2 Zugriffsautorisierung mit Cookies und HTTP-Authentifizierung	147
	5.5.3 Mit Cookies arbeiten	151
	5.5.4 Beispiel: Buch-Anwendung	151
5.6	Implementierung	157
	5.6.1 URLs umschreiben	158
	5.6.2 Beispiel: Einkaufswagen-Anwendung	166
5.7	Besonderheiten des Patterns	184

6 Decoupled Navigation-Pattern ... 187

6.1	Zweck	187
6.2	Motivation	187
6.3	Anwendbarkeit	190
6.4	Verwandte Patterns	193
6.5	Architektur	193
6.6	Implementierung	196
	6.6.1 Die Action-Funktionalität implementieren	196
	6.6.2 Aufsteigende Events annullieren	203
	6.6.3 Andere Methoden, Ereignisse zu definieren	206
	6.6.4 Die Common Data-Funktionalität definieren und implementieren	207
	6.6.5 Die Presentation-Funktionalität implementieren	225
	6.6.6 HTML-Komponenten verwenden	230
6.7	Besonderheiten des Patterns	233

7 Representation Morphing-Pattern ... 237

7.1	Zweck	237
7.2	Motivation	237
7.3	Anwendbarkeit	243
7.4	Verwandte Patterns	244
7.5	Architektur	244
	7.5.1 Grundlegende Theorie	244
	7.5.2 Warum das Pattern keine HTML-Komponente ist	245
	7.5.3 Zustandsblöcke definieren	247

7.6		Implementierung...	252
	7.6.1	Das Framework implementieren......................	252
	7.6.2	Die Repräsentationsreferenzpunkte implementieren.....	254
	7.6.3	Einige Implementierungsdetails......................	264
7.7		Besonderheiten des Patterns..................................	267

8 Persistent Communications-Pattern 269

8.1	Zweck..		269
8.2	Motivation		269
8.3	Anwendbarkeit...		271
8.4	Verwandte Patterns		272
8.5	Architektur..		273
	8.5.1	Warum das Internet »kaputt« ist	273
	8.5.2	Eine Polling-Lösung implementieren	276
8.6	Implementierung..		279
	8.6.1	Beispiel: eine globale Statusressource	279
	8.6.2	Beispiel: Anwesenheitserkennung.....................	296
	8.6.3	Beispiel: Server-Push.....................................	301
	8.6.4	Den ServerCommunicator fertigstellen...............	305
	8.6.5	Versionsnummern und Aktualisierungen............	312
	8.6.6	Performance-Überlegungen	313
8.7	Besonderheiten des Patterns..................................		313

9 State Navigation-Pattern 315

9.1	Zweck..		315
9.2	Motivation		315
9.3	Anwendbarkeit...		318
9.4	Verwandte Patterns		318
9.5	Architektur..		319
	9.5.1	Einstieg in eine ideale Lösung aus Anwendersicht.......	319
	9.5.2	Die Lösung für eine Webanwendung erweitern	322
	9.5.3	Den Zustand auf Protokollebene verwalten.............	327
9.6	Implementierung..		332
	9.6.1	Anfragen auf dem Client verarbeiten.................	333
	9.6.2	Die Anfragen auf dem Server verarbeiten...........	344
9.7	Besonderheiten des Patterns..................................		356

10	**Infinite Data-Pattern**	357
10.1	Zweck	357
10.2	Motivation	357
10.3	Anwendbarkeit	358
10.4	Verwandte Patterns	359
10.5	Architektur	359
10.6	Implementierung	363
	10.6.1 Den HTML-Client implementieren	365
	10.6.2 Den Task-Manager implementieren	373
10.7	Besonderheiten des Patterns	393
11	**REST-Based Model View Controller-Pattern**	395
11.1	Zweck	395
11.2	Motivation	395
11.3	Anwendbarkeit	397
11.4	Verwandte Patterns	398
11.5	Architektur	398
	11.5.1 Das große Bild	398
	11.5.2 Eine geeignete Ressource definieren	401
	11.5.3 Das Interface für die Aufrufe erstellen	405
	11.5.4 Datenformate und Extras definieren	408
11.6	Implementierung	411
	11.6.1 Eine Suche implementieren	411
	11.6.2 Eine Client-Infrastruktur für eine Suchmaschine erstellen	416
	11.6.3 Alle Komponenten kombinieren	424
11.7	Besonderheiten des Patterns	437
	Stichwortverzeichnis	439

Über den Autor

CHRISTIAN GROSS ist Berater/Trainer/Mentor, der über umfangreiche Erfahrungen mit dem Internet-Paradigma verfügt. Er hat für viele Unternehmen in der Software-Entwicklung und in anderen Projekten gearbeitet, darunter Altova, Daimler-Benz, Microsoft und NatWest. Gross hat mehrere Bücher geschrieben, einschließlich *Applied Software Engineering Using Apache Jakarta Commons*, *Open Source für Windows Administrators*, *A Programmer's Introduction to Windows DNA* und *Foundations of Object-Oriented Programming Using .NET 2.0 Patterns*. Außerdem hat er regelmäßig Vorträge auf einschlägigen Konferenzen über Software-Entwicklung, JAX und BASTA gehalten und organisiert.

Über den Fachlektor

PAUL TYMA ist Präsident von Outscheme, Inc., einem Software-Beratungsunternehmen im Silicon Valley. Er hat seinen Ph.D. in Computer Engineering an der Syracuse University gemacht. Seine Forschungen konzentrierten sich auf die Performance dynamischer Sprachen. Paul schreibt Aufsätze für Fachzeitschriften und ist führender Autor des Buches *Java Primer Plus* und der Java-VM-Kolumne »VM Roadtest« im *Java Pro*-Magazin. Er hat verschiedene Aufsätze für *Dr. Dobb's Journal* und die *Communications of the ACM* verfasst.

Danksagungen

Ich möchte den Leuten von ActiveState meinen ewigen Dank dafür aussprechen, dass sie so unglaublich cool waren und *ActiveState Komodo*, eine wirkliche Killer-IDE für dynamische Sprachen, entwickelt haben. Wenn Sie in Perl, Python, PHP, Tcl oder Ruby entwickeln, können Sie sich Ihr Leben mit Komodo erleichtern.

Komodo ist eine preisgekrönte, professionelle IDE für dynamische Sprachen. Sie stellt einen leistungsstarken Workspace zum Editieren, Debuggen und Testen von Anwendungen zur Verfügung. Komodo bietet eine fortgeschrittene Unterstützung für Perl, PHP, Python, Ruby und Tcl und läuft unter Linux, Mac OS X, Solaris und Windows.

Einführung

Wahrscheinlich haben Sie dieses Buch wegen der Modewörter *Ajax*, *REST* und *Patterns* in die Hand genommen. Sie werden wahrscheinlich diese Einführung lesen und die Seiten durchblättern. Doch Sie sollten für einen Moment innehalten und wenigstens diese Einführung genauer lesen und dann entscheiden, ob Sie das Buch kaufen wollen.

Folgendes müssen Sie über Ajax wissen:

- Ajax ist eine Abkürzung für eine Programmiertechnik mit immensen Auswirkungen.
- Bei Ajax geht es nicht nur um Fat Clients, JavaScript, XML oder asynchrones Verhalten, sondern um die Entwicklung der nächsten Generation von Webanwendungen.
- Wir beginnen gerade damit, die nächste Generation von Webanwendungen zu entwickeln.

Sie lesen immer noch, und das bedeutet, dass Sie noch interessiert sind. Das ist gut. Folgendes erwartet Sie in diesem Buch:

- Ajax anzuwenden bedeutet, eine Webanwendung mit REST zu erstellen. Dies bedeutet, HTTP zu benutzen, und dies bedeutet, mit dem Internet zu arbeiten. Die Patterns in diesem Buch zeigen, wie Sie mit JavaScript das XMLHttpRequest-Objekt kontrollieren können, um XMLHttpRequest-Aufrufe zu machen, die XML oder HTML verarbeiten.
- Serverseitig konzentriert sich dieses Buch auf Java und C#.NET. Die Patterns können auch mit Python oder Ruby on Rails verwendet werden. Hier konzentriere ich mich auf Java und C#, weil ich glaube, dass gegenwärtig die meisten Entwickler diese Sprachen benutzen. In der nächsten Auflage dieses Buches möchte ich auch Beispiele mit Python und Ruby on Rails bringen, weil ich ein begeisterter Python-Programmierer bin.
- Die Patterns in diesem Buch können auch in anderen Kontexten, etwa Flex (Flash Ajax) angewendet werden. Beispielsweise können Sie mit dem *Permutations*-Pattern Flex-Inhalte erzeugen.

Gut – Sie lesen immer noch und haben das Buch nicht geschlossen. Das bedeutet, dass Sie immer noch interessiert und wahrscheinlich bereit sind, einige weitere Momente zu investieren. Hier mein Vorschlag: Lesen Sie diese Einführung zu Ende, weil sie einen Überblick über die Patterns bringt. Überfliegen Sie Kapitel 1, um eine Vorstellung davon zu bekommen, was Ajax ist und tut. Überfliegen Sie dann die Patterns und konzentrieren Sie sich auf die Abschnitte *Motivation* und *Architektur*. Und wenn Sie danach immer noch interessiert sind, sollten Sie dieses Buch kaufen, weil in den restlichen Abschnitten ausführlich beschrieben wird, was mit den Patterns erreicht werden soll. Wenn Sie die Patterns ausprobieren möchten, sollten Sie die Website `http://www.devspace.com/ajaxpatterns` besuchen. Dort können Sie die Patterns entweder direkt in Aktion sehen oder Sie werden zu einschlägigen Webseiten weitergeleitet.

Übrigens: Wenn in diesem Buch von *Anwendungen* die Rede ist, sind in der Regel *Webanwendungen* gemeint.

Wie sieht meine Vision von Ajax aus?

Über die Vision von Ajax zu philosophieren, führt zwangsläufig zu der Frage, was Ajax eigentlich ist. Einige sagen, Ajax sei nur eine clientseitige Technologie. Andere sagen, es sei eine Erweiterung eines Server-Frameworks. Und wieder andere sagen, es sei wieder einmal ein neues Technologie-Blah-Blah, um das man sich nicht zu kümmern brauche. Wie heißt es so schön? Wer zu spät kommt, den bestraft das Leben. Sicher – hinter vielen neuen Schlagwörtern verbergen sich nur hohle Phrasen, aber einige andere bezeichnen neue Technologien, die zu versäumen in der Tat zumindest das berufliche Leben gefährdet. *Ajax* ist ein solches Schlagwort. Ajax kombiniert die Technologien REST, XML, JSON und JavaScript in neuer und interessanter Weise.

Meine Vision von Ajax geht über die Technologien hinaus und repräsentiert eine neue Methode, Anwendungen zu erstellen. Bei den ersten Webanwendungen war der Server dafür verantwortlich, die Inhalte zu erzeugen und zu kontrollieren sowie zwischen den Inhalten zu navigieren. Ob Webanwendungen interaktiv waren oder nicht, hing von den technologischen Fähigkeiten des Server-Frameworks ab. Ajax bricht diese Abhängigkeit!

Ajax bricht diese Abhängigkeit, weil es den Client von dem Server entkoppelt. Eine Ajax-Anwendung braucht zwar immer noch einen Server, aber sie kann entscheiden, wann, wo und wie der Inhalt bereitgestellt wird. Eine Webanwendung, die vom Server abhängt, ist eng mit diesem gekoppelt und existiert nur so lange wie der Server. Der Server kontrolliert alle Inhalte, die von dem Client benötigt werden. Mit Ajax können Inhalte mit dem *Content Chunking*-Pattern aus Teilinhalten zusammengesetzt werden.

Was mich im Zusammenhang mit Ajax wirklich bedenklich stimmt, sind Unternehmen, die Ihnen ein Server-Framework verkaufen wollen, das angeblich zur Implementierung von Ajax erforderlich sei. Wenn es bei Ajax um die Entkopplung des Clients vom Server geht, warum muss Ajax dann mit einem Server-Framework implementiert werden? Das ist einfach unlogisch. Zwar kann ich das Argument verstehen, dass ein Framework über Erweiterungen verfügt, um Ajax-ähnliche Architekturen zu entwerfen, aber ich kann nicht das Argument akzeptieren, ein Server-Framework sei notwendig, um Ajax-Anwendungen zu realisieren.

Der Schwerpunkt dieses Buches liegt auf den Vorteilen, die Ajax bei der Anwendung spezieller Patterns bietet. Unter anderem geht es dabei um Methoden, um mithilfe von Entkopplung wartungsfreundliche und erweiterbare Architekturen zu erstellen. Ich halte Produktivität für etwas Gutes, aber in speziellen Situationen ist es wichtiger, nachvollziehen zu können, was Sie warum getan haben.

Überblick über das Buch und die Patterns

Abgesehen von den Kapiteln 1 und 2 werden in diesem Buch Patterns beschrieben. Die ersten beiden Kapitel haben die folgenden Inhalte:

- Kapitel 1 – Dieses Kapitel führt in das Buch und Ajax ein. Es beschreibt den Kontext von Ajax und vergleicht Ajax-Anwendungen mit anderen Methoden (beispielsweise der traditionellen Client-Server-Architektur).
- Kapitel 2 – Dieses Kapitel führt das XMLHttpRequest-Objekt ein. Bei Ajax-Anwendungen ist das XMLHttpRequest-Objekt eine Kerntechnologie zur Kommunikation mit einem HTTP-Server. Außerdem werden einige Best Practices für das Arbeiten mit dem XMLHttpRequest-Objekt beschrieben.

Ab Kapitel 3 werden Patterns beschrieben. Abbildung 1 zeigt eine Hierarchie der Patterns.

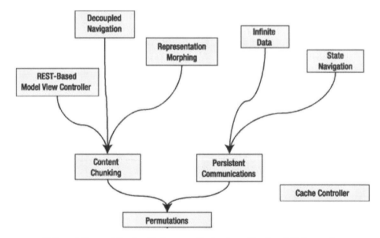

Abb. 1: Hierarchie der Patterns, die in dem Buch erklärt werden

Die Patterns aus Abbildung 1 werden in folgender Reihenfolge behandelt:

- Kapitel 3 – **Content Chunking**-Pattern: Dieses Pattern ermöglicht es, eine HTML-Seite inkrementell zu erstellen. Die Logik einer einzelnen HTML-Seite kann verteilt sein; und der Anwender kann Zeitpunkt und Reihenfolge festlegen, in der Inhalte geladen werden.

- Kapitel 4 – **Cache Controller**-Pattern: Dieses Pattern stellt dem Aufrufer einen Mechanismus zur Verfügung, um Ressourcen auf konsistente Weise temporär zu speicherm, was zu einer verbesserten Anwendungserfahrung des Aufrufers führt.
- Kapitel 5 – **Permutations**-Pattern: Mit diesem Pattern trennt der Server die Ressource (URL) von der Repräsentation (beispielsweise HTML oder XML). Diese Trennung ermöglicht es dem Endanwender, sich auf die Ressource zu konzentrieren, ohne sich um den Inhalt kümmern zu müssen. Wenn sich beispielsweise das Bankkonto eines Clients unter dem URL http://mydomain.com/accounts/user befindet, kann derselbe URL unabhängig von dem verwendeten Gerät (Telefon, PC usw.) verwendet werden.
- Kapitel 6 – **Decoupled Navigation**-Pattern: Dieses Pattern definiert eine Methode, um Code und Navigation auf der Clientseite in kleinere modulare Komponenten zu entkoppeln, so dass clientseitige Inhalte leichter erstellt, aktualisiert und gewartet werden können.
- Kapitel 7 – **Representation Morphing**-Pattern: Dieses Pattern kombiniert den Zustand mit einer gegebenen Repräsentation und stellt einen Mechanismus zur Verfügung, mit dem die Repräsentation in eine andere überführt werden kann, ohne dass der Zustand verloren geht.
- Kapitel 8 – **Persistent Communications**-Pattern: Dieses Pattern stellt einen Mechanismus zur Verfügung, mit dem ein Server und ein Client fortlaufend kommunizieren können, wobei sich Server und Client ohne Vorwissen gegenseitig Daten zusenden können.
- Kapitel 9 – **State Navigation**-Pattern: Dieses Pattern stellt eine Infrastruktur zur Verfügung, die die Navigation in HTML-Inhalten ermöglicht und den Zustand bewahrt, wenn der Anwender von einem Teilinhalt zu einem anderen navigiert.
- Kapitel 10 – **Infinite Data**-Pattern: Dieses Pattern verwaltet und präsentiert Daten mit einem scheinbar unendlichen Umfang auf zeitgerechte Weise.
- Kapitel 11 – **REST-Based Model View Controller**-Pattern: Dieses Pattern greift auf Inhalte zu, die nicht zu der Webanwendung gehören, und transformiert sie so, dass sie so aussehen, als wären sie von der Webanwendung generiert worden.

Kapitel 1

Einführung in Ajax

Asynchrones JavaScript und XML (Ajax; `http://de.wikipedia.org/wiki/Ajax_%28Programmierung%29`), ist sowohl alt als auch neu – alt, weil bereits vorhandene Technologien verwendet werden, aber neu, weil diese vorhandenen Technologien auf eine Weise kombiniert werden, die nur wenige vorher erwogen haben. Einfach ausgedrückt: Wegen Ajax erscheint eine neue Generation von Anwendungen und Ideen in der Entwicklerszene.

Ajax kann sehr kurz folgendermaßen definiert werden:

> *Ajax ist eine Technologie, die gleichzeitig das Web 2.0 ergänzt und viele Webservices integriert.*

Diese kurze Definition wirft mehr Fragen auf, als sie beantwortet; denn jetzt fragen Sie sich wahrscheinlich, was das Web 2.0 ist und was die Integration vieler Webservices bedeutet.

Das Web 2.0 kann als die Internet-Ökonomie aufgefasst werden (siehe den Artikel von Tim O'Reilly *What Is Web 2.0*; `http://www.oreillynet.com/pub/a/oreilly/tim/news/2005/09/30/what-is-web-20.html`). Wenn Sie etwas älter sind und an ein typisches Kulturgut wie etwa eine Enzyklopädie denken, fallen Ihnen wahrscheinlich Vertreter ein, die außerordentlich schwere Bücher mit sich tragen und an Türen klopfen. In einem Web-2.0-Kontext bedeutet *Enzyklopädie* die Wikipedia (`http://www.wikipedia.org`). Das Wikipedia-Projekt ist eine Open-Source-Anstrengung der Menschheit, ihr Wissen festzuhalten. Während traditionelle Enzyklopädien von einem professionellen Team von Autoren und Lektoren geschrieben werden, die für spezielle Themen verantwortlich sind, wird die Wikipedia von Leuten erstellt, die über etwas schreiben, was sie kennen. Wenn man genügend Menschen zusammenbringt, erhält man auf diese Weise eine Enzyklopädie, die über das Internet verfügbar ist. Das Bemerkenswerte an dem Wikipedia-Projekt ist die Tatsache, dass jeder die Artikel editieren kann (eine Funktion, die inzwischen eingeschränkt ist; Anmerkung des Übersetzers) und dass die Beiträge deshalb normalerweise aktueller sind als in herkömmlichen Enzyklopädien und auch ungewöhnliche Informationen enthalten. In einigen Fällen haben sich die Fähigkeiten der Wikipedia zur Selbstkorrektur als problematisch erwiesen, aber in Anbetracht des Umfangs und der Tiefe des Projekts handelt es sich um Randerscheinungen.

Der zweite Teil von Ajax ist die gleichzeitige Integration vieler Webservices. Mit Ajax können interaktivere HTML-Seiten erstellt werden als ohne Ajax-Technologien. Als Folge davon ist eine Ajax-Anwendung nicht nur eine Webanwendung, sondern eine Webservice-Manipulationstechnologie. Bei herkömmlichen Webanwendungen wurden bei der Navigation immer neue HTML-Seiten angezeigt. Mit Ajax bedeutet die Navigation in Inhalten den Aufruf von Webservices, die HTML-, XML- oder andere Inhalte erzeugen können.

1.1 Bilder sagen mehr als tausend Worte

Die Definition erklärt Ajax, aber wahrscheinlich fragen Sie sich immer noch, was Ajax tut. Einem bekannten Sprichwort folgend sagt ein Bild mehr als tausend Worte und die folgenden Bilder und die zugehörigen Erklärungen illustrieren am besten, was Ajax macht. `map.search.ch` war eine der ersten Ajax-Hauptanwendungen. Sie illustriert, wie elegant eine Ajax-Anwendung sein kann.

Kurz gesagt, wird `map.search.ch` verwendet, um Restaurants, Häuser, Parkplätze und andere Orte in der Schweiz zu finden. Wenn Sie die Website `http://map.search.ch` besuchen, werden Sie etwas Ähnliches wie Abbildung 1.1 sehen.

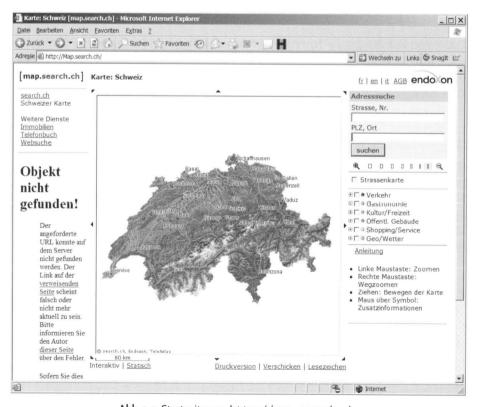

Abb. 1.1: Startseite von `http://map.search.ch`

Die Startseite scheint der der meisten anderen Webanwendungen sehr ähnlich zu sein, doch der Unterschied wird offensichtlich, wenn Sie eine zu suchende Adresse eingeben. Probieren Sie es mit meiner alten Adresse: Muelistrasse 3, 8143 Stallikon (siehe Abbildung 1.2). Sie geben die Adresse in die beiden Textfelder in der oberen rechten Ecke ein und klicken dann auf die Schaltfläche SUCHEN. Abbildung 1.3 illustriert, wo Sie die Details der Adresse eingeben müssen.

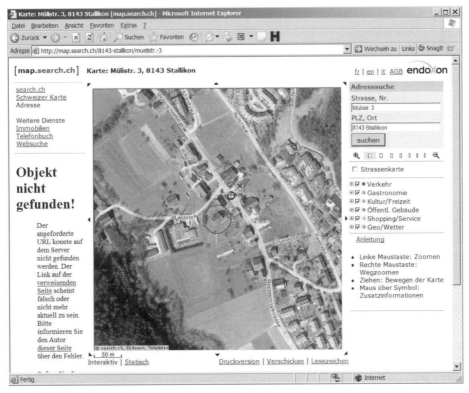

Abb. 1.2: Meine alte Adresse in der Schweiz suchen; geben Sie oben rechts die Daten der gesuchten Adresse ein; klicken Sie dann auf SUCHEN. Markieren Sie in der Legende rechts die Daten, die zusätzlich angezeigt werden sollen (z.B. VERKEHR). Hier sind alle Zusatzdaten markiert. Wählen Sie die gewünschte Vergrößerung.

Die Seite ändert sich und in dem Kartenportal erscheinen ein roter Kreis, mehrere kleinere farbige Kreise sowie einige Satellitenbilder von Häusern. Der rote Kreis markiert die gesuchte Adresse, und die anderen kleineren Kreise repräsentieren Sehenswürdigkeiten. Das Bild, das von Map.search.ch generiert wird, ist eine Luftaufnahme, die durch eine semitransparente Straßenkarte überlagert wird. Die Kombination ist eine Karte, mit der die relative Lage diverser Adressen und Objekte zueinander erklärt werden kann. Beispielsweise können Sie in Abbildung 1.2 (auf dem Bildschirm) sehen, dass das Haus, in dem ich wohnte, ein rotes Dach hatte. Links neben dem Haus wird ein größerer grauer Komplex dargestellt. Es handelt sich um eine Fabrik für Fleischspezialitäten.

Die mehrschichtige Karte ist keine Spezialität von Ajax; traditionelle Webanwendungen können solche Karten ebenfalls darstellen. Das Ajax-Spezifische dieser Karte ist ihre Fähigkeit, sich selbst dynamisch umzustrukturieren, wenn Sie mit der Maus über einen Teil der Karte fahren. Wenn Sie die linke Maustaste niederdrücken, festhalten und die Maus über die Karte ziehen, ruft Ajax weitere Teile der Karte von dem Server ab. Bei einer traditionellen Webanwendung müssten Sie auf Schaltflächen auf allen vier Seiten der Karte klicken, um die Darstellung zu ändern.

Der mehrschichtige Ansatz bietet den Vorteil, leicht Richtungsangaben machen zu können. Normalerweise sagen wir: »Biegen Sie links ab, dann sehen Sie auf der rechten Seite eine Tankstelle.« Dass auf der rechten Seite eine Tankstelle ist, ist leicht zu verstehen, aber wie weit ist sie entfernt? Ist sie auf der Ecke? Liegt sie ein oder zwei Häuser tiefer in der Straße? `Map.search.ch` vereinfacht solche Richtungsangaben, indem es die abstrakte Darstellung des Straßennetzes mit den bildlichen Objekten auf einer Luftaufnahme koordiniert, so dass ich beispielsweise sagen kann: »Wenn Sie auf der Hauptstraße von Norden kommen, biegen Sie rechts in die Mülistrasse ein und fahren Sie geradeaus, bis Sie auf Ihrer Linken einen großen grauen Gebäudekomplex sehen. Dort ist ein Parkplatz und die Tankstelle.«

Wenn man einem Fremden Richtungsangaben macht, gibt es immer ein Problem: Der Ortskundige kennt die Gegend, der Fremde nicht. Der Ortskundige kennt auffällige Gebäude, Plätze, Denkmäler usw. und verwendet sie in seinen Richtungsangaben. Der Fremde kennt diese Dinge nicht. Wenn er den Richtungsangaben folgt, versucht er, die beschriebenen Dinge wiederzuerkennen. Sicher haben Sie schon erfahren, wie schwer dies ist. Anhand einer Luftaufnahme, die mit einem Kartennetz und speziellen Markierungen überlagert ist, können Richtungen viel einfacher erklärt werden.

Betrachten wir noch einige andere Aspekte von `Map.search.ch`. Nordöstlich von meinem alten Haus ist ein kleiner blauer Kreis mit einem stilisierten Bussymbol zu sehen. Dieser Kreis repräsentiert eine Bushaltestelle. Wenn Sie mit der Maus auf diesen Kreis fahren und dort stehen bleiben, wird ein Dialogfeld geöffnet, das Ihnen Details über die Bushaltestelle und Start- und Endpunkt der Linie anzeigt (siehe Abbildung 1.3).

Die Informationen in dem Dialogfeld zeigen Ihnen alle relevanten Daten über die Busse, Straßenbahnen oder Züge, die an dieser Haltestelle halten. Das dynamisch angezeigte Dialogfeld ist Ajax-spezifisch, weil die Informationen in diesem Dialogfeld dynamisch abgerufen werden, wenn Sie mit der Maus über dem Symbol der Bushaltestelle stehen bleiben. Im unteren Teil des Dialogfelds können Sie Busverbindungen suchen. Wenn Sie auf die Schaltfläche » klicken, wird die einschlägige Seite der SBB (Schweizer Bundesbahn) aufgerufen (siehe Abbildung 1.4).

Bilder sagen mehr als tausend Worte

Abb. 1.3: Details über die Bushaltestelle in der Nähe meines alten Wohnhauses in der Schweiz

Abb. 1.4: Webseite zur Fahrplanauskunft der Schweizer Bundesbahn

Die Webseite in Abbildung 1.4 zeigt die Fahrplanauskunft der SBB, enthält aber auch Bushaltestellen. Mithilfe dieser Seite könnten Sie diverse Reisen nach Zielort und Datum planen.

Anmerkung: Der Wechsel von einer HTML-Seite zu einer anderen ist nicht Ajax-spezifisch, sondern eine native HTML-Funktion. Interessant ist jedoch, dass ein Anwender den gesamten Prozess, eine Verbindung zu finden, als *eine* Anwendung erlebt, obwohl ganz klar zwei Websites daran beteiligt sind. Die beiden Websites arbeiten so nahtlos zusammen, dass der Anwender den Prozess als Einheit erlebt. Dieser nahtlose Wechsel von einer Website zu einer anderen ist ein Beispiel für die Internet-Ökonomie.

Wir wollen unsere Untersuchung noch etwas fortsetzen. Gehen Sie zurück zu der Webseite aus Abbildung 1.3, fahren Sie mit der Maus auf den türkisfarbenen Kreis rechts oberhalb der Bushaltestelle und bleiben Sie dort stehen. Dieses Symbol kennzeichnet ein Restaurant. Es wird ein Dialogfeld mit Informationen über das Restaurant geöffnet (siehe Abbildung 1.5).

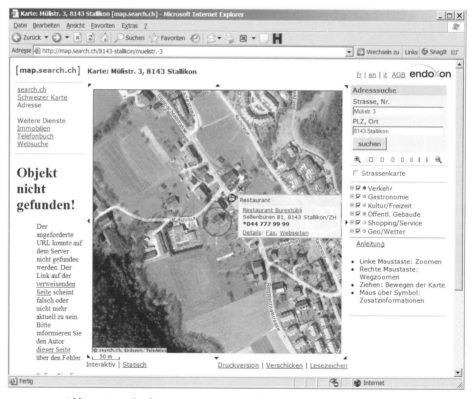

Abb. 1.5: Details über ein Restaurant in der Nähe meiner alten Adresse

Anhand der angezeigten Informationen könnten Sie telefonisch einen Tisch bestellen, das Angebot oder die Öffnungszeiten erfragen. Dies ist ein weiteres Beispiel für das Web 2.0, da die Informationen dynamisch von einem Server abgerufen werden, ohne dass der Anwender die Informationen in einem Telefonbuch nachschlagen müsste. Ajax ermöglicht es, Informationen multidimensional zu kombinieren, wie etwa in diesem Beispiel, das eine Straßenkarte mit Telefondaten verbindet.

Diese Funktionalität ist natürlich nicht auf Restaurants oder öffentliche Verkehrsbetriebe beschränkt. Beliebige andere Informationen, für die sich die Anwender interessieren könnten, können auf ähnliche Weise angeboten werden: Parkplätze, Einkaufszentren, Behörden, Krankenhäuser usw.

1.2   Ein weiteres Ajax-Beispiel

Google Maps ist eine weitere Ajax-Anwendung, die viel Aufmerksamkeit erregt hat (siehe Abbildung 1.6).

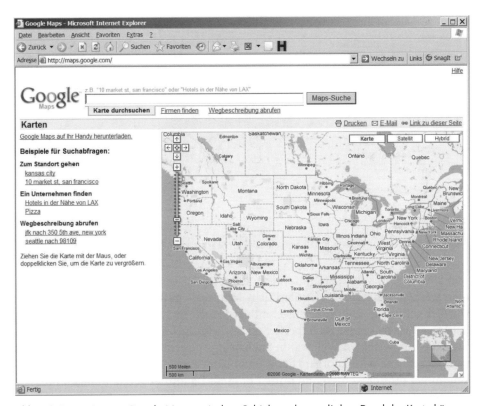

Abb. 1.6: Startseite von Google Maps; mit dem Schieberegler am linken Rand der Karte können Sie die Größe des Ausschnitts verändern.

Die Startseite `http://maps.google.com` zeigt eine Landkarte von Nordamerika. Wie `map.search.ch` ist die Webanwendung multidimensional und kombiniert eine Suchfunktionen mit geografischen Informationen. Ein Beispiel: Ich fahre nach Montreal und möchte wissen, wo eine Starbucks-Filiale (Kaffee-Kette) ist. Ich tippe einfach »Starbucks Montreal« in das Textfeld ein und klicke auf MAPS-SUCHE. Das Ergebnis wird in Abbildung 1.7 angezeigt.

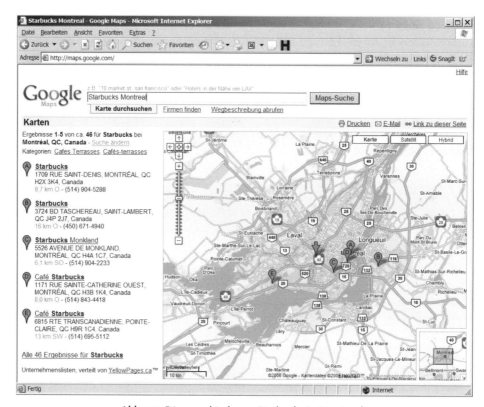

Abb. 1.7: Die verschiedenen Starbucks in Montreal

Das Suchergebnis wird so präsentiert, dass die Adressen mit einer Karte koordiniert werden. Ich habe nach »Starbucks Montreal« gesucht, und einige Starbucks wurden gefunden. Die Adressliste enthält jedoch nicht nur Starbucks-Cafés. Wir haben es hier mit einer nicht perfekten Suche aufgrund nicht perfekter Daten zu tun. In einer perfekten Welt wären Suchstrings perfekt und knapp formuliert und würden auf eine perfekt organisierte Datenbank zugreifen. Doch da die Datenbanken immer größer werden und immer größere Datenmengen bewältigen müssen, schleichen sich aufgrund diverser Engpässe (Zeit, Arbeit, Organisation usw.) auch immer mehr Fehler in die Daten ein und führen dann zu nicht perfekten Suchergebnissen.

Die Website http://www.housingmaps.com ist eine weitere kreative multidimensionale Ajax-Anwendung. HousingMaps ist ein geeignetes Beispiel, weil es ein frühes Beispiel für eine Web-2.0-Anwendung ist. Die Website will Interessenten helfen, ein Mietappartement zu finden. Die angebotenen Appartements basieren auf Daten von Craigslist und die Karten werden von Google zur Verfügung gestellt. Abbildung 1.8 zeigt das Ergebnis einer Suche nach freien Appartements in Montreal.

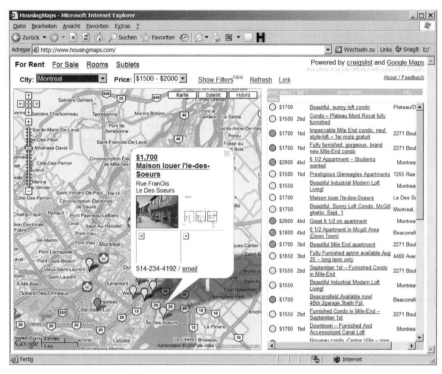

Abb. 1.8: Mietappartements in Montreal

Die generierten Ergebnisse sind perfekt. Fast alle Einwohner von Montreal meinen mit »Montreal« die gleichnamige Insel, und Abbildung 1.8 zeigt nur Appartements auf dieser Insel. Wenn eins der gefundenen Objekte angeklickt wird, wird zusätzlich ein Infofeld mit weiteren Daten und möglicherweise Bildern angezeigt. Der Anwender kann leicht alle gefundenen Objekt anklicken und entscheiden, ob sie für ihn in Frage kommen.

1.3 Grundlagen der Ajax-Architektur

Sie haben jetzt eine schnelle Definition von Ajax kennen gelernt und einige Beispiele gesehen, die die Arbeitsweise von Ajax-Anwendungen illustrieren. Als Nächstes soll eine Ajax-Architektur beschrieben werden (siehe Abbildung 1.9).

Kapitel 1
Einführung in Ajax

Abbildung 1.9 zeigt links einen Browser. Der Browser verfügt über zwei Teilinhalte: Inhalt-1 und Inhalt-2. Jeder Teilinhalt wird von einem anderen Server abgerufen. Inhalt-2 wird von einem Server abgerufen, der ebenfalls über zwei Teilinhalte verfügt, die ihrerseits ebenfalls von separaten Servern abgerufen werden. Aus architektonischer Sicht implementiert Ajax das *Pipes and Filters*-Pattern (siehe: John Vlissides et al., *Pattern Languages of Program Design 2*, Boston, MA: Addison-Wesley Professional, 1996, S. 430.).

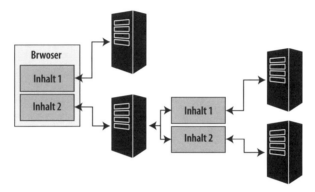

Abb. 1.9: Ajax-Architektur

Die Daten werden von dem Server mit einem architektonischen Stil abgerufen, der als *Representational State Transfer* (REST; http://de.wikipedia.org/wiki/REST) bezeichnet wird. Im Wesentlichen besteht REST darin, mit dem HyperText Transfer Protocol (HTTP) eine einfachere Webservices-Architektur zu erstellen. REST wird allein für die Übertragung von Daten verwendet und wird insbesondere bei Ajax-Anwendungen ausführlich genutzt. Die übergreifende Idee besteht darin, Inhalte zu generieren und dann zu filtern und zu verarbeiten. Die gefilterten und verarbeiteten Inhalte dienen als Informationsbasis oder Ausgangspunkt für weitere Prozesse, die diese Daten für andere Clients nochmals filtern und verarbeiten usw. Die Inhalte sind also ständig im Fluss und werden permanent geändert.

In Abbildung 1.9 scheint der Browser ein Endpunkt zu sein, an dem die Daten nicht weiter gefiltert oder verarbeitet werden. Das stimmt jedoch nicht. In einer Ajax-Infrastruktur sind die Daten ständig im Fluss. Mit einem Skript können HTML-Inhalte abgerufen und in einer Datei gespeichert werden. Ein weiteres Skript kann die gespeicherten HTML-Inhalte für einen Webservice aufbereiten. Einfach ausgedrückt: Bei einer Ajax-Anwendung sind die Daten nie endgültig, sondern ständig im Fluss.

1.3.1 Die Rolle der Daten

Als dieses Buch geschrieben wurde, arbeiteten viele Leute fieberhaft an der Entwicklung von Toolkits zum Schreiben von Ajax-Anwendungen. Tatsächlich ist aber bereits erwähnt worden, dass Ajax bereits lange erfunden worden war, bevor es populär wurde (http://radio.weblogs.com/0001011/2005/06/28.html#a10498). Obwohl ich dies auch so sehe, stellt sich doch die Frage, warum Ajax gerade jetzt ein so starkes Interesse findet. Hauptsächlich weil Ajax mit der Manipulation von Datenströmen zu tun hat. Heute gibt es eine florierende Internet-Ökonomie, und Ajax trägt dazu bei, dass diese Ökonomie besser funktioniert.

Betrachten wir beispielsweise Google und map.search.ch. Was bieten diese beiden Websites an? Sie bieten keine Software an; sie verkaufen Daten! map.search.ch bietet Informationen über Schweizer Adressen an. Google bietet Informationen über im Grunde alles an, was es auf diesem Planeten und darüber hinaus gibt. Die Marktmacht von Google basiert nicht auf der Software, die es verkauft oder anbietet, sondern in der Fähigkeit, diese Daten zu verwalten und zu präsentieren.

Wenn Sie eine Ajax-Anwendung schreiben, sollten Sie an die Daten denken, die Sie verwalten. Denken Sie daran, wie diese Daten zerlegt und für den Endverbraucher aufbereitet werden können. Die richtige Form für diese Daten zu finden ist die eine Hälfte der Lösung. Die andere Hälfte ist die Präsentation dieser Daten. Ajax-Anwendungen arbeiten clientseitig und laden Datenströme herunter, die manipuliert oder ausgeführt werden können. Viele könnten dies so auffassen, dass die Anwender einen Thin Client benutzen und nur noch Anwendungen aus dem Netzwerk benutzen. Doch Ajax bedeutet nicht, dass »das Netzwerk der Computer ist«. Tatsächlich bedeutet es das Gegenteil: Das ursprüngliche fundamentale Konzept von Ajax bedeutet, dass ein Anwender die ihn interessierenden Daten mit Ajax und REST herunterlädt und sie dann lokal weiterverarbeitet. Nehmen wir beispielsweise an, ich wollte ein Buch kaufen. Ich suche bei Amazon.com und Barnes & Noble.com. Weil weder Amazon noch Barnes & Noble Preise vergleichen, muss ich die Suchergebnisse herunterladen und lokal manipulieren. Anders ausgedrückt: Ich muss die Suchergebnisse manipulieren, um die gewünschten Informationen zu erhalten. Ajax und REST fördern die Fähigkeit des Anwenders, Daten so zu zerlegen und zu bearbeiten, dass sie seine Anforderungen am besten erfüllen.

Ein letztes Wort über die Daten. In diesem Buch werden XML-Inhalte oder XML-konforme HTML-Inhalte verwendet. Viele halten XML für problematisch und haben bessere Protokolle vorgeschlagen. Offen gesagt – ich halte das einfach für falsch. Die Stärke von XML liegt nicht in seiner Fähigkeit, Daten in einem wortreichen Format zu codieren, sondern darin, dass es auf jeder Plattform verstanden wird und dass es zahlreiche Tools gibt, um XML-Daten zu parsen, zu zerlegen und umzuformen. Eine konkurrierende Infrastruktur aufzubauen, die so ausgefeilt wie XML wäre, ist wegen der schieren Größe der Aufgabe praktisch unmöglich. Deshalb sollten Sie, wenn Sie Ajax- und REST-Anwendungen schreiben, bei XML bleiben. Nachdem die Stärken von XML hinreichend gewürdigt wurden, sei angemerkt, dass es spezielle Situationen gibt, in denen andere Formate, wie etwa die *JavaScript Object Notation* (JSON), ihre Berechtigung haben.

1.3.2 Die Rolle der Navigation

Ajax-Anwendungen können schnell große Datenmengen in sehr kurzer Zeit mit vernünftigem Aufwand durchsuchen. Vergleichen Sie dies mit früheren Zeiten, als Anwender für denselben Zweck Experten beschäftigten oder Fachzeitschriften kauften, die die Daten bereits in aufbereiteter Form lieferten. Heute verfügen wir über Anwendungen, die dies automatisch erledigen, weil dieses Expertenwissen in die Anwendungen eingebaut ist. (Amazon hat *Mechanical Turk* eingeführt, einen Dienst, der spezielle Aufgaben für Anwender erledigt, siehe: `http://www.mturk.com/mturk/welcome`). Ein Beispiel dafür ist die *Diamant Search* (Diamantensuche) von Amazon (siehe Abbildung 1.10, dort finden Sie auch den entsprechenden URL).

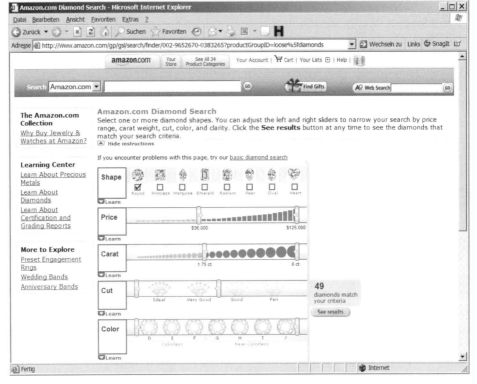

Abb. 1.10: Diamantensuche bei Amazon.com

Wenn Sie bei Amazon einen Diamanten suchen, können Sie diverse Parameter, u.a. Shape (Form), Price (Preis) oder Cut (Schliff), festlegen, um den passenden Diamanten zu finden. Üblicherweise wäre ein Vergleich dieser Details mit dem Besuch verschiedener Websites und der Durchführung verschiedener Abfragen verbunden. Dagegen hat Amazon ein leicht zu bedienendes Programm geschaffen, das grafische Schieberegler zur Einstellung der Parameter verwendet und die entsprechenden Diamanten sucht.

Natürlich hätte man die Funktion der Diamantensuche auch ohne grafische Hilfsmittel oder Ajax-Technologie erstellen können, aber Ajax hat nicht nur mit Technologie zu tun. Ajax ist ein Teil der Internet-Ökonomie, und die Diamantensuche ist ein Beispiel für eine dynamische Website, mit der zu arbeiten Spaß macht. Je länger Anwender auf der Website bleiben, desto wahrscheinlicher werden sie etwas kaufen. Bis zu einem gewissen Grad kann die Diamantensuche von Amazon den Rat eines Experten ersetzen.

Ich möchte den fundamentalen Wandel von Webanwendungen an einem weiteren Beispiel illustrieren: dem Autokauf. Als ich mein letztes Auto kaufen wollte, nutzte ich das Internet und einige spezielle Informationsquellen, die Preis- und Qualitätsvergleiche von Autos durchführten. Google lieferte mir Detailinformationen über diverse Autos sowie Schilderungen von persönlichen Erfahrungen von Käufern mit verschiedenen Autoherstellern. Nachdem ich meine Auswahl auf drei Marken eingeengt hatte, beschloss ich, einige Händler zu besuchen. Was dann passierte, schockierte mich. Alle Händler wiesen mich zurück, weil ich mich nicht auf ihr halbstündiges Verkaufsritual einlassen wollte, mit dem sie mich überzeugen wollten, warum ich gerade bei ihnen kaufen sollte. Ich löcherte sie mit Fragen, was sie überraschte. Ich war enttäuscht und traurig. Meine Frau fragte, ob es nicht noch andere Händler für mein Traumauto geben würde. Tatsächlich bot gerade der größte regionale Autohändler dieses Auto an. Als ich ihn besuchte, sprach uns ein älterer Herr an, den ich ebenfalls mit Fragen löcherte. Seine Antwort lautete: »Aha, Sie haben sich kundig gemacht. Welches Auto möchten Sie Probe fahren?« Er verwickelte uns nicht in ein langes Verkaufsgespräch, sondern überließ uns die Kontrolle über den Gesprächsverlauf; und natürlich haben wir das Auto bei ihm gekauft.

Die Moral von der Geschichte? Einzelne Experten und Websites im Internet sind möglicherweise nur mit einigen entscheidungsrelevanten Parametern vertraut; aber weil die Parameter dieser Websites mit geeigneter Software schnell und leicht verglichen werden können, sind Anwender besser informiert. Wenn informierte Leute menschliche Experten konsultieren, suchen sie Kenntnisse, die über den einfachen Vergleich einiger grundlegender Parameter hinausgehen. Auf das Beispiel übertragen: Autoverkäufer müssen prüfen, ob sie es mit einem informierten Interessenten zu tun haben; falls ja, müssen sie ihm den informatorischen Mehrwert bieten, den er sucht.

Wenn Sie eine Ajax-Anwendung erstellen, müssen Sie zunächst die darzustellenden Inhalte verstehen; dann erst können Sie die dazu passende Schnittstelle entwerfen. Die softwaremäßige Realisierung sollte ganz am Ende dieses Prozesses stehen. Bei der traditionellen Entwicklung läuft es meist umgekehrt: Die Daten werden an die Software angepasst. Software-Entwickler können am besten Software entwickeln und sind weniger gut, wenn es um den Entwurf von Benutzerschnittstellen geht. (Alan Cooper, über *Face: The Essentials of User Interface Design*, New York, NY: John Wiley & Sons, 1995, S. 21.) Nun könnte ich kontrovers behaupten, gewisse Ajax-Anwendungen hätten nur deshalb Erfolg gehabt, weil sie von erfahrenen Webdesignern erstellt wurden, die mehr über den Entwurf von Benutzerschnittstellen als über den Entwurf von Software wussten. Ich möchte die Leistung der Webdesigner nicht schmälern; ohne sie gäbe es diese beeindruckenden Anwendungen nicht. Um gute Ajax-Anwendungen zu entwerfen, müssen Sie zugleich ein guter Designer für Benutzerschnittstellen und Experte des dargestellten Fachbereiches sein. Bei der Software-Entwicklung gibt es gegenwärtig eine Bewegung von einem horizontalen Ansatz (Allzweck-Software) zu einem vertikalen Ansatz (domainspezifische Software).

1.4 Ajax im Vergleich zu anderen Anwendungstypen

Nachdem Sie einen ersten Eindruck von Ajax-Anwendungen bekommen haben, fragen Sie sich vielleicht, was Ajax von anderen Technologien und Methoden unterscheidet. Um diese Frage zu beantworten, wollen wir uns in die Lage eines Software-Architekten versetzen und versuchen, `map.search.ch` im Kontext anderer architektonischer Modelle nachzubauen.

1.4.1 Lokale Rich-Client-Installation

Nach dem traditionellen Software-Modell laden Sie eine Anwendung herunter, installieren sie und führen sie dann aus. Wenn wir `map.search.ch` als traditionelle Software umschreiben wollen, brauchen wir einen Client. Der Client müsste in einer plattformneutralen Sprache wie etwa Java von Sun Microsystems oder einer Microsoft-.NET-Sprache oder einer Open-Source-Sprache wie Python geschrieben sein. (Falls Sie Ihre Programmiersprache, etwa Ruby, vermissen, betrachten Sie dies bitte nicht als Beleidigung. Ich habe nur die Sprachen erwähnt, in denen ich regelmäßig programmiere.) Wenn der Client in einer Sprache wie etwa C++ geschrieben wäre, müsste er für jede Plattform neu kompiliert werden.

Die Wahl der Programmiersprache ist oft nicht der schwierige Teil, weil die meisten Sprachen auf allen Plattformen zur Verfügung stehen. Der schwierige Teil ist die Codierung der grafischen Benutzerschnittstelle (GUI): Soll das GUI-Toolkit plattformspezifisch sein und alle Vorteile der Plattform ausschöpfen oder soll es plattformübergreifend funktionieren und deshalb auf einige Tricks spezieller Plattformen verzichten? Die Entscheidung hat weitreichende Konsequenzen.

Viele Anwendungen sind in C++ geschrieben und verwenden das GUI-Toolkit von Microsoft Windows. Dies bedeutet, dass diese GUI-Anwendungen sehr wahrscheinlich nur unter Microsoft Windows laufen. Alternativ könnte `map.search.ch` in Java umgeschrieben werden. Dann könnte die Anwendung auf mehreren Plattformen laufen; allerdings müsste dort das passende Java Runtime installiert sein. Mit C++ und Windows gibt es also Probleme; mit Java und mehreren Betriebssystemen gibt es ebenfalls Probleme, wenn auch andere. Leider gibt es keine einzelne einheitliche Lösung.

Der letzte Aspekt sind die Daten für die `map.search.ch`-Anwendung. Das Problem ist der riesige Umfang dieser Daten. Die einzige mögliche Lösung ist eine Distribution der Anwendung auf einer oder mehreren DVDs. Der Client müsste entweder alle DVDs auf einer lokalen Festplatte installieren oder die DVDs während des Betriebs ständig wechseln, was bei vielen Abfragen zu einer frustrierenden Anwendungserfahrung führt.

Diese Architektur hat die folgenden Probleme:

- Einen Client für mehrere Plattformen zu schreiben, bringt eigene Probleme mit sich und erfordert zusätzliche Ressourcen in Form von Zeit und Geld.
- Die Daten müssen lokal verfügbar sein, was bei größeren Anwendungen ein Problem ist. Die Schweiz hat etwas mehr als sieben Millionen Einwohner. Stellen Sie sich den Umfang der Daten für ein Land wie etwa den Vereinigten Staaten vor, die fast 300 Millionen Einwohner haben.
- Die zusätzlichen Produktionskosten sind nicht vernachlässigbar; DVDs müssen gemastert, gepresst, zusammengestellt und verpackt werden.
- Die Aktualisierung der DVD-Daten ist ein aufwändiger Prozess, der entweder eine Online-Verbindung oder den Kauf weiterer DVD-Datensets erfordert. Zwischen der Zusammenstellung der Daten und dem Zeitpunkt, an dem sie den Kunden zur Verfügung stehen, besteht immer eine zeitliche Verzögerung.
- Wenn die Client-Software aktualisiert wird, ergeben sich ebenfalls Verteilungsprobleme. Clients ohne Internet-Verbindung können ihre Software nicht dynamisch aktualisieren.
- Um die Software auf mehreren Rechnern in einem lokalen Netzwerk zu nutzen, muss sie auf allen Rechnern installiert werden. Es ist nicht unkompliziert, Daten von mehreren Rechnern aus gemeinsam zu nutzen oder die Software automatisch auf mehreren Rechnern zu installieren.
- Die Integration zwischen `map.search.ch` und dem öffentlichen Verkehrssystem ist nur möglich, wenn `map.search.ch` die entsprechende Logik integriert.

Insgesamt ist eine lokale Rich-Client-Installation für die Art von Anwendung nicht geeignet, die mit Ajax realisiert werden kann. Bei einer lokalen Rich-Client-Installation treten zu viele logistische und organisatorische Probleme auf. Einige Probleme könnten zwar bei einem entsprechenden Geldaufwand behoben werden, der durch den Verkauf der Software ausgeglichen werden könnte, aber das Problem der zeitlichen Verzögerung bliebe ungelöst.

Im Allgemeinen wird die lokale Rich-Client-Installation durch die Ajax-Lösung bedroht, weil Sie eine lokale Kopie einer Ajax-Anwendung erstellen können, indem Sie den HTTP-Server lokal installieren. Diese lokale Kopie hätte zwar immer noch die Probleme, die mit der Distribution der DVD-Daten verbunden sind, bietet aber einen großen Vorteil: Die lokal installierte Ajax-Anwendung kann auf einem lokalen Netzwerk installiert und von mehreren Clients genutzt werden, ohne dass der Client auf mehreren Computern installiert werden muss.

1.4.2 Rich Client Webservices

Ein Rich Client Webservice ähnelt einer lokalen Rich-Client-Installation, außer dass die Daten nicht auf DVDs verteilt werden. Ein Rich Client Webservice verwendet Internet-basierte Methodenaufrufe, die XML als Protokoll benutzen. Formell basieren Webservices auf dem Simple Object Access Protocol (SOAP). Ähnlich wie eine lokale Rich-Client-Installation muss ein Rich Client Webservice lokal auf jedem Rechner installiert werden. Die Daten, auf die der Rich Client Webservice zugreift, befinden sich irgendwo im Internet.

Diese Architektur hat die folgenden Probleme:

- Wie beim Szenario einer lokalen Rich-Client-Installation beschrieben wurde, bringt das Schreiben eines Clients für mehrere Plattformen eigene Probleme mit sich und erfordert zusätzliche Ressourcen in Form von Zeit und Geld.
- Der Client kann von einer zentralen Website heruntergeladen werden, muss aber immer noch auf jedem Rechner lokal installiert werden. Dadurch wird die Aktualisierung der Software komplizierter.
- Webservices, die mit SOAP implementiert sind, können je nach Anforderung einfach oder sehr kompliziert sein.
- Fremdanwender könnten Ihre Daten ohne ausdrückliche Erlaubnis nutzen.
- Die Integration zwischen `map.search.ch` und dem öffentlichen Verkehrssystem ist nur möglich, wenn `map.search.ch` die entsprechende Logik integriert.

Webservices haben sich zur Standardmethode für Internet-basierte Methodenaufrufe mit XML entwickelt. In vielen Fällen sind Webservices mit SOAP verbunden. Es gibt keine speziellen Probleme mit SOAP oder mit der Web Services Description Language (WSDL), außer dass die »Einfachheit« der Technologie irgendwo verloren gegangen ist. Webservices, die mit SOAP arbeiten, müssen zahlreiche andere Spezifikationen erfüllen, die hauptsächlich die Kommunikation zwischen Unternehmen betreffen.

1.4.3 Simple Webanwendung

Die Lösung mit dem kleinsten gemeinsamen Nenner bezeichne ich als die *simple Webanwendung*. Der Unterschied zwischen Ajax und der simplen Webanwendung liegt im Umfang der Dynamik und der Interaktion. Beide verwenden einen Webbrowser, aber eine simple Webanwendung verfügt über weniger Dynamik und Interaktion. Im Allgemeinen wird eine simple Webanwendung durch serverseitige Interaktionen gesteuert. Der Client zeigt nur die Daten an, die von dem Server generiert werden, und stellt Links oder einfache GUI-Elemente zur Verfügung, um den nächsten Schritt festzulegen.

Diese Architektur hat die folgenden Probleme:

- Die Interaktion zwischen dem Browser und dem Anwender ist einfach und begrenzt.
- Der Anwender muss im Vergleich zu einem Rich Client mit einer minderwertigen Benutzerschnittstelle arbeiten.
- Die Anwendung muss von dem Programmierer so angepasst werden, dass die Daten zu der eingeschränkten Browser-Implementierung passen. Einige Interaktionen – z.B. das Drücken der Schaltflächen EINE SEITE ZURÜCK oder SEITE NEU LADEN – funktionieren aufgrund unzureichender Programmierung nicht korrekt.

Das Modell der simplen Webanwendung hat uns für lange Zeit gedient. Es funktioniert und ist erfolgreich. Es ist das Modell der Anwendungsentwicklung, mit dem das heutige Internet erschaffen wurde. Das Problem des Modells der simplen Webanwendung ist einfach sein Alter. Ajax ist eine Weiterentwicklung dieses Modells.

1.5 Einige abschließende Überlegungen

Jetzt wissen Sie – zumindest aus architektonischer Sicht – worum es bei Ajax geht und wodurch es sich von anderen Architekturen unterscheidet. Hier ist noch einmal eine Zusammenfassung der wesentlichen Punkte:

- Eine Ajax-Anwendung kann eine traditionelle Anwendung wie etwa ein Textverarbeitungsprogramm sein. Das Spezielle einer Ajax-Anwendung ist die Art, wie es mehrere Datenströme in einer einzigen Sicht so kombiniert, dass sie aus dem Blickwinkel des Anwenders wie eine einzige natürliche Anwendung aussehen. Im Fall von `map.search.ch` besteht diese einzigartige Sicht in der kombinierten Anzeige von Luftaufnahmen und geografischen Karten, um dem Anwender Orts- und Lageinformationen zu liefern.
- Ajax-Anwendungen lösen ein Problem in einem speziellen Kontext. Wird dieser Kontext verlassen, werden transparent (d.h. für den Anwender unmerklich) andere Websites im Internet aufgerufen, ohne dass der Anwender die entsprechenden Adressen kennen muss. Beispielsweise wechselt `map.search.ch` von seiner eigenen Website (`http://map.search.ch`) zur Website der Schweizer Bundesbahn (`http://www.sbb.ch`). Zwar bemerkt der Anwender, dass sich die Website ändert, aber er bemerkt nicht, wo die eine »Anwendung« beginnt und die andere »Anwendung« endet.
- Ajax-Anwendungen sollen ein spezifisches Problem lösen und versuchen nicht zu verallgemeinern. Verallgemeinerungen gibt es beispielsweise bei horizontalen Software-Anwendungen. Dagegen sind Ajax-Anwendungen von Natur aus vertikal. Beispielsweise entwickelt Google eigene Software für eigene Zwecke. Dagegen verkaufen Unternehmen wie etwa Microsoft hauptsächlich Software, die von einem Google-ähnlichen Unternehmen verwendet werden könnte, um Google-ähnliche Dienste anzubieten. Selbst wenn die Software an sich horizontaler Natur ist, ist die Lösung vertikal. Wenn ich beispielsweise ein Ajax-

Textverarbeitungsprogramm schreibe, will ich keine Lizenzen für dieses Programm, sondern die Dienste verkaufen, die mit diesem Textverarbeitungsprogramm verbunden sind – z.B. die Umwandlung von Dokumenten, Setzarbeiten, Lektoratsdienste und andere Mehrwertdienste.

- Eine Ajax-Anwendung hat keinen einzelnen Zustand. Jeder Zustand, der in Form einer HTML-Seite oder -Datei festgehalten wird, ist deshalb ein Schnappschuss. Es gibt keine Garantie dafür, dass dieselben Aktionen zu demselben Schnappschuss führen werden. Dadurch wird das Testen komplizierter; denn Sie müssen die Logik und nicht die Ergebnisse testen.

- Bei Ajax-Anwendungen geht es nicht um die Anwendungen als solche, sondern um die Daten. Wenn Sie beispielsweise eine Anwendung auf einem lokalen Computer installieren, kümmern Sie sich um die Anwendung, weil die meisten Anwendungen die Daten in einem proprietären Format speichern. Falls die Anwendung verloren geht, sind auch Ihre Daten verloren. Im Laufe der Zeit sind Konverter geschrieben worden, so dass der Verlust einer Anwendung nicht mehr so einschneidend ist. Doch mit der Ankunft von Ajax-Anwendungen haben die Daten die kritische Rolle eingenommen. In den meisten Fällen sind die Daten in Formaten gespeichert, die mit anderen Anwendungen manipuliert werden können. Deshalb konzentrieren Sie sich beim Schreiben von Ajax-Anwendungen auf die Verwaltung von Daten und auf die Bereitstellung einer Schnittstelle zu diesen Daten.

- Ajax-Anwendungen sind im Allgemeinen »idiotensicher« und erfordern keine langen Benutzerhandbücher oder Erklärungen. Dies hängt unmittelbar mit dem (beschränkten) Umfang der Ajax-Anwendung zusammen: Was Sie sehen, ist im Wesentlichen das, was Sie bekommen. Es gibt keine versteckten oder zusätzlichen Features, die den Anwender verwirren können.

- Ajax-Anwendungen sind dynamisch und verhalten sich ähnlich wie eine traditionelle Client-Anwendung, die auf dem lokalen Computer ausgeführt wird.

Doch auch bei Ajax-Anwendungen ist nicht alles eitel Sonnenschein. Folgende Probleme können auftreten:

- Der Anwender hängt vollkommen vom Internet ab. Sie können eine Ajax-Anwendung erstellen, die von einem lokalen Server aus ausgeführt wird, aber höchstwahrscheinlich wird dieser Server einen weiteren Server referenzieren.

- Bei Ajax-Anwendungen können Probleme mit Urheberrechten auftreten, da viele Ajax-Anwendungen Inhalte von anderen Websites kombinieren. Diese Referenz fremder Inhalte kann erwünscht oder unerwünscht sein.

- Der Anwender muss lernen, mit dem Internet umzugehen; manches wird anders gemacht als bei herkömmlichen Rich Clients.

Im nächsten Kapitel werden die wesentlichen Komponenten einer Ajax-Anwendung beschrieben. Bevor Sie Ajax-Patterns kennen lernen, müssen Sie die Grundlagen von Ajax verstehen.

Kapitel 2

Die Grundlagen von Ajax

Ajax ist einfach und könnte mit elf Zeilen Code beschrieben werden. Mit ein wenig Kopfrechnen sollte die Beschreibung von Ajax und des XMLHttpRequest-Typs nicht mehr als vier oder fünf Seiten beanspruchen. (Unter http://developer.apple.com/internet/webcontent/xmlhttpreq.html finden Sie eine klare und knappe Erklärung des XMLHttpRequest-Objekts.) Dennoch hat dieses Kapitel sogar erheblich mehr als vier oder fünf Seiten. Dafür gibt es folgenden Grund: Zu wissen, wie man den XMLHttpRequest-Typ verwendet, bedeutet nicht, XMLHttpRequest bestmöglich nutzen zu können.

Das erste Ziel dieses Kapitels besteht darin, ein einfaches Ajax-Beispiel einzuführen und zu erklären. Das zweite Ziel besteht darin, eine sinnvolle Entwicklungsstrategie mit dem XMLHttpRequest-Typ vorzuschlagen.

2.1 Ajax für Ungeduldige

Das Ajax-Beispiel in diesem Kapitel zeigt eine HTML-Seite mit einer einzelnen Schaltfläche. Wird diese Schaltfläche angeklickt, wird eine HTTP-Anfrage ausgelöst, die einige Daten herunterlädt, die dann in die HTML-Seite eingefügt werden. Dieses Beispiel illustriert zwei Techniken: Es zeigt, wie Daten mit dem architektonischen Stil REST abgerufen werden und wie eine HTML-Seite mit Ajax-Techniken dynamisch ergänzt oder geändert wird.

2.1.1 Die REST-Theorie verstehen

REST ist ein architektonischer Stil, der Richtlinien gibt, wie Daten zwischen einem Client und einem Server ausgetauscht werden sollten. Die Client/Server-Kommunikation ist ein allgegenwärtiges Computer-Paradigma. REST abstrahiert dieses Paradigma auf die Ebene des Webs. REST geht davon aus, dass Sie XML und das HTTP-Protokoll verwenden. Und, was sehr wichtig ist, REST geht davon aus, dass Sie das Potenzial der verfügbaren Technologien voll ausschöpfen.

REST stellt die folgenden architektonischen Konzepte in den Mittelpunkt:

- Ressourcen werden verwendet, um einen Bezeichner zu beschreiben. Eine Ressource kann einen beliebigen Bezeichner haben, aber dieser Bezeichner muss die Ressource eindeutig identifizieren.

- Die Ressource und ihre Repräsentation werden getrennt. Eine Ressource wird referenziert, eine Repräsentation wird manipuliert. Eine Repräsentation kann Referenzen auf andere Ressourcen enthalten.
- Ressourcen und ihre zugehörigen Repräsentationen werden mit den HTTP-Befehlen GET, PUT, DELETE und anderen Befehlen manipuliert.
- Repräsentationen sind selbstbeschreibend; sie verwenden zu diesem Zweck Metadaten wie etwa XML-Schemas.
- Hypermedien bilden die Basis der veröffentlichten Ressourcen und Repräsentationen. Server, die RESTful Daten liefern, sind zustandslos. Die Daten, die zwischen Client und Server ausgetauscht werden, sind unabhängig von dem Server. Der Zustand wird von dem Client verwaltet. Dies bedeutet, dass der Server zwar einen Zustand hat, dass aber der Client dafür verantwortlich ist, welcher Zustand manipuliert wird.

REST ist nützlich, weil es mit den aktuellen HTTP-Server-Architekturen arbeitet. In der Anwendung von REST liegt eine gewisse Ironie: Wenn REST als architektonischer Stil übernommen werden soll, muss nicht der Server, sondern der eigene Programmierstil geändert werden. Viele Frameworks für Webanwendungen sind so implementiert, dass sie mit REST in Konflikt stehen. Ich will hier keine speziellen Beispiele für Probleme nennen, weil die Pattern-Implementierungen, die später in diesem Kapitel und auch im weiteren Verlauf des Buches vorgestellt werden, die Probleme deutlich machen werden.

Sie sollten REST als architektonischen Stil übernehmen, weil Ihr Webanwendungsframework dadurch flexibler und anpassungsfähiger wird. Ein Problem von Webanwendungen liegt darin, dass sie traditionellen Entwicklungstechniken zuwiderlaufen. Abbildung 2.1 zeigt ein Beispiel dafür.

Abb. 2.1: Beispiel für eine Webseite

Abbildung 2.1 enthält einen großen mittleren Abschnitt mit einem Bild und einigem Text. Links, rechts und oben befinden sich andersfarbige Teile (hier in anderen Grautönen dargestellt) mit weiteren Bildern und Texten. Der große mittlere Abschnitt zeigt den spezifischen Inhalt der Seite; die äußeren Abschnitte sind die gemeinsamen Bereiche. Aus der architektonischen Sicht der Webanwendung verfügt jede generierte HTML-Seite über dieselben gemeinsamen Bereiche, aber verschiedene Inhaltsbereiche. Was ist daran auszusetzen? Nun – bei jeder einzelnen heruntergeladenen HTML-Seite müssen die gemeinsamen Bereiche übertragen werden.

Bei einer Implementierung der Website mit Ajax und REST gäbe es eine gravierende Änderung: Alle Komponenten und Bereiche, die bei allen HTML-Seiten gleich sind, würden nur ein einziges Mal heruntergeladen werden. Wenn der Anwender links ein Element des Navigationsbereichs anklicken würde, würde nur der zugehörige Inhalt in der Mitte der Seite aktualisiert werden. Das heißt: Die gemeinsamen Bereiche werden nur einmal heruntergeladen, und der Inhaltsbereich wird nach Bedarf nachgeladen.

Ajax und REST vereinfachen die Architektur der Webanwendung. Bei einer traditionellen Webanwendungsarchitektur muss jede HTML-Seite nicht nur den Code für den variablen Inhaltsbereich, sondern auch den Code für die gemeinsamen Bereiche aller Seiten enthalten. Dagegen ist bei einer Ajax- und REST-Anwendung jeder Teilinhalt nur für seinen eigenen Inhalt verantwortlich. Dies bedeutet, dass sich die gemeinsamen Navigationsbereiche an den Rändern nicht um den mittleren Inhaltsbereich kümmern müssen und umgekehrt. Kurz gesagt: Ajax und REST zerlegen die Komplexität einer traditionellen Webanwendung in ein Paradigma der Anwendungsentwicklung, das dem traditioneller Anwendungen ähnelt. Denn schließlich ist einem Listenfeld einer lokal installierten Anwendung auch egal, wie die Menüleiste generiert wird ...

2.1.2 REST-Daten implementieren

Generell gilt für dieses Kapitel und dieses Buch: Alle Daten, die von einer Ajax-Anwendung referenziert werden, verwenden den architektonischen REST-Stil. Das Wort »REST« wird in den Patterns, die in diesem Buch definiert werden, nicht ausdrücklich erwähnt werden, aber es ist stets hinzuzudenken. (Anmerkung des Übersetzers: Statt des umständlichen Ausdrucks »architektonischer REST-Stil« wird im Folgenden nur noch »REST-Architektur« oder einfach nur »REST« verwendet. Gemeint ist immer dasselbe.)

Hier ist unser erstes Ajax-Beispiel, das REST implementiert. Die Anwendung von Ajax und REST impliziert Folgendes:

- Die Daten haben XML-Format.

- Die Ressource ist als Uniform Resource Locator (URL) definiert. Beispielsweise referenziert der URL `http://mydomain.com/cgross/books` die Repräsentation `books.xml`.
- Die Daten werden von dem HTTP-Server mit dem HTTP-GET-Befehl abgerufen.

Das erste Beispiel implementiert einen Buchabfrage-Service, der die folgende XML-Datei generiert:

```xml
<?xml version="1.0" encoding="UTF-8"?>
<User>
   <Book>
      <ISBN>1-59059-540-8</ISBN>
      <Title>
         Foundations of Object Oriented Programming Using .NET 2.0
         Patterns
      </Title>
      <Author>Christian Gross</Author>
   </Book>
   <Book>
      <ISBN>0-55357-340-3</ISBN>
      <Title>A Game of Thrones</Title>
      <Author>George R.R. Martin</Author>
   </Book>
</User>
```

Dieser abgerufene XML-Inhalt enthält zwei Bücher einer Bibliothek. Wie die Daten serverseitig gespeichert werden, liegt in der Verantwortung des HTTP-Servers. Sie könnten in einer XML-Datei gespeichert sein oder dynamisch generiert werden. Aus der Sicht einer externen Anwendung basieren die Daten auf XML. Hier wird jedes Buch einfach durch drei Felder beschrieben: `ISBN`, `Title` und `Author`.

2.1.3 Die Ajax-Anwendung implementieren

Der HTML-Inhalt, der die Ajax-Technologie enthält, wird als eine einzige HTML-Seite implementiert. Die HTML-Seite umfasst nicht den XML-Inhalt, wenn sie heruntergeladen wird. Ein Zyniker könnte sagen, das sei ja gerade das Charakteristische für Ajax – nämlich dass der XML-Inhalt separat von der HTML-Seite heruntergeladen wird. Damit wären wir wieder bei der Beispielwebseite aus Abbildung 2.1, die die XML-Datei in dem großen mittleren Bereich und die heruntergeladene HTML-Seite in den Randbereichen repräsentiert.

Der folgende Code zeigt die Implementierung der Ajax-Anwendung zum Herunterladen der XML-Buchdaten:

```html
<html><head>
<title>Sample Page</title>
<script language="JavaScript" type="text/javascript">
var xmlhttp = null;

xmlhttp = new ActiveXObject("Microsoft.XMLHTTP");

function GetIt(url) {
   if(xmlhttp) {
       xmlhttp.open('GET', url, false);
       xmlhttp.send(null);
       document.getElementById('result').innerHTML = xmlhttp.responseText;
   }
}
</script>
</head>
<body>
<button onclick="GetIt('/cgross/books.xml')">Get a document</button>
<p><table border="1">
   <tr>
       <td>Dokument</td>
       <td><span id="result">No Result</span></td>
   </tr>
</table></p>
</body>
</html>
```

In dem HTML-Inhalt (den Elementen zwischen den HTML-body-Tags) wird eine Schaltfläche (button) definiert, die beim Anklicken die Funktion GetIt aufruft. Der Parameter dieser Funktion ist der URL der Ressource, die die XML-Buchdaten enthält. Wenn die Daten abgerufen und verarbeitet worden sind, werden sie in einer Tabelle (einem HTML-table-Element) angezeigt. Eine Spalte (angezeigt durch das HTML-Tag td) enthält ein span-HTML-Tag. Das span-Tag definiert mit dem Attribut id den Ort, an dem die abgerufenen Daten angezeigt werden. Das Attribut id ist ein eindeutiger Bezeichner, mit dem JavaScript ein HTML-Element referenzieren kann.

Wenn die HTML-Seite verarbeitet worden ist, identifiziert das script-Tag einen Ort, an dem JavaScript definiert werden kann, um die Ajax-Logik auszuführen. In allen Skripts in diesem Buch wird clientseitig entweder JavaScript oder JScript (die Microsoft-Variante) verwendet.

Die Variable `xmlhttp` und die nächste Zeile, `xmlhttp = new ActiveXObject...`, gehören nicht zu einer Funktion. Das bedeutet, dass sie ausgeführt werden, wenn die HTML-Seite von dem Webbrowser geladen wird. Die ausgeführten Codezeilen erstellen eine Instanz eines `XMLHttpRequest`-Objekts, das der Variablen `xmlhttp` zugewiesen wird. Die Variable `xmlhttp` wird dazu verwendet, die Ressource `/cgross/books` oder die Datei `/cgross/books.xml` mit der zugehörigen Repräsentation herunterzuladen, die auf dem Server gespeichert ist.

Einige Entwickler könnten anmerken, dass es sicherer gewesen wäre, die Logik in eine Funktion einzufügen, die aufgerufen wird, wenn die HTML-Seite komplett geladen worden ist (`window.onload`). Dies ist oft guter Programmierstil, wird aber in diesem Beispiel nicht verwendet, um es nicht unnötig kompliziert zu machen.

In der Implementierung der Funktion `GetIt` repräsentiert der Parameter `url` den URL des Dokuments, das heruntergeladen wird (`books.xml`). Wenn die Methode `open` aufgerufen wird, wird eine Anfrage erstellt, die mit der Methode `send` gesendet wird. Der dritte Parameter von `open` ist der Wert `false`; er legt fest, dass die HTTP-Anfrage synchron ausgeführt wird. Dies bedeutet: Wenn die Methode `send` aufgerufen wird, kehrt die Methode erst dann zurück, wenn die Ergebnisse von dem Server abgerufen worden sind. In dem Skript werden die Ergebnisse in der Eigenschaft `responseText` gespeichert und dann mit dynamischem HTML dem `span`-Element zugewiesen.

2.1.4 Ajax und REST kombinieren

Bei einer Ajax-Anwendung müssen die HTML-Seite und die referenzierten Datendateien von derselben Domain heruntergeladen werden. Diese Anforderung ist Teil der so genannten *Same Origin Policy* (etwa *Gleicher-Urspung-Richtlinie*), mit der die Cross-Site-Scripting-Verwundbarkeit (die websiteübergreifende Verwundbarkeit von Skripts) vermieden werden soll. (Mehr über diese Richtlinie erfahren Sie später in diesem Kapitel). Es ist also nicht möglich, die HTML-Seite von einer Domain und dann die Daten von einer anderen Domain abzurufen. Wenn etwa die HTML-Seite unter `http://www.devspacc.com` gespeichert ist, dürfte die Datendatei nicht unter `http://www.amazon.com` gespeichert sein. Der Grund dafür liegt darin, dass das `XMLHttpRequest`-Objekt in einer Sandbox ausgeführt wird. In bestimmten Situationen erschwert die Sandbox die Erstellung von Ajax-Anwendungen.

Das Vorhandensein einer Sandbox bedeutet, dass eine Ajax-Anwendung und die zugehörigen REST-Daten in derselben Domain gespeichert sein müssen. In dem aktuellen Beispiel befindet sich die HTML-Seite mit dem Ajax-Code unter dem URL `http://localhost/ajaxpatterns/example.html` und die Datendatei unter dem URL `http://localhost/ajaxpatterns/cgross/books.xml`; deshalb gehören beide zur selben Domain.

Abbildung 2.2 zeigt die Seite `example.html` in einem Browser.

Die HTML-Seite aus Abbildung 2.2 ist recht einfach; sie zeigt eine Schaltfläche und eine Tabelle an. Um die Verwendung von `XMLHttpRequest` zu illustrieren, wird die Schaltfläche GET A DOCUMENT angeklickt. Das Ergebnis wird in Abbildung 2.3 angezeigt.

In der aktualisierten Seite aus Abbildung 2.3 ist der Text NO RESULT durch den Text 1-59059... ersetzt worden. Dies ist das elfzeilige `XMLHttpRequest`-Beispiel, das am Anfang des Kapitels erwähnt wurde, und illustriert, wie Ajax funktioniert.

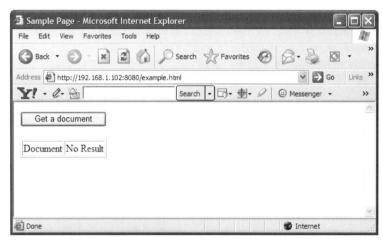

Abb. 2.2: Ursprünglicher Zustand der Ajax-Seite

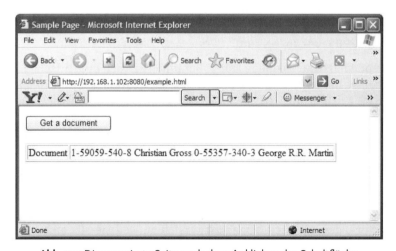

Abb. 2.3: Die generierte Seite nach dem Anklicken der Schaltfläche

2.1.5 Die Auswirkungen von Ajax und REST verstehen

Das vorangehende Beispiel ist einfach und illustriert, dass Ajax tatsächlich eine elfzeilige Lösung liefern kann. Allerdings gibt es diverse Nebeneffekte. Der erste und wichtigste ist die Tatsache, dass dieses einfache Beispiel nur mit dem Microsoft Internet Explorer, nicht aber mit einem anderen Browser wie etwa Mozilla Firefox oder Apple Safari funktioniert. Wenn Sie Ajax-Anwendungen schreiben, müssen Sie plattform- und browserübergreifend denken, weil Sie von Anfang an mit diesen Problemen konfrontiert werden.

Diese Tatsache hat eine erste wichtige Konsequenz: Sie bedeutet, dass Sie beim Schreiben Ihrer Ajax-Anwendungen mit Dynamic HTML (DHTML) arbeiten müssen. Einige Programmierer können die Funktionalität durch Java-Applets, ActiveX-Controls oder sogar Macromedia Shockwave oder Flash (`http://en.wikipedia.org/wiki/AFLAX`) erweitern, aber im Wesentlichen müssen Sie für Ajax Dynamic HTML beherrschen. Ich rate allen Ajax-Entwicklern dringend, sich das Buch *Dynamic HTML: The Definitive Reference* von Danny Goodman (O'Reilly Media, 2002) zu kaufen. Das Buch ist dick, aber es beantwortet alle Browser-Fragen und sagt, was funktioniert und was nicht.

Die zweite Konsequenz lautet: Alle Inhalte sollten mit REST-URLs referenziert werden. Falls REST nicht verwendet wird, müssten die Daten in dynamischen Anzeigebereichen (wie etwa der große mittlere Bereich aus Abbildung 2.1) mit Remote Procedure Calls (RPCs) abgerufen werden. Die Verwendung von RPCs wird nicht empfohlen, weil sie einen zusätzlichen Verwaltungsaufwand erfordern, etwa die Codierung von Methodennamen und Parametern und die Decodierung der Daten. Manche Programmierer arbeiten gerne mit RPCs, aber diese sind für klassische Programmiertechniken und nicht für Ajax- oder Internet-Anwendungen gedacht. (Siehe auch den Online-Artikel von Tim Bray: `http://www.tbray.org/ongoing/When/200x/2004/04/26/WSTandP`, *Webservices Theory and Practice*.)

Die dritte und letzte Konsequenz lautet: Bemühen Sie sich um einfache Lösungen. Es ist möglich, andere Websites zu referenzieren, aber dadurch entstehen Sicherheitsprobleme, die gelöst werden müssen. Wenn Sie beispielsweise die Quelle einer herunterzuladenden HTML-Seite im Internet Explorer als vertrauenswürdige Domain deklarieren, kann `XMLHttpRequest` auch Inhalte von anderen Domains herunterladen. Sich um einfache Lösungen zu bemühen bedeutet auch, Techniken anzuwenden, die browserübergreifend auf allen Plattformen funktionieren. Natürlich könnten Sie mehr »clevere« Tricks anwenden, aber auch solche Tricks müssen gewartet und erweitert werden.

Es ist wichtig, diese Konsequenzen zu verstehen, weil sie aus architektonischer Sicht die Grenzen für die Anwendung von Patterns und Best Practices definieren.

2.2 XMLHttpRequest-Details

Unabhängig von dem Browser und der Plattform verfügt ein XMLHttpRequest-Objekt über die folgenden Methoden:

Methode	Beschreibung
abort()	Bricht eine laufende Anfrage ab.
getAllResponseHeaders()	Gibt alle HTTP-Header der HTTP-Anfrage zusammen in einem String zurück.
getResponseHeader(label)	Gibt den durch den Parameter label bezeichneten HTTP-Header zurück.
open(method, URL, asyncFlag, username, password)	Bereitet eine HTTP-Anfrage vor, die durch die HTTP-Methode und den URL identifiziert wird, und öffnet sie. Der Parameter asyncFlag hat einen der beiden Werte true oder false; true definiert eine asynchrone Anfrage. Die Parameter username and password dienen zum Zugriff auf eine geschützte HTTP-Ressource.
send(content)	Führt die HTTP-Anfrage aus. Der Parameter content repräsentiert Daten, die gepostet werden (falls anwendbar).
setRequestHeader(label, value)	Weist einen HTTP-Header zu, bevor die HTTP-Anfrage ausgeführt wird.

Tabelle 2.1: Methoden von XMLHttpRequest

Da Sie diese Methoden in dem ganzen Buch verwenden werden, sind hier weitere Details nicht erforderlich. Neben den Methoden verfügt ein XMLHttpRequest-Objekt über mehrere Eigenschaften. Wenn eine Anfrage Daten abgerufen hat, wird das Ergebnis durch vier Eigenschaften charakterisiert. Der folgende HTML-Code zeigt, wie diese Eigenschaften abgerufen werden können, nachdem die send-Methode zurückgekehrt ist:

```
document.getElementById('httpcode').innerHTML = xmlhttp.status;
document.getElementById('httpstatus').innerHTML = xmlhttp.statusText;
document.getElementById('result').innerHTML = xmlhttp.responseText;
document.getElementById('xmlresult').innerHTML = xmlhttp.responseXML;
```

Die vier Eigenschaften lassen sich in zwei Kategorien unterteilen: Ergebnis und HTTP-Status. Die Eigenschaften status und statusText enthalten die HTTP-Ergebniscodes. Die Eigenschaft status enthält eine Ganzzahl, etwa 200 für Erfolg. Die Eigenschaft statusText enthält den HTTP-Ergebniscode in Textform, etwa OK. Die Eigenschaften responseText und responseXML enthalten das Ergebnis der HTTP-Anfrage, und zwar enthält responseText einen Stringpuffer mit dem

Ergebnis und `responseXML` referenziert eine XML-Document-Object-Model-(DOM-)Repräsentation des Ergebnisses. Falls `responseXML` keine XML-DOM-Instanz referenziert, referenziert `responseText` einen gültigen XML-Textpuffer.

Wenn der Eigenschaftencode zu einer modifizierten Version der einfachen Ajax-Anwendung hinzugefügt und die HTML-Seite ausgeführt wird, ergeben sich die Seiten, die in Abbildung 2.4 angezeigt werden.

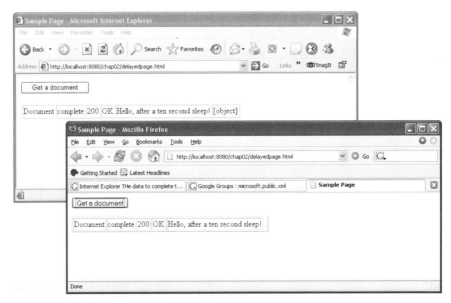

Abb. 2.4: Ausgabe der `XMLHttpRequest`-Eigenschaften in zwei Webbrowsern

Die Ergebnisse aus Abbildung 2.4 wurden mit zwei Browsern generiert: Mozilla Firefox und Microsoft Internet Explorer. Die Werte von `status`, `statusText` und `responseText` sind bei den meisten Browsern (Internet Explorer, Firefox und Safari) identisch. Unterschiede gibt es bei dem Wert von `responseXML`.

In Firefox gibt es keine textliche Repräsentation, im Internet Explorer wird Text in eckige Klammern eingeschlossen und schließlich ist Text bei Safari nicht definiert. Der Grund für die Unterschiede liegt darin, dass das Skript versucht, ein Objekt in Textform zu übersetzen. Das Ergebnis ist nicht definiert und deshalb generieren verschiedene Browser unterschiedliche Repräsentationen. Für den XML-DOM-Knoten müssen Sie XML-Operationen verwenden.

2.3   Das Factory-Pattern anwenden

Mit dem *Factory*-Pattern (Erich Gamma u. a., *Design Patterns: Elements of Reusable Object-Oriented Software*, Boston, MA: Addison-Wesley Professional, 1995, S. 107)

wird ein Typ (eine Klasse) instanziert. In C# oder Java wird der zu instanzierende Typ als Interface manipuliert. Das *Factory*-Pattern wird von einem Client aufgerufen, um eine Klasse zu instanzieren, die das Interface implementiert. Der entsprechende Code sieht folgendermaßen aus:

```
public interface MyInterface {
    void SomeMethod ();
}

class MyClass : MyInterface {
    public void SomeMethod() { }
}

class MyAnotherClass : MyInterface {
    public void SomeMethod() { }
}

public class Factory {
    public static MyInterface Create() {
        return new MyClass();
    }
}
```

Dieser Code enthält ein einziges Interface (`MyInterface`) und zwei Klassen (`MyClass` und `MyAnotherClass`), die beide dieses Interface implementieren. Wenn ein Client eine der beiden Implementierungen verwenden will, instanziert er `MyClass` oder `MyAnotherClass` nicht direkt, sondern ruft eine entsprechende Methode auf. In diesem Beispiel ist die Methode `Factory.Create` dafür verantwortlich, `MyClass` oder `MyAnotherClass` zu instanzieren. Die Methode `Factory.Create` bietet den Vorteil, dass die Methodenimplementierung entscheiden kann, ob `MyClass` oder `MyAnotherClass` instanziert wird. Clients müssen sich nicht mit diesen Details befassen. Dadurch kann der Implementierungstyp geändert werden, ohne dass der Code des Clients modifiziert werden muss. Der Client interagiert nur mit dem Interface `MyInterface` und nicht mit den Klassen `MyClass` oder `MyAnotherClass`.

Wie können wir dies auf JavaScript anwenden? Zunächst müssen wir entscheiden, ob wir ein *Factory*-Pattern benutzen müssen, und, falls dies so ist, wie es implementiert werden soll. Erstens ist JavaScript eine dynamische Sprache. Dies bedeutet, sehr einfach ausgedrückt, dass Interface und Implementierung nicht unterschieden werden. In JavaScript ist alles dynamisch; deshalb hängt die Existenz einer Methode davon ab, wann die Methode aufgerufen wird. In JavaScript hat das *Factory*-Pattern den Zweck festzulegen, welcher Typ zur Laufzeit instanziert werden soll. Damit soll gewährleistet werden, dass die aufgerufenen Methoden existieren, wenn das resultierende Objekt referenziert wird.

Dynamische Sprachen haben den Nachteil, dass Sie erst wissen, ob Ihr Code funktioniert, wenn Sie ihn tatsächlich testen.

Es gibt keinen JavaScript-Compiler, der Fehler in Ihrem Code aufdecken könnte. Speziell dadurch wird die Entwicklung mit JavaScript mühsam; denn möglicherweise müssen Sie sich mit einer Reihe von Syntaxfehlern herumschlagen, bis Sie Ihren Quellcode überhaupt testen und debuggen können. Sie sollten daraus jedoch nicht schließen, dass JavaScript eine Umgebung ist, in der Sie die Arbeitsweise Ihres Codes anhand von Ausdrucken verfolgen müssen. Mozilla verfügt über einen sehr ausgefeilten und nützlichen Debugger, mit dem Sie leicht herausfinden können, was Ihr JavaScript-Code tut.

2.3.1 Eine XMLHttpRequest Factory definieren

Zurück zu dem *Factory*-Pattern und der Instanzierung der XMLHttpRequest-Klasse. Das Pattern wird benötigt, weil jeder Browser (beispielsweise Firefox, Internet Explorer und Safari) das XMLHttpRequest-Objekt anders instanziert und das *Factory*-Pattern die einzige Möglichkeit ist, die Entscheidung über die Instanzierung des Objekts zu verbergen.

Wenn Sie im Internet nach »XMLHttpRequest factory« suchen, finden Sie zahlreiche Vorschläge von Techniken, um die Instanzierung von XMLHttpRequest zu abstrahieren. Ich würde Ihnen gerne ein Toolkit oder eine Factory empfehlen, aber dabei gibt es ein Problem. Ein Webbrowser ist standardmäßig ein (ganz oder überwiegend) plattformübergreifender Endbenutzer-Client. Browserübergreifende Anwendungen mit einem umfassenden Toolkit zu erstellen ähnelt der Erstellung eines plattformübergreifenden Toolkits für die Java-Umgebung. Java ist, wie das Web, plattformübergreifend. Dem eine zusätzliche Schicht hinzuzufügen macht die Entwicklung und Distribution von Anwendungen komplizierter. Das Ziel dieses Buches besteht darin, Methoden, Eigenschaften und Objekte zu beschreiben, die browserübergreifend kompatibel sind, und, falls erforderlich, sehr leichtgewichtige Funktionen oder Klassen einzuführen.

Die Instanzierung des XMLHttpRequest-Objekts ist ein Beispiel für die Notwendigkeit, eine leichtgewichtige Funktion einzuführen. Hier ist die Anwendung des *Factory*-Patterns auf XMLHttpRequest:

```
function FactoryXMLHttpRequest() {
   if(window.XMLHttpRequest) {
      return new XMLHttpRequest();
   }
   else if(window.ActiveXObject) {
      var msxmls = new Array(
```

```
            'Msxml2.XMLHTTP.5.0',
            'Msxml2.XMLHTTP.4.0',
            'Msxml2.XMLHTTP.3.0',
            'Msxml2.XMLHTTP',
            'Microsoft.XMLHTTP');
        for (var i = 0; i < msxmls.length; i++) {
            try {
                return new ActiveXObject(msxmls[i]);
            } catch (e) {
            }
        }
    }
    throw new Error("XMLHttpRequest konnte nicht instanziert werden");
}
```

Das *Factory*-Pattern wird als einzelne Methode, `FactoryXMLHttpRequest`, implementiert, die ein XMLHttpRequest-Objekt zurückgibt. Die Methode enthält zwei if-Befehle. Der erste if-Befehl prüft, ob das window.XMLHttpRequest-Objekt existiert. Ist dies der Fall, kann das XMLHttpRequest-Objekt instanziert werden; dies ist höchstwahrscheinlich bei allen Browsern außer dem Microsoft Internet Explorer möglich. Der zweite if-Befehl prüft, ob das window.ActiveXObject existiert, das verwendet wird, wenn es sich bei dem Browser um den Internet Explorer handelt. Wenn das XMLHttpRequest-Objekt für den Internet Explorer instanziert wird, werden mehrere Versionen getestet und instanziert. Falls eine Instanzierung keinen Erfolg hat, wird eine Ausnahme generiert und von dem try...catch-Block abgefangen. Falls der if-Befehl insgesamt scheitert oder die XMLHttpRequest-Klasse nicht instanziert werden kann, gibt die Funktion nicht null zurück, sondern löst eine Ausnahme aus.

Eine Ausnahme auszulösen ist wichtig, damit der Entwickler feststellen kann, wo im Skript das Problem aufgetreten ist. Viele Entwickler neigen dazu, einen null-Wert zurückzugeben, aber dies wäre eine falsche Antwort. Wenn ein Skript die FactoryXMLHttpRequest-Methode aufruft, erwartet es die Rückgabe einer Instanz von XMLHttpRequest. Falls keine Instanz zurückgegeben werden kann, liegt ein Fehler vor, und es muss eine Ausnahme generiert werden.

2.3.2 Die Ajax-Anwendung mit einer Factory umschreiben

In diesem Abschnitt wird die weiter oben gezeigte minimale Ajax-Anwendung so umgeschrieben, dass sie die FactoryXMLHttpRequest-Methode benutzt, damit alle Browser die Ajax-Anwendung ausführen können. Die umgeschriebene HTML-Seite sieht folgendermaßen aus:

```
<html><head>
<title>Sample Page</title>
```

```
</head>
<script language="JavaScript" src="/lib/factory.js"></script>
<script language="JavaScript" type="text/javascript">
var xmlhttp = FactoryXMLHttpRequest();

function GetIt(url) {
   if(xmlhttp) {
      xmlhttp.open('GET', url, false);
      xmlhttp.send(null);
      document.getElementById('result').innerHTML = xmlhttp.response-
Text;
   }
}
</script>
</head>
<body>
<button onclick="GetIt('/cgross/books.xml')">Get a document</button>
<p><table border="1">
   <tr><td>Dokument</td><td><span id="result">No Result</span></td></tr>
</table></p>
</body>
</html>
```

Die umgeschriebene Seite lädt die XMLHttpRequest-*Factory*-Pattern-Implementierung mit einem script-Tag und weist dem Attribut src den Namen der Datei zu, die die *Factory*-Pattern-Implementierung enthält. Um das XMLHttpRequest-Objekt zu instanzieren und der Variablen xmlhttp zuzuweisen, wird dann die Funktion FactoryXMLHttpRequest aufgerufen. Der restliche Code ist mit dem vorangegangenen Beispiel identisch, weil die Methoden von XMLHttpRequest unabhängig vom Browser identisch sind.

2.4 Asynchrone Anfragen stellen

In den Ajax-Beispielen wurde das XMLHttpRequest-Objekt synchron eingesetzt. Das bedeutet: Nachdem der Browser send aufgerufen hat, unterbricht er die Verarbeitung anderer Nachrichten und wartet auf eine Antwort. Um zu zeigen, dass der Browser gesperrt ist, während er synchrone Anfragen verarbeitet, soll die vorangehende Ajax-Anwendung eine Seite von einem Server abrufen, der zehn Sekunden wartet, bevor er den Inhalt zurückgibt. Hier ist der entsprechende ASP.NET-Quellcode (in diesem Buch werden sowohl Java als auch ASP.NET berücksichtigt):

```
<%@ Page Language = "C#" %>
<html>
<head>
```

```
<title>Hängende Seite</title>
</head>
<body>
   <%
     System.Threading.Thread.Sleep(10000);
   %>
   Hallo, nach zehn Sekunden Schlaf!
</body>
</html>
```

Das ASP.NET-Beispiel ist in der Programmiersprache C# geschrieben. Der einzelne Befehl `System.Threading.Thread.Sleep` veranlasst den aktuellen Thread auf dem Server zu einer Pause von zehn Sekunden; das bedeutet, dass der Browser zehn Sekunden wartet, bevor er den Inhalt zur Verfügung stellt.

Wenn die vorangegangene Ajax-Anwendung entsprechend modifiziert und die Schaltfläche angeklickt wird, um die hängende Seite abzurufen, sieht der Browser für einige Momente ähnlich wie das Beispiel aus Abbildung 2.5 aus.

In Abbildung 2.5 bleibt die angeklickte Schaltfläche niedergedrückt, weil sie auf die Rückgabe des Inhalts wartet. Während der Browser wartet, kann der Anwender nicht zu einer anderen Registerkarte wechseln, um andere HTTP-Anfragen zu verarbeiten. Ein hängender Browser ist ein Problem und kann das Arbeiten mit Ajax für den Anwender sehr frustrierend machen.

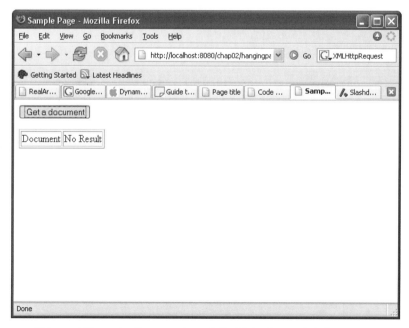

Abb. 2.5: Hängender Browser, der auf die Rückgabe von Inhalten wartet

Die Lösung besteht darin, eine asynchrone Ajax-XMLHttpRequest-Anfrage zu verwenden. Eine asynchrone Anfrage blockiert den Browser nicht, und der Anwender könnte weiter klicken oder andere Registerkarten des Browsers benutzen. Der folgende Quellcode schreibt die einfache Ajax-Anwendung so um, dass sie eine asynchrone Anfrage benutzt:

```html
<html>
<head>
<title>Sample Page</title>
</head>
<script language="JavaScript" src="/lib/factory.js"></script>
<script language="JavaScript" type="text/javascript">
var xmlhttp = FactoryXMLHttpRequest();

function AsyncUpdateEvent() {
   switch(xmlhttp.readyState) {
   case 0:
      document.getElementById('status').innerHTML = "uninitialized";
      break;
   case 1:
      document.getElementById('status').innerHTML = "loading";
      break;
   case 2:
      document.getElementById('status').innerHTML = "loaded";
      break;
   case 3:
      document.getElementById('status').innerHTML = "interactive";
      break;
   case 4:
      document.getElementById('status').innerHTML = "complete";
      document.getElementById('result').innerHTML = xmlhttp.response-
Text;
      break;
   }
}

function GetIt(url) {
   if(xmlhttp) {
      xmlhttp.open('GET', url, true);
      xmlhttp.onreadystatechange = AsyncUpdateEvent;
      xmlhttp.send(null);
   }
}
</script>
</head>
```

```
<body>
<button onclick="GetIt('/chap02/serverhang.aspx')">Get a document</but-
ton>
<p><table border="1">
   <tr>
      <td>Dokument</td>
      <td><span id="status">No Result</span></td>
      <td><span id="result">No Result</span></td>
   </tr>
</table></p>
</body>
</html>
```

Diese Variante enthält mehrere neue Elemente, die mit den technischen Aspekten des asynchronen Ladens von Inhalten zu tun haben. Beginnen wir mit der Funktion `GetIt`. Die Implementierung von `GetIt` ähnelt den vorangegangenen Ajax-Beispielen, außer dass der dritte Parameter der Methode `open` jetzt den Wert `true` hat, um anzuzeigen, dass die Anfrage asynchron erfolgen soll. Dies bedeutet: Wenn die Methode `send` aufgerufen wird, sendet sie die Anfrage, startet einen weiteren Thread, um auf die Antwort zu warten, und kehrt sofort zurück.

Wenn `XMLHttpRequest` asynchron arbeitet, erhält der Aufrufer ein Feedback über den Status der Anfrage. Das Feedback ist in der Eigenschaft `onreadystatechange` enthalten. Es ist wichtig, diese Feedback-Eigenschaft vor dem Aufruf von `send` zu setzen, weil `onreadystatechange` zurückgesetzt wird, wenn die Anfrage beendet ist. Dies lässt sich beispielsweise aus dem Quellcode der Mozilla-basierten Browser ablesen.

Der Eigenschaft `onreadystatechange` wird die Funktion `AsyncUpdateEvent` zugewiesen. Die Implementierung von `AsyncUpdateEvent` enthält einen `switch`-Befehl, der den Status der Anfrage testet. Wenn eine asynchrone Anfrage gestellt wird, kann das Skript mit der Ausführung von anderem Code fortfahren.

Dies könnte Probleme verursachen, wenn das Skript versucht, die Ergebnisse der Anfrage zu lesen, bevor die Anfrage abgeschlossen ist. Mit der Eigenschaft `readyState` können Sie den Fortschritt der HTTP-Anfrage abfragen. Die Eigenschaft `readyState` kann einen von fünf Werten annehmen, die jeweils einen Anfragestatus repräsentieren:

- 0: Das `XMLHttpRequest`-Objekt befindet sich in einem inkonsistenten Zustand und die Ergebnisdaten sollten nicht referenziert werden.
- 1: Eine Anfrage ist in Bearbeitung, und die Ergebnisdaten sollten nicht abgerufen werden.
- 2: Die Anfrage hat die Ergebnisdaten heruntergeladen und stellt sie zur Referenzierung bereit.

- 3: Das Skript kann mit dem `XMLHttpRequest`-Objekt interagieren, auch wenn die Daten nicht komplett geladen sind.
- 4: Die Anfrage und die Ergebnisdaten wurden komplett heruntergeladen und als Objektmodell geladen.

Die Zustände der Anfrage scheinen anzuzeigen, dass es möglich ist, verschiedene Eigenschaften in verschiedenen Zuständen zu manipulieren. Das Problem ist, dass nicht alle Browser dieselben Eigenschaftszustände mit denselben Zustandscodes unterstützen. Die einzige plattformübergreifende Lösung besteht darin, die `XMLHttpRequest`-Ergebniseigenschaften (`status`, `statusText`, `responseText` und `responseXML`) abzurufen, wenn der Anfragezustand den Wert 4 hat. In diesem Anfragezustand können Sie sicher sein, dass die Ergebniseigenschaften einen gültigen Wert enthalten.

Wenn eine asynchrone Ajax-Anwendung ausgeführt wird, wird die Anfrage gestellt, der Browser aber nicht gesperrt. Sie können die Schaltfläche anklicken, einen weiteren Browser öffnen oder zu einer anderen Website surfen. Nachdem die zehn Sekunden abgelaufen sind, sollte die generierte HTML-Seite der Seite aus Abbildung 2.6 ähneln.

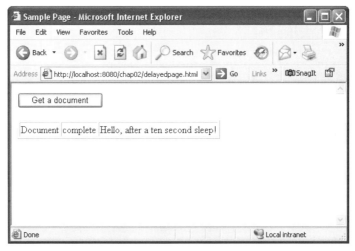

Abb. 2.6: HTML-Seite, die mit einer asynchronen `XMLHttpRequest`-Anfrage generiert wird

Der asynchrone Ansatz löst das Problem des hängenden Browsers. Die Ajax-Anwendung könnte mit der Verarbeitung anderer Daten fortfahren; tatsächlich könnten auch noch andere Anfragen gestellt werden.

Was fehlt, ist eine Fortschrittsanzeige. Sie wissen nicht, ob alles funktioniert, wenn Sie die Schaltfläche anklicken. Es sollte irgendwie angezeigt werden, dass etwas passiert.

Ein weiteres Problem besteht darin, dass einige Browser die Ergebnisse der XML-HttpRequest-Anfrage zwischenspeichern. Dieses Problem ist bereits sehr alt, weil eine Zwischenspeicherung zu unvorhersagbarem Verhalten führen kann; und die Zwischenspeicherung erfolgt selbst dann noch, wenn die Ajax-HTML-Seite erneut geladen wird.

2.5 XMLHttpRequest praktisch nutzen

Die Implementierung des *Factory*-Patterns, mit dem die Instanzierung von XMLHttpRequest abstrahiert wurde, war ein guter erster Schritt. Eine asynchrone Anfrage zu verwenden ist ein guter zweiter Schritt, weil er die Ajax-Erfahrung verbessert; aber andere Probleme bleiben – etwa das Benutzer-Feedback oder Sicherheitsfragen, die mit der Same Origin Policy zusammenhängen.

2.5.1 Einen asynchronen Aufrufmechanismus implementieren

JavaScript, das in einem Webbrowser ausgeführt wird, ist keine multithreaded Programmiersprache. Deshalb kann kein Thread instanziert werden, der Daten verarbeitet, während die Haupt-Ajax-Anwendung ausgeführt wird. Ein asynchrones XMLHttpRequest-Objekt zu verwenden kann als eine Art von Multithreading aufgefasst werden, weil die Anwendung weiter ausgeführt werden kann, während sie auf eine Antwort wartet. Asynchrone Programmierung bedeutet, ereignisgesteuerten Code zu schreiben, und dies erfordert eine andere Methode der Programmierung mit JavaScript. Doch Code in JavaScript zu schreiben ist nicht damit vergleichbar, Code in einer objektorientierten Sprache zu schreiben. JavaScript ist mehr oder weniger eine prozedurale Sprache mit einigen handgestrickten Erweiterungen, die ihr ein objektorientiertes Flair verleihen.

Die modifizierte Ajax-Anwendung

In diesem Abschnitt werde ich die Ajax-Beispielanwendung erneut modifizieren. Diesmal werde ich eine Schaltfläche hinzufügen, die eine weitere Anfrage auslöst. Um die asynchrone Programmierung zu illustrieren, sollen zwei Anfragen simultan gestellt werden. Eine Anfrage soll die Daten sofort, die andere soll die Seite mit zehn Sekunden Verzögerung zurückgeben. Hier ist der modifizierte HTML-Code:

```
<html>
<head>
<title>Sample Page</title>
</head>
<script language="JavaScript" src="/lib/factory.js"></script>
<script language="JavaScript" src="/lib/asynchronous.js"></script>
<script language="JavaScript" type="text/javascript">
```

```
function AsyncUpdateEvent(status, statusText, responseText, responseXML) {
    document.getElementById('httpcode').innerHTML = status;
    document.getElementById('httpstatus').innerHTML = statusText;
    document.getElementById('result').innerHTML = responseText;
    document.getElementById('xmlresult').innerHTML = responseXML;
}

function AsyncUpdateEvent2(status, statusText, responseText, responseXML) {
    document.getElementById('httpcode2').innerHTML = status;
    document.getElementById('httpstatus2').innerHTML = statusText;
    document.getElementById('result2').innerHTML = responseText;
    document.getElementById('xmlresult2').innerHTML = responseXML;
}

var asynchronous = new Asynchronous();
asynchronous.complete = AsyncUpdateEvent;
var asynchronous2 = new Asynchronous();
asynchronous2.complete = AsyncUpdateEvent2;

</script>
</head>
<body>
<button onclick="asynchronous.call('/chap02/serverhang.aspx')">
Get a document</button>
<button onclick="asynchronous2.call('/cgross/books.xml')">
Dokument2 abrufen</button>
<p><table border="1">
    <tr><td>Dokument</td>
        <td><span id="httpcode">No Http Code</span></td>
        <td><span id="httpstatus">No Http Status</span></td>
        <td><span id="result">No Result</span></td>
        <td><span id="xmlresult">No XML Result</span></td>
    </tr>
    <tr><td>Dokument</td>
        <td><span id="httpcode2">No Http Code</span></td>
        <td><span id="httpstatus2">No Http Status</span></td>
        <td><span id="result2">No Result</span></td>
        <td><span id="xmlresult2">No XML Result</span></td>
    </tr>
</table></p>
</body>
</html>
```

Wir wollen den HTML-Code von oben nach unten durchgehen. Unmittelbar nach dem head-Element stehen drei script-Tags. Die ersten beiden referenzieren die

Dateien `factory.js` und `asynchronous.js`. Die Datei `factory.js` enthält die XMLHttpRequest-Factory für die Instanziierung. Die Datei `asynchronous.js` ist neu. Sie enthält den Code für die asynchronen HTTP-Anfragen. Im Moment sollten Sie die Details dieser Datei ignorieren und einfach annehmen, dass es sich um eine Blackbox handelt, die funktioniert. Das letzte `script`-Tag enthält den Java-Script-Code zur Aktualisierung der HTML-Seite.

Der JavaScript-Code enthält zwei ähnliche, aber nicht identische Funktionen: `AsyncUpdateEvent` und `AsyncUpdateEvent2`. Jede dieser Funktionen aktualisiert eine Zeile der HTML-Tabelle und wird aufgerufen, wenn die HTTP-Anfrage abgeschlossen ist.

In der Mitte des HTML-Codes gegen Ende des letzten `script`-Tags werden zwei Objekte, `asynchronous` und `asynchronous2`, vom Typ `Asynchronous` instanziert, der die Funktionalität einer asynchronen XMLHttpRequest-Anfrage einkapselt. Über ihre Eigenschaft `complete` werden die beiden Objekte mit den Funktionen `AsyncUpdateEvent` bzw. `AsyncUpdateEvent2` verbunden. Wenn die Schaltflächen `Asynchronous.call` aufrufen, wird eine HTTP-GET-Anfrage abgesetzt. Wenn die Anfrage fertig ist, ruft das betreffende `Asynchronous`-Objekt die Funktion in seiner `complete`-Eigenschaft (also `AsyncUpdateEvent` bzw. `AsyncUpdateEvent2`) mit den abgerufenen Daten auf. In dem Beispiel-HTML-Code werden zwei `Asynchronous`-Objekte instanziiert, so dass simultan zwei HTTP-Anfragen ausgeführt werden können.

Die Klasse Asynchronous

Die Klasse `Asynchronous` ist eine JavaScript-Klasse, die die XMLHttpRequest-Funktionalität einkapselt. Der Anwender einer Klasse muss ihr spezielle Eigenschaften zuweisen, um Feedback über den Status einer Anfrage zu erhalten. In der modifizierten Ajax-Anwendung wurden der Eigenschaft `complete` die Funktionen `AsyncUpdateEvent` und `AsyncUpdateEvent2` zugewiesen, um die Daten zu verarbeiten, die von den Anfragen zurückgegeben werden.

Die Datei `asynchronous.js` enthält die Implementierung dieser Klasse:

```
function Asynchronous() {
    this._xmlhttp = new FactoryXMLHttpRequest();
}

function Asynchronous_call(url) {
    var instance = this;
    this._xmlhttp.open('GET', url, true);
    this._xmlhttp.onreadystatechange = function() {
        switch(instance._xmlhttp.readyState) {
        case 1:
```

```
                instance.loading();
                break;
            case 2:
                instance.loaded();
                break;
            case 3:
                instance.interactive();
                break;
            case 4:
                instance.complete(
                    instance._xmlhttp.status,
                    instance._xmlhttp.statusText,
                    instance._xmlhttp.responseText,
                    instance._xmlhttp.responseXML);
                break;
        }
    }
    this._xmlhttp.send(null);
}

function Asynchronous_loading() {
}
function Asynchronous_loaded() {
}
function Asynchronous_interactive() {
}
function Asynchronous_complete(status, statusText, responseText, respon-
seHTML) {
}

Asynchronous.prototype.loading = Asynchronous_loading;
Asynchronous.prototype.loaded = Asynchronous_loaded;
Asynchronous.prototype.interactive = Asynchronous_interactive;
Asynchronous.prototype.complete = Asynchronous_complete;

Asynchronous.prototype.call = Asynchronous_call;
```

Wenn Sie in JavaScript eine Klasse deklarieren wollen, müssen Sie eine Funktion mit dem Namen der Klasse deklarieren. Die deklarierte Funktion wird als *Konstruktor* bezeichnet. Für die Klasse Asynchronous würden Sie eine Funktion mit dem Bezeichner Asynchronous deklarieren. Wenn eine Klasse mit dem Schlüsselwort new instanziert wird, ist das erstellte Objekt leer, oder einfacher ausgedrückt: Es hat keine Methoden oder Eigenschaften.

Mit der `prototype`-Eigenschaft können Sie Standardeigenschaften und -methoden definieren. Jede so definierte Methode und Eigenschaft ist allen Instanzen (Objekten) dieses Typs (dieser Klasse) gemeinsam. Die Klasse `Asynchronous` verfügt über vier Methoden: `loading`, `loaded`, `interactive` und `complete`. Sie werden aufgerufen, wenn die asynchrone Anfrage ihren Status aktualisiert. Standardmäßig tun diese Status-Methoden nichts, sondern dienen nur als Platzhalter, damit keine Ausnahmen generiert werden. Würde die `prototype`-Eigenschaft nicht verwendet und würden die Methoden im Konstruktor zugewiesen, hätte jede Instanz ihre eigene Kopie einer Funktion.

Wenn die Klasse `Asynchronous` instanziert wird, wird ein Objekt mit fünf Methoden erstellt. Das Objekt muss mit dem Schlüsselwort `this` referenziert werden. Die Klasse `Asynchronous` verfügt über ein Datenelement namens `_xmlhttp`. In dem `Asynchronous`-Konstruktor wird diesem Element mit der Factory-Funktion `FactoryXMLHttpRequest` ein `XMLHttpRequest`-Objekt zugewiesen. Dies bedeutet, dass jedes `Asynchronous`-Objekt über ein eigenes `XMLHttpRequest`-Objekt verfügt.

Die Querverbindung zwischen der `Asynchronous`-Klasse und dem HTML-Code wird hergestellt, indem der Klassenmethode `complete` die Methode `AsyncUpdateEvent` bzw. `AsyncUpdateEvent2` zugewiesen wird. Wenn eine asynchrone Anfrage abgeschlossen ist, wird die Eigenschaftsmethode `complete` aufgerufen, die wiederum die Funktion `AsyncUpdateEvent` bzw. `AsyncUpdateEvent2` aufruft. Das Client-Skript führt eine asynchrone Anfrage mit der Methode `call` aus.

Das Problem mehrerer Anfragen und mehrerer Callbacks

Bevor ich die Funktion `Asynchronous_call` beschreibe, muss ich erklären, welches Problem mit dieser Funktion gelöst wird. In dem vorangegangenen Abschnitt wird der Eigenschaft `onreadystatechange` eine Funktion zugewiesen. Dadurch wird es möglich abzufragen, wann die Ergebnisdaten zur Verfügung stehen. In dem ersten Beispiel für eine asynchrone `XMLHttpRequest`-Anfrage wurde der Eigenschaft `onreadystatechange` eine globale Funktion zugewiesen. Nehmen Sie jetzt an, Sie wollten mehrere Anfragen erstellen. Zu diesem Zweck müssten Sie mehrere `XMLHttpRequest`-Objekte erstellen, denen jeweils eigenen Funktionen zugewiesen wären. Effizienter wäre es, objektorientierte Prinzipien und das Schlüsselwort `this` zu verwenden.

Betrachten Sie den folgenden Quellcode, der korrekt zu sein scheint, aber nicht korrekt funktioniert:

```
function AsyncUpdateEvent() {
   window.alert("Who's calling (" + this.myState + ")");
}
```

Kapitel 2
Die Grundlagen von Ajax

```
function GetIt(xmlhttp, url) {
   if(xmlhttp) {
      xmlhttp.open('GET', url, true);
      xmlhttp.onreadystatechange = AsyncUpdateEvent;
      xmlhttp.send(null);
   }
}

var xmlhttp1 = FactoryXMLHttpRequest();
xmlhttp1.myState = "xmlhttp1";
var xmlhttp2 = FactoryXMLHttpRequest();
xmlhttp2.myState = "xmlhttp2";

GetIt(xmlhttp1, '/chap02/serverhang.aspx');
GetIt(xmlhttp2, '/cgross/books.xml');
```

Die Funktionen GetIt und AsyncUpdateEvent ähneln denen aus den vorangegangenen Beispielen, in denen asynchrone Funktionenaufrufe gemacht wurden. Neu in der Funktion GetIt ist der zusätzliche Parameter xmlhttp. Er wurde hinzugefügt, damit mehrere XMLHttpRequest-Objekte mit GetIt verwendet werden können. Die Variablen xmlhttp1 und xmlhttp2 repräsentieren zwei verschiedene XMLHttpRequest-Objekte, die beide über ein eigenes Datenelement myState verfügen. Um zwei separate HTTP-Anfragen zu stellen, wird GetIt zweimal mit verschiedenen XMLHttpRequest-Objekten und verschiedenen URLs aufgerufen.

Wenn die asynchrone XMLHttpRequest-Anfrage zurückkehrt, wird die Funktion AsyncUpdateEvent aufgerufen. Da diese Funktion xmlhttp1 oder xmlhttp2 zugewiesen wurde, sollte das Schlüsselwort this in der Implementierung der Funktion funktionieren. Tatsächlich ist jedoch die Referenz this.myState in der Funktion nicht definiert; deshalb weiß die Funktion AsyncUpdateEvent nicht, welchem XMLHttpRequest-Objekt sie zugewiesen ist.

Ein Lösung wäre, zwei Callback-Funktionen, AsyncUpdateEvent und AsyncUpdateEvent2, zu erstellen und sie separat den Objekten xmlhttp1 bzw. xmlhttp2 zuzuweisen. Die Funktion GetIt müsste aktualisiert werden, um einen zusätzlichen Parameter entgegenzunehmen, der die Callback-Funktion repräsentiert, in der die Anfrageergebnisse verarbeitet werden sollen. Zwei Callback-Funktionen zu erstellen würde funktionieren, wäre aber nicht sehr elegant; und für drei unabhängige Anfragen müssten Sie drei Callbacks erstellen. Das eigentliche Problem besteht darin, dass JavaScript hier seine objektorientierten Eigenschaften verloren hat. Wir brauchen eine Lösung, um ein XMLHttpRequest-Objekt mit einem Callback zu verbinden. Dies ist Thema des nächsten Abschnitts.

Die Magie der Klasse Asynchronous

Betrachten wir, wie die Klasse Asynchronous das Objekt-Callback-Problem löst. Hier ist noch einmal der einschlägige Code:

```
function Asynchronous_call(url) {
   var instance = this;
   this._xmlhttp.open('GET', url, true);
   this._xmlhttp.onreadystatechange = function() {
      switch(instance._xmlhttp.readyState) {
      case 1:
         instance.loading();
         break;
      case 2:
         instance.loaded();
         break;
      case 3:
         instance.interactive();
         break;
      case 4:
         instance.complete(
         instance._xmlhttp.status,
         instance._xmlhttp.statusText,
         instance._xmlhttp.responseText,
         instance._xmlhttp.responseXML);
         break;
      }
   }
   this._xmlhttp.send(null);
}
```

Asynchronous_call ist wegen der prototype-Definition mit einem Asynchronous-Objekt verbunden. Deshalb wird, wenn der HTML-Code asynchronous.call aufruft, die Funktion Asynchronous_call aufgerufen und this referenziert die instanzierte Klasse (das Objekt). Die Variable this._xmlhttp ist ein XMLHttpRequest-Objekt, und der Eigenschaft onreadystatechange muss eine Funktion zugewiesen werden. JavaScript hat eine Eigenart: Wenn einer Eigenschaft ein Wert der Form this.somefunction zugewiesen wird, wird der Eigenschaft eine Funktion zugewiesen und nicht eine Funktion, die mit einem Klassenobjekt verbunden ist; dies wurde mit dem Code demonstriert, der aussah, als würde er funktionieren, es aber nicht tat.

Wenn die Methode Asynchronous_call aufgerufen wird, referenziert die Variable this ein Asynchronous-Objekt. Dabei verbindet JavaScript eine Funktion mit

Kapitel 2
Die Grundlagen von Ajax

einem Objekt. Logischerweise sollte dann, wenn der Eigenschaft onreadystate-change eine Funktion zugewiesen wird, die mit einem Asynchronous-Objekt verbunden ist, die Variable this bei einem Callback ein Asynchronous-Objekt referenzieren. Abbildung 2.7 zeigt, dass kein Asynchronous-Objekt referenziert wird.

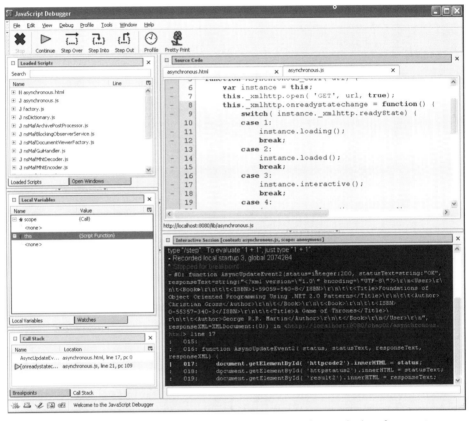

Abb. 2.7: Debugger, der zeigt, dass eine Funktion kein Klassenobjekt referenziert

Der Debugger aus Abbildung 2.7 wird mit Mozilla geliefert. Im mittleren Fenster auf der linken Seite wird die Variable this gezeigt. Das Überwachungsfenster zeigt, dass this kein Objekt referenziert, sondern eine einfache ScriptFunction enthält. Dies bedeutet, dass bei der Verwendung als Callback die Referenz auf das Objekt verloren geht, auch wenn die ursprüngliche Funktion mit einem Asynchronous-Objekt verbunden war.

Eine Lösung könnte darin bestehen, in einem Array Querverweise zwischen einer Anfrage in dem zugehörigen Asynchronous-Objekt zu speichern und dieses Array bei Bedarf abzufragen, um eine Anfrage zu identifizieren. Eine solche Lösung wäre kompliziert und müsste mit einem globalen Array arbeiten.

Die bessere Lösung besteht nicht aus einem komplexen Querverweis-Algorithmus, sondern in der Anwendung eines speziellen Implementierungsdetails von JavaScript. Betrachten Sie noch einmal den folgenden Ausschnitt der Implementierung von `Asynchronous_call`:

```
function Asynchronous_call(url) {
    var instance = this;
    this._xmlhttp.open('GET', url, true);
    this._xmlhttp.onreadystatechange = function() {
        switch(instance._xmlhttp.readyState) {
```

Zunächst wird die Variable `this` der Variablen `instance` zugewiesen. Die Zuweisung ist wichtig, weil es sich um eine Variable handelt, die von JavaScript kontrolliert wird. Dann wird der Eigenschaft `onreadystatechange` eine dynamische anonyme Funktion zugewiesen. Eine anonyme Funktion ist eine Funktion ohne einen Bezeichner, die nur über eine Signatur und eine Implementierung verfügt. Wenn eine anonyme Funktion im Kontext einer anderen Funktion definiert wird, können in der anonymen Funktion Variablen referenziert werden, die in der übergeordneten Funktion definiert sind. Dies bedeutet, dass die Variable `instance` in der anonymen Funktion referenziert werden kann. Dies ist aus folgendem Grund wichtig: Wenn die anonyme Funktion aufgerufen wird, hat der Aufrufer von `Asynchronous_call` die Funktion bereits wieder verlassen und tut etwas anderes. Dennoch steht die lokale Variable `instance` immer noch zur Verfügung, weil JavaScript eine Referenz sieht und die Variable deshalb so lange nicht der Garbage Collection unterzieht, bis das `this._xmlhttp`-Objekt selbst zerstört wird.

In dem HTML-Code werden der `Asynchronous`-Eigenschaft `complete` die Funktionen `AsyncUpdateEvent` und `AsyncUpdateEvent2` zugewiesen. Wenn eine dieser Funktionen aufgerufen wird, referenziert `this` ein gültiges `Asynchronous`-Objekt. Auch der Code, der `myState` referenziert, sollte jetzt funktionieren. Ein Blick auf den HTML-Code zeigt, dass `this` von `AsyncUpdateEvent` die Variable `asynchronous` und `this` von `AsyncUpdateEvent2` die Variable `asynchronous2` referenziert. Abbildung 2.8 zeigt, dass die Variable `this` jetzt ein Klassenobjekt referenziert.

Der Debugger aus Abbildung 2.8 zeigt, dass `this` ein `Asynchronous`-Objekt referenziert. In dem HTML-Beispielcode verwenden die Methoden `AsyncUpdateEvent` und `AsyncUpdateEvent2` nicht die Variable `this`, könnten es aber.

Kapitel 2
Die Grundlagen von Ajax

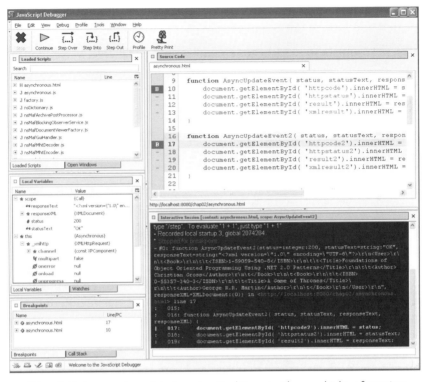

Abb. 2.8: Debugger, der zeigt, dass eine Funktion ein Klassenobjekt referenziert

Jetzt können Sie alles zusammenfügen und den HTML-Code ausführen. Klicken Sie auf die Schaltfläche GET A DOCUMENT und dann auf die Schaltfläche DOKUMENT2 ABRUFEN. Abbildung 2.9 zeigt die generierte HTML-Seite.

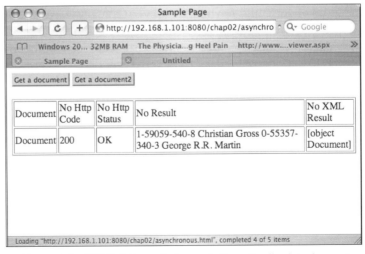

Abb. 2.9: Zustand der HTML-Seite nach dem sofortigen Feedback in der zweiten Zeile

XMLHttpRequest praktisch nutzen

In Abbildung 2.9 enthält die zweite Zeile Daten, die erste dagegen nicht, weil die zweite Zeile ein statisches Dokument referenziert, das sofort heruntergeladen und verarbeitet wird. Die erste Zeile wird noch nicht gefüllt, weil es eine Verzögerung von zehn Sekunden gibt. Nach zehn Sekunden sieht die HTML-Seite ähnlich wie die Seite aus Abbildung 2.10 aus.

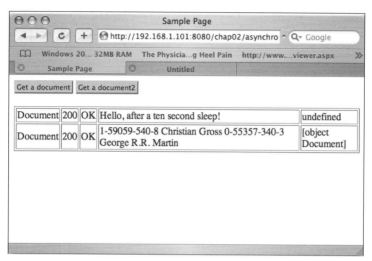

Abb. 2.10: Zustand der HTML-Seite, nachdem alle Anfragen beendet sind

Abbildung 2.10 zeigt die Seite in ihrem Endzustand, in dem beide Zeilen Daten enthalten. Die Verarbeitung erfolgte zu verschiedenen Zeiten, und die beiden Anfragen liefen parallel. Mit der definierten Klasse Asynchronous können mehrere Anfragen gleichzeitig ausgeführt werden.

Feedback von asynchronen Anfragen

Wenn eine HTML-Seite eine asynchrone Anfrage stellt, kehrt die Anfrage sofort zurück, und das JavaScript-Skript erfährt nicht, ob die Anfrage funktioniert hat, sondern muss direkt nach dem Aufruf annehmen, dass die HTTP-Anfrage erfolgreich war. Das Feedback von dem Server an das JavaScript-Skript ist ein *Callback*. Zwischen dem Aufruf und dem Callback können eine Sekunde, zehn Sekunden oder drei Minuten vergehen. Wenn es drei Minuten dauert, wird der Anwender ungeduldig werden, wenn nichts auf der HTML-Seite passiert. Wenn Anwender kein Feedback erhalten, werden sie nervös. Sie glauben, etwas wäre schief gegangen, und klicken die Schaltfläche erneut an. Deshalb ist es wichtig, in irgendeiner Form Feedback zu geben.

Feedback wird mithilfe eines Timers gegeben. Der Timer prüft periodisch den Zustand der HTTP-Anfrage, indem er die readyState-Eigenschaft abfragt. Während der Anwender wartet, wird eine Uhr mit einem sich drehenden Zeiger generiert, oder es wird ein Fortschrittsbalken angezeigt und laufend aktualisiert. Wie Sie das Feedback geben, liegt bei Ihnen, doch auf jeden Falls benötigen Sie dafür einen Timer.

Einmal-Timer Ein Einmal-Timer in JavaScript wartet eine bestimmte Zeitspanne und führt dann JavaScript-Code aus. Bei einem Einmal-Timer gibt es keine Wiederholungen. Ein Einmal-Timer wird mit dem folgenden HTML-Code implementiert:

```html
<html>
<head>
<title>Sample Page</title>
<script language="JavaScript" type="text/javascript">
var counter = 0;

function StartIt() {
    document.getElementById('result').innerHTML = "(" + counter + ")";
    counter ++;
    if(counter <= 10) {
        window.setTimeout("StartIt()", 1000);
    }
}

</script>
</head>
<body>
<button onclick="StartIt()">One Shot Counter</button>
<p><table border="1">
    <tr>
        <td>Counter</td>
        <td><span id="result">No Result</span></td>
    </tr>
</table></p>
</body>
</html>
```

Der Code enthält eine Schaltfläche namens `button`, die beim Anklicken die Funktion `StartIt` aufruft. Diese Funktion generiert Output in dem HTML-Code der Variablen `counter`. Die Variable `counter` ist ein Zähler, der inkrementiert wird. Um den Timer zu starten, muss die Methode `window.setTimeout` aufgerufen werden. Sie startet einen Einmal-Timer, der den JavaScript-Code ausführt, der in ihrem ersten Parameter referenziert wird. Der zweite Parameter repräsentiert die Anzahl von Millisekunden, die vergehen sollten, bevor der JavaScript-Code ausgeführt wird. Dabei muss beachtet werden, dass der auszuführende JavaScript-Code ein textbasiertes Skript ist und keine Variablen referenzieren sollte, die nicht in seinem Geltungsbereich liegen.

Um einen Timer mit Wiederholung zu erstellen, ruft das JavaScript-Skript die Funktion StartIt auf. Dann wird der Timer für jedes Timeout (eine Sekunde) erneut gestartet. Wenn der Zähler den Wert 10 erreicht hat, wird der Timer nicht mehr gestartet.

Periodische Timer Der andere Typ von Timer ist ein periodischer Timer, der alle n Millisekunden ausgeführt wird. Einen periodischen Timer in JavaScript zu verwenden, ähnelt der Anwendung eines Einmal-Timers, außer dass der Methodenaufruf anders erfolgt. Der folgende HTML-Code implementiert einen periodischen Timer:

```
<html>
<head>
<title>Sample Page</title>
<script language="JavaScript" type="text/javascript">
var intervalId;
var counter2 = 0;

function NeverEnding(input) {
    document.getElementById('result').innerHTML =
        "(" + input + ")(" + counter2 + ")";
    counter2 ++;
    if(counter2 > 10) {
        window.clearInterval(intervalId);
    }
}

function StartItNonEnding() {
    intervalId = window.setInterval(NeverEnding, 1000, 10);
}

</script>
</head>
<body>
<button onclick="StartItNonEnding()">Get a document</button>
<p><table border="1">
    <tr>
        <td>Counter</td>
        <td><span id="result">No Result</span></td>
    </tr>
</table></p>
</body>
</html>
```

In diesem Beispiel ruft die Schaltfläche die Funktion `StartItNonEnding` auf, die einen einzigen Methodenaufruf, `window.setInterval`, enthält. Die Methode `setInterval` hat mehrere Varianten. Eine gültige Variante funktioniert wie die Methode `setTimeout`, die Sie weiter vorne kennen gelernt haben. Die Variante in dem HTML-Code verwendet drei Parameter, obwohl nur zwei erforderlich sind. Der erste Parameter referenziert eine Funktion, die bei jedem periodischen Ereignis aufgerufen wird. Der zweite Parameter gibt die Länge der Periode an. Und der dritte Parameter ist ein Argument, das an die Funktion `NeverEnding` übergeben wird. Der dritte Parameter funktioniert nicht im Internet Explorer, wohl aber in anderen Browsern wie Firefox und Safari.

Wie bei dem Einmal-Timer wird der Timer-Output in das HTML-Dokument eingefügt. Der Zähler wird bei jedem Aufruf der Funktion `NeverEnding` inkrementiert. Anders ist, dass `NeverEnding` über einen Parameter verfügt, mit dem eine Instanz des Timers eindeutig identifiziert werden kann. Die Methode `clearInterval` dient dazu, einen periodischen Timer anzuhalten. Der Parameter von `clearInterval` ist die ID des instanzierten Timers, die zurückgegeben wird, wenn die Methode `setInterval` aufgerufen wird.

Dieser HTML-Code generiert den Output, der in Abbildung 2.11 gezeigt wird. Der Wert 10 in der unteren rechten Ecke der HTML-Tabelle ist der Wert, der an die Funktion `NeverEnding` übergeben wird. Der Wert 0 ist der Wert des Zählers.

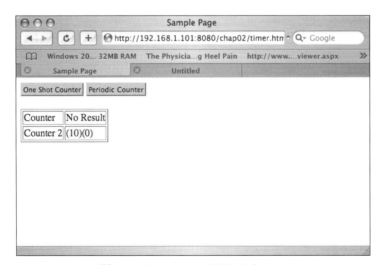

Abb. 2.11: Generiertes HTML-Dokument

2.5.2 Andere Domains als die Serving Domain aufrufen

Wenn eine HTML-Seite von einer Domain heruntergeladen wird, kann das `XMLHttpRequest`-Objekt nur Inhalte dieser Domain herunterladen. Wenn also eine

Seite von devspace.com heruntergeladen wird, können Inhalte nur von devspace.com heruntergeladen werden. Bei dem Versuch, Inhalte von einer anderen Domain herunterzuladen, wird ein Fehler ähnlich dem aus Abbildung 2.12 generiert – unabhängig vom Browser.

Es handelt sich nicht um einen Programmfehler, sondern um eine fehlende Zugriffserlaubnis aufgrund der Same Origin Policy. Ein Zugriffsfehler zeigt Aktionen an, die unter anderen Umständen möglicherweise erlaubt sind. Der Fehler soll dazu dienen, eine websiteübergreifende Verwundbarkeit von Skripts zu vermeiden. Um den Fehler zu beheben, müssen die Zugriffsberechtigungen des Browsers geändert werden.

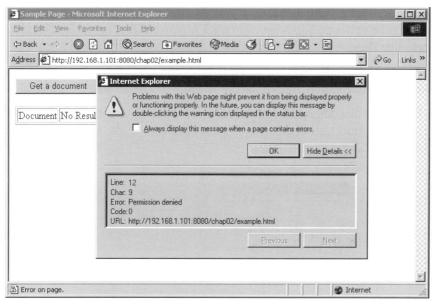

Abb. 2.12: Fehler, der bei dem Versuch generiert wurde, Inhalte von einer anderen Domain zu laden

Bevor Sie erfahren, wie Sie die Zugriffsberechtigungen ändern können, um die Same Origin Policy zu umgehen, müssen Sie diese Richtlinie verstehen. Nehmen wir an, ich wollte ein Dokument von dem Server http://localhost:8080/chap02/factory.html abrufen. Die Same Origin Policy besagt, dass nur Inhalte von ein und demselben Ursprung abgerufen werden können. Der Ursprung wird durch das Protokoll http und den Host localhost mit dem Namen 8080 definiert. Jede Referenz eines Dokuments, bei der einer dieser Werte abweicht, löst einen Zugriffsberechtigungsfehler aus. Dagegen könnte die Datei http://localhost:8080/rest/cgross/books.xml heruntergeladen werden. Die Same Origin Policy soll verhindern, dass andere Websites referenziert werden, da viele Hacker diese Technik für ihre finsteren Absichten verwendet haben.

Apple Safari

Bei dem Apple Safari Browser gibt es das Problem, dass die Same Origin Policy nicht umgangen werden kann. Der Browser verfügt nicht über Präferenzen, mit denen die Vertrauenswürdigkeit einer Website oder Webseite festgelegt werden kann. Als dieses Buch geschrieben wurde, war es auch nicht möglich, eine HTML-Seite zu signieren, um domainübergreifende HTTP-Anfragen zu ermöglichen.

Microsoft Internet Explorer

Der Microsoft Internet Explorer gehört zu den beiden Browsern, die in diesem Buch erwähnt werden und die domainübergreifende HTTP-Anfragen ermöglichen, wenn die entsprechenden Zugriffsberechtigungen gesetzt worden sind. Der Internet Explorer erlaubt den Zugriff nur, wenn die Website als vertrauenswürdig gekennzeichnet wurde. Ein entsprechender Algorithmus sorgt dafür, dass vertrauenswürdige Websites von der Same Origin Policy ausgenommen werden.

Um beispielsweise die Website http://192.168.1.101:8080 als vertrauenswürdig zu kennzeichnen, führen Sie die folgenden Schritte aus:

1. Öffnen Sie den Microsoft Internet Explorer und wählen Sie den Menübefehl EXTRAS|INTERNETOPTIONEN. Das Dialogfeld INTERNETOPTIONEN wird geöffnet (siehe Abbildung 2.13).

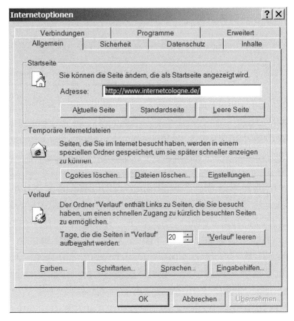

Abb. 2.13: Das Dialogfeld INTERNETOPTIONEN, mit dem eine vertrauenswürdige Website definiert wird

XMLHttpRequest praktisch nutzen

2. Wählen Sie die Registerkarte SICHERHEIT und markieren Sie das Symbol VERTRAUENSWÜRDIGE SITES (siehe Abbildung 2.14).

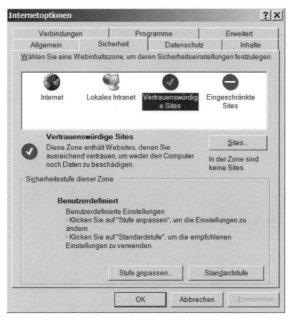

Abb. 2.14: Registerkarte SICHERHEIT und das Symbol VERTRAUENSWÜRDIGE SITES

3. Klicken Sie auf die Schaltfläche SITES, um das Dialogfeld VERTRAUENSWÜRDIGE SITES zu öffnen (siehe Abbildung 2.15).

Abb. 2.15: Das Dialogfeld VERTRAUENSWÜRDIGE SITES zur Definition einer vertrauenswürdigen Website

4. Geben Sie in das obere Textfeld die Website http://192.168.1.101 ein und klicken Sie auf die Schaltfläche HINZUFÜGEN. Das untere Kontrollkästchen (FÜR SITES DIESER ZONE) muss deaktiviert (leer) sein. Die hinzugefügte Website umfasst alle Ports, so dass diese nicht angegeben werden müssen.

Nachdem Sie die vertrauenswürdige Website hinzugefügt haben, können Sie eine domainübergreifende Anfrage ausführen (siehe Abbildung 2.16).

Abb. 2.16: Domainübergreifende HTTP-Anfrage, die http://www.cnn.com abruft

Mozilla Firefox

Mozilla Firefox hat keine Dialogfelder, um vertrauenswürdige Websites zu definieren. Es gibt zwei Lösungen, um domainübergreifende HTTP-Anfragen zu ermöglichen. Der erste besteht darin, signierte HTML-Seiten zu verwenden (http://www.mozilla.org/projects/security/components/jssec.html), was über das Thema dieses Buches hinausgeht. Die zweite Lösung basiert auf einem Programm und wird hier illustriert.

Die Verwendung des Security-Managers wird an vielen Stellen dokumentiert. Ein Beispiel:

```
netscape.security.PrivilegeManager.enablePrivilege('UniversalBrowserRead');
```

Mit dieser Zeile werden domainübergreifende Aufrufe ermöglicht. Doch falls Sie diesen JavaScript-Code ausführen wollen, würde ein Sicherheitsverstoß gemeldet werden, weil Sie noch ein zusätzliches Sicherheitselement aktivieren müssen. Sie können dieses Element zu der Datei [Mozilla- oder Firefox-Installation] \defaults\pref\browser-pref.js oder zu der Anwenderdatei prefs.js hinzufügen. Dieses Sicherheitselement ist folgendermaßen definiert:

```
pref("signed.applets.codebase_principal_support", true);
```

Das Sicherheitselement aktiviert einen Satz von Sicherheitsdeskriptoren, zu denen auch ein Deskriptor für die Same Origin Policy gehört.

Wenn Sie dann die `netscape.security...`-Methode von einer JavaScript-Datei aus aufrufen, erhalten Sie eine Sicherheitswarnung (siehe Abbildung 2.17).

Abb. 2.17: Sicherheitsdeskriptor-Dialogfeld, um domainübergreifende Aufrufe zu ermöglichen

Der Anwender kann jedes Mal, wenn die `netscape.security...`-Methode auf einer HMTL-Seite aufgerufen wird, auf die Schaltfläche ALLOW des Dialogfelds klicken oder das Kontrollkästchen REMEMBER THIS DECISION (Diese Entscheidung merken) aktivieren, um diese Sicherheitsrichtlinie in Zukunft automatisch zu akzeptieren. Nachdem die Richtlinie akzeptiert worden ist, kann die Methode XML-HttpRequest.open mit einem domainübergreifenden URL aufgerufen werden, um die zugehörigen Inhalte herunterzuladen. Es gibt einen Haken: Sicherheitsdeskriptoren sind nur in den Funktionen aktiviert, in denen der Sicherheitsaufruf erfolgt. Dies bedeutet: Sie können nicht eine Funktion definieren, um die Sicherheitsdeskriptoren aufzurufen, und eine weitere Funktion, um die domainübergreifenden Anfragen auszuführen. Beide Aufrufe müssen in derselben Funktion erfolgen.

Wenn Sie alle Anforderungen erfüllt haben, kann der Inhalt wie im Internet Explorer heruntergeladen werden (siehe Abbildung 2.18).

Abb. 2.18: Domainübergreifende HTTP-Anfrage, die `http://www.cnn.com` abruft

2.6 Einige abschließende Überlegungen

Technisch ist das Arbeiten mit dem XMLHttpRequest-Typ einfach, die Konsequenzen dieser Arbeit sind es jedoch nicht. Wenn Sie mit XMLHttpRequest arbeiten, sollten Sie drei Aspekte im Auge behalten: Verwenden Sie ein *Factory*-Pattern, um browserübergreifenden Code zu schreiben; verwenden Sie asynchrone Anfragen, um Sperren des Browsers zu vermeiden; und stellen Sie die Sicherheitsrichtlinien so ein, dass domainübergreifende Aufrufe möglich sind.

Die Verwendung eines *Factory*-Patterns liegt auf der Hand und ist erforderlich. Aber einige stoßen sich an der Forderung, asynchrone Anfragen zu verwenden, weil dann eine Ereignisbehandlung erforderlich ist. Eine suboptimale asynchrone Programmierung kann zu einem erratischen Verhalten einer Ajax-Anwendung führen. Doch ich nehme eher an, dass die meisten Entwickler keine Probleme haben werden, weil sie bereits ereignisgesteuerten GUI-Code geschrieben haben.

Das Sicherheitsproblem wiegt schwerer. Wenn gelehrt wird, wie eine Sicherheitsmaßnahme umgangen werden kann, werden Administratoren oft nervös. Dies liegt nicht an der Sicherheit per se, sondern daran, dass viele Sicherheitsprobleme mit dem Internet zu tun haben. Deshalb könnte es schwierig sein, einen Administrator zur Mitarbeit zu bewegen. Eine Lösung könnte in der Anwendung des *REST-Based Model View Controller*-Patterns liegen (siehe Kapitel 11).

Dieses Kapitel sollte Sie in die Grundlagen einer Ajax-Anwendung und des XMLHttpRequest-Typs einführen. Sie können auf diesem grundlegenden Wissen aufbauen, um kompliziertere Anwendungen zu erstellen.

Kapitel 3

Content Chunking-Pattern

3.1 Zweck

Das *Content Chunking*-Pattern ermöglicht es, eine HTML-Seite inkrementell zu erstellen. Die Logik einer einzelnen HTML-Seite kann verteilt werden, und der Anwender kann über den Zeitpunkt und die Reihenfolge entscheiden, in der Inhalte geladen werden.

3.2 Motivation

In den Anfängen des Webs entwickelten Designer von HTML-Inhalten unvollständige Dokumente. Die unvollständigen Seiten wurden durch die Links in den Dokumenten vervollständigt. Das vollständige Dokument bestand aus der Summe der Seiten in dem Dokumentenbaum.

Sie können sich diese Vorgehensweise folgendermaßen verdeutlichen: Statt wie für ein Buch Inhalte sequenziell aneinanderzureihen, wurden Inhalte für das Web wie Zeitschriftenartikel zusammengefügt. Doch im Gegensatz zu einer Zeitschrift, bei der man eine Seite nach der anderen lesen musste, konnte man im Web einen Link anklicken und zu anderen Inhalten springen. Im Laufe der Zeit gaben immer mehr Websites diese verteilte Webstruktur zugunsten einer streng hierarchischen eigenständigen Struktur auf.

Abbildung 3.1 zeigt ein Beispiel für eine streng hierarchische eigenständige Website.

Die Website aus Abbildung 3.1 ist in zwei Bereiche unterteilt: ein Bereich für die Navigation mit einem blauen Hintergrund (links, hier dunkelgrau) und einen Bereich für die Inhalte mit einem hellbraunen Hintergrund (in der Mitte, hier hellgrau). Wenn ein Anwender einen Navigationslink anklickt, wird der Inhalt geändert. Das Problem bei herkömmlichen Webseiten besteht in diesem Fall darin, dass die gesamte Seite neu geladen wird, auch wenn der Anwender nur an den Inhalten in dem hellbraunen Mittelbereich interessiert ist. Eine Möglichkeit, dieses Problem zu lösen, besteht darin, HTML-Frames zu verwenden, wodurch der Navigationsbereich ein Frame und der Inhaltsbereich ein zweites Frame bildet. Wenn ein Link in dem Navigationsbereich angeklickt wird, wird nur das Frame mit den Inhalten geändert. Es hat sich jedoch im Laufe der Zeit gezeigt, dass Frames das Problem, Inhalte zu laden, zwar individuell lösen, dass sie aber aus der Sicht der Navigation und der Benutzerschnittstelle problematisch sind. Deshalb arbeiten immer weniger Websites mit Frames.

Kapitel 3
Content Chunking-Pattern

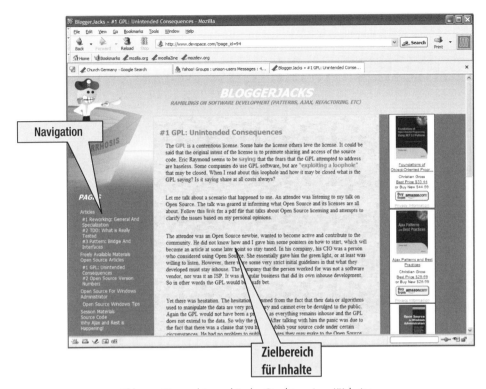

Abb. 3.1: Streng hierarchische Struktur einer Website

Idealerweise sollte ein Website-Entwickler die Inhalte ändern können, die geändert werden müssen, ohne dass die restlichen Inhalte, die gleich bleiben und funktionieren, berührt werden.

3.3 Anwendbarkeit

Verwenden Sie das *Content Chunking*-Pattern in den folgenden Kontexten:

- Wenn aufgrund der Natur der Website die Inhalte einer HTML-Seite nicht bekannt sind. In Abbildung 3.1 gibt es einen Navigationsbereich und einen Inhaltsbereich. Die konkreten Inhalte beider Bereich sind unbekannt, nur ihre Anzeigepositionen sind bekannt.

- Wenn die Inhalte, die heruntergeladen werden müssen, zu groß sind, so dass der Anwender zu lange warten müsste. Beispielsweise ist es nicht akzeptabel, bei einer Suche zu warten, bis alle gefundenen Elemente zu einem Ergebnis zusammengefasst worden sind, weil der Anwender zu lange warten müsste. Bereits gefundene Elemente sollten bereits angezeigt werden, während die Suche fortgesetzt wird.

- Wenn die angezeigten Inhalten nichts miteinander zu tun haben. Yahoo!, MSN und Excite sind Portalanwendungen, die Inhalte nebeneinander mit anderen Inhalten anzeigen, die nichts miteinander gemein haben. Falls die Inhalte aus einer einzigen HTML-Seite generiert werden müssten, müsste die serverseitige Logik einen riesigen Entscheidungsblock enthalten, um die zu ladenden Inhalte auszuwählen. Besser wäre es, jeden Inhaltsblock separat zu behandeln und zu laden.

3.4 Verwandte Patterns

Das *Content Chunking*-Pattern ist ein Kernpattern jeder Ajax-Anwendung. Man könnte sogar sagen, dass es das Wesen von Ajax ausmacht. Dennoch muss der Kontext des *Content Chunking*-Patterns identifiziert und definiert werden. Es wird durch eine spezifische Schrittfolge charakterisiert: generiertes Ereignis, Anfrage, Antwort und Einfügung des Inhalts. Die anderen Patterns in diesem Buch sind ähnlich, weichen aber in Details ab – etwa indem sie eine Anfrage senden und nicht sofort eine Antwort erhalten (beispielsweise das *Persistent Communications*-Pattern).

3.5 Architektur

Die Architektur des *Content Chunking*-Patterns ist relativ einfach. Ein Client ruft einen URL auf. Der Server antwortet mit einigen Inhalten, die von dem Client empfangen und verarbeitet werden. Eine Implementierung des *Content Chunking*-Patterns verläuft immer in den folgenden Schritten:

1. Es wird ein Ereignis generiert; mögliche Auslöser könnten das Anklicken einer Schaltfläche oder das Laden einer HTML-Seite sein.

2. Der Eventhandler ruft eine Funktion auf, die einen URL generiert, der in einer Anfrage an den Server verwendet wird.

3. Der Server empfängt die Anfrage, ordnet ihr einige Inhalte zu und sendet diese dann als Antwort zurück an den Client.

4. Der Client empfängt die Antwort und fügt ihre Inhalte in einen Bereich der HTML-Seite ein.

3.5.1 Den Ablauf einer Webanwendung ordnen

Abbildung 3.1 weiter oben zeigt, dass der streng hierarchische Aufbau einer Website gewisse Vorteile bietet. Aus der Sicht von HTML bedeutet diese Strenge, dass die Inhalte in einem Schritt generiert werden; dadurch können Probleme entstehen. Traditionelle Anwendungen funktionieren anders (siehe Abbildung 3.2).

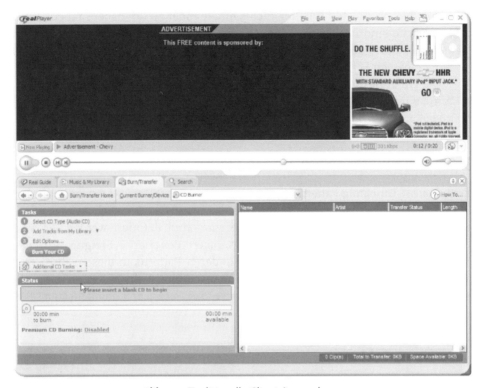

Abb. 3.2: Traditionelle Client-Anwendung

Der RealPlayer aus Abbildung 3.2 ist ein Beispiel für eine traditionelle Client-Anwendung, die neuere HTML-Technologien mit traditionellen Benutzerschnittstellenelementen kombiniert. Wenn der Anwender die Schaltfläche BURN YOUR CD anklickt, brennt RealPlayer eine CD, ohne dass die Anzeige im oberen rechten Bereich der Anwendung beeinflusst wird. Die Logik der Anzeige und die Logik des Brennvorgangs sind strikt getrennt; doch beide benutzen per Design Bereiche desselben Fensters.

In Abbildung 3.3 wird die zugrunde liegende Logik der Webanwendung aus Abbildung 3.1 verdeutlicht.

Die ursprüngliche HTML-Seite aus Abbildung 3.3 enthält Links zu zwei anderen Seiten, die je ein Beispiel für einen Blog- und einen Artikelinhalt repräsentieren. Die Beispielinhalte verfügen über zwei Ausführungsblöcke: Get Navigation und Get Content (1,2). Die Logik, mit der Get Content 1 generiert wird, ist eine andere als die, mit der Get Content 2 generiert wird. Bei einer traditionellen HTML-Seite wird jedes Mal, wenn entweder Get Content 1 oder Get Content 2 ausgeführt wird, auch Get Navigation ausgeführt. Dies bedeutet, dass die Logik von Get Navigation mehrfach dieselben Daten generiert. Man könnte einwenden, dass `Get Navigation` jedes Mal andere Daten generiert (z.B. andere Ordner öffnet), aber tatsächlich werden nur dieselben Daten unterschiedlich formatiert. Kurz gesagt: Es liegt eine inhärente Redundanz der Datengenerierung vor, die vermieden werden sollte.

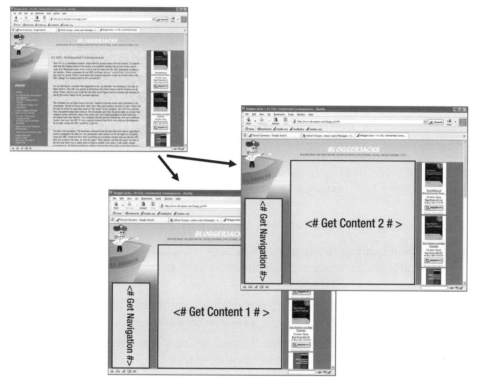

Abb. 3.3: Website-Architektur

Die Lösung besteht darin, die Logik so zu verteilen, dass eine HTML-Seite generiert wird, deren Architektur an Abbildung 3.4 angelehnt ist.

Die HTML-Seite aus Abbildung 3.4 ist das Ergebnis mehrerer Teile serverseitiger Logik. Wenn die Hauptstruktur der HTML-Seite geladen worden ist, ruft das XML-HttpRequest-Objekt die Inhaltsblöcke `Get Navigation`, `Get Content 1` und `Get Content 2` ab. Wann und wie die einzelnen Inhaltsblöcke abgerufen werden, hängt von den Ereignissen und den Links ab, die von den Inhaltsblöcken erstellt werden. Jeder Inhaltsblock ist eine separate Anfrage, die von dem XMLHttpRequest-Objekt gestellt werden muss.

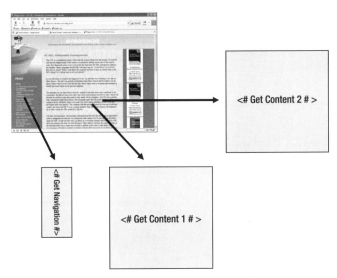

Abb. 3.4: Verbesserte Website-Architektur

Die vorgeschlagene Architektur bietet die folgenden Vorteile:

- Der Client lädt nur das herunter, was notwendig ist, und zwar dann, wann es notwendig ist. Es müssen nur Inhaltsblöcke abgerufen werden, die benötigt werden.
- Die Architektur ist in verschiedene Codeblöcke unterteilt, die in verschiedenen Kontexten dynamisch zusammengestellt werden können.
- Die Architektur ähnelt einem traditionellen Client insofern, als nur Elemente manipuliert werden, die zu dem Ereignis gehören.
- Das übergreifende Look-and-Feel wird nicht beeinflusst, weil die generierten Codeblöcke die entsprechende Zuständigkeit an die übergeordnete HTML-Seite delegieren, die die Inhaltsblöcke abruft.

Abbildung 3.4 zeigt, wie das *Content Chunking*-Pattern zu seinem Namen kam: Eine einzelne HTML-Seite ist die Summe ihrer Inhaltskomponenten, die separat referenziert und geladen werden. (Anmerkung des Übersetzers: *chunk* bedeutet im Englischen *Stück*, *Bruchteil* oder *Komponente*.)

3.5.2 Inhalte mit Inhaltsblöcken definieren

Inhaltsblöcke, die von dem XMLHttpRequest-Objekt referenziert werden, können jede Form annehmen, die sowohl vom Client als auch vom Server verstanden wird. Was der Server sendet, muss vom Client verstanden werden. Die Inhaltsblöcke aus Abbildung 3.4 müssen das HTML-Format haben, weil sie direkt in die HTML-Seite eingefügt werden. HTML ist jedoch nicht das einzige Format, das zwischen Client und Server ausgetauscht werden kann.

In diesem Kapitel werden die folgenden Formate behandelt:

- *HTML:* Der Server kann HTML direkt an den Client senden. Der Client verarbeitet den empfangenen HTML-Code nicht weiter, sondern fügt ihn direkt in die HTML-Seite ein. Dieser Ansatz arbeitet blind, da der Client nicht weiß, was der HTML-Code tut, sondern nur weiß, dass dieser an einer bestimmten Stelle des HTML-Dokuments eingefügt werden soll. HTML-Code direkt in HTML-Dokumente einzufügen ist eine sehr einfache und fehlersichere Methode, um Inhalte zusammenzustellen. Der Client muss keinen Code verarbeiten und nur den Zielbereich der HTML-Inhalte kennen. Falls eine Verarbeitung notwendig sein sollte, könnten die empfangenen Inhalte (falls sie XML-konform sind) auch als instanziertes Objektmodell zur Verfügung stehen. Mit einem solchen Modell können die empfangenen HTML-Inhalte manuell manipuliert werden. HTML-Inhalte, die an den Client gesendet werden, sollten möglichst XHTML-konform oder wenigstens XML-konform sein (XHTML ist eine XML-konforme Variante von HTML.)

- *Bilder (Bilder):* Bilder können nicht direkt übertragen werden, weil sie ein Binärformat haben und das `XMLHttpRequest`-Objekt keine binären Daten verarbeiten kann. Üblicherweise werden Bilder in HTML-Tags referenziert, die übertragen und in das HTML-Dokument eingefügt werden. Dies führt dazu, dass Remote-Bilder geladen werden. Binärdaten können auch heruntergeladen und referenziert werden, wenn sie mit der Base64-Verschlüsselung codiert und decodiert werden. Doch es ist nicht ratsam, binäre Daten direkt zu manipulieren, weil dadurch mehr Probleme entstehen, als gelöst werden.

- *JavaScript:* Der Server kann JavaScript-Code an den Client senden. Dieser Code kann dann vom Client mit dem JavaScript `eval`-Befehl ausgeführt werden, und der Client kann persistente JavaScript-Objekte zur weiteren Verarbeitung an den Server senden. Auf den ersten Blick könnte die Ausführung beliebigen JavaScript-Codes ein Sicherheitsproblem darstellen. Doch normalerweise ist dies kein Problem, weil die JavaScript-Engines in allen Browsern dieselben Ursprungs- und Sandbox-Richtlinien verwenden. Beliebigen JavaScript-Code auszuführen könnte ein Sicherheitsproblem sein, wenn die JavaScript-Engine einen Bug enthielte. JavaScript-Code zu übertragen ist sinnvoll, wenn Logik clientseitig dynamisch hinzugefügt und ausgeführt werden soll, die nicht mit der ursprünglichen HTML-Seite geladen worden ist. Dies ist eine sehr leistungsstarke Methode, die Funktionalität eines Clients zu erweitern, ohne dass dieser davon weiß, etwa wenn ein HTML-Formularelement validiert werden muss. Weil unterschiedliche Anwender unterschiedliche Validierungen benötigen, wäre es nicht sinnvoll, alle Validierungsimplementierungen an den Client zu senden. Eine Lösung könnte darin bestehen, den Anwender entscheiden zu lassen, welches HTML-Formularelement dargestellt werden soll, und dann die Validierung des Formularelements als Inhaltsblock dynamisch herunterzuladen. Seien Sie jedoch vorgewarnt: Die Übertragung von JavaScript-Komponenten könnte Ihre Anwendung anfällig für Hacker machen. Deshalb sollten Sie gründlich erwägen, ob Sie diese Technik einsetzen wollen.

- *XML:* Der vorzuziehende Ansatz besteht darin, XML-Code zu senden und zu empfangen. Der XML-Code kann clientseitig transformiert oder geparst werden, indem das XML-Objektmodell manipuliert wird. Alternativ kann der XML-Code mit einer XSLT-Bibliothek (XSLT = Extensible Stylesheet Language Transformations) in ein anderes Objektmodell, etwa HTML, transformiert werden. XML sollte vorgezogen werden, weil XML als Technologie etabliert ist und zahlreiche wohl definierte, bewährte und stabile Werkzeuge zu seiner Manipulation existieren. Sie können XML-Code durchsuchen, zerlegen, persistieren und validieren, ohne zusätzlichen Code schreiben zu müssen. Einige halten XML für schwergewichtig, weil es zahlreiche Klammern und andere sprachspezifische Tokens erfordert. Sein Vorteil besteht jedoch darin, dass jeder serverseitig generierte XML-Code von beliebigen Webbrowser-basierten Clients oder Nicht-GUI-basierten Browsern verarbeitet werden kann. Wie der XML-Code geparst wird und welche Informationen weiterverarbeitet werden, liegt ganz allein beim Client, solange dieser überhaupt XML parsen kann. XML ist flexibel und sollte verwendet werden. In diesem Buch wird XML extensiv verwendet und als das Hauptformat betrachtet.

Es gibt auch andere Formate für den Datenaustausch, etwa die *JavaScript Object Notation* (JSON; `http://www.crockford.com/JSON/index.html`). Sie sollten jedoch sorgfältig über die Auswirkungen nachdenken, wenn Sie eines dieser anderen Formate wählen. Meiner Meinung nach sind diese Formate nicht schlecht konzipiert oder ungeeignet, sondern verfügen nur nicht wie XML über eine derart reichhaltige Umgebung, um Code zu verarbeiten, zu durchsuchen, zu validieren oder zu generieren. Beispielsweise kann man mit XPath spezielle Elemente in XML-Code suchen, ohne das gesamte XML-Dokument parsen zu müssen. Zugegeben – unter gewissen Umständen ist XML-Code nicht so performant wie etwa JSON. Und wer die Reichhaltigkeit von XML heute und in Zukunft nicht braucht, könnte seine Probleme auch mit JSON lösen. Doch ich werde in diesem Buch nicht weiter auf JSON und andere Technologien eingehen.

Die folgenden Implementierungen sollen zeigen, wie die Architektur realisiert wird.

3.6 Implementierung

Bei der Implementierung des *Content Chunking*-Patterns muss die Reihenfolge der weiter oben beschriebenen Schritte (Ereignis, Anfrage, Antwort und Einfügung) eingehalten werden. Die Logik kann leicht mit dem Typ `Asynchronous` implementiert werden, weil dieser Typ von einem HTML-Ereignis aufgerufen werden kann und eine spezielle Methode zur Implementierung der Antwort existiert. Die folgenden Beispielimplementierungen zeigen, wie Sie Ereignisse mit HTML-Code generieren, die Funktionen aufrufen, Anfragen mit `XMLHttpRequest` generieren und Antworten mit Dynamic HTML und JavaScript-Techniken verarbeiten.

3.6.1 Die HTML-Framework-Seite implementieren

Die Implementierung des *Content Chunking*-Patterns erfordert die Erstellung einer HTML-Seite, die als Framework dient. Diese Framework-Seite soll die Struktur zur Verfügung stellen, in die Inhaltsblöcke eingefügt werden können. Sie fungiert als Controller und stellt nur ein Minimum an Inhalten zur Verfügung.

Der folgende HTML-Code ist ein Beispiel für eine HTML-Framework-Seite, die dynamisch HTML-Inhalte in einen speziellen Bereich einer HTML-Seite einfügt:

```
<html>
<head>
<title>Dokument Chunk HTML</title>
<script language="JavaScript" src="../lib/factory.js"></script>
<script language="JavaScript" src="../lib/asynchronous.js"></script>
<script language="JavaScript" type="text/javascript">
var asynchronous = new Asynchronous();
asynchronous.complete =
    function(status, statusText, responseText, responseXML) {
        document.getElementById("insertplace").innerHTML = responseText;
}
</script>
</head>
<body onload="asynchronous.get('../kap03/chunkhtml01.html')">
<table>
    <tr><td id="insertplace">Nichts</td></tr>
</table>
</body>
</html>
```

In dem HTML-Code wird die Klasse `Asynchronous` instanziert und der Eigenschaft `asynchronous.complete` wird eine Callback-Funktion zugewiesen. Wie die Klasse `Asynchronous` funktioniert und welche Eigenschaften zugewiesen werden müssen, wurde in Kapitel 2 beschrieben. Die Klasse wird beim Laden der HTML-Seite instanziert. Nachdem die Seite fertig geladen worden ist, wird das Ereignis `onload` ausgelöst. Dies ist der Ereignis-Schritt der Pattern-Implementierung. Das `onload`-Ereignis ruft die Methode `asynchronous.get` auf, um eine XMLHttpRequest-Anfrage auszuführen und einen HTML-Codeblock herunterzuladen. Dies ist der Anfrage-Schritt der Pattern-Implementierung.

Nachdem die Anfrage fertig ist, wird eine Antwort generiert. Wenn diese von dem Client empfangen worden ist, wird die Methode `asynchronous.complete` aufgerufen. Dies ist der Antwort-Schritt der Pattern-Implementierung. In dem Beispiel wird der Methode `asynchronous.complete` eine anonyme JavaScript-Funktion zugewiesen. In der Implementierung der anonymen Funktion wird die Methode `getElementById` aufgerufen, um die XMLHttpRequest-Ergebnisse in ein HTML-Element einzufügen. Das HTML-Element wird durch den Bezeichner `insertplace` identifiziert und lokalisiert. In diesem Fall handelt es sich um ein HTML-td-

Tag. Mit der Referenzierung des DHTML-Elements (DHTML = Dynamic HTML) und der Zuweisung von `responseText` zu dessen `innerHTML`-Eigenschaft wird der HTML-Code in die Seite eingefügt. Dies ist der Einfüge-Schritt der Pattern-Implementierung.

Dieses Beispiel zeigt eine Besonderheit: Nachdem die HTML-Seite heruntergeladen und scheinbar fertig verarbeitet worden ist, wird ein zusätzlicher Codeabschnitt aufgerufen, mit dem der restliche Inhalt der Seite in Form eines HTML-Blocks abgerufen wird. Der serverseitige Code hätte auch gleich die komplette Seite generieren können. Doch hier soll gezeigt werden, wie einfach das *Content Chunking*-Pattern implementiert werden kann. In diesem Beispiel löst das `onload`-Seitenereignis die Aktion aus, es könnte aber auch jedes andere Ereignis verwendet werden. So wurde bei den Beispielen aus Kapitel 2 das `onclick`-Ereignis einer Schaltfläche benutzt. Ein Skript könnte sogar Ereignisse mit der `Click()`-Methode simulieren.

Dieses Beispiel zeigt auch, wie die Darstellung einer HTML-Seite von ihrer Logik getrennt werden kann. Die HTML-Framework-Seite könnte von einem HTML-Designer realisiert werden. Für Bereiche, in denen Inhalte eingefügt werden sollen, könnte der HTML-Designer einfach eingängige Bezeichner wie etwa `Nothing` als Platzhalter verwenden. Ein für die serverseitige Webanwendung zuständiger Programmierer könnte die zu generierenden Inhalte erstellen, die die Platzhalter zur Laufzeit ersetzen. Der HTML-Designer müsste sich nicht mit serverseitigen Programmiertechniken befassen, weil die HTML-Framework-Seite nur clientseitige Anweisungen enthielte.

Der für die serverseitige Webanwendung zuständige Programmierer müsste sich nicht um das Aussehen der HTML-Seite kümmern, weil die generierten Inhalte keine Informationen über das Look-and-Feel der Seiten enthalten. Für Testzwecke kann sich der Webanwendungsprogrammierer auf die Logik, der HTML-Designer dagegen auf die Darstellung und den Workflow konzentrieren.

3.6.2 Inhalte mit Dynamic HTML einfügen

Der wesentliche Aspekt des Beispiels beruht auf der Fähigkeit von DHTML (Dynamic HTML), Inhalte dynamisch an einer speziellen Stelle einfügen zu können. Vor DHTML musste man mehrere Streams mit Frames oder serverseitiger Logik kombinieren. In den letzten Jahren wurde DHTML formal vom World Wide Web Consortium (W3C) definiert und als *HTML Document Object Model* (DOM) verabschiedet. Das W3C HTML DOM enthält nicht so viele Funktionen wie die Objektmodelle, die für den Microsoft Internet Explorer oder Mozilla-basierte Browser veröffentlicht wurden. In diesem Buch wird ein Objektmodell verwendet, das das W3C HTML DOM mit Funktionalität kombiniert, die in den meisten Browsern zur Verfügung steht (etwa im Microsoft Internet Explorer oder in Mozilla-basierten Browsern).

Zurück zu dem Beispiel: Das Attribut id identifiziert eindeutig ein Element auf einer HTML-Seite. Ein eindeutig identifiziertes Element definiert einen Ausgangspunkt, von dem aus das HTML-Objektmodell navigiert und manipuliert werden kann. Die andere Möglichkeit, einen solchen Ausgangspunkt zu finden, besteht darin, explizit den Typ eines Tags abzurufen und dann das HTML-Element zu suchen, das den Ausgangspunkt zur Verfügung stellt. Unabhängig von der verwendeten Methode muss ein Ausgangspunkt mit einer dieser beiden Möglichkeiten abgerufen werden. Einige Leser könnten einwenden, dass man andere Eigenschaften oder Methoden verwenden könnte, aber diese Eigenschaften und Methoden gelten als nicht HTML-DOM-konform und sollten deshalb vermieden werden.

Der folgende HTML-Code illustriert, wie ein Ausgangspunkt mit den beiden Methoden ermittelt werden kann:

```
<html>
<head>
<title>Dokument Chunk HTML</title>
<script language="JavaScript" src="../lib/factory.js"></script>
<script language="JavaScript" src="../lib/asynchronous.js"></script>
<script language="JavaScript" type="text/javascript">
var asynchronous = new Asynchronous();
asynchronous.complete = function(status, statusText,
    responseText, responseXML) {
       document.getElementsByTag-
   Name("table")[0].rows[0].cells[0].innerHTML
       = responseText;
       document.getElementById("insertplace").innerHTML = responseText;
}
</script>
</head>
<body onload="asynchronous.get('../kap03/chunkhtml01.html')">
<table>
    <tr><td>Nichts</td></tr>
    <tr><td id="insertplace">Nichts</td></tr>
</table>
</body>
</html>
```

In der Implementierung der anonymen Funktion für die Methode asynchronous.complete werden zwei Methoden (getElementsByTagName, getElementById) verwendet, um Inhalte in ein DHTML-Element einzufügen. Die beiden Methoden rufen ein Element (oder Elemente) ab, das einen Ausgangspunkt repräsentiert.

Die Methode getElementsByTagName ruft alle HTML-Elemente des Typs ab, der durch den Parameter der Methode spezifiziert wird. In dem Beispiel wird der Parameter table verwendet. Das bedeutet, dass alle table-Elemente in dem HTML-

Dokument gesucht und abgerufen werden sollen. Die Methode gibt ein Objekt vom Typ `HTMLCollection` zurück, das alle betreffenden HTML-Elemente, in diesem Fall also alle `table`-Elemente, enthält. Die Klasse `HTMLCollection` verfügt über eine Eigenschaft, `length`, die die Anzahl der gefundenen Elemente enthält. Die gefundenen Elemente können mit der JavaScript-Array-Notation (eckige Klammern) referenziert werden. Das erste Element hat den Index null.

In dem Beispiel steht direkt hinter dem Methodenbezeichner `getElementsByTagName("table")` eine Reihe von eckigen Klammern (`[0]`), mit denen das jeweils erste Element der betreffende Collection (Tabellen, Zeilen, Zellen) abgerufen wird. Der Index 0 referenziert immer das erste gefundene einschlägige Element, in diesem Fall also die erste gefundene Tabelle, Zeile bzw. Zelle. Da die HTML-Seite aus dem Beispiel nur eine Tabelle enthält, wird mit dem Index 0 die korrekte Tabelle, Zeile und Zelle referenziert. Doch wenn eine HTML-Seite mehrere Tabellen enthält, muss unter Umständen ein anderer Index mit einem möglicherweise unbekannten Wert gewählt werden. Was noch schlimmer ist: Wenn das *Content Chunking*-Pattern mehrfach aufgerufen wird, kann sich der Index der gefundenen Elemente in der Collection ändern (weil inzwischen anderer HTML-Code in die Seite eingefügt worden ist). Dann könnte der Index die falschen Elemente referenzieren.

Die Methode `getElementsByTagName` wird am besten dann benutzt, wenn Operationen auf alle gefundenen Elemente angewendet werden, ohne dass versucht wird, einzelne Elemente zu identifizieren. Beispiele für solche Operationen sind die Addition einer Spalte in einer Tabelle oder die Änderung eines Stils. Die Methode `getElementById` bietet sich an, wenn ein einzelnes Element manipuliert werden soll.

Mit der Methode `getElementsByTag` können alle Elemente in einem HTML-Dokument wie folgt abgerufen werden:

```
var collection = document.getElementsByTag("*");
```

Der Parameter * weist die Methode `getElementsByTag` an, alle Elemente des HTML-Dokuments zurückzugeben. Zwar leistet die Eigenschaft `document.all` das Gleiche, sie ist aber nicht DOM-konform und generiert bei Mozilla-basierten Browsern eine Warnung.

Betrachten wir die folgende Codezeile aus dem Beispiel:

```
document.getElementsByTagName("table")[0].rows[0].cells[0].innerHTML
```

Die Bezeichner nach den eckigen Klammern der Methode `getElementsByTagName` repräsentieren eine Reihe von Eigenschaften und Methoden, die aufgerufen werden. Diese Eigenschaften und Methoden beziehen sich direkt auf das abgerufene Objekt. In diesem Fall handelt es sich um eine Tabelle, die Zeilen enthält, die wiederum Zellen enthalten. Wäre das abgerufene Element keine Tabelle, würde der Aufruf dieser Eigenschaften und Methoden einen Fehler auslösen.

Betrachten wir eine weitere Codezeile aus dem Beispiel:

```
document.getElementById("insertplace").innerHTML = responseText;
```

Die Methode `getElementById` ruft das HTML-Element ab, dessen `id`-Attribut mit dem Parameter der Methode identisch ist. Dabei wird die Groß-Klein-Schreibung berücksichtigt. Die Methode `getElementById` gibt in diesem Fall das `td`-Tag zurück, dessen `id`-Attribut den Wert `insertplace` hat. Wenn eine HTML-Seite mehrere Elemente mit demselben Bezeichner enthält, gibt die Methode `getElementById` nur das erste gefundene Element mit diesem Bezeichner zurück. Auf die anderen Elemente wird nicht zurückgegriffen und sie sind auch nicht zugänglich, weil die Methode `getElementById` nur eine einzige HTML-Elementinstanz zurückgibt. Im Gegensatz zu der Methode `getElementsByTagName` ist nicht garantiert, dass das zurückgegebene Element einen bestimmten Typ hat, sondern nur, dass sein `id`-Attribut denselben Wert wie der Parameter hat. Folglich kann das Objektmodell, das nach dem Aufruf der Methode `getElementById` referenziert wird, für das gefundene Element gelten oder nicht gelten. Bei der Eigenschaft `innerHTML` ist dies kein Problem, weil praktisch alle sichtbaren Elemente über eine `innerHTML`-Eigenschaft verfügen. Problematisch wird es, wenn der Bezeichner eine Tabelle referenzieren soll, tatsächlich aber eine Tabellenzelle zurückgegeben wird. Dann löst eine Referenzierung des Objektmodells eine Ausnahme aus.

Wenn Sie HTML-Elemente dynamisch mit JavaScript-Code abrufen, sollten Sie die gefundenen Elemente testen, bevor Sie sie manipulieren. Eine Faustregel: Bei `getElementsByTag` kennen Sie den Typ der HTML-Elemente, wissen aber nicht, wo sie stehen und was sie repräsentieren. Bei `getElementById` wissen Sie, was das gefundene HTML-Element repräsentiert und wo es steht, wissen aber nicht, welchen Typ es hat, und kennen deshalb auch nicht seine Position in der Objekthierarchie.

Die Eigenschaft innerHTML genau verstehen

Die Eigenschaft `innerHTML` spielt eine besondere Rolle. Sie scheint einfach anzuwenden zu sein, kann aber verheerende Folgen haben. Der folgende HTML-Code soll das Problem illustrieren:

```
<html>
<head>
<title>Dokument Chunk HTML</title>
<script language="JavaScript" type="text/javascript">
function GoodReplace() {
    document.getElementById("mycell").innerHTML = "Hallo";
}
```

```
function BadReplace() {
    document.getElementById("mytable").innerHTML = "Hallo";
}
function TestTable() {
    window.alert(document.getElementsByTagName(
        "table")[0].rows[0].cells[0].innerHTML);
}
</script>
</head>
<body>
<button onclick="GoodReplace()">Gültige Ersetzung</button>
<button onclick="BadReplace()">Ungültige Ersetzung</button>
<button onclick="TestTable()">Tabelle testen</button>
<table id="mytable" border="1">
    <tr id="myrow"><td id="mycell">Nichts</td><td>Zweite Zelle</td></tr>
</table>
</body>
</html>
```

Dieses Beispiel enthält drei Schaltflächen (GÜLTIGE ERSETZUNG, UNGÜLTIGE ERSETZUNG und TABELLE TESTEN) und eine Tabelle. Die HTML-Elemente `table` (Tabelle), `tr` (Tabellenzeile) und `td` (Zeilenzelle) verfügen zusätzlich über Bezeichner. Die Schaltfläche GÜLTIGE ERSETZUNG fügt einen gültigen HTML-Block ein. Die Schaltfläche UNGÜLTIGE ERSETZUNG fügt einen ungültigen HTML-Block ein. Und die Schaltfläche TABELLE TESTEN testet die Gültigkeit eines Objektmodells. Sie wird verwendet, um das Ergebnis der HTML-Einfügung mit GÜLTIGE ERSETZUNG oder UNGÜLTIGE ERSETZUNG zu prüfen. Abbildung 3.5 zeigt diese HTML-Seite in einem Browser.

Abb. 3.5: Ursprüngliche Form der HTML-Seite

Um zu prüfen, ob sich die HTML-Seite in einem gültigen Zustand befindet, klicken Sie die Schaltfläche TABELLE TESTEN an, um die Funktion `TestTable` aufzurufen. Die Funktion prüft den Inhalt von Zelle 0 in Zeile 0 der Tabelle 0. Existiert der Inhalt, zeigt sie ihn in einem Dialogfeld an, andernfalls tut sie nichts. Abbildung 3.6 zeigt den generierten Output in Firefox.

Implementierung

Abb. 3.6: Anzeige des Inhalts der Zelle mycell

Das Dialogfeld aus Abbildung 3.6 bestätigt, dass die Zelle den Inhalt NICHTS enthält. Dies bedeutet, dass unsere HTML-Seite in einem stabilen Zustand ist. Wenn Sie die Schaltfläche GÜLTIGE ERSETZUNG anklicken, wird die Funktion GoodReplace aufgerufen, die den Inhalt der Tabellenzelle von NICHTS in HALLO ändert. Um zu prüfen, ob die HTML-Seite noch gültig ist, klicken Sie erneut die Schaltfläche TABELLE TESTEN an. In diesem Fall sollte die Seite noch gültig sein. Abbildung 3.7 zeigt das Ergebnis.

Abb. 3.7: Zelle mit geändertem Inhalt

Interessehalber wollen wir einige Komplikationen erzeugen. Klicken Sie die Schaltfläche UNGÜLTIGE ERSETZUNG an, die die Funktion BadReplace aufruft und der Eigenschaft innerHTML der HTML-Tabelle einen anderen Text zuweist. Hier wird der HTML-Inhalt `<table><tr><td>...</table>` in `<table>Nichts</table>` geändert. Die HTML-Seite wird zwar noch angezeigt (siehe Abbildung 3.8), aber die Tabelle ist verschwunden.

Abb. 3.8: Geänderter Inhalt der Tabelle nach dem Ersetzen der Zeilen und Zellen

Wenn Sie jetzt die Schaltfläche TABELLE TESTEN anklicken, um den Zustand zu validieren, wird ein Fehler generiert, den Sie sich in der JavaScript-Konsole des Browsers anschauen können (siehe Abbildung 3.9).

Abb. 3.9: Generierte Ausnahme des Objektmodells

Die Ausnahme ist wichtig. Sie sagt etwas darüber aus, wie die Eigenschaft innerHTML funktioniert. HTML-Inhalte, die der innerHTML-Eigenschaft zugewiesen werden, sind textbasiert. Wird der Wert der innerHTML-Eigenschaft abgerufen, werden Unterelemente in einem Textpuffer konvertiert. Wird der innerHTML-Eigenschaft ein Wert zugewiesen, werden die Unterelemente durch den HTML-Text der Zuweisung ersetzt. Dann wird dieser neue HTML-Text in eine Reihe von HTML-Elementen konvertiert, die dem Anwender angezeigt werden. Die Funktionen GoodReplace und BadReplace sind Beispiele für die Manipulation der innerHTML-Eigenschaft. Doch wenn die innerHTML-Eigenschaft manipuliert wird, wenn sie eigentlich nicht manipuliert werden sollte, oder die Manipultaion die Struktur des HTML-Codes verletzt, können Probleme auftauchen. So wird in dem Beispiel eine Tabelle ohne Zeilen oder Zellen generiert.

Eine andere Möglichkeit, mit dem HTML DOM zu interagieren, besteht darin, einzelne Elemente zu instanzieren, zu manipulieren und zu löschen. Dann treten sehr viel seltener Probleme auf, weil das DOM nur gewisse Methoden und Eigenschaften unterstützt. Mit dem DOM können nicht einfach willkürlich alle Zeilen gelöscht und durch Text ersetzt werden. Das Tabellenobjektmodell hat keine Methoden, um ein Konstrukt wie aus Abbildung 3.8 zu erzeugen.

Wenn Sie mit dem *Content Chunking*-Pattern arbeiten, sollten Sie stets die folgenden Aspekte beachten: Mit dem *Content Chunking*-Pattern werden ganze Komponenten mit HTML-Inhalten ersetzt. Auch wenn die Eigenschaft `innerHTML` leistungsstark und flexibel ist, kann das Ersetzen des falschen Blocks zur falschen Zeit zu einer falsch formatierten HTML-Seite führen. Wenn Sie HTML-Elemente im Kontext des Patterns referenzieren, sollten Sie nur Framework-HTML-Elemente referenzieren, die zur Aufnahme von Inhaltsblöcken bestimmt sind. Für das Pattern lässt sich folgende Regel aufstellen: Skript in der HTML-Framework-Seite sollte eingefügte Elemente nicht direkt referenzieren, weil dadurch dynamische Abhängigkeiten entstehen, die funktionieren können oder nicht. Falls eine solche Abhängigkeit erforderlich ist, sollten Sie die Funktionalität einkapseln und eine Methode aufrufen, die die eingefügten Elemente verarbeitet. Mit JavaScript können Sie beliebige Funktionen für HTML-Elemente zuweisen.

Elemente identifizieren

Wie bereits erwähnt, ist zunächst der Elementbezeichner unbekannt, wenn ein Element mit dem Tag-Typ gesucht wird, und umgekehrt ist zunächst der Tag-Typ unbekannt, wenn ein Element mit dem Bezeichner abgerufen wird. Doch unabhängig davon, wie die Elemente gefunden wurden, können sie als Ausgangspunkt für weitere Manipulationen verwendet werden. Ein Skript kann von diesem Ausgangspunkt aus mit mehreren Standardeigenschaften und -methoden Ober- oder Unterelemente ansteuern.

Diese Standardeigenschaften und -methoden stehen für praktisch alle HTML-Elemente zur Verfügung. Skriptentwickler sollten sie benutzen, um in einer Hierarchie zu navigieren, um das Look-and-Feel zu ändern oder um Elemente zu identifizieren. Tabelle 3.1 beschreibt die Eigenschaften, die für Skripts relevant sind.

Eigenschaftsbezeichner	Beschreibung
`attributes[]`	Eine read-only Collection der Attribute des HTML-Elements. Mit der Methode `getAttribute` kann ein einzelnes Attribut abgerufen werden. Mit der Methode `setAttribute` kann ein Attribut gesetzt oder überschrieben werden. Mit der Methode `removeAttribute` kann ein Attribut gelöscht werden.

Tabelle 3.1: Skriptrelevante Eigenschaften von HTML-Elementen

Eigenschaftsbezeichner	Beschreibung
childNodes[]	Ein Objekt vom Typ Node List, das in den meisten Fällen mit einer Array-Notation referenziert wird. Allerdings ist das Array read-only. Mit der Methode appendChild kann dem aktuellen Element ein Unterknoten hinzugefügt werden. Mit der Methode removeChild kann ein Unterknoten gelöscht werden. Mit der Methode replaceChild kann ein Unterknoten ersetzt werden.
className	Stylesheet-Klassenbezeichner des Elements. In DHTML ist eine solche Klasse sehr wichtig, da das Look-and-Feel des Elements dynamisch festgelegt werden kann.
dir	Die Laufrichtung des Textes: entweder von links nach rechts (ltr) oder von rechts nach links (rtl)
disabled	Aktivierungszustand des Elements: Bei false ist das Element aktiviert, bei true deaktiviert. Kann verwendet werden, um gewisse GUI-Elemente, etwa Schaltflächen, temporär unzugänglich zu machen.
firstChild, lastChild	Erstes bzw. letztes Unterelement
id	Bezeichner des Elements, über den es abgerufen werden kann, etwa in der Methode getElementById
nextSibling, previousSibling	Nächstes bzw. vorhergehendes nebengeordnetes Element; kann zusammen mit firstChild und lastChild zur Iteration einer Menge von Elementen verwendet werden. Jedes Element in einer Liste kann mit diesen Eigenschaften seinen Nachfolger bzw. Vorgänger anzeigen – etwa wenn ein *Decorator*-Pattern oder eine ähnliche Struktur implementiert wird.
nodeName	Der Name des Elements; in HTML ist dies das Tag (beispielsweise td, table usw.).
nodeType	Typ des Elements; ist speziell für die Verarbeitung von XML-Dokumenten bestimmt. In HTML ist diese Eigenschaft ziemlich nutzlos.
nodeValue	Der Wert der Daten in dem Knoten. Auch diese Eigenschaft ist speziell für die Verarbeitung von XML-Dokumenten bestimmt. In HTML kann diese Eigenschaft nicht als Ersatz für innerHTML verwendet werden.
parentElement	Das Oberelement des aktuellen Elements; kann beispielsweise zum Navigieren in einer Tabelle verwendet werden, die Zeilen mit Zellen enthält.
style	Die aktuellen Stileigenschaften des Elements; ein Objekt vom Typ CSSStyleDeclaration
tabIndex	Die Position des Elements in der Tabulatorreihenfolge des HTML-Dokuments
tagName	Der Name des Tags des aktuellen Elements; damit kann versucht werden, den Elementtyp zu ermitteln, nachdem das Element mit der Methode getElementById abgerufen worden ist.

Tabelle 3.1: Skriptrelevante Eigenschaften von HTML-Elementen (Forts.)

3.6.3 Blöcke mit Binärdaten, URLs und Bildern

Binärdaten oder Bilder in roher Form mit dem XMLHttpRequest-Objekt als Blöcke abzurufen, ist ziemlich kompliziert, weil die Daten ein Hexformat mit einer nicht einfach zu erkennenden Struktur haben. Die XMLHttpRequest-Eigenschaften responseText und responseXML erwarten Text bzw. XML. Andere Datentypen sind nicht zulässig. Natürlich gibt es eine Ausnahme: die Base64-Codierung binärer Daten, die als Text codiert und dann mit dem XMLHttpRequest-Objekt abgerufen werden. Eine andere Lösung besteht darin, nicht die binären Daten selbst, sondern Referenzen auf sie zu verarbeiten. So hat das img-Tag ein src-Attribut mit dem Speicherort des Bildes.

Bilder werden indirekt heruntergeladen. Zu diesem Zweck wird mit XMLHttpRequest ein Dokument abgerufen, das eine einzige Zeile enthält: den URL der Image-Datei. Ein Beispiel:

```
<html>
<head>
<title>Bild anzeigen</title>
<script language="JavaScript" src="../lib/factory.js"></script>
<script language="JavaScript" src="../lib/asynchronous.js"></script>
<script language="JavaScript" type="text/javascript">

var asynchronous = new Asynchronous();
asynchronous.complete =
   function(status, statusText, responseText, responseXML) {
       document.getElementById("image").src = responseText;
}

</script>
</head>
<body>
<button onclick="asynchronous.get('../kap03/chunkimage01.html')">Bild
   anzeigen</button>
<br><br>
<img id="image" />
</body>
</html>
```

Das img-Tag dient dazu, ein Bild zu referenzieren. In den meisten Fällen wird zu diesem Zweck ein src-Attribut angegeben, das den Speicherort eines Bildes angibt. Dieses Beispiel enthält jedoch kein src-Attribut, sondern ein id-Attribut. Wenn die HTML-Seite heruntergeladen und dargestellt wird, wird das Symbol für ein nicht vorhandenes Bild angezeigt, weil für das img-Tag kein Bild definiert ist. Damit das img-Tag ein Bild anzeigt, muss die Schaltfläche BILD ANZEIGEN angeklickt werden, um in einer Anfrage die einzeilige Datei mit dem URL des Bildes abzurufen. Wenn das XMLHttpRequest-Objekt diese Datei heruntergeladen hat, wird die Funktion complete aufgerufen, in der der Eigenschaft `src` der URL des Remote-Bildes zugewiesen wird. Der Browser aktualisiert die Anzeige und zeigt das Bild an.

Die einzeilige Datei ist unter dem URL `/kap03/chunkimage01.html` gespeichert. Sie hat den folgenden Inhalt:

```
images/patches01.jpg
```

Abbildung 3.10 stellt die oben gezeigte HTML-Seite mit einem undefinierten `src`-Attribut dar. Unter der Schaltfläche BILD ANZEIGEN wird das Symbol eines defekten `img`-Tags angezeigt, weil kein Bild geladen wurde. Wenn die Schaltfläche BILD ANZEIGEN angeklickt wird, wird der Link des Bildes heruntergeladen und dem `img`-Tag zugewiesen. Dadurch wird das Bild geladen. Abbildung 3.11 zeigt die aktualisierte HTML-Seite.

Abb. 3.10: Ursprüngliche HTML-Seite ohne Bild

Es scheint etwas seltsam zu sein, Links herunterzuladen, sie einer Eigenschaft zuzuweisen und dann mit dem Webbrowser weiterzuverarbeiten. Mit diesem indirekten Ansatz soll nicht gezeigt werden, wie kompliziert Webanwendungen gestaltet werden können, sondern dass er notwendig ist, weil binäre Daten nicht direkt heruntergeladen werden können. Doch da der Browser Bilder zwischenspeichert, wird ein Bild bei einer erneuten Referenzierung aus dem Zwischenspeicher abgerufen. Natürlich ist dies nur möglich, wenn der HTTP-Server eine Zwischenspeicherung implementiert. Es gibt auch einen Nachteil: Um einen URL abzufragen, der ein Bild referenziert, müssen zwei HTTP-Anfragen erfolgen: eine, um den Inhalt mit dem URL des Bildes herunterzuladen, und eine zweite, um das Bild selbst abzurufen. Falls beide Anfragen HTTP 1.1 benutzen, was höchstwahrscheinlich der Fall ist, werden die Anfragen in einer einzigen Verbindung zusammengefasst.

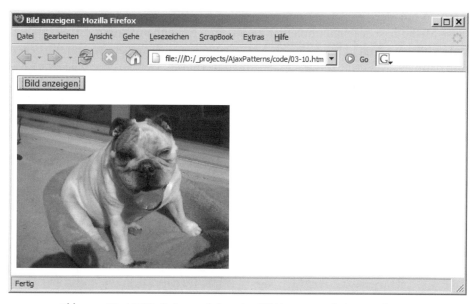

Abb. 3.11: Die HTML-Seite, nachdem das Bild heruntergeladen worden ist

Eine andere Lösung besteht darin, nicht einen URL, sondern den gesamten HTML-Code herunterzuladen, mit dem das Bild erstellt wird. Dabei muss die Anfrageverbindung nicht gespeichert werden, und zusätzliches Scripting ist nicht erforderlich. Der folgende HTML-Codeabschnitt zeigt, wie das gesamte img-HTML-Tag heruntergeladen wird:

```
<img src="image/patches01.png" />
```

Wenn das img-Tag und mit dem entsprechenden src-Attribut eingefügt wird, lädt der Browser das Bild dynamisch (siehe das vorangegangene Beispiel). Der Vorteil der Methode, HTML-Code einzufügen, besteht darin, dass serverseitig mehrere Bilder oder andere Typen von HTML eingefügt werden können. Außerdem gibt es bei der Einfügung eines kompletten img-Tags keine Zwischenstufe, auf der ein Symbol eines defekten Bildes angezeigt wird. Es sind jedoch beide Ansätze akzeptabel; welchen Sie benutzen, hängt letztlich von der Anwendung ab. Wenn Sie HTML-Code einfügen, könnte ein Flackern auftreten, wenn die Größe der HTML-Seite geändert wird. Bei einer Zuweisung zu der src-Eigenschaft flackert nichts, aber Sie müssen ein leeres Bild definieren oder das img-Element verbergen.

3.6.4 Blöcke mit JavaScript

Eine andere Form der Blockbildung besteht darin, JavaScript zu senden. Diese Methode kann sehr effizient sein, weil die Daten nicht geparst werden müssen, sondern nur der JavaScript-Code ausgeführt werden muss. Clientseitig lässt sich diese Methode sehr leicht implementieren. Eine Nebenbemerkung: JavaScript herunterzuladen ist nicht schneller, als XML-Daten manuell zu parsen, zu verarbeiten und dann in JavaScript-Anweisungen zu konvertieren. Der heruntergeladene JavaScript-Code muss ebenfalls geparst und validiert werden, bevor er ausgeführt wird. Der Vorteil des JavaScript-Ansatzes liegt in seiner Einfachheit und Effizienz. Es ist einfacher, JavaScript auszuführen und dann die Eigenschaften und Funktionen des Ergebnisses zu referenzieren.

JavaScript ausführen

Der HTML-Code in dem folgenden Beispiel (03-12.html) führt einen beliebigen JavaScript-Code aus:

```html
<html>
<head>
<title>JavaScript ausführen</title>
<script language="JavaScript" src="../lib/factory.js"></script>
<script language="JavaScript" src="../lib/asynchronous.js"></script>
<script language="JavaScript" type="text/javascript">
var asynchronous = new Asynchronous();
asynchronous.complete =
    function(status, statusText, responseText, responseXML) {
        eval(responseText);
}

</script>
</head>
<body>
<button onclick="asynchronous.get('../kap03/03-12.js')">
Skript ausführen
</button>
<table>
    <tr><td id="insertplace">Nichts</td></tr>
</table>
</body>
</html>
```

Wenn der Anwender die Schaltfläche SKRIPT AUSFÜHREN anklickt, erfolgt eine XMLHttpRequest-Anfrage, die die Datei kap03/03-12.js abruft. Die Datei enthält einen JavaScript-Block, der mit der eval-Funktion ausgeführt wird. Der folgende JavaScript-Block wird heruntergeladen:

```
window.alert("Dynamischer Aufruf");
```

Dieses Codebeispiel ist recht simpel und zeigt einfach ein Dialogfeld an (siehe Abbildung 3.12).

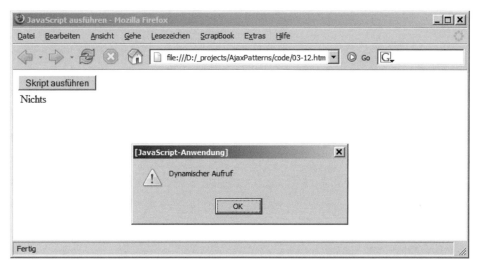

Abb. 3.12: Dynamischer Aufruf von JavaScript-Code

Viele hätten Sicherheitsbedenken, dass dabei beliebiger JavaScript-Code ausgeführt werden könnte oder Viren oder Trojaner generiert werden könnten. Dies ist jedoch nicht möglich, da JavaScript in einer Sandbox ausgeführt wird und die *Same Origin Policy* angewendet wird, nach der alle Ressourcen aus derselben Quelle stammen müssen. Natürlich können Sicherheitsprobleme auftreten, wenn ein Entwickler die Same Origin Policy absichtlich und böswillig umgeht.

Mit dem heruntergeladenen JavaScript-Block können beispielsweise dynamisch Methoden erstellt und ausgeführt werden. Die JavaScript-Komponenten erwecken den Eindruck, der Webbrowser tue etwas. Beispielsweise könnte mit dem JavaScript-Block aus dem vorangegangenen Beispiel einem span- oder td-Tag ein Wert zugewiesen werden:

```
document.getElementById("mycell").innerHTML = "hello";
```

In diesem generierten Skript existieren Abhängigkeiten, weil es die Existenz gewisser Elemente auf der HTML-Zielseite voraussetzt.

DOM mit generiertem JavaScript-Code manipulieren

Weiter vorne wurde gezeigt, wie ein Bild über einen gültigen Link heruntergeladen und dynamisch in eine Seite eingefügt werden kann. Ein Bild kann auch durch Änderung des DHTML-Objektmodells heruntergeladen werden. Dabei wird das img-Tag mit einem JavaScript-Block in das Objektmodell eingefügt. Zunächst das HTML-Dokument (03-13.html):

```
<html>
<head>
<title>DOM mit JavaScript manipulieren</title>
<script language="JavaScript" src="../lib/factory.js"></script>
<script language="JavaScript" src="../lib/asynchronous.js"></script>
<script language="JavaScript" type="text/javascript">
var asynchronous = new Asynchronous();
asynchronous.complete =
    function(status, statusText, responseText, responseXML) {
        eval(responseText);
}

</script>
</head>
<body>
<button onclick="asynchronous.get('../kap03/03-13.js')">
Skript ausführen
</button>
<table>
    <tr><td id="insertplace">Nichts</td></tr>
</table>
</body>
</html>
```

Der folgende Code (kap03/03-13.js) zeigt einen JavaScript-Block, der ein neues img-Tag erzeugt und in das HTML-Dokument einfügt:

```
var img = new Image();
img.src = "images/patches01.png";
document.getElementById("insertplace").appendChild(img);
```

Die Variable img ist ein Objekt vom Typ Image, der ein HTML-img-Tag repräsentiert. Der URL des Bildes wird der Eigenschaft src zugewiesen. In der letzen Zeile wird das instanzierte Image-Objekt mit der Methode appendChild in das HTML-Dokument eingefügt. Wenn die Variable img nicht mit dem HTML-Dokument verbunden wird, wird zwar ein Bild geladen, aber nicht in das HTML-Dokument eingefügt und deshalb auch nicht angezeigt. Abbildung 3.13 zeigt die generierte HTML-Seite.

Abbildung 3.13 ist nicht besonders spektakulär; sie illustriert nur noch einmal, wie ein Bild in eine HTML-Seite eingefügt werden kann. Beachten Sie, dass der Text NICHTS nicht wie in den vorangegangenen Beispielen ersetzt wurde, sondern stehen geblieben ist, weil hier die Methode appendChild verwendet wurde (und nicht replaceChild oder removeChild und dann appendChild).

Der Ansatz des DHTML-Objektmodells bietet den Vorteil, dass Bilder oder beliebige Aktionen im Hintergrund heruntergeladen werden und dann unter Kontrolle des Skripts angezeigt bzw. ausgeführt werden können.

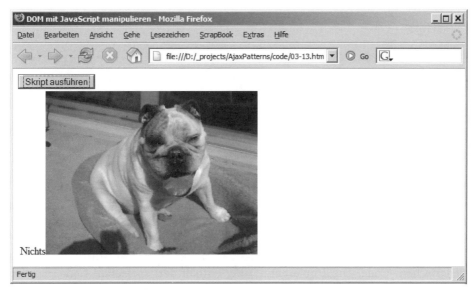

Abb. 3.13: Generierte HTML-Seite, nachdem das Bild eingefügt worden ist

Objekte instanzieren

Mit einem JavaScript-Block können auch Zustände von Objekten heruntergeladen werden. Mit einem Objektzustand können Sie Umlenkungsebenen einfügen und während der Ausführung einer HTML-Seite Funktionalität hinzufügen. In allen vorangegangenen Beispielen musste die ursprüngliche HTML-Seite alle Skripts sowie die URLs der abzurufenden Ressourcen enthalten. Bei einer Umlenkung (Indirektion) muss der clientseitige JavaScript-Code die Einzelheiten eines URLs oder einer Datenstruktur nicht kennen. Der Client referenziert einen allgemeinen Codeblock und führt ihn aus. Dieser allgemeine Codeblock wird von dem Server verwaltet und enthält spezielle Anweisungen, die dem Client unbekannt sind. Mit Umlenkung können Sie dynamisch Funktionalität zu einem Client hinzufügen, über die dieser per Design nicht verfügt.

Betrachten Sie die folgende HTML-Beispielseite (03-14.html):

```
<html>
<head>
<title>JavaScript Chunk HTML</title>
<script language="JavaScript" src="../lib/factory.js"></script>
<script language="JavaScript" src="../lib/asynchronous.js"></script>
<script language="JavaScript" type="text/javascript">
var asynchronous = new Asynchronous();
asynchronous.complete = function(status, statusText, responseText,
    responseXML) {
  eval(responseText);
  dynamicFiller.makeCall(document.getElementById("insertplace"));
```

```
}
</script>
</head>
<body>
<button onclick="asynchronous.get('../kap03/03-14.js')">Prozess star-
    ten</button>
<table>
    <tr><td id="insertplace">Nichts</td></tr>
</table>
</body>
</html>
```

Wie bei den vorangegangenen Beispielen wird eine Variable vom Typ `Asynchronous` instanziert. Die Schaltfläche `button` wird mit einem asynchronen Methodenaufruf verbunden; der URL ist `kap03/chunkjs04.js`. Wenn die Anfrage den JavaScript-Block empfangen hat, führt sie ihn mit dem `eval`-Befehl aus. Danach wird die Methode `dynamicFiller.makeCall` aufgerufen. Der Aufruf besteht aus generischem Code. Die Implementierung enthält den speziellen Code, der von dem Server verwaltet wird. Die Methode `dynamicFiller.makeCall` wird mit einer unvollständigen Variablen referenziert, was bedeutet, dass das ursprüngliche Skript keine Definition der Variablen `dynamicFiller` enthält. Natürlich darf ein geladenes und verarbeitetes Skript keine unvollständige Variable referenzieren, weil sonst eine Ausnahme ausgelöst werden würde. Aber ein Skript kann die Implementierung laden, bevor eine unvollständige Variable verwendet wird. Dies wird mit unserer HTML-Beispielseite demonstriert. Für Neugierige: Die Variable `dynamicFiller` ist nicht in den Dateien `factory.js` oder `asynchronous.js` definiert. Unvollständige Variablen, Typen und Funktionen sind in JavaScript erlaubt, weshalb ein Skript geladen und verarbeitet werden kann, ohne dass eine entsprechende Ausnahme generiert wird.

Die unvollständige Variable `dynamicFiller` wird durch folgende Datei (`kap03/03-14a.js`) implementiert:

```
var dynamicFiller = {
    generatedAsync : new Asynchronous(),
    reference : null,
    complete : function(status, statusText, responseText, responseXML) {
        dynamicFiller.reference.innerHTML = responseText;
    },
    makeCall : function(destination) {
        dynamicFiller.reference = destination;
        dynamicFiller.generatedAsync.complete = dynamicFiller.complete;
        dynamicFiller.generatedAsync.get('../kap03/03-14a.html');
    }
}
```

Der JavaScript-Beispielcode ist mit Objektinitialisierern formatiert. Ein Objektinitialisierer ist die persistente Form eines JavaScript-Objekts. Er darf nicht mit einer JavaScript-Klassendefinition gleichgesetzt werden; es handelt sich um zwei vollkommen verschiedene Dinge. Wenn ein Objektinitialisierer verarbeitet wird, wird ein Objekt erstellt. Der Bezeichner des Objekts ist die Variablendeklaration. In diesem Beispiel wird die Objektvariable dynamicFiller deklariert und definiert.

Die Variable dynamicFiller verfügt über zwei Eigenschaften (generatedAsync und reference) und zwei Methoden (complete und makeCall). Die Eigenschaft generatedAsync ist ein Objekt vom Typ Asynchronous und dient dazu, asynchrone Aufrufe an den Server auszuführen. Die Eigenschaft reference ist das HTML-Element, das von der Methode complete manipuliert wird. Die Methode makeCall dient dazu, einen XMLHttpRequest auszuführen, und der Parameter destination wird der Eigenschaft reference zugewiesen.

Der HTML-Framework-Code selbst enthält allgemeinen Code, der eine unvollständige Variable referenziert. Um die Variable zu vervollständigen, werden die JavaScript-Inhalte heruntergeladen und ausgeführt. Die vollständige Variable enthält Code, um Inhalte herunterzuladen, die in die Framework-Seite eingefügt werden. Abbildung 3.14 zeigt die Ausführungsreihenfolge der Ereignisse.

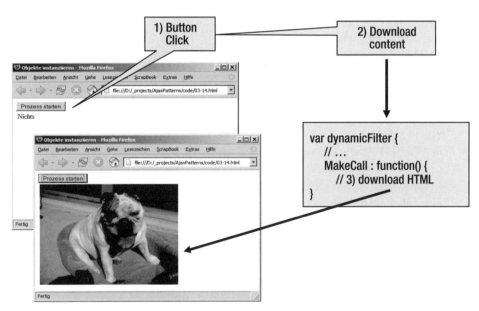

Abb. 3.14: Reihenfolge der Ereignisse, wenn der JavaScript-Code heruntergeladen und ausgeführt wird

Die ursprüngliche Seite aus Abbildung 3.14 zeigt zunächst die Schaltfläche und das Wort NICHTS. Die Seite weiß nichts von ihren Inhalten. Wenn die Schaltfläche angeklickt wird, werden weitere JavaScript-Inhalte heruntergeladen und ausgeführt. Die HTML-Framework-Seite enthält eine Referenz der Variablen dynamic-Filter sowie den Methodenaufruf dymnaicFilter.makeCall. Diese Methode existiert noch nicht, wenn die HTML-Framework-Seite ausgeführt wird; sie steht erst zur Verfügung, nachdem die JavaScript-Inhalte heruntergeladen und ausgeführt worden sind. Wenn die heruntergeladenen JavaScript-Inhalte ausgeführt werden, wird noch ein weiterer Teilinhalt (kap03/03-14a.hmtl) heruntergeladen und in die HTML-Seite eingefügt, wo er den Text ersetzt. Dieser Teilinhalt besteht aus einer einzigen HTML-Zeile:

```
<img src="images/patches01.jpg" />
```

Die Rolle der HTML-Framework-Seite hat sich geändert: Sie ist jetzt eine Bootstrap-Seite, die anderen Code lädt, der rein dynamisch ist und Referenzen und Code enthält, wovon die HTML-Framework-Seite nichts weiß. Diese Implementierung bietet den Vorteil, dass das Dokument inkrementell geladen werden kann, indem Code verwendet wird, der beim Laden dynamisch definiert wird. Das *Content Chunking*-Pattern definiert das dynamische Laden von Inhalten. Zusätzlich können Sie mit JavaScript dynamisch die Logik der HTML-Framework-Seite definieren.

3.7 Besonderheiten des Patterns

Das *Content Chunking*-Pattern verfügt über die folgenden wesentlichen Aspekte:

- Eine HTML-Seite ist die Summe aus einer HTML-Framework-Seite und Inhaltsblöcken.
- Die HTML-Framework-Seite ist dafür verantwortlich, die entsprechenden Komponenten zu strukturieren, zu referenzieren und anzufordern. Sie sollte als Mittler zwischen den einzelnen Komponenten agieren. Die HTML-Framework-Seite delegiert die Verarbeitung der Komponenten an andere Codeteile.
- Die Inhaltsblöcke werden eindeutig durch einen URL identifiziert. Unterschiedliche Inhaltskomponenten verfügen auch über verschiedene URLs. Inhaltskomponenten dienen dazu, Funktionalität zu implementieren, die vom Anwender festgelegt wird.
- Inhaltskomponenten sollte von einem dieser drei Typen sein: XML (vorzugsweise), HTML (vorzugsweise XHTML) oder JavaScript. Es gibt andere Formate, die aber in diesem Buch nicht behandelt werden; ihre Anwendung sollte sorgfältig bedacht werden.

Kapitel 4

Cache Controller-Pattern

4.1 Zweck

Das *Cache Controller*-Pattern stellt dem Aufrufer einen Mechanismus zur Verfügung, um Ressourcen temporär konsistent zu speichern und so die Anwendungserfahrung für den Aufrufer zu verbessern.

4.2 Motivation

Es gibt viele Arten von Webanwendungen, darunter auch das Datamining. Alle Datamining-Anwendungen haben eins gemeinsam: Sie fragen ein Repository ab, das daraufhin Daten zurückliefert. Die Struktur der Abfragen bleibt über mehrere Abfragen hinweg gleich.

Abbildung 4.1 zeigt eine Datamining-Anwendung, *MapQuest*, deren Datenbank Landkarten enthält.

Diese MapQuest-Anwendung enthält eine Reihe von Links und Anzeigen. Interessant sind hier die Navigations- und Zooming-Steuerelemente, um die Karte nach links, rechts, oben und unten zu verschieben bzw. um sie zu vergrößern oder zu verkleinern. Diese Steuerelemente werden natürlich benötigt, damit sich der Anwender auf verschiedene Teile der Karte konzentrieren kann.

Das Wichtigere bei diesen Navigations- und Zooming-Steuerelementen ist jedoch, dass sie vordefinierte Operationen zur Verfügung stellen, um Werte aus demselben Repository abzurufen. Sie stehen damit im Gegensatz zu den Links, die diese Steuerelemente umgeben; denn diese Links greifen auf irgendwelche Repositories zu, die mit der Landkarten-Datenbank nichts zu tun haben. Die vordefinierten Abfragen können in Standardoperationen konvertiert werden, etwa Vergrössern, Verkleinern, Nach links verschieben, Nach rechts verschieben, Nach oben verschieben und Nach unten verschieben.

Die vordefinierten Abfragen können auch in *proaktive Abfragen* (engl. *look-ahead queries*, dt. auch *vorausschauende Abfragen*) transformiert werden; für die Operation Nach links verschieben sollte beispielsweise proaktiv die Landkarte geladen werden, die das Gebiet links von Denver anzeigt. Wenn die Karte proaktiv in einen Hintergrund-Task geladen wird, vermittelt die Kartenanwendung einen flüssigen Eindruck. Abbildung 4.2 zeigt ein Beispiel für eine Anwendung, die Teile von Karten proaktiv lädt.

Kapitel 4
Cache Controller-Pattern

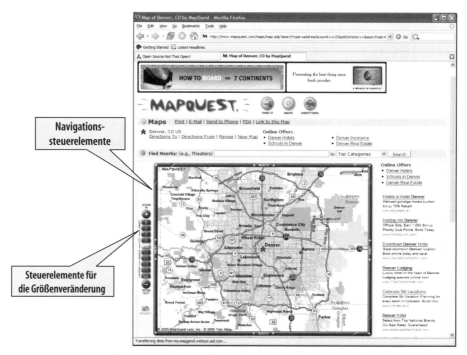

Abb. 4.1: Ein Beispiel für eine Datamining-Anwendung

Neben MapQuest ist *Maps.google.com* eine weitere Landkarten-Webanwendung, mit der Karten verschoben, vergrößert und verkleinert werden können. `Maps.google.com` ist insofern einzigartig, als die Teile der Karte, die durch die vordefinierten Operationen abgerufen werden können, proaktiv geladen werden. Wenn Sie diese Landkarten-Anwendung ausprobieren, werden Sie feststellen, dass sie flüssig arbeitet. Dieser Eindruck der Flüssigkeit geht verloren, wenn Sie die Karte zu schnell verschieben oder zoomen; denn dann beansprucht das proaktive Laden benachbarter Kartenteile einen zu großen Anteil der Kapazität der Anwendung.

`Maps.google.com` verwendet einen *Cache* (dt. *Zwischenspeicher*), um Kartenteile proaktiv zu laden. Mit einem Cache können auch ältere Daten zwischengespeichert werden; dann müssen sie, falls sie mehrfach referenziert werden, nicht mehrfach geladen werden.

Es gibt auch einen nicht technischen, juristischen Grund für die Verwendung eines Zwischenspeichers: Bei Webanwendungen integrieren Sie sehr oft Daten aus fremden Quellen, die sehr große Datenbanken (etwa Amazon.com) referenzieren. Die Daten in diesen Datenbanken gehören nicht Ihnen und dürfen nicht für den künftigen Gebrauch lokal in Ihrer Datenbank gespeichert werden. Die meisten Lizenzbedingungen für Endbenutzer machen ausdrücklich klar, dass die abgerufenen Daten nicht Ihnen gehören. Mit einem Zwischenspeicher können Sie die Performance Ihrer Anwendung steigern, ohne die Daten illegal lokal zu speichern.

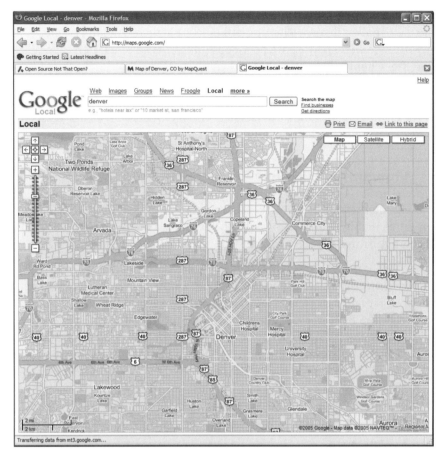

Abb. 4.2: Ein Beispiel für eine Datamining-Anwendung, die Kartenteile proaktiv lädt

4.3 Anwendbarkeit

Mit dem *Cache Controller*-Pattern wird immer ein Anfrage-Proxy erstellt, der entscheidet, ob Daten aus dem Zwischenspeicher oder über eine Anfrage abgerufen werden sollten. Dieses Pattern wird in den folgenden Kontexten eingesetzt:

- *Passive Zwischenspeicherung:* Bei dieser Art der Zwischenspeicherung verwaltet der Anfrage-Proxy die Ressourcen, lädt aber Daten nicht proaktiv. Mit einem passiven Zwischenspeicher sollen bereits geladene Daten verwaltet werden, um redundantes Nachladen zu vermeiden. Ein typisches Beispiel ist der Abruf von Konfigurationsdaten. Diese Daten werden selten geändert und sind in den meisten Kontexten read-only. Außerdem müssen (im Gegensatz zu den Landkarten-Beispielen) keine verwandten Daten proaktiv geladen werden. Es gibt üblicherweise nur eine relativ kleine Menge von Konfigurationsdaten, die in einem Block geladen werden können.

- *Prädiktive Zwischenspeicherung:* Bei dieser Art der Zwischenspeicherung wird die passive Zwischenspeicherung um eine zusätzliche Aktion erweitert: Bei einer Anfrage werden, wie etwa bei Google Maps, verwandte Daten ebenfalls geladen. Der Client ruft einen Teil einer Landkarte ab. Der prediktive Zwischenspeicher ermittelt mit einem Algorithmus, ob verwandte Kartenteile geladen werden müssen. Dieser Algorithmus muss die möglichen Operationen berücksichtigen, im Landkartenbeispiel also die Operationen zum Verschieben, Vergrößern und Verkleinern der Karte.

4.4 Verwandte Patterns

Das *Cache Controller*-Pattern wird zusammen mit anderen Patterns eingesetzt. Allein tut es nichts. Wie bereits erwähnt, erstellt es einen Proxy. Dieser sitzt zwischen dem Aufrufer, der die Anfrage stellt, und dem Server, der die Anfrage verarbeitet.

Das *Cache Controller*-Pattern kann jedoch nicht zusammen mit allen Patterns, sondern nur in Situationen verwendet werden, in den serverseitig eine HTTP-Validerung erfolgt. Bei Benutzerfunktionalität erfolgt normalerweise keine serverseitige Validierung (Näheres finden Sie im Abschnitt *Implementierung* dieses Kapitels). In diesem Kapitel wird gezeigt, dass eine HTTP-Validierung in allen Situationen hinzugefügt werden kann; es gibt jedoch Situationen, in denen dies sinnlos ist – normalerweise etwa, wenn die Daten nicht von der Webanwendung verwaltet werden oder wenn das *REST Based Model-View-Controller*-Pattern verwendet wird.

4.5 Architektur

Der Wesen des *Cache Controller*-Patterns ist das *Proxy*-Pattern. Das *Cache Controller*-Pattern ist ein Proxy für **Asynchronous** und implementiert das Interface, das von **Asynchronous** veröffentlicht wird. Die Implementierung des *Proxy*-Patterns für das *Cache Controller*-Pattern ist die Implementierung einer Zwischenspeicherungsstrategie. Die Definition und Erklärung dieser Strategie ist Thema dieses Abschnitts.

Es gibt zwei Möglichkeiten, eine Zwischenspeicherung zu implementieren: überlassen Sie so viel Arbeit wie möglich der Internet-Infrastruktur oder schreiben Sie Code, um die Arbeit der Internet-Infrastruktur zu unterstützen. Algorithmen für die Zwischenspeicherung zu schreiben mag zwar interessant sein, wäre aber Zeitverschwendung. Einen eigenen Zwischenspeicher zu erstellen ist schwierig, weil viele Elemente in der HTTP-Anfragekette Daten bereits zwischenspeichern, so dass Sie recht wahrscheinlich bereits zwischengespeicherte Daten erneut zwischenspeichern. Dies würde keinen zusätzlichen Nutzen bringen.

4.5.1 HTML und HTTP-Cache-Direktiven

Der Internet-Infrastruktur die Zwischenspeicherung zu überlassen, wird als *HTTP-Expiration-Modell* (engl. *expire*, dt. *ablaufen, ungültig werden*) bezeichnet. Sie können die Zwischenspeicherung mit der Internet-Infrastruktur auf zwei Arten kontrollieren: indem Sie HTML-Tags oder indem Sie HTTP-Bezeichner hinzufügen.

Um den Zwischenspeicher mit HTML-Tags zu kontrollieren, werden die folgenden HTML-Tags verwendet:

```
<html>
<head>
<title>Hängende Seite</title>
<meta http-equiv="Cache-Control" content="max-age=3600">
<meta http-equiv="Expires" content="Tue, 01 Jan 1980 1:00:00 GMT">
</head>
<body>
...
```

Das HTML-Tag `meta` hat zwei Attribute, `http-equiv` und `content`, mit denen HTTP-Bezeichner nachgebildet werden. Bei HTML-`meta`-Tags gibt es ein Problem: Sie sind für einen Webbrowser bestimmt und können nicht in einen XML-Datenstrom eingefügt werden. Deshalb können sie nur zur Zwischenspeicherung von HTML-Daten verwendet werden.

Die zweite Möglichkeit, die Zwischenspeicherung mit der Internet-Infrastruktur zu steuern, besteht darin, spezielle HTTP-Tags zu generieren. Das folgende Ergebnis einer HTTP-Anfrage zeigt ein Beispiel:

```
HTTP/1.1 200 OK
Cache-Control: Public, max-age=3600
Expires: Wed, 10 Aug 2005 10:35:37 GMT
Content-Type: text/html;charset=ISO-8859-1
Content-Length: 39
Date: Wed, 10 Aug 2005 09:35:37 GMT
Server: Apache-Coyote/1.1

<html><body>Hallo Welt</body></html>
```

Die HTTP-Bezeichner `Cache-Control` und `Expires` legen fest, wie die Seite zwischengespeichert werden soll. `Cache-Control` legt die Dauer der Zwischenspeicherung fest – hier also 3600 Sekunden oder eine Stunde. `Expires` definiert, wann die abgerufenen Inhalte als ungültig betrachtet werden. Anhand der beiden Bezeichner können Proxies oder Browser per HTTP abgerufene Inhalte mit dem HTTP-Expiration-Modell zwischenspeichern.

Die HTTP-Bezeichner können in einem Skript dynamisch generiert werden. Das folgende Beispiel zeigt dies anhand von ASP.NET-Code:

```
<%@ Page Language = "C#" %>
<%@ Import Namespace="System" %>
<%
Response.Cache.SetExpires(DateTime.Now.AddMinutes(60 ) ) ;
Response.Cache.SetCacheability(HttpCacheability.Public) ;
%>
<html>
<head>
<title>Zwischengespeicherte Seite</title>
</head>
<body>
Hallo Welt!
</body>
</html>
```

In .NET fügen die Methoden `SetExpires` und `SetCacheability` die Bezeichner `Expires` bzw. `Cache-Control` hinzu. Bei einem Java-Servlet erreichen Sie dies mit folgendem Code:

```
import javax.servlet.http.*;
import javax.servlet.*;
import java.io.*;
import java.util.*;

public class GenerateHeader extends HttpServlet {
    protected void doGet(HttpServletRequest req, HttpServletResponse
    resp)
        throws ServletException, IOException {
        resp.addHeader("Cache-Control", "Public, max-age=3600");
        resp.addHeader("Expires", "Fri, 30 Oct 2006 14:19:41 GMT");
        resp.setContentType("text/html");
        PrintWriter out = resp.getWriter();
        out.println("<html><body>Hallo Welt!</body></html>");
    }
}
```

4.5.2 Performance-Probleme beim HTTP-Expiration-Modell

Die Zwischenspeicherung mit dem HTTP-Expiration-Modell ist im Allgemeinen unzweckmäßig. Warum?

Betrachten Sie folgendes Szenario: Sie bieten eine Website an, die Nachrichten hostet. Um den Verkehr auf der Website zu reduzieren, ermöglichen Sie die Zwischenspeicherung per HTTP und setzen die Ablaufdauer auf 30 Minuten (ein beliebiger Wert für dieses Beispiel). Dies bedeutet: Wenn ein Browser Inhalte herunterlädt, steht die nächste Version dieser Inhalte in 30 Minuten zur Verfügung. Ein Client, der Inhalte heruntergeladen hat, kann also aktuellere Nachrichten nur in Zyklen von jeweils einer halben Stunde abrufen. Eine Wartezeit von 30 Minuten ist bei Nachrichten viel zu lang, weil sich Nachrichten in dieser Zeit gravierend ändern können. Natürlich könnte der Client den Zwischenspeicher ignorieren oder leeren und so die aktuellen Daten herunterladen. Denn wenn er den Zwischenspeicher immer leert, erhält er immer die neuesten Nachrichten, auch wenn sich diese seit dem letzten Abruf nicht geändert haben. Natürlich werden die Ressourcenkosten in die Höhe getrieben. Immer die aktuellen Inhalte herunterzuladen bedeutet einen Verzicht auf Zwischenspeicherung. Skripts wie etwa Java-Servlets/JSP oder ASP.NET-Seiten verwenden sehr oft diese Strategie; und die Administratoren der betreffenden Websites wundern sich über Performance-Probleme.

Die zweite Methode, nämlich die Internet-Infrastruktur mit Code zu unterstützen, ist besser geeignet. Sie wird als *HTTP-Validierungsmodell* bezeichnet.

4.5.3 Ein besserer Ansatz: HTTP-Validierung

Das HTTP-Validierungsmodell bietet einen besseren Ansatz. Dieses Modell versieht jede Antwort mit einem Ticket, das die Daten eindeutig kennzeichnet. Wenn der Client die Inhalte erneut herunterladen will, sendet er zunächst das Ticket des letzten Abrufs dieser Daten an den Server. Dieser vergleicht das Ticket mit dem aktuellen Ticket der betreffenden Daten. Sind beide Tickets identisch, sendet er den HTTP-Wert 304, um anzuzeigen, dass die Daten nicht geändert wurden. Dann kann der Client die alten Inhalte aus dem Zwischenspeicher abrufen und als aktuelle Daten anzeigen. Bei dem HTTP-Validierungsmodell ist zwar immer noch eine HTTP-Anfrage erforderlich, aber dabei müssen bereits vorhandene Inhalte nicht noch einmal generiert und gesendet werden.

Das folgende Beispiel illustriert den HTTP-Dialog bei dem HTTP-Validierungsmodell.

Anfrage 1 des Clients:

```
GET /ajax/kap04/cachedpage.html HTTP/1.1
Accept: */*
Accept-Language: en-ca
Accept-Encoding: gzip, deflate
User-Agent: Mozilla/4.0 (compatible; MSIE 6.0;
  Windows NT 5.1; SV1; .NET CLR 2.0.50215)
Host: 127.0.0.1:8081
Connection: Keep-Alive
```

Antwort 1 des Servers:

```
HTTP/1.1 200 OK
ETag: W/"45-1123668584000"
Last-Modified: Wed, 10 Aug 2005 10:09:44 GMT
Content-Type: text/html
```

```
Content-Length: 45
Date: Wed, 10 Aug 2005 10:11:54 GMT
Server: Apache-Coyote/1.1

<html>
<body>
Zwischengespeicherter Inhalt
</body>
</html>
```

Der Client ruft das Dokument /ajax/kap04/cachedpage.html ab. Der Server antwortet mit den Inhalten, aber es gibt weder einen Cache-Control- noch einen Expires-Bezeichner. Dies scheint darauf hinzudeuten, dass die zurückgegebenen Inhalte nicht zwischengespeichert werden. Dies stimmt aber nicht. Der Server hat angezeigt, dass er das HTTP-Validierungsmodell und nicht das HTTP-Expiration-Modell verwendet. Die zurückgegebene Seite wird durch den Bezeichner ETag eindeutig identifiziert. Der Bezeichner ETag wird als *Entity-Tag* bezeichnet und ist mit einem eindeutigen Hashcode für eine HTML-Seite vergleichbar. Der Buchstabe W vor dem Entity-Tag sagt aus, dass es sich um eine schwache Referenz der Seite handelt. Das bedeutet, dass der HTTP-Server eine serverseitige Aktualisierung der Seite nicht immer sofort reflektiert.

Im nächsten Schritt will der Browser die Seite aktualisieren und ruft sie erneut ab.

Anfrage 2 des Clients:

```
GET /ajax/kap04/cachedpage.html HTTP/1.1
Accept: */*
Accept-Language: en-ca
Accept-Encoding: gzip, deflate
If-Modified-Since: Wed, 10 Aug 2005 10:09:44 GMT
If-None-Match: W/"45-1123668584000"
User-Agent: Mozilla/4.0 (compatible; MSIE 6.0;
  Windows NT 5.1; SV1; .NET CLR 2.0.50215)
Host: 192.168.1.100:8081
Connection: Keep-Alive
```

Antwort 2 des Servers:

```
HTTP/1.1 304 Not Modified
Date: Wed, 10 Aug 2005 10:11:58 GMT
Server: Apache-Coyote/1.1
```

Die zweite Anfrage des Clients enthält zwei zusätzliche Bezeichner: If-Modified-Since und If-None-Match. If-None-Match enthält den ETag-Wert der bereits empfangenen Version der Seite. Der Server fragt den URL ab und generiert ein Entity-Tag. Falls dieses mit dem gesendeten Wert übereinstimmt, sendet er den HTTP-Code 304 zurück, um anzuzeigen, dass die Inhalte nicht geändert worden sind.

Der Client kann das Entity-Tag entweder mit einem `If-Match` oder mit einem `If-None-Match` senden. Sendet er `If-Match` und sind die Daten auf dem Server überholt, meldet der Server, dass die Daten nicht gefunden wurden, und sendet keine neue Daten. Sendet der Client `If-None-Match` und sind die Daten auf dem Server unverändert, gibt der der Server den HTTP-Code 304 zurück. Sind die Daten überholt, gibt er in diesem Fall die neuen Daten zurück.

Das HTTP-Validierungsmodell der Zwischenspeicherung hat den Vorteil, dass der Client bei einer Anfrage garantiert die aktuellen Daten erhält. Clients können die Anfragen in beliebigen Abständen (Sekunden, Stunden, Wochen usw.) wiederholen, um eine aktuelle Kopie der Daten abzurufen. Zwar gibt es aufgrund der Anfragen immer noch einen gewissen HTTP-Verkehr, doch ist dieser auf ein Minimum reduziert.

Allerdings gibt es auch Situationen, in denen das HTTP Expiration Model brauchbar ist – etwa wenn die HTML-Inhalte statisch sind und sich selten ändern. Allerdings gilt dies nicht für dieses Buch und dieses Pattern, weil Ajax-Anwendungen von Natur aus mit Daten arbeiten, die sich ändern.

Die HTTP-Validierung zu implementieren ist einfach, weil die meisten Browser und HTTP-Server sie bereits implementieren. In diesem Kapitel will ich die Details der Implementierung der HTTP-Validierung beschreiben, weil es einige Dinge gibt, die Webbrowser und HTTP-Server nicht tun. Doch ich rate davon ab, eine kompliziertere Infrastruktur aufzubauen, um die HTTP-Validierung vorgeblich zu verbessern, weil dies den Standardfunktionen von HTTP 1.1 zuwiderliefe.

Die HTTP-1.1-Infrastruktur zu benutzen bedeutet, dass der Server, mit dem Sie kommunizieren, das HTTP-1.1-Protokoll korrekt implementieren muss. Mit Microsoft Internet Information Server, Apache Tomcat oder Jetty werden Sie keine Probleme haben. Bei anderen Servern müssen Sie prüfen, ob der Server das komplette HTTP-1.1-Protokoll versteht. Andernfalls werden Sie Probleme mit einer exzessiven Netzwerkkommunikation haben. Wenn Sie beispielsweise Mono verwenden wollen, sollten Sie `mod_mono` mit Apache und nicht nur XSP einsetzen. Obwohl XSP (1.0.9) ein vielversprechender Webserver ist, ist er für den produktiven Einsatz noch nicht ganz reif, wenigstens als dies geschrieben wurde.

4.5.4 Einige Aspekte der serverseitigen Zwischenspeicherung

Die HTTP-Validierung hat einen Nachteil: Wird eine Webanwendung serverseitig implementiert, treten Inkonsistenzen auf. Jede Datei, die von dem HTTP-Server direkt verwaltet wird, enthält Entity-Tags. Doch für Inhalte, die von einer externen Anwendung (etwa ein Java-Servlet, ASP.NET oder Skript) verwaltet werden, gibt es weder Entity-Tags noch Direktiven für eine HTTP-Zwischenspeicherung. Betrachten Sie folgende Anfrage und Antwort aus einem HTTP-Dialog einer JSP-Seite.

Anfrage des Clients:

```
GET /ajax/kap04/index.jsp HTTP/1.1
Host: 127.0.0.1:8081
User-Agent: Mozilla/5.0 (Windows; U; Windows NT 5.1;
  en-US; rv:1.7.10) Gecko/20050716 Firefox/1.0.6
Accept: text/xml,application/xml,application/xhtml+xml,
text/html;q=0.9,text/plain;q=0.8,image/png,*/*;q=0.5
Accept-Language: en-us,en;q=0.5
Accept-Encoding: gzip,deflate
Accept-Charset: ISO-8859-1,utf-8;q=0.7,*;q=0.7
Keep-Alive: 300
Connection: keep-alive
```

Antwort des Servers:

```
HTTP/1.1 200 OK
Set-Cookie: JSESSIONID=1B51C170A3F24A376BF2C3B98CF1C2C9; Path=/ajax
Content-Type: text/html;charset=ISO-8859-1
Content-Length: 333
Date: Thu, 11 Aug 2005 12:25:41 GMT
Server: Apache-Coyote/1.1
```

Betrachten Sie zur Illustration auch den folgenden HTTP-Dialog, der XML-Daten aus dem Amazon.com-Katalog abruft.

Anfrage des Clients:

```
GET /onca/xml?Service=AWSECommerceService&SubscriptionId=aaaaaaaa&Operation=
  ItemSearch&Keywords=Stephen+King&SearchIndex=Books HTTP/1.1
User-Agent: Wget/1.9.1
Host: webservices.amazon.com:8100
Accept: */*
Connection: Keep-Alive
```

Antwort des Servers:

```
HTTP/1.1 200 OK
Date: Thu, 11 Aug 2005 15:26:55 GMT
Server: Stronghold/2.4.2 Apache/1.3.6 C2NetEU/2412 (Unix)
  mod_fastcgi/2.2.12
x-amz-id-1: 1VQ2V7MESPAC6FNGFGDR
x-amz-id-2: 1pxEwchCrLJfO3qopULlUMYzbcVx1QmX
Connection: close
Content-Type: text/xml; charset=UTF-8
```

Beide Antworten enthalten weder ein `ETag` noch Direktiven für eine HTTP-Zwischenspeicherung. Dies bedeutet, dass bei einer Wiederholung derselben Anfrage mehrere identische HTTP-Anfragen mit mehreren identischen Antworten generiert werden. Webanwendungsentwickler schreiben serverseitige Anwendungen, die Inhalte dynamisch generieren. Dies hat eine Konsequenz: Inhalte dürfen nie zwischengespeichert werden. Dies entbehrt nicht einer gewissen Ironie: Bei vielen Webanwendungen sind die angeblich dynamischen Daten ganz oder wenigstens größtenteils statisch und werden nur aus einer Form (beispielsweise einem Datenbanksatz) in eine andere Form (beispielsweise eine HTML-Seite) umgewandelt.

Es muss angezweifelt werden, ob der HTTP-Server den richtigen Ansatz verfolgt, indem er nichts tut. Der HTTP-Server kann die Inhalte nicht validieren und deshalb auch nicht wissen, ob sich die Inhalte geändert haben oder nicht. Im Hinblick auf das serverseitige Anwendungsframework (beispielsweise JSP) ist die Annahme vollkommen korrekt. Nicht korrekt ist, dass ein Skript nichts tut, um die HTTP-Validierung zu implementieren. Wenn ein Skript Inhalte generiert, versteht es auch die zugrunde liegenden Datenstrukturen und kann deshalb feststellen, ob sich die Daten geändert haben. Deshalb kann die serverseitige Anwendung die HTTP-Validierung implementieren.

Die HTTP-Validierung kann auf zwei Wegen implementiert werden: dynamisch oder statisch.

4.5.5 Statische HTTP-Validierung

Bei der statischen HTTP-Validierung leistet der HTTP-Server die schwierige Arbeit, das Entity-Tag zu berechnen. Wenn ein HTTP-Server auf eine Datei stößt, die nicht von einem Framework verarbeitet wird (etwa eine html- oder png-Datei), liest er die Datei und berechnet eine Zahl, die die Inhalte der Datei eindeutig identifiziert. Nehmen Sie an, ein serverseitiges Framework soll aus den generierten Inhalten ein statisches Formular generieren. Beispielsweise könnte bei JSP ein Java-Filter die generierten JSP-Inhalte in eine statische HTML-Datei konvertieren, die vom HTTP-Server verwaltet und vom Client abgerufen wird. Zu diesem Zweck muss die serverseitige Anwendung den Unterschied zwischen dem Posting und dem Retrieving (Abrufen) von Daten kennen, da es einen aktualisierten und einen gespeicherten Zustand gibt. Technisch ausgedrückt, bedeutet das: Ein Zustand, der vorher nur in Datenbankform existiert hat, muss auch in Form einer Datei oder eines anderen persistenten Speichermediums gespeichert werden, die bzw. das von dem HTTP-Server verwaltet wird. Wenn der Zustand geändert wird, ist die Server-Anwendung dafür verantwortlich, die Datenbank und die Datei gleichzeitig zu ändern.

Wenn der HTTP-Server das Entity-Tag berechnet, verfügt jede Ressource über zwei separate Repräsentationen. Die Retrieving-Repräsentation ist statisch und wird von dem HTTP-Server verwaltet. Die Posting-Repräsentation ist dynamisch und wird von dem Server-Anwendungsframework verwaltet. Technisch ausgedrückt bedeutet dies: Aus der Sicht des Browsers führt ein HTTP-GET dazu, dass eine Datei abgerufen wird, und ein HTTP-POST oder -PUT führt dazu, dass Daten in einer JSP- oder ASP.NET-Datei gepostet werden.

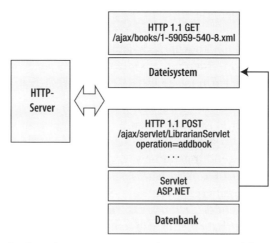

Abb. 4.3: URL-Architektur, die eine HTTP-Server-basierte HTTP-Validierung implementiert

Aus URL-Sicht hat eine Anwendung mit statischer HTTP-Validierung die Struktur aus Abbildung 4.3.

Ein einzelnes Buch wird über seine ISBN abgerufen, die ein Buch eindeutig kennzeichnet. Beim Abruf eines Buches wird der statische URL /ajax/books/[ISBN].xml verwendet. Der URL zeigt auf eine Datei, die von dem HTTP-Server verwaltet wird. Deshalb sendet dieser einen auf der Datei basierenden ETag-Bezeichner, wenn der Client versucht, das Dokument abzurufen.

Um die Datei zu aktualisieren, wird der dynamische URL /ajax/servlet/LibrarianServlet verwendet. Denn zu diesem Zweck kann nicht der statische URL verwendet werden, weil dieser eine Datei referenziert und eine solche Referenz nicht zu einer Aktualisierung führt. Dass eine statische Datei nichts tut, ist eigentlich logisch und der Grund dafür, warum überhaupt Server-Anwendungsframeworks entwickelt wurden. Der definierte URL wird von einem Java-Servlet verarbeitet, könnte aber ebenso gut zur Aktivierung einer ASP.NET-Seite oder eines anderen Webanwendungsframeworks führen. Um die Inhalte zu aktualisieren, verwendet der URL ein HTTP-POST oder HTTP-PUT. Da die Inhalte in diesem Beispiel mit einem HTML-Formular aktualisiert werden, ist hier ein HTTP-POST erforderlich.

Bei einem normalen HTTP-POST enthält ein Querystring die Variablen zur Aktualisierung der statischen Inhalte. Die Daten müssen nicht in einen Querystring eingefügt werden, sondern könnten ebenso gut XML-Inhalte sein. Die geposteten Daten enthalten den Bezeichner operation, der die auszuführende Aktion angibt, mit der zwei Dinge erreicht werden: die Aktualisierung des zugrunde liegenden Speichermediums (normalerweise eine Datenbank) und die Generierung einer neuen Datei (beispielsweise HTML) mit den neuen Daten.

Die statische HTTP-Validierung funktioniert gut, wenn die Daten hauptsächlich gelesen und nur selten aktualisiert werden.

4.5.6 Dynamische HTTP-Validierung

Für Websites, die Daten häufig aktualisieren, ist die statische HTTP-Validierung weniger geeignet, weil die Aktualisierung der Datei zu viele Ressourcen bindet. Bei der dynamischen HTTP-Validierung muss das Server-Anwendungsframework alle Aufgaben leisten, einschließlich der Generierung und Verifizierung der Entity-Tags.

Das Hauptproblem ist die Generierung von ETag-Bezeichnern. Normalerweise schreiben Webentwickler keine ETag-Bezeichner. Aber was ist ein Entity-Tag für dynamische Inhalte? Ein Entity-Tag für die generierten Inhalte zu berechnen, macht keinen Sinn, weil diese so geringfügig geändert werden könnten, dass dies nicht nennenswert ist und kein neues Entity-Tag rechtfertigt. Es gibt eine Lösung, die wie ein Entity-Tag funktioniert, aber anders bezeichnet wird.

Die vorgeschlagene Lösung arbeitet mit einem Hashcode, der als Wert des Entity-Tags verwendet wird. Ein Hashcode ist ein hinreichend eindeutiger Wert für einen gegebenen Zustand eines Objekts. In .NET und Java verfügt jedes Objekt über eine Hashcode-Methode, die überschrieben werden kann. Betrachten Sie beispielsweise die folgenden Klasse Book, die ein Buch repräsentiert. Mit dem folgenden Code könnten Sie den Hashcode für ein Buch berechnen:

```java
public class Book {
    private String _ISBN;
    private String _author;
    private String _title;
    private int _staticHashCode;
    private boolean _isHashCodeAssigned = false;

    public int hashCode() {
        if(_isHashCodeAssigned) {
            return _staticHashCode;
        }
        else {
            return new HashCodeBuilder()
                .append(_ISBN)
                .append(_author)
                .append(_title)
                .append(_comments).toHashCode();
        }
    }
    public void assignHashCode(int hashcode) {
        _staticHashCode = hashCode();
```

```
            _isHashCodeAssigned = true;
    }
    public void resetAssignedHashCode() {
        _isHashCodeAssigned = false;
    }
}
```

Die Klasse Book enthält mehre Methoden und Datenelemente. Das Datenelement _staticHashCode repräsentiert einen alten Hashcode, mit dem geprüft werden kann, ob sich Inhalte (also die Daten des Buches) geändert haben. Betrachten Sie folgenden Kontext: Der Client sendet eine Anfrage, um eine Ressource abzurufen. Der Server instanziert die benötigten Objekte und generiert aus ihnen einen Hashcode, der in dem Objektzustand selbst gespeichert wird (staticHashCode). Wenn der Client dieselbe Ressource erneut anfordert und den Hashcode als Entity-Tag sendet, führt der Server zunächst eine schnelle Prüfung durch. Er lädt nicht alle Objekte, sondern nur den gespeicherten Hashcode (staticHashCode) und vergleicht diesen mit dem gesendeten Entity-Tag. Stimmen beide überein, generiert der Server den HTTP-Fehler-Code 304, andernfalls sendet er den neuen Zustand. Dies funktioniert natürlich nur, wenn der gespeicherte Hashcode bei einer Änderung der Objekte ebenfalls neu berechnet wird; andernfalls würde er einen alten Zustand reflektieren.

Die Methode assignHashCode weist dem Objekt einen Hashcode zu, mit dem dieses auf Änderungen getestet werden kann. Die Methode resetAssignedHashCode setzt das Flag _isHashCodeAssigned zurück, wodurch der Hashcode für einen neuen Zustand berechnet werden kann. In diesem Beispiel wird der Hashcode einem privaten Datenelement der Klasse Book zugewiesen; er könnte aber auch ganz anders implementiert werden. Wichtig ist, dass er aus den Datenelementen berechnet wird, die das Objekt eindeutig repräsentieren. Sie könnten beispielsweise das *Builder*-Pattern anwenden und als Parameter das Entity-Tag übergeben, um entweder die Objekthierarchie zu konstruieren oder mit einem entsprechenden Ergebniscode anzuzeigen, dass nichts geändert wurde. Die Implementierung dieser Logik bleibt Ihnen überlassen. Bei der Klasse Book ist die ISBN der eindeutige Bezeichner. Alternativ könnte eine SQL-Tabelle mit zwei Spalten (ISBN und Hashcode) erstellt werden.

Zusammenfassend lässt sich sagen, dass die beste Art der Zwischenspeicherung von Daten offensichtlich darin besteht, die Internet-Infrastruktur mit einer eigenen HTTP-Validierung zu unterstützen. Die HTTP-Validierung sollte nicht dem HTTP-Server überlassen werden, sondern gehört zur Implementierung jeder Ressource. Der folgende Abschnitt zeigt, wie Sie die statische und die dynamische HTTP-Validierung implementieren können.

4.6 Implementierung

Da das *Cache Controller*-Pattern die HTTP-Validierung verwendet, die bereits von dem Browser oder HTTP-Server implementiert ist, muss für seine Implementierung nur noch der je nach den Inhalten zusätzlich benötigte clientseitige und/oder serverseitige Code geschrieben werden. Welchen Code Sie schreiben müssen, hängt vom Kontext ab. Auf jeden Fall müssen Sie aber den HTTP-Validierungskontrakt implementieren, damit Ihr Client oder Server in eine bereits vorhandene Internet-Infrastruktur passt.

Die Beispielanwendung verwaltet Bücher (siehe den Abschnitt *Architektur*). Sie soll den Zustand eines Typs und seine Auswirkung auf das Entity-Tag illustrieren. Clientseitig benötigen Sie nur wenig Code für das Pattern, weil Sie nur eine Referenznummer entgegennehmen müssen, über die der Server entscheidet, ob neue Inhalte gesendet werden müssen. Der serverseitige Code ist komplizierter, weil die Referenznummer generiert und validiert werden muss. Deshalb ist auch die Erklärung des serverseitigen Codes länger.

4.6.1 Einen passiven Zwischenspeicher implementieren

Clientseitig kann der Zwischenspeicher passiv und prädiktiv implementiert werden. Eine *passive Zwischenspeicherung* erfolgt, wenn die Anfrage gestellt und die Antwort empfangen wird. Eine *prädiktive Zwischenspeicherung* wartet auf spezielle Anfragen und stellt vorwegnehmend weitere verwandte Anfragen, die im Anschluss an die erste gestellt werden können. Ein prädiktiver Zwischenspeicher wächst von alleine und implementiert eine Funktionalität wie Google Maps.

Ein prädiktiver Zwischenspeicher setzt einen passiven Zwischenspeicher voraus. Sie können Zeit sparen, wenn Sie auf Funktionen zurückgreifen, die (wie etwa die passive Zwischenspeicherung) bereits im Browser implementiert sind. Wenn ein Webbrowser ein Bild abruft, wird dieses normalerweise in den Zwischenspeicher des Browsers eingefügt. Deshalb wäre es Zeitverschwendung, einen Zwischenspeicher für Bilder zu programmieren.

Weil der Browser bereits über einen Zwischenspeicher verfügt, besteht die schnellste und einfachste Lösung darin, ihm die Verwaltung des passiven Zwischenspeichers zu überlassen. Leider funktioniert diese Ideallösung nicht immer, weil die Implementierungen der Zwischenspeicherung in den verschiedenen Browsern sehr inkonsistent sind. Als dies geschrieben wurde, funktionierte im Microsoft Internet Explorer die HTTP-Validierung bei einem passiven Zwischenspeicher sowohl mit dem Browser als auch mit dem `XMLHttpRequest`-Objekt. Dagegen hatten Mozilla-basierte Browser und der Apple Safari Browser bei der Anwendung des `XMLHttpRequest`-Objekts die passive Zwischenspeicherung nicht implementiert und nutzten keine Entity-Tags. Und noch etwas ist seltsam: Wenn der Browser ein HTML-Dokument abruft, wird die Anfrage passiv zwischengespeichert. Wenn dagegen dieselbe Anfrage mit `XMLHttpRequest` erfolgt, wird der Inhalt des passiven Zwischenspeichers ignoriert.

Diese Probleme sollen uns hier jedoch nicht weiter beschäftigen. Wenn ein JavaScript-Skript die HTTP-Header zwecks Validierung verwaltet, wird der passive Zwischenspeicher konsistent behandelt, unabhängig davon, ob er von dem Browser oder einem `XMLHttpRequest`-Objekt verwendet wird. Safari ist der einzige Browser, der mit dieser Situation inkonsistent umgeht. Wenn der HTTP-Code 304 zurückgegeben wird, weist Safari die Eigenschaften `status` und `statusText` als undefiniert aus. (Dieses Problem war bereits als Bug registriert, als dies geschrieben wurde.)

4.6.2 Die HTML-Clientseite definieren

Ehe wir den HTTP-Zwischenspeicher implementieren, möchte ich den clientseitigen HTML-Code behandeln, damit die Verteilung der Verantwortlichkeiten deutlich wird. Dann können Sie später den Code für die HTTP-Zwischenspeicherung besser verstehen.

Aus Sicht des HTML-Codes soll der Zwischenspeicher, wie bei einem Browser, transparent funktionieren. Bei der Implementierung eines prädiktiven Zwischenspeichers sollte der HTML-Code nur eine Funktion für den proaktiven Abruf von URLs zur Verfügung stellen. Der folgende HTML-Code zeigt eine ideale (allerdings nicht ausführbare!) Implementierung:

```
<html>
<head>
<title>Inhalte zwischenspeichern</title>
<script language="JavaScript" src="../lib/factory.js"></script>
<script language="JavaScript" src="../lib/asynchronous.js"></script>
<script language="JavaScript" src="../lib/cache.js"></script>
<script language="JavaScript" type="text/javascript">

CacheController.prefetch = function(url) {
    if(url == "../kap03/chunkhtml01.html") {
        CacheController.getCachedURL("../kap03/chunkimage02.html");
    }
}

var cache = new CacheProxy();

cache.complete = function(status, statusText, responseText, responseXML)
    {
      document.getElementById("insertplace").innerHTML = responseText;
      document.getElementById("status").innerHTML = status;
      document.getElementById("statustext").innerHTML = statusText;
```

```
}

function clearit() {
    document.getElementById("insertplace").innerHTML = "empty";
    document.getElementById("status").innerHTML = "empty";
    document.getElementById("statustext").innerHTML = "empty";
}

</script>
</head>
<body>
<button onclick="cache.getURL('../kap03/chunkhtml01.html')">
Inhalt 1 abrufen </button>
<button onclick="cache.getURL('../kap03/chunkimage02.html')">
Inhalt 2 abrufen </button>
<button onclick="clearit()">Felder löschen</button>
<table>
    <tr><td id="insertplace">Nichts</td></tr>
    <tr><td id="status">Nichts</td></tr>
    <tr><td id="statustext">Nichts</td></tr>
</table>
</body>
</html>
```

Das Beispiel enthält vier `script`-Tags; das dritte referenziert die Datei `cache.js`, die den Code für den Zwischenspeicher enthält. Diese Datei enthält eine Instanz der Variablen `CacheController`. Weil ein Zwischenspeicher alle Anfragen des Browsers bearbeiten muss, gibt es nur eine einzige Variableninstanz, die alle zwischengespeicherten Inhalte enthält. Weil `Asynchronous` ein Typ ist, der für das *Cache Controller*-Pattern instanziert werden kann, um das *Proxy*-Pattern korrekt zu implementieren, wird der Typ `CacheProxy` definiert.

Mit der Methode `CacheController.prefetch` ruft der Code des prädiktiven Zwischenspeichers andere HTTP-Inhalte proaktiv ab. Wenn Inhalte angefordert werden, wird die `prefetch`-Funktion mit dem entsprechenden URL aufgerufen. Sie kann dann je nach Anforderung der Anwendung proaktiv einen oder mehrere HTTP-Inhaltsblöcke laden, die zu dem übergebenen URL gehören.

Die `prefetch`-Funktion auf der HTML-Seite legt fest, was wann abgerufen werden kann. Ihre Logik hängt von den möglichen Operationen ab, die der Anwender auf die jeweiligen Inhalte anwenden kann. Bei einer Landkarten-Anwendung muss die `prefetch`-Logik beispielsweise die Ressourcen proaktiv laden, die durch Zoomen oder Verschieben der Landkarte angefordert werden können. Kompliziert wird die `prefetch`-Logik, wenn eine HTML-Seite mehrere Bereiche enthält, zu denen proaktiv Inhalte geladen werden können. Dann ist es, wie in unserem Beispiel, wichtig festzustellen, was der URL anfordert, und die benötigten Ressourcen proaktiv zu laden.

Kurz gesagt: Wenn Sie `prefetch`-Implementierungen schreiben, sollten die URLs logisch aufgebaut und leicht ableitbar sein. Wenn etwa in einer Landkarten-Anwendung der URL `http://mydomain.com/0/0` lautet, würde eine Verschiebung nach oben das Element `http://mydomain/0/1` referenzieren. Die Zahlen in dem URL repräsentieren Breite und Länge; eine Verschiebung nach oben bedeutet einen Wechsel von Länge 0 zu Länge 1. Die URL-Zahlen enthalten keinen Vergrößerungsfaktor, aber dieser kann berechnet werden. Eine Faustregel: Wenn Sie in Ihrer `prefetch`-Implementierung aus dem angeforderten URL logisch nicht ableiten können, welche verwandten Ressourcen benötigt werden, sind Sie höchstwahrscheinlich mit einem passiven Zwischenspeicher besser bedient.

Zurück zu unserer HTML-Beispielseite: Die Variable `cache` ist ein Objekt vom Typ `CacheProxy`, der als Proxy für die Klasse `Asynchronous` dient und deshalb auch über alle Methoden und Eigenschaften von `Asynchronous` verfügt. Wie bei `Asynchronous` wird eine Antwort zur Verarbeitung der Funktion `cache.complete` zugewiesen. Achtung: Wenn der prädiktive Zwischenspeicher Inhalte proaktiv lädt, wird die Methode `complete` nicht aufgerufen, weil sich die proaktiv geladenen Daten in einem rohen und nicht in einem verarbeiteten Zustand befinden. Erst wenn der Client proaktiv geladene Inhalte anfordert, wird `complete` aufgerufen. Wie bei `Asynchronous` können mehrere Instanzen von `CacheProxy` erstellt werden; allerdings gibt es nur ein einziges Objekt vom Typ `CacheController`.

Mit der Funktion `clearit` können die Ergebnisse gelöscht werden, so dass die DHTML-Felder `insertplace`, `status` und `statustext` beim Testen des HTML-Codes zurückgesetzt werden können. Der Code, der in die DHTML-Felder eingefügt worden ist, kann durch Anklicken der Schaltflächen INHALT 1 ABRUFEN und INHALT 2 ABRUFEN abgerufen werden. In beiden Fällen wird die Methode `CacheController.getURL` aufgerufen, die zwei Parameter erfordert: den herunterzuladenden URL und die `complete`-Funktion, die die Ergebnisse entgegennimmt.

Um zu zeigen, wie die HTML-Inhalte zwischengespeichert werden, ist es nicht sinnvoll, die Seiten anzuzeigen, nachdem sie heruntergeladen worden sind. Bilder nachträglich anzuzeigen zeigt zwar, dass die Inhalte zur Verfügung stehen, aber nicht, woher sie gekommen sind – ob aus dem Zwischenspeicher oder aus der Antwort auf eine HTTP-Anfrage. Die Existenz eines Zwischenspeichers mit Inhalten lässt sich mit einem Breakpoint im Code zeigen. Der Code wird bis zu diesem Breakpoint ausgeführt; dann wird der Inhalt des Zwischenspeichers mit einem Debugger angezeigt. Abbildung 4.4 zeigt auf diese Weise die Variable `CacheController` und den in ihr enthaltenen Zwischenspeicher.

Die Variable `this` im mittleren linken Fenster aus Abbildung 4.4 ist die `CacheController`-Instanz. Die Eigenschaft `_cache` ist ein `Array`-Objekt für die zwischengespeicherten Objekte. Der Zwischenspeicher enthält die Objekte `chunkhtml01.html` und `chunkimage02.html`, also die HTTP-Inhalte, die mit den Schaltflächen abgerufen werden.

Abb. 4.4: Der Mozilla-Debugger zeigt, dass der Zwischenspeicher zwei Elemente enthält.

Den CacheController und den CacheProxy implementieren

Für den CacheController muss ein skriptdefinierter passiver Zwischenspeicher implementiert werden, auch wenn der Browser bereits einen solchen Zwischenspeicher zur Verfügung stellt, weil die entsprechenden Implementierungen der verschiedenen Browser inkonsistent sind. Der skrpitdefinierte passive Zwischenspeicher implementiert keine fortgeschrittenen Cache-Algorithmen. Sie können jedoch die Funktionalität des Zwischenspeichers bei Bedarf erweitern.

Kapitel 4
Cache Controller-Pattern

Die Variable `CacheController` implementiert die Clientseite des HTTP-Validierungsmodells. Zu diesem Zweck muss der Client Entity-Tags empfangen, speichern und senden, wenn er Anfragen sendet und Antworten empfängt. Abhängig von den HTTP-Rückgabecodes empfängt, speichert und liefert *Cache Controller* neue Inhalte oder gibt alte Inhalte an das verarbeitende Skript des passiven Zwischenspeichers zurück.

In den folgenden Abschnitten wird die Implementierung von `CacheController` erklärt (die Details der Funktion `getURL` folgen später, weil diese Funktion recht kompliziert ist):

```
var CacheController = {
    cache : new Array(),
    prefetch : function(url) { },
    didNotFindETagError : function(url) { }
    getCachedURL : function(url) {
        var func =
            function(status, statusText, responseText, responseXML) { }
        CacheController.getURL(url, func, true);
    },
    getURL : function(url, inpCP, calledFromCache) {
    }
}
```

Auf den ersten Blick scheint `CacheController` eine Eigenschaft und drei Funktionen zu veröffentlichen. Tatsächlich enthält er jedoch mehrere anonyme JavaScript-Funktionen, weshalb die Implementierung mehr Funktionen enthält, als hier gezeigt werden. Die Effizienz von `CacheController` hängt ganz von dem HTTP-Server ab; wenn dieser keine Entity-Tags verwendet, erfolgt keine Zwischenspeicherung und `CacheController` leitet alle Anfragen direkt an die `complete`-Funktion der Anwendung weiter.

Die Eigenschaft _cache ist ein `Array`-Objekt für die zwischengespeicherten Objekte. Jeder Eintrag dieses Arrays wird über einen URL identifiziert und abgerufen. HTTP-Inhalte werden als neue Einträge zu dem Array hinzugefügt, wenn der Parameter `status` der internen `complete`-Methode von `CacheController` den Wert 200 hat. Dieser Wert zeigt das erfolgreiche Herunterladen von HTTP-Inhalten an. Die interne `complete`-Methode von `CacheController` ist eine anonyme Funktion, die `asynchronous.complete` zugewiesen wird.

Die Methode `prefetch` ist eine Funktion, die vom HTML-Code zugewiesen wird, um HTML-Inhalte proaktiv in den Zwischenspeicher zu laden. Standardmäßig tut die `prefetch`-Funktion nichts und macht damit den prädiktiven Zwischenspeicher passiv.

Die Methode `getCachedURL` ruft HTTP-Inhalte von einem Server ab. Sie wird von der im HTML-Code definierten `prefetch`-Funktion aufgerufen. Die Methode erwartet drei Parameter: Der erste Parameter ist der aufgerufene URL. Der zweite

Parameter ist die complete-Funktion. Für die prefetch-Implementierung wird diese nicht benötigt und deshalb als leere Funktion deklariert. Der dritte Parameter ist der einzige, der von der getCachedURL-Funktion übergeben werden muss. Er verhindert, dass die prefetch-Funktion erneut aufgerufen wird. Andernfalls könnte eine rekursive Schleife angestoßen werden, in der sich getURL und prefetch endlos gegenseitig aufrufen.

Die Methode getURL ruft HTTP-Inhalte aus dem Zwischenspeicher ab. Die Methode wird von dem noch undefinierten CacheProxy aufgerufen. Hier ist eine Implementierung von getURL ohne Implementierung der anonymen Funktionen:

```
getURL : function(url, inpCP, calledFromCache) {
    var asynchronous = new Asynchronous();
    var cacheProxy = inpCP;
    asynchronous.openCallback = function(xmlhttp) {
    }
    asynchronous.complete = function(status,
        statusText, responseText, responseXML) {
    }
    asynchronous.get(url);
    if(calledFromCache != true) {
        CacheController.prefetch(url);
    }
}
```

Die Implementierung von getURL enthält mehrere anonyme Funktionen. Sie lösen das Problem, Variablen mit Objekten zu verknüpfen (siehe Kapitel 2). Bei jedem Aufruf von getURL wird ein Asynchronous-Objekt erstellt, damit mehrere HTTP-Anfragen Daten parallel abrufen können. Denken Sie daran, dass CacheController ein einzelnes Objekt ist.

Die Funktion openCallback ist neu. Sie führt einen Callback aus, nachdem die Methode XMLHttpRequest.open aufgerufen worden ist. Sie wird von Asynchronous nach dem Aufruf der Methode XMLHttpRequest.open aufgerufen. Die Funktion openCallback wird benötigt, weil die Methode XMLHttpRequest.setRequestHeader erst nach dem Aufruf der Methode XMLHttpRequest.open aufgerufen werden kann.

Die anonyme Funktion, die asynchronous.complete zugewiesen wird, dient dazu, die Daten zu verarbeiten, die über einen URL abgerufen worden sind. Ihre Implementierung enthält die Details der Implementierung des *Cache Controller*-Patterns.

Die Methode asynchronous.get ruft XMLHttpRquest und den Server auf. Wenn dieser Aufruf erfolgt ist und die getURL-Methode nicht von einer prefetch-Implementierung (calledFromCache != true) aufgerufen worden ist, wird die Methode prefetch aufgerufen.

Bei dieser Implementierung von `CacheManager` wird die Methode `prefetch` aufgerufen, bevor die Anfrage die Daten zurückgeben kann, weil angenommen wird, dass die `prefetch`-Logik aus einem URL zugehörige URLs ableiten kann. In einigen Situationen ist dies jedoch nicht möglich, weil die zugehörigen URLs in der Antwort auf die Anfrage definiert sind – wie etwa bei dem *Decoupled Navigation*-Pattern. In diesem Fall muss die `prefetch`-Funktion von `CacheManager` in der anonymen Funktion von `asynchronous.complete` aufgerufen werden. Die Modifikation der `prefetch`-Funktionalität übersteigt den Rahmen dieses Buches, wird aber als mögliche Erweiterung erwähnt, die Sie möglicherweise implementieren müssen.

Nun zu den unvollständigen anonymen Funktionen und insbesondere zu der anonymen `openCallback`-Funktion:

```
asynchronous.openCallback = function(xmlhttp) {
    var obj = CacheController._cache[url];
    if(obj != null) {
        xmlhttp.setRequestHeader("If-None-Match", obj .ETag);
    }
    cacheProxy.openCallback(xmlhttp);
}
```

In der Implementierung von `openCallback` wird das `_cache`-Array mit allen Objekten referenziert. Das Element mit dem Index `url` wird der Variablen `obj` zugewiesen. Falls der URL nicht existiert, hat `obj` den Wert `null`, andernfalls enthält sie den zugehörigen `ETag`-Bezeichner. Dieser wird zusammen mit dem HTTP-Header-Bezeichner `If-None-Match` mit der Methode `setRequestHeader` an die Anfrage übergeben. Dieser Prozess, das URL-Objekt abzurufen und den `ETag`-Bezeichner zuzuweisen, bildet den Kern der HTTP-Validierung.

Nun zur Implementierung der anonymen `complete`-Funktion:

```
asynchronous.complete =
    function(status, statusText, responseText, responseXML) {
    if(status == 200) {
        try {
            var foundetag = this._xmlhttp.getResponseHeader("ETag");
            if(foundetag != null) {
                CacheController._cache[url] = {
                    ETag : foundetag,
                    Status : status,
                    StatusText : statusText,
                    ResponseText : responseText,
                    ResponseXML : responseXML
                };
            }
            else {
```

```
                CacheController.didNotFindETagError(url);
            }
        }
        catch(exception) {
            CacheController.didNotFindETagError(url);
        }
        if(calledFromCache != true) {
            cacheProxy.complete(status, statusText,
                responseText, responseXML);
        }
    }
    else if(status == 304) {
        var obj = CacheController._cache[url];
        if(obj != null) {
            cacheProxy.complete(obj.Status, obj.StatusText,
                obj.ResponseText, obj.ResponseXML);
        }
        else {
            throw new Error("Die Daten scheinen trotz gegenteiliger " +
                "Anzeige des Servers nicht im Cache zu sein.");
        }
    }
    else {
        if(calledFromCache != true) {
            cacheProxy.complete(status, statusText,
                responseText, responseXML);
        }
    }
}
```

Je nach HTTP-Rückgabecode (200 für Erfolg, 304 für einen nicht geänderten Zustand und Default) führt die Funktion drei mögliche Aktionen aus.

Wenn der Server den HTTP-Wert 200 zurückgibt, wird ETag in den zurückgegebenen HTTP-Headern gesucht. Dieser Zustand tritt ein, wenn die Anfrage vorher noch nicht gestellt worden ist oder wenn sich die zwischengespeicherten Inhalte einer bereits gestellten Anfrage geändert haben. Falls der Wert des Entity-Tags nicht null ist, wird unabhängig davon, ob ein lokales Zwischenspeicherobjekt existiert, der Variablen CacheController._cache [url] das neue Objekt mit den folgenden fünf Eigenschaften zugewiesen: ETag, Status, StatusText, ResponseText und ResponseXML.

Der gesamte ETag-Abruf und die Zuweisung sind in einen try-catch-Block eingeschlossen. Der if-Befehl stellt sicher, dass nur Objekte mit dem passenden ETag-Bezeichner in den Zwischenspeicher eingefügt werden. Falls kein ETag existiert, wird die Methode CacheController.didNotFindETagError mit dem URL aufgerufen. Sie soll den Anwender davon abhalten, die prefetch-Funktion weiterhin zu benutzen. Denn wenn es kein ETag gibt, gibt es auch keine Zwischenspeicherung; ein `prefetch` wäre sinnlos. Es gibt eine Standardimplementierung der Methode `didNotFindETagError`, doch die HTML-Seite kann eine eigene Variante implementieren.

Wenn der Server den HTTP-Wert 304 zurückgibt (der unveränderte Inhalte anzeigt, über die der Client bereits verfügt), werden die Inhalte mit dem URL aus dem Zwischenspeicher abgerufen und an den Client übergeben. Es wird immer Inhalte im Zwischenspeicher geben; denn wenn ein `ETag` generiert wurde, enthält die `_cache`-Variable einen Wert. Die abgerufenen Inhalte werden der Variablen `obj` zugewiesen; dann wird die Methode `cacheProxy.complete` mit den zwischengespeicherten Inhalten aufgerufen.

Wenn der Server einen anderen `status`-Code als 200 oder 304 zurückgibt, werden die Parameter zur weiteren Verarbeitung direkt an den Client übergeben.

Die Klasse `CacheProxy` implementiert das *Proxy*-Pattern. Sie entscheidet, ob `Asynchronous` oder `CacheController` aufgerufen wird. Hier ist eine partielle Implementierung von `CacheProxy`, in der redundante Teile weggelassen sind:

```
function CacheProxy() {
}

function CacheProxy_get(url) {
    CacheController.getURL(url, this, false);
}

function CacheProxy_post(url, mimetype, datalength, data) {
    var thisreference = this;
    asynchronous = new Asynchronous();

    asynchronous.openCallback = function(xmlhttp) {
        thisreference.openCallback(xmlhttp);
    }
    asynchronous.complete = function(status, statusText,
        responseText, responseXML) {
            thisreference.complete(status, statusText,
                responseText, responseXML);
    }
    asynchronous.post(url, mimetype, datalength, data);
}
CacheProxy.prototype.openCallback = CacheProxy_openCallback;
CacheProxy.prototype.complete = CacheProxy_complete;
CacheProxy.prototype.get = CacheProxy_get;
CacheProxy.prototype.put = CacheProxy_put;
CacheProxy.prototype.del = CacheProxy_delete;
CacheProxy.prototype.post = CacheProxy_post;
```

Damit `CacheProxy` als vollwertiger Proxy für `Asynchronous` agieren kann, muss es dieselben Methoden wie `Asynchronous` veröffentlichen. `CacheProxy` muss also die Methoden `get`, `put`, `del` usw. implementieren. Einen Proxy zu implementieren, bedeutet Funktionalität zu delegieren. Wenn der Client etwa ein HTTP-GET aufruft, muss die Funktion `CacheProxy_get` an den `CacheController` delegieren. Bei den anderen Funktionen (beispielsweise `CacheProxy_post`) delegiert `CacheProxy` an `Asynchronous`. Ein kompletter Proxy für `Asynchronous` erfordert auch die Implementierung von `openCallback` und `callback`, die dann an die Methode `CacheProxy.openCallback` oder `CacheProxy.complete` delegiert werden, die etwaige vom Anwender definierte Implementierungen aufrufen.

Alle Komponenten kombinieren

Wenn der HTML-Code mit `CacheController` und `CacheProxy` kombiniert wird, wird ein Zwischenspeicher erstellt, der die HTTP-Validierung verwendet. Den `CacheController`-HTML-Code zu verwenden ist schneller, als keinen Zwischenspeicher zu benutzen. Mehrere Instanzen von `CacheProxy` instanzieren mehrere Instanzen von `Asynchronous`, um nebenläufiges Herunterladen zu ermöglichen. Sie dürfen mehrere Instanzen nicht mit mehreren Threads verwechseln. Bei JavaScript-Anwendungen, die mit Webbrowsern arbeiten, gibt es keine Threads, weil der JavaScript-Code in dem Webbrowser in einem einzigen Thread ausgeführt wird. Asynchrone Downloads können in einzelnen Threads ausgeführt werden, aber mit JavaScript ist es eben nicht möglich, Threads zu erstellen oder andere Synchronisationsmechanismen zu verwenden. Allerdings wurde der Code für den Zwischenspeicher so Thread-freundlich wie möglich geschrieben, falls ein Webbrowser beschließen sollte, den JavaScript-Code zu optimieren.

Eine Nebenbemerkung: Threads können auch nicht mit JavaScript-Timern erstellt werden. Timer sind keine Threads, ermöglichen aber die Ausführung mehrerer Tasks. Seien Sie vorgewarnt, dass Sie bei der Ausführung eines Skripts keinesfalls die HTML-Seite manipulieren können, weil die HTML-Seite für die Dauer der Anfrage eingefroren wird. Ein Beispiel für das Einfrieren des Browsers wurde in Kapitel 2 gezeigt.

4.6.3 Die Serverseite des HTTP-Validators implementieren

Bei der Erklärung der Variablen `CacheController` und des Typs `CacheProxy` wurde erwähnt, dass vom Server erwartet wird, Entity-Tags zu senden und die Hauptarbeit beim Vergleich dieser Tags zu leisten. Die Implementierung eines serverseitigen HTTP-Validators ist jedoch keine Implementierung eines Zwischenspeichers. Der Zwischenspeicher befindet sich auf der Clientseite, im Proxy oder irgendwo in der Kette der Internet-Infrastruktur. Die Implementierung der serverseitigen HTTP-Validierung bedeutet nur die Verarbeitung von Entity-Tags.

Die Klasse Book definieren

Beginnen wir die Buch-Anwendung mit der Definition der Klasse Book. Diese Klasse wurde bereits kurz im Abschnitt *Architektur* vorgestellt; bis auf die Hashcode-Funktion wurden jedoch keine Details behandelt. Die Klasse ist relativ anspruchslos und verfügt nur über Datenelemente. Es ist wichtig, dass in der Klasse keine eingebaute Serialisierung definiert ist, weil zwei Persistenztechniken verwendet werden sollen: das Dateisystem und eine allgemeine Speicherung. Falls die allgemeine Speicherung mit einer relationalen Datenbank erfolgen soll, könnte ein objektrelationaler Mapper eingesetzt werden (z.B. Hibernate für Java oder NHibernate für .NET).

In Java könnte die Klasse Book folgendermaßen definiert werden:

```java
public class Book {
    private String _ISBN;
    private String _author;
    private String _title;

    public void setISBN(String iSBN) {
        _ISBN = iSBN;
    }
    public String getISBN() {
        return _ISBN;
    }
    public void setAuthor(String author) {
        _author = author;
    }
    public String getAuthor() {
        return _author;
    }
    public void setTitle(String title) {
        _title = title;
    }
    public String getTitle() {
        return _title;
    }
}
```

Die Klasse Book verfügt über drei Datenelemente: _ISBN, _author und _title. Sie repräsentieren den eindeutigen Zustand von Book.

Die Action-Klassen implementieren

Jede Operation verfügt über ein Actionset-Interface. Es ist dafür verantwortlich, Daten abzurufen, Daten zu aktualisieren und andere Operationen mit den Daten auszuführen. Hier ist eine Beispieldefinition:

```
public interface Librarian {
    public Book checkOutBook(String isbn) throws Exception;
    public void checkInBook(Book book) throws Exception;
}
```

Das Interface Librarian verfügt über zwei Methoden, checkOutBook und checkInBook, mit denen Bücher abgerufen bzw. hinzugefügt werden können. Ein Interface ist einer Klasse vorzuziehen, weil zur Implementierung der Operationen das *Decorator*-Pattern verwendet werden sollte. Kurz gesagt, hat das *Decorator*-Pattern den Zweck, bereits vorhandenen Klassen dynamisch Verantwortlichkeiten hinzuzufügen. Das *Decorator*-Pattern mit dem Librarian-Interface zu verbinden bedeutet, dass beim Aufruf der Methode checkInBook mehrere Implementierungen mit denselben Parametern aufgerufen werden.

Das *Decorator*-Pattern bietet sich hier an, weil die Inhalte bei der statischen HTTP-Validierung in einer Datei und in der Datenbank gespeichert werden müssen (siehe den Abschnitt *Architektur*). Die Datei wird von dem HTTP-Server verwendet, die Datenbank von der Anwendung. Deshalb könnte eine Folge von Aufrufen die Inhalte erst in einer Datei und dann in der relationalen Datenbank speichern. Das *Decorator*-Pattern maskiert diese beiden Schritte und lässt sie nach außen als einen einzigen Schritt erscheinen. Der Client glaubt, dass nur ein Aufruf erfolgt. Die zugrunde liegende Implementierung des *Decorator*-Patterns kümmert sich um die Details der Verknüpfung der verschiedenen Actionset-Interface-Implementierungen.

Die folgenden Beispielklassen implementieren den statischen HTTP-Validator, der die Inhalte in einer Datei und in einer Datenbank speichert. Beachten Sie, dass die Persistenzfunktionen der Klassen nicht voll implementiert sind, um die Pattern-Implementierung zu verdeutlichen:

```
public class LibrarianSaveToFile implements Librarian {
    private static String _rootPath;
    private Librarian _next;

    public LibrarianSaveToFile(Librarian next)
        throws InstantiationException {
        if(_next == null) { throw
            new InstantiationException(
                "Nächstes Element darf nicht null sein");
        }
        _next = next;
    }
    public static void setRootPath(String path) {
        _rootPath = path;
    }
    public Book checkOutBook(String isbn) throws Exception {
```

```
            // Wenn nichts zu tun, mit nächstem Element fortfahren
            return _next.checkOutBook(isbn);
        }
        public void checkInBook(Book book) throws Exception{
            String path = _rootPath + "/books/" + book.getISBN() + ".xml";

            // Daten in einer Datei speichern ...
            _next.checkInBook(book);
        }
    }

    public class LibrarianSaveToStorage implements Librarian {
        public LibrarianSaveToStorage() {
        }

        public Book checkOutBook(String isbn) throws Exception {
            // Daten aus Speichermedium abrufen
            return null;
        }

        public void checkInBook(Book book) throws Exception {
            // Daten im Speichermedium speichern
        }
    }
```

Die Klasse `LibrarianSaveToFile` implementiert das Interface `Librarian`. Sie ist dafür verantwortlich, geänderte Inhalte, die mit dem URL /ajax/books/[ISBN] .xml abgerufen wurden, in der Datei zu speichern. Die Klasse `LibrarianSaveToStorage` implementiert ebenfalls das Interface `Librarian`. Sie ist dafür verantwortlich, die `Book`-Daten abzurufen und in einer relationalen Datenbank zu speichern. Die zwei Klassen sind separat; verknüpft bilden sie die Basis des *Decorator*-Patterns.

Der Konstruktor von `LibrarianSaveToFile` benötigt ein Objekt vom Typ `Librarian` als Argument. Das Objekt wird dem Datenelement `_next` zugewiesen und mit dem `LibrarianSaveToFile` an `Librarian`-Methodenaufrufe delegiert. In der Methode `LibrarianSaveToFile.checkinBook` wird ein String erstellt, um die Inhalte in der Datei zu speichern. Nachdem die Datei gespeichert worden ist, wird das nächste `Librarian`-Objekt mit demselben Parameter und derselben Methode aufgerufen. Die Klasse `LibrarianSaveToFile` ist nur dafür verantwortlich, die Daten in einer Datei zu speichern, das `_next`-Objekt leistet diese Arbeit. In unserem Beispiel enthält `next` ein Objekt vom Typ `LibrarianSaveToStorage`, so dass die Inhalte in der relationalen Datenbank gespeichert werden. Dieser Ansatz bietet den Vorteil, dass jede Klasse, `LibrarianSaveToFile` und `LibrarianSaveToStorage`, das tut, was sie am besten kann, und die restliche Arbeit an eine andere Klasse delegiert. Mit dem *Decorator*-Pattern können Klassen dynamisch verknüpft werden, ohne dass ihre Funktionalität geändert werden muss.

Die Klassen `LibrarianSaveToFile` und `LibrarianSaveToStorage` werden mit dem *Builder*-Pattern instanziert und verknüpft:

```
public class LibrarianBuilder {
    public static Librarian create(String rootPath)
        throws InstantiationException {
            LibrarianSaveToFile.setRootPath(rootPath);
            return new LibrarianSaveToFile(new LibrarianSaveToStorage());
    }
}
```

Das *Builder*-Pattern ist eine Erweiterung des *Factory*-Patterns. Es wird verwendet, um mehrere Instanzen verschiedener Typen zu instanzieren und in spezieller Weise zu verbinden. Im Fall unserer Beispielklasse `LibrarianBuilder` bedeutet dies: Mit der Methode `setRootPath` wird das Stammverzeichnis gesetzt und die Objekte `LibrarianSaveToFile` und `LibrarianSaveToStorage` werden erstellt und verbunden. An den Aufrufer wird nur eine einzige `Librarian`-Instanz zurückgegeben, die intern die Arbeit der beiden Objekte koordiniert.

Die statische HTTP-Validierung implementieren

Schließlich müssen die Komponenten verknüpft werden, um die Webanwendung mit der statischen HTTP-Validierung fertigzustellen. Im folgenden Beispiel werden Java-Servlets verwendet. Alternativ könnte auch ASP.NET benutzt werden.

```
public class LibrarianServlet extends HttpServlet {
    protected void doPost(HttpServletRequest req, HttpServletResponse resp)
        throws javax.servlet.ServletException, java.io.IOException {
        if(req.getContentType().compareTo(
            "application/x-www-form-urlencoded") == 0) {
            String operation = req.getParameter("operation");
            if(operation != null && operation.compareTo("addBook") == 0) {
                Librarian librarian =
                    LibrarianBuilder.create(getServletContext()
                        .getInitParameter("generatepath"));
                try {
                    Book book = new Book();
                    String isbn = req.getParameter("isbn");
                    if(isbn != null) {
                        try {
                            book = librarian.checkOutBook(isbn);
                        }
                        catch(Exception ex) {
                            book.setISBN(isbn);
                        }
                    }
                    String author = req.getParameter("author");
                    if(author != null) {
                        book.setAuthor(author);
```

```
                }
                String title = req.getParameter("title");
                if(title != null) {
                    book.setTitle(title);
                }
                resp.setContentType("text/html");
                PrintWriter out = resp.getWriter();
                librarian.checkInBook(book);
                out.println(~"<html><body>Did update</body></html>");
            }
            catch(Exception ex) {
                throw new ServletException(
                    "LibrarianServlet generated error", ex);
            }
        }
      }
    }
  }
}
```

Das Servlet `LibrarianServlet` implementiert die Methode `doPost`, was bedeutet, dass es nur auf HTTP-POST-Anfragen reagiert. Wie in dem Abschnitt *Architektur* beschrieben wurde, werden die Daten bei der Implementierung der statischen HTTP-Validierung mit dem Servlet nur aktualisiert, nicht abgerufen. Das Servlet verarbeitet nur Anfragen, die Inhalte vom Typ `application/x-www-form-urlencoded` posten. Andere Datentypen könnten ebenfalls verarbeitet werden, aber in diesem Beispiel werden nur CGI-codierte Daten unterstützt. Der Server muss den Typ der übertragenen Inhalte prüfen, weil das *Permutations*-Pattern vom Server verlangt, auf verschiedene Typen reagieren zu können.

Weil die Inhalte CGI-codiert sind, existiert eine auszuführende Aktion, die mit der Methode `req.getParameter("operation")` abgerufen werden kann. Basierend auf dieser Operation werden die restlichen Parameter abgerufen: `isbn`, `author` und `title`. Falls der Parameter `isbn` existiert, wird mit der Methode `librarian.checkOutBook` ein Buch-Objekt abgerufen, weil möglicherweise ein bereits vorhandenes Buch aktualisiert werden soll. Aufgrund des Designs kann der Inhalt eines bereits vorhandenen Buches mit dem Servlet inkrementell ergänzt/geändert werden.

Vergleichen wir diese inkrementelle Aktualisierung mit dem Vorgehen in einer traditionellen Programmiersprache. Wenn dort eine Methode drei Parameter erfordert, muss der Aufrufer drei Parameter angeben. Um ein Objekt mit einer einzigen Methode zu aktualisieren, müssen also alle Parameter angegeben werden. Alternativ könnten mehrere Methoden mit mehreren Parametern erstellt werden. Es könnte auch eine Struktur programmiert und dann ermittelt werden, welche Eigenschaften initialisiert/aktualisiert werden sollen. Doch unabhängig vom Ansatz ist es einfacher, einen URL zu verwenden, weil der Client nur die Daten angeben muss, die aktualisiert werden müssen.

Nachdem die aktualisierten Parameter abgerufen und der Book-Instanz zugewiesen wurden, muss das Buch gespeichert werden. Dazu wird die Methode `librarian.checkInBook` aufgerufen. Damit kommt das *Decorator*-Pattern ins Spiel, das sowohl `LibrarianSaveToFile` als auch `LibrarianSaveToStorage` aufruft. Wie bereits erwähnt, wird das Buch dann in der Datei und in der relationalen Datenbank gespeichert. Weil der HTTP-Server das Entity-Tag verwaltet, wird ein neues Entity-Tag erstellt.

Die dynamische HTTP-Validierung implementieren

Wenn die statische HTTP-Validierung implementiert worden ist, ist es nicht allzu schwer, auch die dynamische HTTP-Validierung zu implementieren, weil die statische HTTP-Validierung eine Basis für die dynamische bildet. Bei der Implementierung der dynamischen HTTP-Validierung werden `LibrarianSaveToStorage` und die Anwendung des *Decorator*-Patterns unverändert übernommen. Dagegen ändert sich die Implementierung des *Builder*-Patterns: Die Klasse `LibrarianSaveToFile` wird durch `LibrarianHTTPValidation` ersetzt und die Klasse Book erhält einige zusätzliche Eigenschaften.

Mit der Klasse `LibrarianHTTPValidation` wird ermittelt, ob `LibrarianSaveToStorage` aufgerufen werden muss. Nebenbemerkung: Der Name `LibrarianSaveToStorage` ist hier etwas unpassend, da die Klasse bei der dynamischen HTTP-Validierung sowohl für den Abruf als auch die Speicherung von Daten verwendet wird.

Die Implementierung des Decorator-Patterns ändern Bei der statischen HTTP-Server-Validierung wurde das *Decorator*-Pattern verwendet. Bei der dynamischen HTTP-Server-Validierung wird `LibrarianHTTPValidation` verwendet, um die Hashcodes der einzelnen Buchinstanzen zu verwalten:

```java
public class LibrarianHTTPValidation implements Librarian {
    private Librarian _next;
    private String _etag;
    public LibrarianHTTPValidation(String etag, Librarian next)
        throws InstantiationException {
        if(_next == null) {
            throw new InstantiationException(
                "Nächstes Element darf nicht null sein");
        }
        _next = next;
        _etag = etag;
    }
    public Book checkOutBook(String isbn) throws Exception {
        if(isSameState(_etag, isbn)) {
            Book book = new Book();
            book.assignHashCode(Integer.parseInt(_etag));
```

```
            book.setISBN(isbn);
            return book;
        }
        else {
            return _next.checkOutBook(isbn);
        }
    }
    public void checkInBook(Book book) throws Exception {
        saveHashCode(book);
        _next.checkInBook(book);
    }
}
```

Der Konstruktor von `LibrarianHTTPValidation` erwartet zwei Parameter: das ETag und das nächste `Librarian`-Objekt, also `LibrarianSaveToStorage`. Die Methode `checkOutBook` enthält die unvollständige Methode `isSameState`, mit der geprüft wird, ob der übergebene `etag`-Parameter zu dem Buch gehört, das mit der `isbn`-Nummer abgerufen werden soll. Die Methode `isSameState` ist unvollständig, weil die Art und Weise, wie der übergebene `Etag`-Bezeichners des Clients und der aktuellen Hashcode verglichen werden, davon abhängt, wie der alte Hashcode gespeichert ist. Dieses Implementierungsdetail geht jedoch über den Rahmen dieses Buches hinaus.

Falls die Methode `isSameState` anzeigt, dass der Zustand nicht geändert worden ist, wird `Book` instanziert und der Hashcode dem übergebenen `Etag`-Wert zugewiesen. Der instanzierte Wert wird zurückgegeben. Falls die Methode `isSameState` anzeigt, dass der Zustand geändert worden ist, wird `checkOutBook` an das `Librarian`-Objekt `_next` delegiert (`_next.checkOutBook`).

In der Methode `checkInBook` wird die unvollständige implementierte Methode `saveHashCode` aufgerufen, die den aktuellen Hashcode und den zugehörigen eindeutigen ISBN-Bezeichner speichert. Danach wird das `Librarian`-Objekt `_next` aufgerufen, um die Daten in dem persistenten Speichermedium zu speichern.

In dem neuen *Decorator*-Pattern muss das *Builder*-Pattern geändert werden:

```
public class LibrarianBuilder {
    public static Librarian create(String etag)
        throws InstantiationException {
        if(etag != null && etag.length() > 0) {
            return new LibrarianHTTPValidation(etag,
                new LibrarianSaveToStorage());
        }
        else {
            return new LibrarianSaveToStorage();
        }
    }
}
```

Die geänderte Methode `create` erfordert einen Parameter, der vom Client in `etag` übergeben wird. Falls `etag` den Wert `null` hat, wird die Klasse `LibrarianSaveToStorage` ohne Parameter instanziert, um anzuzeigen, dass die an den Client gesendeten Inhalte entweder zum ersten Mal aufgerufen werden oder dass die HTTP-Validierung nicht verwendet wird. Falls `etag` einen Wert hat und länger als 0 ist, wird es mit `LibrarianHTTPValidation` validiert. Auch in diesem Fall wird die Klasse `LibrarianSaveToStorage` instanziert, aber das Objekt wird als Parameter an den Konstruktor von `LibrarianHTTPValidation` übergeben und beide Instanzen werden verbunden.

Alle Komponenten kombinieren Bei der dynamischen HTTP-Validierung müssen mehrere HTTP-Verben implementiert werden. Hier sind es die Verben GET und PUT. Der Code für PUT könnte auch für POST verwendet werden, um mit dem Servlet auch HTML-Formulare verarbeiten zu können.

Wie der Hashcode berechnet wird, wurde bereits im Abschnitt *Architektur* gezeigt und wird hier nicht wiederholt. Der Hashcode wird aus dem Zustand des Objekts berechnet, der in einer Datei oder einer relationalen Datenbank gespeichert wird.

Das Servlet ist folgendermaßen implementiert:

```java
public class ValidationLibrarianServlet extends HttpServlet {
    protected void doGet(HttpServletRequest req,
        HttpServletResponse resp)
        throws javax.servlet.ServletException, java.io.IOException {
        String isbn = getISBNFromURL(req.getRequestURI());
        try {
            String etagvalue = req.getHeader("If-Match");
            Librarian librarian = LibrarianBuilder.create(etagvalue);
            Book book = librarian.checkOutBook(isbn);
            if(etagvalue != null && book.hashCode() ==
                Integer.parseInt(etagvalue)) {
                resp.setStatus(304, "Nicht geändert");
                return;
            }
            resp.setHeader("ETag", Integer.toString(book.hashCode()));
            generateGetContent(resp, book);
        }
        catch (Exception ex) {
            throw new ServletException(
                "LibrarianServlet generated error", ex);
        }
    }
    protected void doPut(HttpServletRequest req, HttpServletResponse resp)
        throws javax.servlet.ServletException, java.io.IOException {
        try {
            Librarian librarian = LibrarianBuilder.create("empty");
            Book book = getDetailsFromRequest(req);
```

```
                librarian.checkInBook(book);
                generatePutContent(resp, book);
            }
            catch (Exception ex) {
                throw new ServletException(
                    "LibrarianServlet generated error", ex);
            }
        }
    }
}
```

Der Beispielcode enthält einige unvollständige Methoden, die nicht zu diesem Pattern, sondern zur Implementierung einer speziellen Codebasis gehören. Die Methode `goGet` wird aufgerufen, wenn die HTTP-GET-Methode aufgerufen wird. Sie ruft zunächst die ISBN ab. Am Anfang dieses Kapitels wurde ein Buch mit dem URL `/ajax/books/[ISBN].xml` eindeutig identifiziert. Die Methode `getISBN-FromURL` parst den URL, um die gewünschte ISBN abzurufen. Es ist nicht schwer, mehrere URLs mit einem einzigen Servlet zu verbinden. Speziell für Java könnte der Administrator die Datei `web.xml` ändern, um den Basis-URL `/ajax/books` mit dem `ValidationLibrarianServlet` zu verbinden.

Nachdem die ISBN-Nummer ermittelt worden ist, wird mit der Methode `req.getHeader("If-Match")` der ETag-Bezeichner aus der Anfrage abgerufen und als Parameter an die Methode `LibrarianBuilder.create` übergeben. Je nach Wert von `ETag` wird eine dekorierte `LibrarianSaveToStorage`-Klasse erstellt.

Die Methode `checkOutBook` wird aufgerufen, und es wird ein Objekt abgerufen, das anzeigt, ob ein HTTP-304 zurückgegeben oder ein neues Objekt instanziert und Output generiert werden soll. Falls Output generiert wird, wird ein `ETag`-Bezeichner erstellt und zu dem HTTP-Output hinzugefügt.

Die Methode `doPut` wird bei einem HTTP-PUT aufgerufen. Die Implementierung ist relativ einfach: Die dekorierten `Librarian`-Klassen werden instanziert und die Parameter der Book-Klasse werden abgerufen und mit der Methode `checkInBook` zu dem zugrunde liegenden Speichermechanismus hinzugefügt. Weil die `Librarian`-Klassen dekoriert sind, wird der Hashcode automatisch mit der ISBN des Buches identifiziert.

Die Beispiele zeigten relativ einfache HTTP-GET- und -PUT-Befehle. Nehmen Sie an, Sie wollten ein Buch anhand des Titels suchen. Dann könnte der URL `/ajax/books/search?author=[name]` verwendet werden, und `ValidationLibrarianServlet` müsste um die entsprechende Funktionalität erweitert werden.

4.7 Besonderheiten des Patterns

Das *Cache Controller*-Pattern soll einen temporären Zwischenspeicher zur Verfügung stellen, indem es die Internet-Infrastruktur ergänzt. Es geht nicht darum, eine weitere Infrastruktur für die Zwischenspeicherung zu erstellen, weil das Internet diese Funktion bereits sehr gut erfüllt. Bei Webanwendungen sollte die HTTP-Validierung als Infrastruktur für die Zwischenspeicherung verwendet werden. Die HTTP-Validierung wird normalerweise zwar nicht für Skripts verwendet, kann und sollte es jedoch werden.

Das *Cache Controller*-Pattern verfügt über die folgenden wesentlichen Aspekte:

- Wenn ein Zwischenspeicher benötigt wird, sollte das HTTP-Validierungsmodell verwendet werden. Das HTTP Expiration Model ist weniger nützlich, weil dabei die Inhalte unabhängig davon, was auf dem Server passiert, für eine gewisse Zeitspanne als gültig gelten.

- Wenn die HTTP-Validierung für einen Zwischenspeicher verwendet wird, werden die Informationen tatsächlich nur auf dem Client zwischengespeichert. Der Server ist dafür verantwortlich, die Entity-Tags zu generieren und alte und neue Entity-Tags zu vergleichen. Dies bedeutet, dass der Server den Änderungsverlauf der Objektzustände speichern muss.

- Es gibt zwei Möglichkeiten, um die HTTP-Validierung zu implementieren: dem HTTP-Server die schweren Aufgaben zu überlassen oder einen serverseitigen Prozessor zu erstellen, der alles tut.

- Wenn der HTTP-Server die schweren Aufgaben erledigt, ist das Server-Framework (beispielsweise JSP, Servlet oder ASP.NET) dafür verantwortlich, die statischen Inhalte zu aktualisieren, die von dem HTTP-Server verwaltet werden.

- Das Server-Framework verwaltet den Zustand komplett, und das Entity-Tag wird mit dem Hashcode des Objektzustands berechnet. Der Hashcode sollte niemals aus den übertragenen HTML-Inhalten berechnet werden, weil dies zu Konflikten mit dem *Permutations*-Pattern führen würde.

- Ein prädiktiver Zwischenspeicher, der proaktiv Daten lädt, basiert auf der Fähigkeit, einen URL oder seine Antwort mit einem oder mehreren URLs zu verknüpfen. Nur wenn die URLs logisch verknüpft werden können, kann ein prädiktiver Zwischenspeicher erstellt werden. Sehr oft hängt die Logik eines prädiktiven Zwischenspeichers von den Operationen ab, die der Anwender auf die dargestellten Daten anwenden kann. Bei Landkartenanwendungen ist dies beispielsweise das Zoomen und Verschieben der Karte.

Kapitel 5

Permutations-Pattern

5.1 Zweck

Das *Permutations*-Pattern wird vom Server verwendet, um die Ressource (URL) von der Repräsentation (beispielsweise HTML oder XML) zu trennen. Aufgrund dieser Trennung kann sich der Endanwender auf die Ressource konzentrieren und muss sich nicht um die Inhalte kümmern, die zu dem URL gehören. Wenn beispielsweise das Bankkonto eines Clients den URL `http://mydomain.com/accounts/user` hat, kann unabhängig von dem Gerät (Telefon, PC usw.) derselbe URL verwendet werden.

5.2 Motivation

In den Anfangstagen des Webs gab es Anwendungen, die Preisvergleichsdienste anboten. Sie verglichen die Preise mehrerer Online-Händler. Die Preisvergleiche wurden durch so genannte Screenscraping-Technologien ermöglicht, die im Wesentlichen aus HTML-Inhalten Preis- und Produktinformationen extrahierten. (*Screenscraping* bedeutet wörtlich etwa »Abkratzen des Bildschirms«.) Screenscraping war kompliziert, weil die generierten HTML-Inhalte für einen HTML-Browser bestimmt waren. Weil diese Technik ineffizient war, wurde ein andere Idee ins Spiel gebracht: die Erstellung eines Webservice, der explizit von einem anderen Gerät als einem Browser aufgerufen werden muss. Der Webservice und die HTML-Inhalte stellten dieselben Inhalte über zwei verschiedene Streams zur Verfügung.

Das Webservice-Beispiel illustriert, wie dieselben Daten mehrere Repräsentationen haben können. Wenn man das Beispiel etwas extrapoliert, kann man die Daten auch als Ressource auffassen, die mit beliebigen Repräsentationen verbunden werden kann. Auch wenn nur eine einzige Repräsentation der Daten wünschenswert wäre, ist dies nicht möglich, weil Informationen auf jedem Endgerät anders dargestellt werden. Ein Webbrowser lädt DHTML und stellt sie in Form von Bildern, Text und Links dar. Um mehr Inhalte zu sehen, klickt der Anwender auf einen Link, der weitere DHTML-Inhalte in den Browser lädt. Normalerweise werden Links in DHTML mit dem HTML-Tag `<a href="somelink" />` erstellt. Das a-Tag ist ein eingebauter Mechanismus von HTML, der die aktuellen HTML-Inhalte durch die Inhalte ersetzt, die mit dem `href`-Attribut referenziert werden.

In den beiden vorangehenden Absätzen wird das Problem relativ abstrakt beschrieben, und es wäre besser, es zu illustrieren. Das Problem, nicht die richtigen Inhalte zu bekommen, kann praktisch anhand von drei Browsern gezeigt werden, mit denen zwei Websites besucht werden. Zu diesem Zweck werde ich in diesem Beispiel die Websites http://www.google.com und http://www.yahoo.com besuchen. Die drei verwendeten Browser *sind nicht* Mozilla Firefox, Microsoft Internet Explorer und Apple Safari, sondern drei vollkommen verschiedene Browser-Typen, nämlich ein GUI-Browser, ein textbasierter Browser und ein WAP-Browser (WAP = Wireless Access Protocol). Jeder Browser repräsentiert ein anderes Segment von Browser-Nutzern. Grafische Browser werden von den meisten Leuten verwendet, textbasierte Browser werden von Anwendern benutzt, die die grafischen HTML-Repräsentationen nicht sehen können oder wollen (beispielsweise blinde Anwender oder Anwender an einem nicht grafikfähigen Host-Terminal); und WAP-Browser werden von Handy-Benutzern verwendet. Die Abbildungen 5.1, 5.2 und 5.3 zeigen jeweils einen Schnappschuss der Website http://www.google.com beim Besuch mit den drei Browser-Typen.

Abb. 5.1: Präsentation von http://www.google.com in einem grafischen Browser

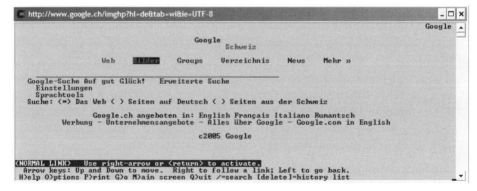

Abb. 5.2: Präsentation von http://www.google.com in einem textbasierten Browser

Abb. 5.3: Präsentation von http://www.google.com in einem WAP-Browser

In allen drei Fällen ist die Ressource die Startseite der Google-Suchmaschine, aber die Repräsentation ist jeweils verschieden. Vielleicht glauben Sie, das sei nichts Besonderes, weil http://www.google.com eine einfache Website sei, deren Inhalte relativ leicht repräsentiert werden können. Doch wenn Sie die Abbildungen genau anschauen, werden Sie Unterschiede bemerken. Wenn Sie die Inhalte von http://www.yahoo.com herunterladen, werden die verschiedenen Repräsentationen auffälliger. Die Abbildungen 5.4 und 5.5 zeigen zwei der Browser beim Aufruf der Website von Yahoo!.

Abb. 5.4: Präsentation von http://www.yahoo.com in einem grafischen Browser

Kapitel 5
Permutations-Pattern

Abb. 5.5: Präsentation von http://www.yahoo.com in einem WAP-Browser

Yahoo! verfügt über eine recht komplizierte Portal-Website und präsentiert je nach dem Browser, der die Anfrage stellt, eins von drei Formaten. Dies bedeutet, dass ein Anwender den URL http://www.yahoo.com aufrufen kann und die passenden Inhalte dargestellt werden. Die meisten Anwender erwarten, dass ihre Websites so funktionieren. Sie erwarten nicht, dass ihr Browser plötzlich Schwierigkeiten macht (siehe Abbildung 5.6).

In Abbildung 5.6 verwendet der Anwender einen nicht standardmäßigen Browser und erhält eine Fehlermeldung und eine Meldung über den Aufruf eines anderen HTML-Inhaltstyps.

Betrachten wir das Beispiel für die WAP-Inhalte. Nehmen Sie an, Sie müssten Geld auf ein Bankkonto überweisen und erhielten plötzlich eine Meldung, die Sie auffordert, eine andere Anwendung zu laden, die auf Ihrem Handy gar nicht verfügbar ist. Dies wäre frustrierend und vollkommen überflüssig. Vielleicht verfügen einige Websites über andere URLs für nicht standardmäßige Geräte, aber ist es Aufgabe des Anwenders, dies herauszufinden? Bestimmt nicht! Das ist die Aufgabe der Website. Offen gestanden, wäre es für die Website besser, die Inhalte einfach nicht anzubieten, als den Anwender mitten in einer Transaktion zu erschrecken und ihm zu sagen, dass die Transaktion so gar nicht möglich ist.

Mit dem *Permutations*-Pattern sollen die richtigen Inhalte zur rechten Zeit präsentiert werden. Es geht darum, die zu den Anforderungen des browsenden Endgeräts passenden Inhalte zu erstellen und korrekt anzuzeigen. Mit dem *Permutations*-Pattern können Inhalte wie die von Google oder Yahoo! erstellt werden. Der Endanwender muss sich nur einen einzigen URL merken, etwa http://mydomain.com/bank/account/cgross, und soll sicher sein können, dass unabhängig von dem Gerät ähnliche Inhalte dargestellt werden.

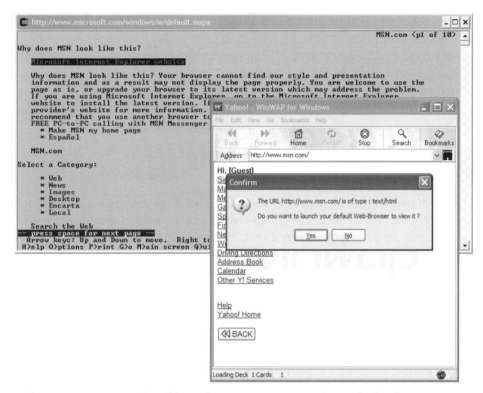

Abb. 5.6: Negative Anwendererfahrung bei Benutzung eines nicht standardmäßigen Browsers

5.3 Anwendbarkeit

Das *Permutations*-Pattern ist ein Kernpattern, das so oft wie möglich eingesetzt werden sollte. Es erfordert jedoch einen nicht ganz unbeträchtlichen zusätzlichen Aufwand. Beispielsweise stellen sowohl Yahoo! als auch Google ähnliche, aber dennoch verschiedene Benutzerschnittstellen für ihre mobilen Clients zur Verfügung. Werden mehrere Benutzerschnittstellen implementiert, multipliziert sich natürlich der Aufwand entsprechend. Außerdem müssen Sie verstehen, dass sich das *Permutations*-Pattern nicht nur auf Benutzerschnittstellen, sondern gerätespezifisch angewendet werden sollte. Im Hinblick auf die aktuellen URLs, die von den aktuellen Webanwendungsframeworks verwendet werden, muss das *Permutations*-Pattern möglicherweise umdefiniert werden. Dies bedeutet, dass durch dieses Pattern Themen wieder aufgeworfen werden, die bereits gelöst schienen, etwa die Identifizierung von Sitzungen oder die Autorisierung.

Die folgenden Kontexte definieren, wann das *Permutations*-Pattern eingesetzt werden sollte:

- Für die Haupteinstiegspunkte einer Webanwendung (etwa `http://mydomain.com/application`) oder für einen speziellen Anwender (etwa `http://mydomain.com/account/user`). Grundgedanke: Wenn das Endgerät und/oder der Benutzer identifiziert worden ist, müssen Sie es/ihn immer wieder neu identifizieren.
- Für Webanwendungen, die mehr im Internet als in einem Intranet eingesetzt werden. Den Zugriff mit Endgeräten bei einer Intranet-Webanwendung zu kontrollieren ist leicht. Dagegen ist es nicht möglich, die Endgeräte zu kontrollieren, die auf eine Internet-Webanwendung zugreifen; jeder Versuch einer solchen Kontrolle wäre unsinnig und sollte unterbleiben.

5.4 Verwandte Patterns

Das *Permutations*-Pattern bildet die Basis fast aller Patterns, die in diesem Buch definiert sind. Die Patterns *Content Chunking* und *Persistent Communication* verwenden das *Permutations*-Pattern direkt, die restlichen Patterns indirekt. *Cache Controller* ist das einzige Pattern, das dieses Pattern explizit nicht nutzt.

5.5 Architektur

Der wesentliche architektonische Aspekt des *Permutations*-Pattern ist die Trennung der Ressource von ihrer Repräsentation. Dies bedeutet: Wenn ein URL referenziert wird, sind die von ihm zurückgegebenen Daten nicht an die Ressource gebunden. In diesem Abschnitt wird im Detail erklärt, warum Sie die Ressource von der Repräsentation trennen sollten und wie Sie dies tun können.

5.5.1 Warum die Ressource von der Repräsentation getrennt wird

Warum die Ressource von der Repräsentation getrennt werden soll, ist noch nicht hinreichend erklärt worden; und einige Entwickler könnten sich fragen, warum dies überhaupt notwendig sein soll. Schließlich funktionieren viele Websites gut, und niemand hat sich zu laut beschwert. Nun, viele Websites funktionieren wahrscheinlich deshalb gut, weil bei ihnen Ressourcen und Repräsentationen getrennt sind. Und Entwickler, die dies nicht getan haben, müssen sich Beschwerden anhören. Eine Ressource von der Repräsentation zu trennen, ist nicht kompliziert, aber recht aufwändig. Die Sache wird dadurch verkompliziert, dass viele gängige Webanwendungsframeworks genau den umgekehrten Weg gehen und Ressourcen mit ihrer Repräsentation verknüpfen. Zwar könnten auch die gängigen Technologien für Webanwendungen korrekt mit Ressourcen und Repräsentationen umgehen, aber tatsächlich tun sie es nicht.

Der folgenden C#-Code soll die Trennung der Ressource von der Repräsentation illustrieren:

```
interface IBase {
    void Method();
}

class Implementation1 : IBase {
    public void Method() { }
}

class Implementation2 : IBase {
    public void Method() { }
}
```

Das Interface `IBase` definiert eine Methode und wird durch zwei Klassen, `Implementation1` und `Implementation2`, implementiert. Diese Vorgehensweise wird als *interfacegesteuerte Entwicklung* bezeichnet, weil der Client nicht die Implementierungen, sondern ihr Interface verwendet, wenn er eine der beiden Implementierungen verwenden will. Ein Beispiel:

```
class Factory {
    public static IBase Instantiate() {
        return new Implementation1();
    }
}

class UseIt {
    public void Method() {
        IBase obj = Factory.Instantiate();
        // ...
    }
}
```

Hier verfügt die Klasse `Factory` über eine statische Methode, `Instantiate`, die ein Objekt vom Typ `IBase` erstellt, indem sie `Implementation1` instanziert. In der Klassenmethode `UseIt.Method` wird ein Objekt vom Typ `IBase` instanziert, indem die Methode `Factory.Instantiate` aufgerufen wird. Die Klasse `UseIt` weiß nicht, ob `Implementation1` oder `Implementation2` instanziert worden ist. Sie verwendet das `Ibase`-Interface und erwartet, dass dessen Methoden korrekt implementiert worden sind. Bei dynamischen Programmiersprachen wie Ruby oder Python werden keine Interfaces implementiert, sondern Kontrakte verwendet, wenn es um die Funktionalität geht.

Wie können wir dies auf URLs und die Trennung von Ressource und Repräsentation anwenden? Die Ressource ist das Interface und die Repräsentation ist die Implementierung. Gegenwärtig verknüpfen die meisten Webtechnologien Ressource und Repräsentation oder verwenden die Implementierungen direkt. Dies wird durch URLs wie `http://mydomain.com/item.aspx` und `http://mydomain.com/item.jsp` illustriert. Die Dateierweiterungen `.aspx`, and `.jsp` zeigen an, dass eine direkte Bindung besteht. Der korrekte, durch ein Interface definierte URL müsste lauten: `http://mydomain.com/item`.

Ironischerweise trennen alle Webtechnologien Ressource und Repräsentation, wenn es um den Root-URL / geht. Dies wird durch den folgenden HTTP-Dialog illustriert. (Der Dialog wurde für die Erklärung abgekürzt).

Anfrage:

```
GET / HTTP/1.1
Host: 192.168.1.242:8100
User-Agent: Mozilla/5.0 (Macintosh; U; PPC Mac OS X Mach-O;
    en-US; rv:1.7.8) Gecko/20050511
```

Antwort des Servers:

```
HTTP/1.1 200 OK
Server: Apache/2.0.53 (Ubuntu) PHP/4.3.10-10ubuntu4
```

Der Client fordert den URL / an, und der Server gibt `index.html`, `index.jsp`, `index.php` oder sogar `default.aspx` zurück. Wenn die Webtechnologien Ressource und Repräsentation für den Root-URL trennen können, warum nicht auch für die gesamte Webanwendung? Eine verwirrende Frage. Der Root-URL implementiert das *Permutations*-Pattern, und viele anderen URLs könnten es implementieren, aber das Pattern muss nicht überall verwendet werden, wie Abbildung 5.7 zeigt.

Der URL `/account/[user]` verfügt über zwei Repräsentationen, HTML und XML. Welche Repräsentation zurückgegeben wird, hängt von den Anforderungen des Clients ab, die in dem `Accept`-Header zum Ausdruck kommt. Nehmen wir an, der Client fordere HTML-Inhalte an. Die HTML-Inhalte enthalten einen Link auf die Datei `details.aspx`. Wenn der URL theoretisch rein wäre, müsste er statt `/account/[user]/details.aspx` lauten `/account/[user]/details`. In einigen Situationen wäre jedoch ein theoretisch reiner URL unbrauchbar. Auch bei der interfacegesteuerten Entwicklung werden nicht immer Interfaces referenziert. Doch im Inhalt von `details.aspx` wird der ressourcenbasierte URL `/account/[user]/transactions` referenziert, und zwar von zwei Repräsentationen, `details.aspx` und `details.xml`.

Die Implementierung des *Permutations*-Patterns ist die Anwendung der interfacegesteuerten Entwicklung auf das Web. Eine Ressource entspricht dem Interface und die Repräsentationen entsprechen den Implementierungen. Die aktuellen Webtechnologien unterstützen Webanwendungskomponenten, aber ihre Granularität ist zu grob.

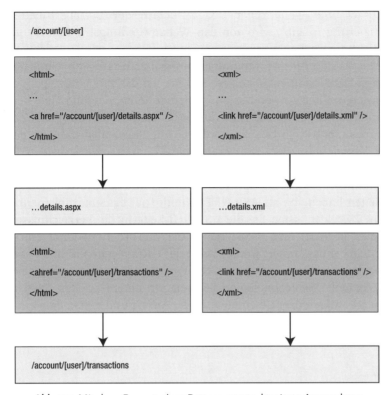

Abb. 5.7: Mit dem *Permutations*-Pattern umstrukturierte Anwendung

5.5.2 Zugriffsautorisierung mit Cookies und HTTP-Authentifizierung

Ein Problem bei URLs besteht darin, dass sie einen Anwender anhand einiger zusätzlicher Informationen mit einem URL verbinden. Dies hat den Nachteil, dass ein URL nicht kopiert werden kann. Beispielsweise veröffentliche ich den URL http://mydomain.com/~cgross. Die Tilde (~) zeigt an: »Bitte laden Sie die Inhalte aus dem Verzeichnis eines Anwenders herunter.« Das Verzeichnis des Anwenders wird nach der Tilde angegeben (hier: cgross). Auch wenn ich nicht cgross bin, kann ich auf die Informationen von cgross zugreifen. Falls cgross eine Authentifizierung implementiert hat, müssen andere Anwender als cgross autorisiert werden, die Inhalte von cgross abzurufen.

Betrachten wir einen weiteren Beispiel-URL: http://mydomain.com/~. Weiß der HTTP-Server, welches Anwenderverzeichnis gemeint ist? Nein; denn er kann nicht feststellen, wer referenziert wird. Der HTTP-Server könnte dies klären, indem er den Anwender auffordert, sich anzumelden. Wenn ich mich beispielsweise als cgross einloggen würde, könnte der HTTP-Server den URL http://mydomain.com/~ wie folgt ergänzen: http://mydomain.com/~cgross. Diese Technik wird von den meisten Websites genutzt. Sie geben Ihnen einen generischen URL, der anwenderspezifische Inhalte nur freigibt, wenn Sie sich authentifiziert haben.

Dieser Ansatz, einen generischen URL zu liefern, der spezielle Inhalte nur bei Authentifizierung freigibt, wird von den Webanwendungsframeworks gefördert, weil er leicht zu implementieren ist. Webtechnologien wurden nicht daraufhin konzipiert, URLs für Ajax-Anwendungen optimal zu verarbeiten. Ohne tief in eine URL-Design-Diskussion einzusteigen, möchte ich das Problem zeigen, die Startseiten eines einzelnen Anwenders zu implementieren, der eine Tilde benutzt. In Apache unter Linux werden die Tilde und der Bezeichner `cgross` dem Verzeichnis /home/cgross/public_html zugeordnet. Ein Anwender namens `maryjane` hätte das Verzeichnis /home/maryjane/public_html. Diese beiden Personen verfügen über zwei separate Zuordnungen. Nehmen Sie jetzt an, Sie wollten eine Webanwendung erstellen. Die Anwender `cgross` und `maryjane` sollen identische Default-Seiten haben, die als ASP.NET-Seite `default.aspx` implementiert sind. Zu diesem Zweck müssten Sie die ASP.NET-Seite in die Verzeichnisse /home/cgross/public_html und /home/maryjane/public_html kopieren. Die Seite `default.aspx` muss kopiert werden, weil die URLs /~cgross und /~maryjane zwei verschiedene URLs sind, obwohl die Funktionalität der Standardseiten identisch ist. Aktuelle Webtechnologien können mit einem solchen Szenario nicht umgehen. Sie wählen deshalb einen anderen Ansatz und sagen, dass ein gemeinsamer URL vorliegt, der durch Authentifizierung spezialisiert werden muss (siehe Abbildung 5.8).

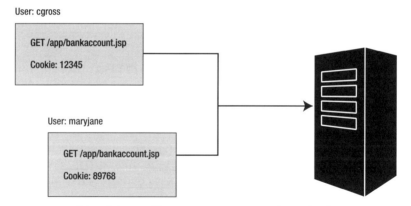

Abb. 5.8: Ein Bankkonto mit einem Anwender verbinden

Abbildung 5.8 zeigt die JSP-Seite /app/bankaccount.jsp. Wenn `maryjane` oder `cgross` auf das Bankkonto zugreifen wollen, müssen sie sich einloggen. Jedem Login würde ein HTTP-Cookie zugeordnet werden. Dann können sowohl `cgross` als auch `maryjane` die Informationen seines/ihres Bankkontos über denselben URL abrufen. Diese Art, einen URL aufzubauen, ist aus den folgenden Gründen schlecht:

- Ein Anwender kann nur einen Satz von Daten benutzen, weil in diesem Szenario kein Superuser (übergeordneter Anwender) existieren kann. Wenn beispielsweise ein ressourcenbasierter URL verwendet würde, könnte ein Anwender authentifiziert werden und auf mehrere Ressourcen zugreifen.
- Die Sicherheit wird in die Hände des Webanwendungsentwicklers gelegt. Um zu gewährleisten, dass nur autorisierte Personen auf bestimmte Informationen zugreifen können, muss der Webanwendungsentwickler Barrieren in die Webanwendung einfügen, was allzu oft zu Sicherheitsproblemen führt. Die HTTP-Sicherheit ist ein grundlegend erforschtes und beherrschbares Problem. Die zuständigen Administratoren sind laufend bemüht, Sicherheitslecks zu entdecken und zu schließen. Normal fähige und intelligente Programmierer sind keine Sicherheitsspezialisten.
- Ressourcen können einzelnen Repräsentationen zugewiesen werden, was bedeutet, dass mehrere Versionen der Daten nebeneinander existieren können.

Wenn URLs als Ressourcen aufgefasst werden, zögern einige Entwickler, weil die Komplexität größer wird. Nehmen Sie an, Sie wollten eine E-Mail mit folgender Nachricht versenden: »Hallo, kaufen Sie das und Ihnen werden 1000 Euro auf Ihrem Bankkonto gutgeschrieben.« Vergessen Sie einen Augenblick, dass dies ein berühmter Phishing-Angriff ist. Betrachten Sie nur den Inhalt des Satzes und nehmen Sie an, dass Sie die E-Mail an Personen schicken, die auf ihr Bankkonto zugreifen können. Ein Entwickler fragt sich, welcher URL in der E-Mail angegeben wird? Die Antwort lautet: ein allgemeiner URL, der nach einem Login spezialisiert wird (siehe Abbildung 5.9).

In Abbildung 5.9 wird das *Permutations*-Pattern zweimal, aber in verschiedenen Kontexten verwendet. Um die URLs zu erläutern, möchte ich sie mit dem E-Mail-Beispiel verbinden. Die Bank versendet eine E-Mail, die den URL /bankaccount/login enthält. Wenn ein Anwender die E-Mail empfängt, kann er den Link anklicken. Der HTTP-Server verwendet das *Permutations*-Pattern, um die entsprechende HTML-Inhalte zu laden, die in diesem Fall den URL /bankaccount/login.jsp haben. Der URL /bankaccount/login ist eine Schnittstelle und der URL /bankaccount/login.jsp ist ihre Implementierung. Das Login könnte mit der HTTP-Authentifizierung oder einem HTTP-Cookie erfolgen. Wichtig ist, dass Sie das Login als Prozess begreifen, der separat von der Anwendung selbst abläuft.

Nach der Authentifizierung wird der Anwender mit einem entsprechenden HTTP-Cookie zu dem URL /bankaccount/maryjane weitergeleitet. Wenn der HTTP-Server die Anfrage von /bankaccount/maryjane sieht, prüft er entweder die HTTP-Authentifizierungs- oder die HTTP-Cookie-Informationen. Die Informationen sind erforderlich, um zu verifizieren, dass die Anfrage ausgeführt werden darf. Der HTTP-Server sieht, dass die Anfrage von maryjane stammt, und erlaubt deshalb den Zugriff auf den URL. Wie beim Login gehört zu der Ressource /bankaccount/maryjane eine Repräsentation: /servlet/bankaccount/maryjane.

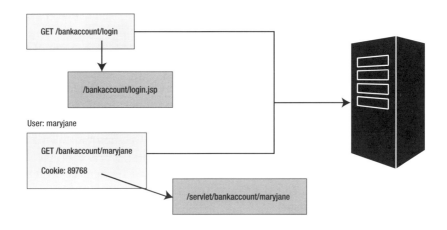

Abb. 5.9: URLs für den Zugriff auf ein Bankkonto

Ein Vergleich der Abbildungen 5.8 und 5.9 zeigt, dass Autorisierung, Ressource und Repräsentation getrennt worden sind. Die Lösung aus Abbildung 5.9 ist besser, weil ein Entwickler oder Administrator eine Komponente (beispielsweise die Autorisierung) aktualisieren kann, ohne auch andere Komponenten (beispielsweise Ressource und Repräsentation) ändern zu müssen.

Ein Anwender kann auf mehrere Arten autorisiert werden:

- *Cookies:* Cookies sind Bezeichner, die in dem HTTP-Header zwischen Client und Server ausgetauscht werden. Der Server ist verantwortlich dafür, ein Cookie zu generieren. Der Client ist verantwortlich dafür, für einen gegebenen URL und seine Abkömmlinge das entsprechende Cookie an den Server zu senden.
- *URL-Umschreibung:* Um den Client zu identifizieren, wird der URL umgeschrieben. Der Client verwendet dann für alle Anfragen den neuen URL. Statt beispielsweise den URL /bank/account anzufordern, wird der URL in /session12345/bank/account umgeschrieben. Der URL wird dynamisch umgeschrieben. Eine Router-Komponente fängt den umgeschriebenen URL ab, um den Anwender zu identifizieren.
- *HTTP-Authentifizierung:* Per HTTP-Authentifizierung kann ein Anwender authentifiziert werden. Wenn der Anwender danach Inhalte für einen gegebenen URL-Bereich anfordert, sendet der Client die entsprechenden Autorisierungsdaten. Die HTTP-Authentifizierung ähnelt einem Cookie, außer dass sich der Anwender selbst authentifizieren muss.
- *HTML-Formularumschreibung:* Bei einer weiteren Variante der Umschreibung wird nicht der URL, sondern das HTML-Formular umgeschrieben, das die Inhalte sendet. Dabei werden verborgene Felder hinzugefügt, um den Absender der Inhalte zu identifizieren.

5.5.3 Mit Cookies arbeiten

HTTP-Cookies (`http://de.wikipedia.org/wiki/Cookie`) haben einen schlechten Ruf, der teilweise nicht gerechtfertigt ist. Viele raten deshalb, auf Cookies zu verzichten. Das Problem bei Cookies ist nicht die Theorie, sondern die Implementierung und die Konsequenzen.

Lassen Sie mich die Anwendung von Cookies mit einem Besuch in einem Einkaufszentrum vergleichen. Am Eingang überreicht Ihnen jemand ein Token (eine Marke). Sie müssen das Token nicht nehmen. Doch wenn Sie es ablehnen, schließen sich plötzlich alle Ladentüren. Sie können durch das Einkaufszentrum gehen und die Waren durch die Schaufenster anschauen. Alles, was angeboten wird, bleibt sichtbar, befindet sich aber hinter Glas. Wenn Sie dagegen das Token annehmen, bleiben die Ladentüren geöffnet und Sie können alle Produkte näher betrachten. Verkäufer empfehlen Ihnen bestimmte Waren und machen Sonderangebote. Doch diese Reichhaltigkeit hat eine dunkle Seite: Das Einkaufszentrum überwacht jeden Ihrer Schritte und speichert alles, was Sie sich anschauen. Natürlich versichert Ihnen das Einkaufszentrum, dass die Informationen nicht für andere Zwecke missbraucht werden, doch die Frage ist, von wem all die Empfehlungen und Sonderangebote stammen. Die Tokens – oder in der Programmierpraxis die Cookies – werden benutzt, um Personen zu überwachen.

Meine Einstellung zur Anwendung von Cookies ist geteilt. Einerseits machen sie mir keine allzu großen Sorgen, andererseits breche ich auch nicht in Begeisterung aus. HTTP-Cookies sind ein Mittel zu einem Zweck.

5.5.4 Beispiel: Buch-Anwendung

Nehmen wir an, Sie müssten das *Permutations*-Pattern nicht implementieren. Dann gibt es einige Faustregeln für den Entwurf von URLs. Wenn ein URL eine Ressource ist, referenziert er gewisse Daten, und Sie müssen seine Struktur entwerfen. Ich möchte den Entwurf von URLs am Beispiel einer Bibliothek illustrieren. Bücher können hinzugefügt, manipuliert und entnommen werden. Ein einzelner Nutzer kann Bücher in eine Liste eintragen und mit Kommentaren versehen. Außerdem kann ein Nutzer eine Wunschliste mit Büchern erstellen, die er gerne in seiner Bibliothek haben würde.

Die URLs definieren

Bei der Definition von URLs geht es darum, nicht alles zu definieren, sondern die Operationen zu definieren, die die Webanwendung veröffentlicht. Die Definition eines URLs ähnelt der einer JavaScript-Funktion insofern, als Details erst bei der Benutzung gebunden werden. Die folgende URLs können verwendet werden, um diese Anwendung zu realisieren:

- `http://mydomain.com/books/[ISBN]`: Verbindet den URL mit dem Buch, das die angegebene ISBN hat.
- `http://mydomain.com/books/[ISBN]/comments`: Verbindet den URL mit den Kommentaren zu dem Buch, das durch die ISBN identifiziert wird.
- `http://mydomain.com/books/[ISBN]/comments/[username]`: Verbindet den URL mit den Kommentaren eines Anwenders zu dem Buch, das durch die ISBN identifiziert wird. Der Anwender wird durch `username` identifiziert.
- `http://mydomain.com/users/[username]`: Verbindet den URL mit dem Anwender, der durch `username` identifiziert wird.
- `http://mydomain.com/users/[username]/books`: Verbindet den URL mit den Büchern, die dem Anwender gehören, der durch `username` identifiziert wird.
- `http://mydomain.com/users/[username]/comments`: Verbindet den URL mit den Kommentaren des Anwenders, der durch `username` identifiziert wird.
- `http://mydomain.com/users/[username]/wishlist`: Verbindet den URL mit der Bücher-Wunschliste des Anwenders, der durch `username` identifiziert wird.
- `http://mydomain.com/search/books`: Verbindet den URL mit einer Suche nach einem speziellen Buch.
- `http://mydomain.com/search/users`: Verbindet den URL mit einer Suche nach einem speziellen Anwender.

Die verschiedenen URLs zeigen, wie die zu einem URL gehörenden Daten logisch organisiert werden können. Der erste URL gibt eine Repräsentation des Buches; diese kann auch Kommentare über das Buch enthalten. Doch die zu einem Buch gehörenden Kommentare verfügen über eigene URLs. Der Buch-URL könnte auch so implementiert werden, dass mit den Inhalten auch die kompletten Kommentare zu dem Buch zurückgegeben werden. Hier werden allerdings nicht die Kommentare zu dem Buch eingeschlossen, sondern die Links zu ihnen. Wenn mehrere Elemente angefordert werden, sollten Sie keinen URL erstellen, der eine Liste mit Ressourcen repräsentiert. Wie in dem Beispiel sollten Sie die Liste der Ressourcen mit einem wurzelähnlichen URL (beispielsweise `/[ISBN]/comments`) verbinden. Die eingeschlossenen Kommentarlinks sollten mit einer Beschreibung versehen werden.

Das folgende Beispiel für die Definition eines Buches soll diese Art der Verknüpfung illustrieren. Die Definition wurde vom URL `http://mydomain.com/books/12345` abgerufen und wurde abgekürzt, um die Referenzierung von Kommentaren zu illustrieren:

```
<Book ISBN="12345" xmlns:xlink="http://www.w3.org/1999/xlink">
    <Title>My Book</Title>
```

```
    <Author>Joe Smith</Author>
    <Comment
        xlink: href="/comments/maryjane"
        xlink:label="Mein Kommentar zu Joe Smith"
        xlink:title="Dieses Buch taugt nichts">
        <!-- Optional; Platz für eine kurze Beschreibung -->
    </Comment>
</Book>
```

Das Buch wird mit dem XML-Tag Book und den Untertags Title und Author definiert. Das wichtigste Tag in diesem Beispiel ist das XML-Tag Comment, das mehrere XML-Xlink-Attribute (href, label, title) enthält, um Referenzen zu den vollständigen Kommentaren zu definieren. Außerdem enthält es ein Unterelement mit einem XML-Kommentar, der eine Stelle anzeigt, an der weitere Informationen eingefügt werden könnten, um den Comment selbst ausführlicher zu beschreiben. Diese Beschreibung darf jedoch keinesfalls vom Client manipuliert und dem Buch-URL zugewiesen werden. Falls ein Kommentar aktualisiert oder manipuliert werden soll, muss der Kommentar-URL verwendet werden, der von dem Comment-Tag referenziert wird.

Die URLs http://mydomain.com/books/[ISBN]/comments und http://mydomain.com/users/[username]/comments referenzieren beide einen Satz von Kommentaren, die allerdings unterschiedlich angezeigt werden. Diese URLs sind Beispiele für Filter-URLs und illustrieren verschiedene Sichten auf dieselben zugrunde liegenden Daten. Sie werfen allerdings die Frage auf, wem ein Kommentar gehört – dem Buch oder dem Anwender? Nun – dies spielt keine Rolle, weil die zugrunde liegenden Daten mit einem individuellen URL referenziert werden. Die folgenden URLs liefern ein Beispiel dafür: http://mydomain.com/books/[ISBN]/comments/12345 und http://mydomain.com/users/[username]/comments/12345. Der einzelne Kommentar wird durch einen eindeutigen Kommentarbezeichner (12345) referenziert. Dies ist wichtig, weil der Kommentar 12345 unabhängig von der Navigation über das Buch oder den Anwender identisch sein sollte.

Die URLs http://mydomain.com/search/books und http://mydomain.com/search/users sind Aktions-URLs, mit denen ein Ergebnisset generiert wird, das von dem HTTP-Querystring abhängt. Bei einem HTTP-PUT und -DELETE sollte nur ein Fehler generiert werden und sonst nichts passieren. Wenn der URL http://mydomain.com/search/users angefordert wird, werden alle Anwender zurückgegeben. Wenn dagegen der URL http://mydomain.com/search/users?username=J* angefordert wird, werden alle Anwender zurückgegeben, deren Benutzername mit J beginnt. Das Format des Querystrings sollte immer flexibel sein und nicht verlangen, dass alle Parameter angegeben werden. Wenn man etwa Anwender nach Benutzername und Alter abfragen kann, sollte man nicht immer beide Parameter angeben müssen, sondern auch nur den einen oder den anderen verwenden können. In dem URL könnten sogar nur Daten mit einem speziellen Format (beispielsweise `Format=xml`) abgerufen werden. Dies kann nützlich sein, wenn die zurückgegebenen Daten ein spezielles Format haben sollen, auch wenn der Client die Daten normalerweise in einem anderen Format anfordert.

Wenn Sie einen Ressourcen-URL definieren, müssen Sie berücksichtigen, wofür er verwendet werden soll. Soll er einen Anwender repräsentieren (beispielsweise `http://mydomain.com/user`)? Soll er Informationen repräsentieren (beispielsweise `http://mydomain.com/news/column/jack`)? Sind die Informationen zeitabhängig (beispielsweise `http://mydomain.com/news/column/jack/current` für aktuelle Nachrichten und `http://mydomain.com/news/column/jack/2005-10-10` für Nachrichten aus einem Archiv)? Sie müssen daran denken, dass der URL eine Ressource repräsentiert und der HTTP-Server dafür verantwortlich ist, sie in eine Repräsentation zu konvertieren. Der Client muss nicht wissen, welche Technologien oder Dateien serverseitig verwendet werden oder existieren, weil er nicht von dem HTTP-Server abhängig sein sollte.

Die Ressource und die Repräsentation identifizieren

Wie wird nun beispielsweise der URL `http://mydomain.com/books/[ISBN]` implementiert? Er referenziert ein spezielles Buch mit der angegebenen ISBN. Wenn der URL an einen HTTP-Server gesendet wird, wird eine Antwort generiert. Das Problem besteht darin zu ermitteln, welche Inhalte der Server an den Client senden soll. Die Ressource von der Repräsentation trennen bedeutet, dass ein einzelner URL separate Repräsentationen haben wird. Welche Repräsentation gesendet wird, hängt vom Wert des HTTP-Headers `Accept-*` ab; es kann allerdings mehrere Header geben. Wie gerade erwähnt wurde, kann der Anwender mit einer Query-Variablen die Repräsentation festlegen. Mehr über andere HTTP-Header folgt weiter unten. Im Moment möchte ich mich auf den HTTP-Header `Accept` konzentrieren. Betrachten Sie den folgenden HTTP-Dialog, der einige Inhalte zurückgibt:

Anfrage:

```
GET /books/3791330942 HTTP/1.1
Host: 192.168.1.242:8100
User-Agent: Mozilla/5.0 (Macintosh; U; PPC Mac OS X Mach-O;
  en-US; rv:1.7.8) Gecko/20050511
Accept: text/xml,application/xml,application/xhtml+xml,
  text/html;q=0.9,text/plain;q=0.8,image/png,*/*;q=0.5
Accept-Language: en-us,en;q=0.5
Accept-Encoding: gzip,deflate
Accept-Charset: ISO-8859-1,utf-8;q=0.7,*;q=0.7
Keep-Alive: 300
Connection: keep-alive
```

Antwort:

```
HTTP/1.1 200 OK
Date: Sun, 21 Aug 2005 14:51:40 GMT
Server: Apache/2.0.53 (Ubuntu) PHP/4.3.10-10ubuntu4
Last-Modified: Wed, 11 May 2005 17:43:45 GMT
ETag: "41419c-45-438fd340"
Accept-Ranges: bytes
Content- Length: 69
Keep-Alive: timeout=15, max=100
Connection: Keep-Alive
Content-Type: text/html; charset=UTF-8
```

Die Anfrage besteht aus einem HTTP-GET; das heißt der HTTP-Server muss die Daten abrufen, die zu der Ressource gehören. Die Operation wird durch die HTTP-Header `Accept`, `Accept-Language`, `Accept-Encoding` und `Accept-Charset` in der Anfrage konkretisiert. Diese HTTP-Header zeigen dem HTTP-Server an, welche Inhalte gesendet werden sollen.

Der Wert des HTTP-Headers `Accept` enthält eine Reihe MIME-codierter Bezeichner von Inhalten, die der Client annehmen und verarbeiten kann. Die Reihenfolge und der Typ der Bezeichner sind wichtig, weil sie die Prioritäten der Inhalte festlegen, die der Client vom Server empfangen will. Der Server soll aus den angegebenen MIME-Typen den Typ mit der höchsten Priorität auswählen, die er (der Server) liefern kann. So soll der Server hier beispielsweise HTML-Inhalte vor Inhalten in einem reinen Textformat senden. Laut HTTP-Spezifikation haben die in der Beispielanfrage angegebenen MIME-Typen die folgenden Prioritäten:

1. `application/xhtml+xml`
2. `text/xml`
3. `application/xml`
4. `image/png`
5. `text/html;q=0.9`
6. `text/plain;q=0.8`
7. `*/*;q=0.5`

Die Reihenfolge der Bezeichner hängt von der Spezialisierung des Bezeichners und seinem q-Wert ab. Der q-Wert gibt die Priorität des MIME-Typs an. Hat der Bezeichner eines MIME-Typs keinen q-Wert, wird der Standardwert 1,0 angenommen, andernfalls erhält der MIME-Typ die durch den q-Wert spezifizierte Priorität. Die Spezialisierung des Bezeichners bedeutet, dass Inhalte, die konkreter bezeichnet werden, eine höhere Priorität erhalten als Inhalte, die allgemeiner spezifiziert sind. So ist etwa der Bezeichner `text/xml` konkreter als der Bezeichner `text/*` und dieser konkreter als der Bezeichner `*/*`. Deshalb hat `text/xml` auch eine höhere Priorität als `text/*` und dieser eine höhere Priorität als `*/*`.

Achtung: In der Anfrage des HTTP-Dialogs ist text/xml der erste MIME-Bezeichner und application/xml der zweite. Doch nach Prioritäten ist application/xhtml-xml der erste MIME-Bezeichner. Dies ist eine Annahme, zu der ich gekommen bin, nachdem ich die HTTP- und MIME-Spezifikationen (http://www.w3.org/TR/xhtml-media-types/) gelesen habe; ich habe aber das Gefühl, dass es sich um einen Bug handelt, der zufällig korrekt ist.

Um zu verstehen, warum dieser Bug zufällig korrekt ist, muss die Beispielanfrage analysiert werden. Die MIME-Typ-Bezeichner application/xml, text/xml und application/xhtml-xml gelten als spezifische Bezeichner und haben jeweils den q-Wert 1. Falls die von dem Browser festgelegte Reihenfolge der MIME-Typen eingehalten wird, bedeutet dies, dass der Browser lieber XML-Inhalte als HTML- oder XHTML-Inhalte erhalten möchte. Laut Spezifikation enthalten die MIME-Typen application/xml und text/xml XML-Inhalte. XHTML-Inhalte sind auch möglich. Speziellere MIME-Typen werden vor weniger speziellen angeordnet. Da application/xhtml-xml ein spezielles XML-Format hat, steht er vor application/xml und text/xml.

Damit ist aber immer noch nicht geklärt, was aufgrund des HTTP-Headers Accept gesendet werden soll. Hier ist eine weitere HTTP-Anfrage, die einige Inhalte abruft:

Anfrage:

```
GET /books/3791330942 HTTP/1.1
Accept: */*
Accept-Language: en-ca
Accept-Encoding: gzip, deflate
User-Agent: Mozilla/4.0 (compatible; MSIE 6.0;
  Windows NT 5.1; SV1; .NET CLR 2.0.50215; .NET CLR 1.1.4322)
Connection: Keep-Alive
```

Einige Browser senden den Accept-Typenbezeichner */*, der im Wesentlichen bedeutet: »Sende mir, was du hast; ich werde es akzeptieren.« Eine solche Anfrage ist wenig hilfreich und erschwert die Trennung von Ressource und Repräsentation. Dieses Problem kann durch die Definition einer Standardrepräsentation für den Bezeichner */* gelöst werden. Die Lösung ist nicht ideal, sondern aus der Notwendigkeit entstanden, überhaupt etwas zu senden. HTML bietet sich als brauchbare Standardlösung an, weil die Clients, die */* senden, höchstwahrscheinlich HTML-basierte Browser sind.

Aus den Präferenzen des Clients und dem URL kann eine Repräsentation ermittelt werden. Die Entscheidungen sind in einer Komponente eingekapselt, die die Inhalte weiterleitet und zwei Dinge tun kann: Sie kann die passenden Inhalte senden oder den URL umschreiben, unter dem die passenden Inhalte zu finden sind. Die zweite Möglichkeit ist vorzuziehen. Wenn ein Webbrowser beispielsweise das

Dokument /book abruft, steht die Repräsentation unter /book/[Dokument].html. Wenn sich ein XML-basierter REST-Client für die Inhalte /book interessiert, steht die Repräsentation unter /book/[contents].xml.

Folgende Gründe stützen die URL-Umschreibung:

- Inhaltseditoren wie etwa Microsoft FrontPage, Macromedia Dreamweaver oder Altova XMLSpy erfordern einen speziellen URL, unter dem Inhalte ediert werden können. Sie können nicht verschiedene Repräsentationen editieren, die zu einem einzigen URL gehören.
- Ein generischer URL kann mit einem Lesezeichen versehen werden, aber eine Umlenkung zu einem speziellen URL kann heruntergeladen werden.
- URLs können dynamisch zu beliebigen Inhalten weitergeleitet werden, so dass Sie beispielsweise eine Anwendung mit Versionierungsfähigkeiten ausstatten können.

Die weiterleitende Komponente kennt nur den URL der Inhalte, nicht die Inhalte selbst. Die Hinweise, wie die Anfrage weitergeleitet werden soll, müssen nicht unbedingt in dem Accept-Header stehen, sondern können auch in anderen HTTP-Headern erfolgen. Beispielsweise zeigt der HTTP-Header Accept-Language die Sprache an, in der die Inhalte zurückgegeben werden sollen. Die weiterleitende Komponente muss beide HTTP-Header berücksichtigen, wenn sie den URL umschreibt. Auf diese Weise können beispielsweise HTML-Seiten in mehreren Sprachen und/oder Codierungen geliefert werden. Die weiterleitende Komponente trifft alle Entscheidungen und schreibt den URL so um, dass er auf die passende Repräsentation zeigt. Sie befreit den Entwickler der Repräsentationen damit von der Aufgabe herauszufinden, welche Inhalte gesendet werden sollen.

Aus dieser Beschreibung der Architektur des *Permutations*-Patterns sollte klar werden, woher das Pattern seinen Namen hat. Die Grundidee ist einfach: Eine Ressource wird in einem Satz von Repräsentationen transformiert, und der Client kann eine dieser Repräsentationen auswählen. Nun zur Implementierung des *Permutations*-Patterns.

5.6 Implementierung

Um das *Permutations*-Pattern zu implementieren, müssen zwei Aufgaben gelöst werden: die Verbindung einer Repräsentation mit einer Ressource und die Autorisierung eines Anwenders, damit er auf eine Ressource oder Repräsentation zugreifen kann. Zur Lösung dieser Aufgaben wird eine Komponente benötigt, die einen URL umschreibt. Sie soll die Anfrage analysieren und entscheiden, welche Inhalte generiert werden sollen.

5.6.1 URLs umschreiben

In Abbildung 5.9 wurde der URL /bankaccount/login zu dem URL /bankaccount/login.jsp umgelenkt. In der Sprache des HTTP-Servers bedeutet eine Umlenkung eine *Umschreibung* (engl. *rewriting*) des URLs. Mit einer URL-Umschreibung kann der angeforderte URL geändert werden, ohne dass eine physische HTTP-Umlenkung erfolgt. Auch wenn manchmal eine solche Umlenkung verwendet wird (beispielsweise nach einem Bankkonto-Login), wäre es eine Verschwendung von Ressourcen, dies für jeden URL zu tun.

Die Komponente für die URL-Umschreibung ändert den URL. Diese Technik ist bei Webservern sehr verbreitet. Beispielsweise verfügt der Apache HTTPD Web Server mit mod_rewrite über ein leistungsstarkes Modul für die URL-Umschreibung. Könnten wir nicht auf dieses Modul zurückgreifen, statt eine eigene Komponente für die URL-Umschreibung zu erstellen? Das Modul mod_rewrite ist leistungsstark, kann aber nur begrenzt Inhalte zurückgeben, die auf dem HTTP-Header Accept basieren. Deshalb ist es in den meisten Fällen notwendig, eine Komponente für die URL-Umschreibung zu erstellen. Vom Konzept her ist jedoch unsere Komponente für die URL-Umschreibung mit der Funktionalität identisch, die vom Modul mod_rewrite angeboten wird.

Laut Sprachgebrauch des HTTP-Servers wird die Logik für die Umschreibung der URLs in einen so genannten *Filter* eingefügt. Filter sind keine Handler, da sie nicht dafür verantwortlich sind, den Output einer Anfrage zu generieren. Filter verarbeiten alle Anfragen. Sie modifizieren Input-Streams, Output-Streams, HTTP-Parameter und anderes. Filter werden oft auch für das Logging oder die Authentifizierung eingesetzt.

In ASP.NET kann ein Filter an zwei Stellen definiert werden: in der Datei global.asax und in einer Komponente, die von der Konfigurationsdatei der Webanwendung referenziert wird. HTTP-Server durchlaufen mehrere Phasen, in denen ein Filter die HTTP-Anfrage verarbeiten kann. Es gibt Phasen, bevor der Handler die Anfrage verarbeitet, Phasen für die Authentifizierung und Phasen, nachdem der Handler die Anfrage verarbeitet hat. Es gibt verschiedene Phasen, weil sich die HTTP-Anfrage in jeder Phase in einem anderen Zustand befindet.

Bei ASP.NET wird die Komponente für die URL-Umschreibung in der Filterphase OnBeginRequest implementiert, die vor allen anderen Filtern aufgerufen wird. Diese Phase ist ideal für die URL-Umschreibung geeignet, weil noch keine Authentifizierung, kein Logging usw. erfolgt ist. Bei der HTTP-Authentifizierung muss der umgeschriebene, nicht der ursprüngliche URL verwendet werden, weil die Zugriffsberechtigung des Clients von den angeforderten Inhalten abhängt.

Aus Gründen der Einfachheit wird die Komponente für die URL-Umschreibung in die Datei global.asax eingefügt. Außerdem gelten Filter, die zu einer ASP.NET-Anwendung hinzugefügt werden, nur für diese und nicht für andere ASP.NET-

Anwendungen. Wenn Sie einen globalen Filter erstellen wollen, müssen Sie einen Internet-Server-API-Filter (ISAPI-Filter) schreiben.

Die Komponente für die URL-Umschreibung enthält zwei Definitionen: Die URL-Rewriter-Komponente stellt einen Einstiegspunkt zur Verfügung und identifiziert den umzuschreibenden URL. Die Rewrite-Komponente schreibt den gegebenen URL um. Hier sind die C#-Interfaces der beiden Komponenten:

```
public interface IURLRewriter {
    bool IsResource(HttpRequest request);
    void WriteRedirection(HttpRequest request);
}
public interface IRewriter {
    bool WriteRedirection(string mimetype);
}
```

Das Interface `IURLRewriter` ist die Komponente für die URL-Umschreibung und hat zwei Methoden: `IsResource` und `WriteRedirection`. Mit der Methode `IsResource` wird ein Ressourcen-URL, etwa http://mydomain.com/account/joe-smith, erkannt. Mit der Methode `WriteRedirection` wird der URL umgeschrieben. Auch wenn dies aus dem Code nicht hervorgeht, ist die `IRewriter`-Komponente intern mit der `IURLRewriter`-Komponente verbunden.

Das Interface `IRewriter` hat eine einzige Methode, `WriteRedirection`, mit der der URL umgeschrieben wird. Bei Erfolg gibt sie `true` zurück, andernfalls `false`. Das Interface ist dafür verantwortlich, die Ressource in die passende Repräsentation zu konvertieren. Würde das Interface `IRewriter` auf Abbildung 5.9 angewendet, würde es den URL /bankaccount/login in den URL /bankaccount/login.jsp umwandeln. In diesem Beispiel erwartet die Methode `WriteRedirection` als Parameter nicht den URL selbst, sondern einen MIME-Typ. `IRewriter` und `IURLRewriter` könnten jedoch auch so implementiert werden, dass die Umschreibung auf mehreren HTTP-Headern basieren würde. Dann müssten die Header nach einer Prioritätenfolge verarbeitet werden (beispielsweise `Accept` vor `Accept-Language`).

Die beiden Interfaces werden in den Klassen `URLRewriterASPNet` bzw. `DefaultRewriter` implementiert (siehe weiter unten). Die Interface-Instanzen von `IRewriter` und `IURLRewriter` werden auf der Basis der Implementierungstypen in der `OnBeginRequest`-Filterphase einer ASP.NET-Anwendung verknüpft. Der folgende Quellcode illustriert die Implementierung von `OnBeginRequest` in der Datei `global.asax`:

```
void Application_OnBeginRequest(Object sender, EventArgs e) {
    HttpApplication app = (HttpApplication)sender;
    IRewriter rewriter = new DefaultRewriter(app);
    IURLRewriter router = new URLRewriterASPNet(rewriter);
    if (router.IsResource (app.Request)) {
```

```
            router.WriteRedirection(app.Request);
    }
}
```

Name und Definition der `OnBeginRequest`-Funktion basieren auf den Anforderungen von ASP.NET. Wenn Filterphasen in ASP.NET implementiert werden, werden sie als .NET-Ereignisse weitergegeben. Deshalb muss der erste Parameter in der Signatur der Methode eine `Object`-Instanz und der zweite Parameter eine `EventArgs`-Instanz sein. Der Parameter `sender` ist ein Objekt vom Typ `HttpApplication`, der die ASP.NET-Anwendung repräsentiert. Die Variable `router` wird über den `URLRewriterASPNet`-Konstruktor mit einem `IRewriter`-Objekt verknüpft. Nach der Definition der Variablen prüft der erste `if`-Befehl mit der Methode `IsResource`, ob in der HTTP-Anfrage eine Ressource angefordert wird. Ist dies der Fall, wird die Methode `WriteRedirection` aufgerufen, um den URL umzuschreiben.

Die Details der URL-Umschreibung implementieren

In der `OnBeginRequest`-Funktion wurden einige Details der Verbindung der `IURLRewriter`- und `IRewriter`-Interface-Instanzen nicht erklärt. Diese Details beschreiben, wie eine Ressource in eine Repräsentation umgewandelt wird:

1. Es muss verifiziert werden, ob der URL eine Ressource referenziert.
2. Falls der URL eine Ressource ist, muss der URL verarbeitet werden. Andernfalls soll der URL ignoriert und die Anfrage vom HTTP-Server verarbeitet werden.
3. Der HTTP-Header `Accept` muss aus der Anfrage herausgelesen und in einem Array gespeichert werden.
4. Das Array muss sortiert werden, damit der `Accept`-Header mit der höchsten Priorität am Anfang der Liste steht.
5. Das Array muss durchlaufen werden; dabei muss versucht werden, den URL für jedes Element umzuschreiben.
6. Falls der URL bei dem Schleifendurchlauf umgeschrieben werden konnte, muss die Schleife verlassen und die weitere Verarbeitung den anderen Filtern überlassen werden.

Die Klasse `RouterASPNet` ist für die Schritte 1, 2, 3 und 5 verantwortlich. Schritt 4 wird an eine noch zu beschreibende Klasse delegiert, und Schritt 6 wird durch `DefaultRewriter` implementiert.

Die Klasse `URLRewriterASPNet` wird folgendermaßen definiert:

```
class URLRewriterASPNet : IURLRewriter {
    IRewriter _defaultRewriter;
```

```csharp
public URLRewriterASPNet(IRewriter rewriter) {
    if (_defaultRewriter == null) {
        throw new Exception("Rewriter darf nicht null sein");
    }
    _defaultRewriter = rewriter;
}
public bool IsResource(HttpRequest request) {
    FileAttributes attributes;
    try {
        attributes = File.GetAttributes(request.PhysicalPath);
    }
    catch (FileNotFoundException ex) {
        return false;
    }
    if ((attributes & FileAttributes.Directory) != 0) {
        return true;
    }
    else {
        return false;
    }
}

public void WriteRedirection(HttpRequest request) {
    string[] elements = (string[])request.AcceptTypes.Clone();
    Array.Sort(elements, new CompareMimeTypes());
    Regex semiColon = new Regex(";");
    foreach (string type in elements) {
        String[] buffers = semiColon.Split(type);
        if (_defaultRewriter.WriteRedirection(buffers[0])) {
            break;
        }
    }
}
}
```

Bei der Implementierung von Schritt 1 in der Methode `IsResource` muss festgestellt werden, ob der URL eine Ressource oder eine Datei referenziert. Einfach ausgedrückt: Eine Dateireferenz lässt sich an einer Dateierweiterung erkennen, mit der der URL eine Datei eines speziellen Typs anfordert. In `URLRewriterASPNet` wird getestet, ob der absolute Pfad des URLs ein Verzeichnis referenziert. Wird ein Verzeichnis referenziert, ist der URL eine Ressource, andernfalls etwas anderes. Der Test könnte auch anders erfolgen. So könnte der URL mit einem regulären Ausdruck validiert und geprüft werden, ob er eine Datei referenziert. Doch unabhängig von der verwendeten Logik wird `true` zurückgegeben, falls der URL eine Ressource ist, andernfalls `false`. Falls es mehrere `IURLRewriter`-Implementierungen gibt, werden sie mit dem *Chain of Responsibility*-Pattern verbunden und aufgerufen.

Wenn der URL laut Schritt 2 umgeschrieben werden muss, wird die Methode WriteRedirection aufgerufen. Sie führt die Schritte 3 und 4 aus, das heißt, sie liest die Accept-Header und sortiert sie absteigend nach Prioritäten. Zu diesem Zweck werden die Accept-Header (request.AcceptTypes) geklont und dann mit der Methode Array.Sort sortiert. Weil der Standardalgorithmus von Array.Sort hier nicht anwendbar ist, wird die Klasse CompareMimeTypes verwendet (siehe unten). Dann wird das jetzt absteigend nach Prioritäten sortierte Array durchlaufen und für jedes Element die Methode defaultRewriter.WriteRedirection aufgerufen. Dabei testet die Irewriter-Implementierung, ob der URL umgeschrieben werden kann. Falls der Test den Wert true zurückgibt, wurde ein Bezeichner gefunden und der URL umgeschrieben. In diesem Fall gibt defaultRewriter.WriteRedirection den Wert true zurück, und die Verarbeitung wird abgebrochen.

Nun zur Sortierung der einzelnen Accept-Bezeichner. Eine benutzerdefinierte Vergleichsroutine für Array.Sort muss das Icomparer-Interface implementieren, das über eine einzige Methode verfügt, mit der zwei Werte aus dem Array verglichen werden. Diese Methode gibt eine positive Ganzzahl, null oder eine negative Ganzzahl zurück, um anzuzeigen, welcher Wert größer ist. Hier ist die Implementierung von CompareMimeTypes:

```
class CompareMimeTypes : IComparer {
    Regex _wildcard = new Regex(@"/\*");
    Regex _semiColon = new Regex(";");

    public void CalculateValue(string val, out int level, out double qvalue) {
        String[] buffers = _semiColon.Split(val);
        double multiplier = 1.0;
        if (buffers.Length > 1) {
            multiplier = double.Parse(buffers[1].Substring(2));
        }
        qvalue = multiplier;
        level = 0;
        if (String.Compare(buffers[0], "*/*") == 0) {
            level = 1;
        }
        else if (_wildcard.IsMatch(val)) {
            level = 2;
        }
        else if (String.Compare(buffers[0], "application/xhtml+xml") == 0)
{
            level = 4;
        }
        else {
            level = 3;
        }
```

```
    }
    public int Compare(object x, object y) {
        int levelx = 0, levely = 0;
        double qvaluex = 0.0, qvaluey = 0.0;
        CalculateValue((string)x, out levelx, out qvaluex);
        CalculateValue((string)y, out levely, out qvaluey);
        if (levelx < levely) {
            return 1;
        }
        else if (levelx > levely) {
            return -1;
        }
        else {
            if (qvaluex < qvaluey) {
                return 1;
            }
            else if (qvaluex > qvaluey) {
                return -1;
            }
            else {
                return 0;
            }
        }
    }
}
```

Die Klasse `CompareMimeTypes` verfügt über zwei Methoden: `CalculateValue` und `Compare`. Die Methode `Compare` wird von dem `IComparer`-Interface gefordert und vergleicht zwei `Accept`-Header-Bezeichner. `CalculateValue` wandelt einen `Accept`-Header-Bezeichner in einen Wert um, der für Vergleiche verwendet werden kann. Die Berechnung des Größer-als-Wertes eines einzelnen Elements basiert auf der MIME-Typ-Spezifikation und seinem q-Wert. Die Methode `CalculateValue` hat drei Parameter. Der erste Parameter ist der zu testende MIME-Typ. Die beiden anderen Parameter sind numerische Werte, die an den Aufrufer zurückgegeben werden und die Priorität des MIME-Typs anzeigen. Die Prioritätsberechnung basiert auf Stufen und den zugehörigen q-Werten. Die Stufen ergeben sich daraus, dass `text/xml` eine höhere Priorität als `text/*` hat. Die q-Werte sind mit den `Accept`-Bezeichnern verbunden.

Die Methode `Compare` erwartet zwei Parameter, x und y, und soll den größeren dieser beiden Werte ermitteln. Die Prioritätsstufen der beiden Parameter werden durch zwei Aufrufe von `CalculateValue` ermittelt. Dann werden die Stufen (`levelx` und `levely`) verglichen. Ist eine Stufe höher, wird die entsprechende Ganzzahl zurückgegeben. Sind die Stufen gleich, werden die q-Werte (`qvaluex` und `qvaluey`) verglichen und die entsprechende Ganzzahl wird zurückgegeben.

Nachdem die MIME-Typen sortiert worden sind, ruft `URLRewriterASPNet` laut Schritt 5 den `DefaultRewriter` auf, um die zurückzugebenden Inhalte zu generieren. Hier ist die Implementierung von `DefaultRewriter`:

```csharp
public class DefaultRewriter : IRewriter {
    protected HttpApplication _app;
    private Regex _xml = new Regex("xml");
    private Regex _html = new Regex("html");
    private Regex _text = new Regex("plain");

    public DefaultRewriter(HttpApplication app) {
        _app = app;
    }

    private bool DoesFileExistAndRewrite(string filename) {
        string path = _app.Request.PhysicalPath + filename;
        FileAttributes attributes;
        try {
            attributes = File.GetAttributes(path);
        }
        catch (FileNotFoundException ex) {
            return false;
        }
        if ((attributes & FileAttributes.Directory) == 0) {
            _app.Context.RewritePath(filename);
            return true;
        }
        else {
            return false;
        }
    }

    public virtual bool WriteRedirection(string mimetype) {
        if (_xml.IsMatch(mimetype)) {
            return DoesFileExistAndRewrite("default.xhtml");
        }
        if (_html.IsMatch(mimetype)) {
            return DoesFileExistAndRewrite("default.html");
        }
        if (_text.IsMatch(mimetype)) {
            return DoesFileExistAndRewrite("default.txt");
        }
        if (String.Compare(mimetype, "*/*") == 0) {
            return DoesFileExistAndRewrite("content.html");
        }
        return false;
    }
}
```

In der Methode `WriteRedirection` wird nacheinander mit mehreren `if`-Befehlen geprüft, welche MIME-Typen übergeben worden sind. Falls ein spezieller MIME-Typ mit dem Typ übereinstimmt, wird die Methode `DoesFileExistAndRewrite` aufgerufen. Sie prüft, ob der vorgeschlagene umgeschriebene URL eine vorhandene Datei auf dem Speichermedium referenziert. Ist dies der Fall, wird der URL umgeschrieben, andernfalls wird der nächste MIME-Typ getestet. Falls eine Repräsentation existiert, gibt `WriteRedirection` den Wert `true` zurück. Der URL gilt als umgeschrieben und die Schleife wird verlassen. Damit ist der letzte Schritt, Schritt 6, implementiert.

Die definierte `DefaultRewriter` funktioniert mit statischen Inhalten, aber nicht mit dynamischen Inhalten wie etwa PHP, JSP oder sogar ASP.NET, weil die Umlenkungen immer statische Erweiterungen wie XML, HTML oder XHTML referenzieren. Nehmen Sie an, die XML- und HTML-Inhalte würden mit PHP generiert. Falls für eine Anfrage (beispielsweise `/content`) XML-Inhalte generiert werden müssen, erhält die generierte Datei einen Namen mit der Endung .php (beispielsweise `/content.php`). Doch auch wenn für die Anfrage dynamisch HTML-Inhalte generiert werden sollen, erhält die generierte Datei einen Namen mit der Endung .php (beispielsweise `/content.php`). Eine Lösung könnte darin bestehen, an den Namen der dynamisch generierten Skriptdatei den Typ und die Erweiterung anzuhängen (beispielsweise für HTML `/content.html.php`). Zwei Erweiterungen anzuhängen, wird beispielsweise von Apache verwendet, um sprachspezifische Inhalte zu senden.

Die Inhalte generieren

Wenn die Umschreibungskomponente ausgeführt wird, wird der URL `/bankaccount/login` transparent in den URL `/bankaccount/login.jsp` umgeschrieben. Der nächste Schritt besteht darin zu prüfen, ob der URL tatsächlich umgeschrieben worden ist. Zu diesem Zweck wollen wir den Entscheidungsprozess von Firefox beim Aufruf des URLs beobachten. Abbildung 5.10 zeigt, wie der Browser das entsprechende Dokument lädt und dass der Server testet, was das entsprechende Dokument sein würde.

Das untere Fenster von Abbildung 5.10 zeigt ein Fenster der Secure-Shell-Console (SSH-Console) des Mono XSP ASP.NET Servers unter Linux. Die Sternchen repräsentieren den Anfang und das Ende einer HTTP-Anfrage. Die erste Zeile, die mit `Path` beginnt, gibt einen Pfad an, der aus dem absoluten physischen Pfad der ASP.NET-Anwendung sowie dem angehängten URL besteht. Die nächste Zeile (`Is routable`) zeigt an, dass eine Ressource angefordert worden ist. Dann wird der HTTP-Accept-Header, der von Mozilla gesendet worden ist, umstrukturiert; dann wird getestet, ob die Inhalte heruntergeladen werden können. Beachten Sie, wie die verschiedenen MIME-Typen nacheinander getestet werden. Der letzte getestete MIME-Typ ist `text/html`, weil der Pfad, der zu diesem MIME-Typ gehört, existiert. Es gibt noch weitere MIME-Typen, aber sie werden nicht mehr getestet, weil ein MIME-Typ gefunden worden ist.

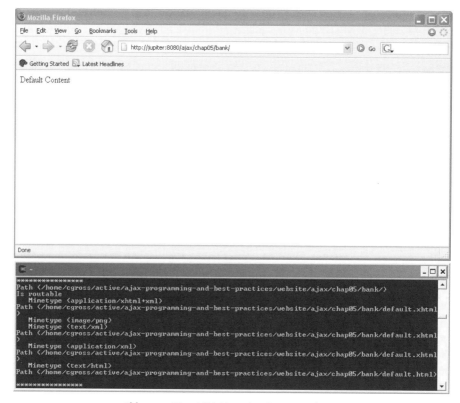

Abb. 5.10: Eine URL-Umschreibung in Aktion

Den Accept-Header clientseitig verwenden

Standardmäßig senden alle Browser die Inhalte, an denen sie interessiert sind. Mit dem XMLHttpRequest-Typ kann der HTTP-Header Accept spezifiziert werden. Ein Beispiel:

```
var xmlhttp = FactoryXMLHttpRequest();
xmlhttp.open("GET", "/url", true);
xmlhttp.setRequestHeader("Accept", "application/xml");
```

Der HTTP-Header Accept wird mit der Methode setRequestHeader spezifiziert. Anhand dieses HTTP-Headers kann der Server den passenden Quellcode generieren und an den Client senden.

5.6.2 Beispiel: Einkaufswagen-Anwendung

Weiter vorne in Abbildung 5.9 gibt es einen zweiten umgeschriebenen URL, /bankaccount/maryjane, der eine Autorisierung ausführt und die Bankkontenressource von maryjane referenziert. Diese Art von Szenario ist weit verbreitet; ein einfaches Beispiel ist ein Einkaufswagen. Ein Einkaufswagen ist eine Ressource. Er erfordert die Identifizierung eines Anwenders und arbeitet mit URL-Umschreibung. Außerdem erhöht ein Einkaufswagen die Komplexität, indem er eine URL-Umlenkung zu einer unbekannten Ressource ausführt.

Nehmen Sie an, ich wollte bei Amazon.com etwas einkaufen. Ein Amazon-Einkaufswagen wird die Dinge aufnehmen, die ich kaufen will. Allerdings ist der Einkaufswagen unbekannt, mit dem Amazon die Artikel referenziert, die ich kaufen möchte. Einkaufswagen können nur mit einer einzigen Person verbunden und von ihr autorisiert werden. Während ich bei Amazon einkaufe, soll niemand sonst Sachen in meinen Einkaufswagen legen oder aus ihm entfernen. Außerdem soll niemand in meinem Namen einen Einkaufswagen erstellen und seinen Inhalt an eine andere Adresse senden können. Deshalb ist ein Einkaufswagen letztlich eine sehr persönliche Ressource.

Wenn der Anwender authentifiziert wird, wird ihm der Einkaufswagen zugeordnet. Wenn der Anwender nicht authentifiziert ist, wird der Einkaufswagen mit einem Cookie dem Client zugeordnet. In beiden Fällen könnte der Anwender, der den Einkaufswagen manipulieren darf, mit einem Cookie autorisiert werden. Der URL für den Einkaufswagen wäre `/shoppingcart/12324`; aber nur der authentifizierte Anwender oder das Cookie des anonymen Anwenders könnten auf den Einkaufswagen zugreifen. Dagegen wird der URL `/shoppingcart` niemals einem speziellen authentifizierten Anwender oder Cookie zugeordnet.

Schnittstellen für die Anwenderidentifikation definieren

Bei der Authentifizierung eines Anwenders wird diesem ein spezieller Bezeichner zugewiesen. Dafür gibt es mehrere Methoden. Die HTTP-Authentifizierung sollte so neutral wie möglich erfolgen, damit die Methode der Anwenderidentifizierung zur Laufzeit gewechselt werden kann, ohne den Prozess der Authentifizierung als solchen zu verändern. Die Lösung besteht darin, mit *Bridge*- und *Factory*-Patterns die Absicht zu definieren, den Anwender zu identifizieren, und dann die Methode der Identifizierung selbst zu definieren.

Die folgenden Interfaces definieren die Absicht, einen Anwender zu identifizieren:

```
public interface IUserIdentificationResolver<WebReference> {
    IUserIdentification Resolve(WebReference reference);
}
public interface IUserIdentificationFactory {
    IUserIdentification Create(string identifier);
    IUserIdentification Create();
}
public interface IUserIdentification {
    string Identifier { get; }
    bool IsIdentified { get; }
}
```

Das Interface `IUserIdentificationResolver<>` wird mit .NET Generics definiert und verfügt über eine einzige Methode: `Resolve`. Das Interface wird mit .NET Generics definiert, damit es in verschiedenen Kontexten zur Anwenderidentifizierung verwendet werden kann. Unter Generics sagt das Interface: »Wenn dieser `WebReference`-Typ gegeben ist, ermittle ich den zugehörigen Mechanismus zur Anwenderidentifizierung.«

Das Interface `IUserIdentification` wird von der Methode `IUserIdentificationResolver<>.Resource` zurückgegebenen. Es verfügt über zwei Eigenschaften: `Identifier` und `IsIdentified`. Die Eigenschaft `Identifier` identifiziert den Anwender; und `IsIdentified` zeigt an, ob ein Anwender identifiziert worden ist. Diese beiden Eigenschaften können je nach Kontext um zusätzliche Eigenschaften und/oder Methoden erweitert werden. Das Interface soll genügend Informationen zur Verfügung stellen, um den Anfrager eindeutig zu identifizieren und es der Anwendung zu ermöglichen, anhand dieser Informationen eine Ressource zu autorisieren.

Mit dem Interface `IUserIdentificationFactory` instanziert `IUserIdentificationResolve<>` ein `IUserIdentification`-Objekt, wenn die Identität eines Anwenders festgestellt worden ist.

Diese Interfaces bilden eine wichtige Basis der Anwenderidentifizierung und sollten unabhängig vom verwendeten Schema zur Anwenderidentifizierung eingesetzt werden.

Die HTTP-Authentifizierung verwenden

Zuerst soll die Anwenderidentifizierung als HTTP-Authentifizierung implementiert werden. Die HTTP-Authentifizierung ist wahrscheinlich eine der am wenigsten verwendeten Techniken, um Anwenderbezeichner zu erstellen. Die meisten Webanwendungen arbeiten lieber mit HTTP-Cookies, doch die HTTP-Authentifizierung verfügt über Optionen, die HTTP-Cookies nicht bieten können (siehe weiter unten).

In den frühen 90er Jahren war die HTTP-Authentifizierung ziemlich unbekannt und galt im Allgemeinen als unsicher, weil der Client immer wieder den Anwendernamen und das Passwort an den Server senden musste, um eine Autorisierung zu ermöglichen. Um das Sicherheitsproblem zu lösen, wurde eine sichere Form der HTTP-Authentifizierung namens *HTTP-Digest-Authentifizierung* entwickelt. Sie war allerdings in den Anfangstagen des Internets nicht weit verbreitet. Heute ist dies natürlich anders, da alle (oder wenigstens die meisten) Browser die HTTP-Digest-Authentifizierung unterstützen.

Die Arbeitsweise der HTTP-Authentifizierung praktisch verstehen Die HTTP-Authentifizierung ist eine sehr gute Methode, um einen Anwenderbezeichner zu erstellen, weil der Authentifizierungsmechanismus formalisiert ist und die Mitarbeit des

Anwenders erfordert. Wenn der Anwender ablehnt, erfolgt keine Authentifizierung, und es werden keine Informationen an den Server gesendet. Der Anwender kann anonym bleiben. Möglicherweise kann er dann nicht auf alle Inhalte zugreifen, aber die Anonymität bleibt gewahrt und einige Leute schätzen ihre Anonymität. Abbildung 5.11 zeigt, wie die HTTP-Authentifizierung dem Anwender in einem aktuellen Browser präsentiert wird.

Außerdem zeigt Abbildung 5.11, dass aktuelle Browser zurückliegende HTTP-Authentifizierungssitzungen speichern können. Die HTTP-Authentifizierung ist Segen und Fluch zugleich: Fluch, weil sich der Anwender nach jedem Verlassen und Neustart des Browsers (erneut) bei einer Website authentifizieren muss; Segen, weil die Authentifizierungsinformationen nicht automatisch gesendet werden. Einige mögen die Zwangsauthentifizierung als Nachteil empfinden, aber wenn die Sicherheit wichtig ist, gewährleistet die HTTP-Authentifizierung, dass identifizierte Anwender die korrekten Rechte bekommen.

Technisch läuft die HTTP-Authentifizierung folgendermaßen ab: Ein Anwender fordert die Inhalte einer Ressource an. Daraufhin fordert der Server ihn auf, sich zu identifizieren. Der Browser wandelt diese Aufforderung in eine grafische Form um (siehe etwa Abbildung 5.11). Nachdem der Anwender die entsprechenden Informationen eingegeben hat, authentifiziert ihn der Server. Wenn dies erfolgreich ist, wird die Repräsentation der angeforderten Ressource von dem Browser heruntergeladen.

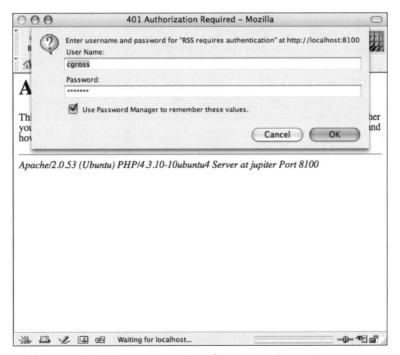

Abb. 5.11: Dialogfeld zur HTTP-Authentifizierung mit bereits eingetragenen Authentifizierungsdaten

Kapitel 5
Permutations-Pattern

Ein typischer Dialog einer HTTP-Digest-Authentifizierung läuft folgendermaßen ab:

Die Prozess beginnt damit, dass der Client eine Ressource anfordert:

```
GET /test/ HTTP/1.1
Host: jupiter: 8100
User-Agent: Mozilla/5.0 (Macintosh; U; PPC Mac OS X Mach-O;
  en-US; rv:1.7.8) Gecko/20050511
Accept: text/xml,application/xml,application/xhtml+xml,text/html;q=0.9,
  text/plain; q=0.8, image/png, */*; q=0.5
Accept-Language: en-us,en;q=0.5
Accept-Encoding: gzip,deflate
Accept-Charset: ISO-8859-1,utf-8;q=0.7,*;q=0.7
Keep-Alive: 300
Connection: keep-alive
```

Die Ressource ist geschützt; deshalb fordert der Server eine Authentifizierung:

```
HTTP/1.1 401 Authorization Required
Date: Sat, 27 Aug 2005 14:00:05 GMT
Server: Apache/2.0.53 (Ubuntu) PHP/4.3.10-10ubuntu4
WWW-Authenticate: Digest realm="Private Domain",
  nonce="OhvlrVH/AwA=8225d4804076a334d81181695204fee405adaaee",
  algorithm=MD5, domain="/test", qop="auth"
Content-Length: 497
Keep-Alive: timeout=15, max=100
Connection: Keep-Alive
Content-Type: text/html; charset=iso-8859-1
```

Der Client empfängt den HTTP-Fehlercode 401 und sucht nach dem HTTP-Header `WWW-Authenticate`. Der Wert dieses Headers gibt an, welcher Authentifizierungsmechanismus verlangt wird. In diesem Beispiel wird eine HTTP-Digest-Authentifizierung verlangt. Nebenbemerkung: Es kann auch eine einfache Authentifizierung verwendet werden; aber weil sie als unsicher gilt, wird sie nicht verwendet. Als Antwort auf diese Aufforderung generiert der Browser ein Dialogfeld (ähnlich dem aus Abbildung 5.11) und fragt nach Benutzername und Passwort. Der Anwender gibt diese Daten ein; daraufhin sendet der Browser erneut die ursprüngliche Anfrage, ergänzt um die Authentifizierungsdaten des Anwenders.

Erneute Anfrage des Clients mit den Authentifizierungsdaten des Anwenders:

```
GET /test/ HTTP/1.1
Host: localhost:8100
User-Agent: Mozilla/5.0 (Macintosh; U; PPC Mac OS X Mach-O;
  en-US; rv:1.7.8) Gecko/20050511
Accept: text/xml,application/xml,application/xhtml+xml,
  text/html;q=0.9,text/plain;q=0.8,image/png,*/*;q=0.5
Accept-Language: en-us,en;q=0.5
```

```
Accept-Encoding: gzip,deflate
Accept-Charset: ISO-8859-1,utf-8;q=0.7,*;q=0.7
Keep-Alive: 300
Connection: keep-alive
Authorization: Digest username="cgross", realm="Private Domain",
  nonce="0hvlrVH/AwA=8225d4804076a334d81181695204fee405adaaee",
  uri="/test/", algorithm=MD5,
  response="fc4ec419438f87a540d8898a537ea401", qop=auth,
  nc=00000001, cnonce="01b6730aae57c007"
```

Die erneute Anfrage ähnelt dem zusätzlichen HTTP-Header Authorization. Wenn der Server eine Anfrage mit demselben URL erhält, sucht er nach dem HTTP-Header Authorization. Falls er diesen findet, verifiziert er die Daten. Je nach Ergebnis dieser Verifikation gilt der Anwender als authentifiziert, oder der Server gibt einen weiteren HTTP-401-Fehler zurück, was den Browser veranlasst, erneut ein Dialogfeld zu generieren und den Anwender aufzufordern, sich zu authentifizieren. Falls die angegebenen Authentifizierungsdaten korrekt sind, wird die angeforderte Repräsentation heruntergeladen.

Bei der HTTP-Authentifizierung wird der HTTP-Header Authorization mit allen URLs und ihren Abkömmlingen gesendet, die in dem WWW-Authenticate-Header des Servers angegeben wurden. In diesem Beispiel bezieht sich der Wert domain="/test" auf den einzelnen URL /test und seine Abkömmlinge.

Die HTTP-Authentifizierung implementieren Ein Programmierer sollte keinen Code für die HTTP-Authentifizierung schreiben. Alle Webserver beherrschen die HTTP-Authentifizierung, und die Aufgabe sollte einer administrativen Übung überlassen bleiben. Dies bedeutet nicht, dass Programmierer die HTTP-Authentifizierung nicht benutzen sollten. Programmierer müssen immer noch wissen, ob ein Anwender authentifiziert ist, und müssen Anwenderbezeichner anderen Komponenten zuordnen.

Bei der Entwicklung einer serverseitigen Anwendung sollte die HTTP-Authentifizierung dadurch implementiert werden, dass Anwenderbezeichnercode zu einem Filter hinzugefügt wird, wie es weiter vorne in dem Beispiel mit dem Accept-HTTP-Header gezeigt wurde. Der Filter sucht dann nach dem HTTP-Header Authorization und versucht, einen Anwenderbezeichner zu erstellen. In dem Beispiel wird der Authorization-Header mit ASP.NET-Code extrahiert. Einige Kenner von ASP.NET-Code werden darin einen falschen Ansatz sehen, weil ASP.NET über Methoden und Eigenschaften für die Authentifizierung verfügt. Ich stimme damit überein, dass ASP.NET-Methoden und -Eigenschaften eine bessere Lösung wären, aber weil nicht alle Leser mit ASP.NET arbeiten, habe ich den gezeigten Ansatz gewählt, der auf allen Plattformen anwendbar ist. Mögliche Optimierungen sollten natürlich genutzt werden. Doch die Implementierung ist sowieso nicht so wichtig, weil Interfaces verwendet werden; und den Anwendungen, die die Implementierungen benutzen, ist es egal, wie die Daten der Anwenderidentifizierung extrahiert werden. Das ist genau der Grund, warum Interfaces verwendet werden – nämlich damit man nicht von einer speziellen Implementierung abhängig ist.

Mit dem folgenden Quellcode beginnt die Implementierung des `IuserIdentification`-Interface:

```
public class UserIdentification : IUserIdentification {
    private string _identifier;
    private bool _isIdentified;

    public UserIdentification() {
        _isIdentified = false;
    }
    public UserIdentification(string identifier) {
        _identifier = identifier;
        _isIdentified = true;
    }
    public string Identifier {
        get {
            return _identifier;
        }
    }
    public bool IsIdentified {
        get {
            return _isIdentified;
        }
    }
}
```

Die Klasse `UserIdentification` verfügt über zwei Konstruktoren, mit und ohne Parameter, die die beiden möglichen Zustände der Anwenderidentifizierung anzeigen: gefunden oder nicht gefunden. Der Konstruktor ohne Parameter zeigt an, dass kein Anwender identifiziert worden ist. Der andere Konstruktor, der einen einzigen Parameter hat, zeigt an, dass die Anwenderidentifizierung gefunden worden ist; der einzelne Parameter bezeichnet den Zustand des identifizierten Anwenders. In beiden Konstruktoren wird dem privaten Datenelement `isIdentified` der Wert `true` oder `false` zugewiesen, um anzuzeigen, dass eine Anwenderidentifizierung gefunden bzw. nicht gefunden worden ist.

Die Eigenschaften von `UserIdentification` definieren den Zustand der Anwenderidentifizierung, und es ist wichtig zu verstehen, dass `UserIdentification` ein Zustandsobjekt ist. Ein *Zustandsobjekt* ist ein Objekt, dessen Hauptzweck darin besteht, Daten zu speichern, die von anderen Prozessen zur Entscheidungsfindung verwendet werden. Ein Zustandsobjekt ist sehr vielseitig, weil es nicht von anderen Typen abhängt und selbst keine anderen Klassen manipuliert. Deshalb wäre die

Implementierung

UserIdentification-Implementierung für alle Implementierungen von IUserIdentificationResolver<> ähnlich.

Das Interface IUserIdentificationResolver<> dient dazu, den Anwenderbezeichner zu extrahieren. Die HTTP-Authentifizierung wird dabei wie folgt implementiert:

```
public class HttpAuthenticationResolver :
    IUserIdentificationResolver<HttpRequest> {
    IUserIdentificationFactory _factory;
    public HttpAuthenticationResolver(IUserIdentificationFactory factory){
        _factory = factory;
    }
    public IUserIdentification Resolve(HttpRequest app) {
        if (request.Headers["Authorization"] != null) {
            string identifier = "";
            // Einige Operation, um herauszufinden, um wen es sich handelt
            return _factory.Create(identifier);
        }
        else {
            return _factory.Create();
        }
    }
}
```

Die Klasse HttpAuthenticationResolver implementiert das Interface IUserIdentificationResolver<> und definiert für die Generics-Parameter den Typ HttpRequest. Diese Deklaration sagt, dass der Resolver die Daten für die Anwenderidentifizierung aus dem Typ HttpRequest extrahiert. In ASP.NET enthält HttpRequest alle Informationen, die in der Anfrage übertragen werden. Der Konstruktor von HttpAuthenticationResolver hat einen Parameter, der eine Instanz des *Factory*-Pattern-Interface IuserIdentificationFactory ist. Das *Factory*-Pattern-Interface wird von jeder IUserIdentificationResolver<>-Implementierung verwendet, wenn ein Objekt vom Typ IUserIdentification instanziert werden muss. Ein IUserIdentification-Objekt wird mit einer *Factory*-Pattern-Implementierung instanziert, weil der IUserIdentificationResolver<> nichts über den Typ wissen muss, der IuserIdentification implementiert.

In der Methode Resolve wird die Eigenschaft request.Headers referenziert, um den Wert des Authorization-Headers zu extrahieren. Falls der HTTP-Header existiert, wird ein Bezeichner extrahiert und der Variablen identifier zugewiesen, die dann an die Methode Create übergeben wird. Die Methode Create mit Parametern aufzurufen, zeigt an, dass ein Anwender identifiziert worden ist. Falls der HTTP-Header nicht gefunden wird, wird die Methode Create ohne Parameter aufgerufen, um ein Objekt vom Typ `IUserIdentification` zu instanzieren, das anzeigt, dass der Anwender nicht identifiziert worden ist.

Die Implementierung von `Resolve` ist unvollständig, weil die Details nichts zu dieser Beschreibung beitragen; verschiedene Plattformen und Umgebungen werden mit verschiedenen Techniken implementiert. Dagegen ist die Theorie der `Resolve`-Methode vollständig. Theoretisch muss zunächst geprüft werden, ob die HTTP-Anfrage Header für eine HTTP-Authentifizierung enthält. Ist dies der Fall, müssen die Authentifizierungsdaten verarbeitet werden. Unabhängig davon, ob Authentifizierungsdaten gefunden werden, muss `Resolve` ein Objekt vom Typ `IUserIdentification` instanzieren.

Bei der Verarbeitung der HTTP-Header werden die Autorisierungsdaten anhand einiger lokaler Daten geprüft. Die lokalen Daten repräsentieren die vom Server definierte Anwenderidentität. Sie könnten in einer Datenbank, auf einem LDAP-Server (LDAP = Lightweight Directory Access Protocol) oder in einem anderen Repository gespeichert sein. Im Beispiel repräsentiert die Variable `identifier` die lokalen Daten. Diese müssen aber nicht aus einer einzigen Variablen bestehen, sondern könnten auch eine Struktur, eine Klasse oder eine andere hierarchische Form bilden. Die Form der lokalen Daten hängt von der Server-Implementierung und der Art der Webanwendung ab. Dies würde eine modifizierte Version von `IUserIdentification` und der `Create`-Methoden der Factory bedeuten. Falls Ihre lokale Anwendung die lokalen Daten mit einer Klasse repräsentiert, würde die `Create`-Methode mit dem Parameter so modifiziert werden, dass ihr nicht ein einfacher Stringpuffer, sondern eine Klasse übergeben würde. Falls die lokalen Daten aus zwei Klassen bestünden, würden die `Create`-Methode und die `IUserIdentification`-Definition aus diesen beiden Klassen bestehen. Die vorgeschlagenen Beispiele sollen nur Anhaltspunkte liefern; auf jeden Fall werden jedoch zwei `Create`-Factory-Methoden benötigt, um einen identifizierten und einen nicht identifizierten Anwender anzuzeigen.

Der letzte Schritt besteht darin, alles in der Datei `global.asax` zu kombinieren. Wie bei dem `Accept`-HTTP-Header-Beispiel wird der Code zur Anwenderidentifizierung in den `BeginRequest`-Handler eingefügt, der die erste Phase der Verarbeitung einer Anfrage bildet. Bevor ich den Code zeige, wollen wir uns fragen, was der beste Platz für ihn ist. Unabhängig von der Plattform gibt es verschiedene Phasen, und eine davon liegt vor einer Authentifizierungsphase. So wie die Dinge jetzt stehen, erfolgt die Verdrahtung, bevor der Server die Authentifizierung ausführt, was bedeuten könnte, dass die Authentifizierung durch den Server nicht vollständig ist. Dies könnte seinerseits bedeuten, dass, wenn gewisse Authentifizierungseigenschaften und -methoden angewendet werden, diese nicht vollständig sein werden. Deshalb ist die Stelle nach der Authentifizierungsphase besser, um die Routinen zur Anwenderidentifizierung zu verdrahten, wenn die HTTP-Authentifizierung verwendet wird. Bei ASP.NET ist dies die `OnAcquireRequestState`-Phase.

Hier ist die Implementierung der Methode `Application_OnAcquireRequestState`:

```
void Application_OnAcquireRequestState(Object sender, EventArgs e) {
    HttpApplication app = (HttpApplication)sender;
    IUserIdentificationResolver<HttpApplication> resolver =
        new HttpAuthenticationResolver(new UserIdentificationFactory());
    IUserIdentification user = resolver.Resolve(app);
    app.Context.Items["identifier"] = user;
}
```

In der Implementierung von `Application_OnAcquireRequestState` wird das Objekt `sender` in ein Objekt vom Typ `HttpApplication` gecastet. Die Variable `resolver` referenziert ein Objekt vom Typ `HttpAuthenticationResolver`. Die Implementierung der Factory `UserIdentificationFactory` ist nicht gezeigt worden. Es handelt sich um eine Implementierung des *Factory*-Patterns, die Objekte vom Typ `UserIdentification` erstellt. Dann wird die Methode `Resolve` aufgerufen, die ein Objekt vom Typ `IUserIdentification` zurückgibt. Diese Schritte sind generisch und können deshalb auf jeder Plattform ausgeführt werden. Dagegen ist die Übergabe der Anwenderidentifizierungsdaten (`IUserIdentification`-Objekt) an den Handler ASP.NET- bzw. plattformspezifisch. In ASP.NET wird die Anwenderidentifizierung der Eigenschaft `Context.Items` zugewiesen. Bei anderen Plattformen wird eine andere Eigenschaft verwendet, die allen Handlern und Filtern während der Dauer der HTTP-Anfrage und -Antwort gemeinsam ist.

Damit ist die Aufgabe serverseitig gelöst. Die einzelnen Handler müssen die Anwenderidentifizierung referenzieren, wenn auf Inhalte zugegriffen werden soll. Damit die HTTP-Authentifizierungsanwendung funktioniert, muss der Client den Anwendernamen und das Passwort angeben. Abbildung 5.11 zeigte, wie Benutzername und Passwort mit dem Browser gesendet werden können. Das folgende Beispiel zeigt, wie dasselbe mit dem `XMLHttpRequest`-Objekt erreicht werden kann:

```
var xmlhttp = FactoryXMLHttpRequest();
xmlhttp.open("GET", "/url", true, username, password");
```

Die einzige Änderung besteht darin, der `open`-Methode einen vierten und fünften Parameter hinzuzufügen. Der vierte Parameter repräsentiert den Anwendernamen, der fünfte das Passwort. Wenn diese Parameter angegeben sind, werden sie von `XMLHttpRequest` verwendet, wenn es zur Authentifizierung aufgefordert wird. Falls dies nicht passiert, werden Anwendername und Passwort ignoriert. Wenn Sie mit der HTTP-Authentifizierung und dem `XMLHttpRequest`-Objekt arbeiten, können Sie deshalb immer den Anwendernamen und das Passwort an das `XMLHttpRequest`-Objekt übergeben und ihm die Details überlassen.

Authentifizierung, wenn es nicht notwendig ist Ein Nebeneffekt der HTTP-Authentifizierung besteht darin, dass Inhalte normalerweise entweder geschützt oder nicht geschützt sind. Üblicherweise – und deshalb werden Cookies verwendet – kann die HTTP-Authentifizierung nicht für eine Ressource deaktiviert und dann für dieselbe Ressource wieder aktiviert werden. Dies würde die Anwender verwirren, weil die HTTP-Authentifizierung beim gegenwärtigen Stand der Dinge eine globale Einstellung und keine Einzeleinstellung ist. Anders ausgedrückt: Falls Authentifizierung für eine Repräsentation erforderlich ist, ist sie es für alle. Dies ist insofern ein Problem, als ein Anwender, der auf einer Website etwas kaufen will, einen Einkaufswagen benötigt. Doch um einen Einkaufswagen zu implementieren, wird ein Anwenderbezeichner benötigt. Um einen Einkaufswagen zu erstellen, müssen ungeschützte Ressourcen geschützt werden. Aber der Schutz ist global. Dies bedeutet, dass jeder Anwender, der die Startseite einer Einkaufswebsite besuchte, einen Einkaufswagen bekäme und anfangen müsste, etwas zu kaufen. Dies wäre zwar eine gute Idee, um die Wirtschaft anzuschieben; aber sie ist utopisch. Mit der Technik der HTTP-Authentifizierung kann das Problem gelöst werden, Ressourcen nur manchmal zu schützen.

Die Technik funktioniert folgendermaßen:

1. Geben Sie dem Anwender die Möglichkeit, die Website wie gewöhnlich besuchen (beispielsweise `http://mydomain.com/browse`).

2. Fügen Sie in jede Seite einen geschützten Link ein, über den sich der Anwender bei Bedarf authentifizieren kann (`http://mydomain.com/browse/authenticate`).

3. Wenn der Anwender nach der Autorisierung den Authentifizierungslink anklickt, werden die HTTP-Bereiche, die nicht geschützte Inhalte enthalten, in der Antwort zugeordnet (`http://mydomain.com/browse`).

4. Wenn der Anwender dann den URL `http://mydomain.com/browse` besucht, werden die Daten zur Anwenderidentifizierung gesendet, obwohl sie nicht benötigt werden.

Dieser Trick funktioniert mit der HTTP-Digest-Authentifizierung außerordentlich gut. Das folgende Beispiel zeigt eine Apache-HTTPD-Konfiguration, in der diese Technik angewendet wird:

```
<Directory "/var/www/browse/authenticate">
    AllowOverride AuthConfig
    AuthType Digest
    AuthDigestDomain /browse /browse/authenticate
    AuthDigestFile "/etc/apache2/digestpasswd"
    AuthName "Private Domain"
    Require valid-user
</Directory>
```

Implementierung

Die Technik wird von dem Konfigurationseintrag `AuthDigestDomain` implementiert, der beide URLs, /browse und /browse/authenticate, referenziert. Weil der Konfigurationseintrag `Directory` den URL /browse/authenticate referenziert, wird nur für diesen URL eine Authentifizierung verlangt. Der folgende HTTP-Dialog soll illustrieren, dass die Technik tatsächlich funktioniert:

Zuerst eine Anforderung einer ungeschützten Ressource:

```
GET /browse/ HTTP/1.1
Host: jupiter: 8100
User-Agent: Mozilla/5.0 (Windows; U; Windows NT 5.0; en-US; rv:1.7.5)
  Gecko/20041220 K-Meleon/0.9
Accept: text/xml,application/xml,application/xhtml+xml,text/html;q=0.9,
  text/plain; q=0.8, image/png, */*; q=0.5
```

Der Server antwortet wie gewöhnlich mit dem HTTP-Rückgabecode 200, der den Client veranlasst, die Ergebnisseite zu laden. Dann fordert der Client Ressourcen unter dem geschützten Link an, weil der Anwender einkaufen will und authentifiziert werden muss.

Der Client sendet folgende Anfrage nach den geschützten Inhalten:

```
GET /browse/authenticate HTTP/1.1
Host: 192.168.1.103:8100
User-Agent: Mozilla/5.0 (Windows; U; Windows NT 5.0; en-US; rv:1.7.5)
  Gecko/20041220 K-Meleon/0.9
Accept: text/xml,application/xml,application/xhtml+xml,text/html;q=0.9,
  text/plain; q=0.8, image/png, */*; q=0.5
```

Der Server antwortet mit einer Aufforderung zur Authentifizierung:

```
HTTP/1.1 401 Authorization Required Date: Sun, 28 Aug 2005 16:08:28 GMT
Server: Apache/2.0.53 (Ubuntu) PHP/4.3.10-10ubuntu4
WWW-Authenticate: Digest realm="Private Domain",
  nonce="yiLhlmf/AwA=e1bafc57a6151c77e1155729300132415fc8ad0c",
  algorithm=MD5, domain="/browse /browse/authenticate",
  qop="auth"
Content-Length: 503
Content-Type: text/html; charset=iso-8859-1
```

Der Bezeichner **domain** in der Antwort des Servers enthält eine nicht geschützte Ressource. Dies ist die Technik, um Autorisierungsdaten für nicht geschützte Inhalte zu senden.

Der Client antwortet mit der folgenden Anwenderauthentifizierung:

```
GET /browse/authenticate HTTP/1.1
Host: 192.168.1.103:8100
User-Agent: Mozilla/5.0 (Windows; U; Windows NT 5.0; en-US; rv:1.7.5)
  Gecko/20041220 K-Meleon/0.9
Accept: text/xml,application/xml,application/xhtml+xml,text/html;q=0.9,
  text/plain; q=0.8, image/png, */*; q=0.5
Authorization: Digest username="cgross", realm="Private Domain",
  nonce="yiLhlmf/AwA=e1bafc57a6151c77e1155729300132415fc8ad0c",
  uri="/browse/authenticate", algorithm=MD5,
  response="c9b5662c034344a06103ca745eb5ebba", qop=auth,
  nc=00000001, cnonce="082c875dcb2ca740"
```

Nach der Authentifizierung erlaubt es der Server, geschützte Inhalte herunterzuladen. Wenn der Client jetzt noch einmal ungeschützte URLs besucht, werden auch die Autorisierungsdaten an den Server übergeben. Beispiel:

Ungeschützte Inhalte werden mit Autorisierungsdaten angefordert:

```
GET /browse/morecontent / HTTP/1.1
Host: jupiter:8100
User-Agent: Mozilla/5.0 (Windows; U; Windows NT 5.0; en-US; rv: 1.7.5)
  Gecko/20041220 K-Meleon/0.9
Accept: text/xml,application/xml,application/xhtml+xml,text/html;q=0.9,
  text/plain;q=0.8, image/png, */*;q=0.5
Authorization: Digest username="cgross", realm="Private Domain",
  nonce="yiLhlmf/AwA=e1bafc57a6151c77e1155729300132415fc8ad0c",
  uri="/browse/morecontent/", algorithm=MD5,
  response="18ccd32175ce7a3480d5fbbc24de8889", qop=auth,
  nc=00000005, cnonce="0d448aca73b76eb1"
```

In dieser Anfrage sendet der Client Autorisierungsdaten für einen URL, der keine Authentifizierung erfordert. Einfach ausgedrückt: Der Authentifizierungsmechanismus ist zu einem »HTTP-Cookie«-Mechanismus mutiert, der vom Client kontrolliert wird. Der Client hat die volle Kontrolle darüber, wann er authentifiziert wird und wann er anonym bleibt.

Mit HTTP-Cookies arbeiten

Die andere Methode, einen Anwenderbezeichner zu erstellen, arbeitet mit einem HTTP-Cookie. Wie Abbildung 5.9 gezeigt hat, haben es Frameworks wie etwa ASP.NET sehr komfortabel gemacht, Anwenderbezeichner zu implementieren, die mit einem HTTP-Cookie querverbunden sind. Die Querverbindung des HTTP-Cookies mit der Autorisierung einer Ressource ist in ASP.NET standardmäßig nicht enthalten, lässt sich aber leicht implementieren.

Das Cookie generieren Ein HTTP-Cookie (http://www.ietf.org/rfc/rfc2965.txt) kann ohne Unterstützung einer Bibliothek generiert werden. Weil Cookies so weit verbreitet sind, verfügen die meisten serverseitigen Bibliotheken über Klassen oder Funktionen, mit denen Cookies anhand einiger weniger Parameter generiert werden können. Es ist ratsam, die verfügbaren serverseitigen Bibliotheken zu benutzen.

Es ist nicht schwer, ein Cookie mit einer serverseitigen Bibliothek zu generieren. In ASP.NET wird zu diesem Zweck folgender Code verwendet:

```
HttpCookie mycookie = new HttpCookie ("Sample", "myvalue");
mycookie.Path = "/ajax/kap05";
Page.Response.Cookies.Add(mycookie);
```

Hier wird ein Cookie instanziert (`HttpCookie`) und wenigstens der Schlüssel (`Sample`) und der Wert (`myvalue`) spezifiziert. Das Schlüssel-Wert-Paar wird zwischen dem Client und dem Server ausgetauscht. Die Cookie-Eigenschaft `mycookie.Path` gibt an, für welchen URL und seine Abkömmlinge das Cookie gültig ist. Verglichen mit der HTTP-Authentifizierung entspricht der Cookie-Pfad dem Bereich (`realm`) der HTTP-Authentifizierung. Das neue Cookie wird mit der Methode `Page.Response.Cookies.Add` der Antwort hinzugefügt. Wenn ein Cookie hinzugefügt wird, generiert die HTTP-Antwort mit dem HTTP-Header `Set-Cookie` ein Cookie. Hier ist ein Beispiel für eine entsprechende Antwort eines HTTP-Servers:

```
HTTP/1.0 200 OK
Server: Mono-XSP Server/1.0.9.0 Unix
X- Powered-By: Mono
Date: Sun, 28 Aug 2005 17:31:14 GMT
Content-Type: text/html; charset=utf-8
Set-Cookie: Sample=myvalue; path=/ajax/kap05
Content-Length: 388
Keep-Alive: timeout=15, max=99
Connection: Keep-Alive
```

Das Cookie `Sample` hat den Wert `myvalue` und gilt für den Pfad `/ajax/kap05`. Weil kein `expires`-Wert angegeben ist, gilt das Cookie nur so lange, wie der Browser läuft. Wenn der Browser geschlossen wird, wird das Cookie gelöscht. Es verhält sich damit wie ein Anwenderbezeichner, der auf der HTTP-Authentifizierung basiert.

Wie der Client ein Cookie verwaltet Wenn der Client ein Browser oder das `XMLHttpRequest`-Objekt eines Browsers ist und ein Cookie empfängt, wird dieses automatisch gespeichert. Clientseitiger JavaScript-Code hat absolut nichts mit dem zugewiesenen Cookie zu tun, weil der ganze Vorgang transparent abläuft. Wenn ein Browser beispielsweise eine Seite lädt und der gesamten Domain ein Cookie zugewiesen wird, wird dieses gesendet, wenn das `XMLHttpRequest`-Objekt eine Seite aus der Domain anfordert.

Es wird davon abgeraten, sensible Daten wie Passwörter oder persönliche Daten in einem Cookie zu speichern. Ein Cookie ist eine Referenz auf Daten, kein Repository für Daten. Wenn ein Anwender auf andere Weise authentifiziert worden ist, sollte ein Cookie nur als Token verwendet werden, um den Anwender zu identifizieren.

Einen Anwender mit einem Cookie identifizieren Wenn der Server ein Cookie generiert, bedeutet dies nichts, weil ein Cookie nur ein Token ist. Wenn wir auf das Einkaufszentrum-Beispiel zurückgreifen, entspricht ein Cookie einem Token, das einer Person ausgehändigt wird, um sie zu identifizieren und ihr die Daten zuordnen zu können, die bei ihrem Rundgang durch das Zentrum generiert werden. Um eine Querverbindung zu dem Cookie herstellen zu können, muss ein Authentifizierungsmechanismus angewendet werden. Zwei Mechanismen kommen in Frage: Bei dem einen wird das Cookie mit der HTTP-Authentifizierung verbunden, bei dem anderen wird eine HTML-Seite erstellt, die das Cookie einem Anwender zuordnet.

Wird ein Anwender per HTTP-Authentifizierung mit einem Cookie verbunden, müsste eine Datei geschützt werden, die eine ausdrückliche Authentifizierung erfordert. Wenn der Anwender mit der HTTP-Authentifizierung authentifiziert wird, hat die geschützte Datei die Aufgabe, das Cookie und die Authentifizierungsdaten zu verbinden.

Die Implementierung der HTTP-Authentifizierung im Kontext eines Cookies ähnelt dem Beispiel der reinen HTTP-Authentifizierung. Der URL, mit dem der Anwender authentifiziert wird, wird etwas anders implementiert. In dem HTTP-Authentifizierungsbeispiel werden dieselben Interfaces verwendet, außer dass `IUserIdentificationResolver<>` die Autorisierung auflöst und mit dem Cookie verbindet. Abgesehen von dieser kleinen Modifikation von `IUserIdentificationResolver<>` kann genau derselbe Quellcode wie in dem HTTP-Authentifizierungsbeispiel verwendet werden. Der Unterschied liegt in der Verbindung der Anwenderidentifizierung mit dem Cookie. Beispielsweise würde der geschützte URL in ASP.NET in der Datei `authentication.aspx` wie folgt implementiert werden:

```
<%@ Page Language="C#" %>
<%@ Import Namespace="Component.Authentication" %>
<script runat="server">
    public void Page_Init(Object source, EventArgs ev) {
        IUserIdentificationResolver< HttpRequest> resolver =
            new HttpAuthenticationToCookieResolver(
```

```
                new UserIdentificationFactory());
        IUserIdentification user = resolver.Resolve(Page.Request);
        if (!user.IsIdentified) {
            Page.Response.StatusCode = 500;
            Page.Response.StatusDescription =
                "No authorization information";
            Page.Response.SuppressContent = false;
            Page.Response.End();
        }
        else {
            Session["useridentifier"] = user;
        }
    }
</script>

<html>
<head runat="server">
    <title>Geschützt</title>
</head>
<body>
    Erfolg!
</body>
</html>
```

Die Funktion `Page_Init` der ASP.NET-Seite implementiert die Initialisierungsphase für das Laden der Seite. Die `Init`-Phase wird aufgerufen, bevor die Seite verarbeitet wird, und eignet sich ideal dazu, die Autorisierung des Anwenders zu prüfen. Die ersten beiden Zeilen, die den Typ `HttpAuthenticationToCookieResolver` instanzieren und die Methode `Resolve` aufrufen, sind identisch mit den Beispielen für die Anwenderidentifizierung, die die HTTP-Authentifizierung verwenden.

Der Unterschied zu den HTTP-Authentifizierungsbeispielen liegt darin, dass das instanzierte `IUserIdentification`-Objekt getestet wird, um festzustellen, ob der Anwender identifiziert ist. Falls der Anwender nicht identifiziert ist (`!user.IsIdentified`), wird der HTTP-Fehler 500 mit der Nachricht generiert, dass keine Autorisierungsdaten vorliegen. Den HTTP-Fehler 401 zu senden, um einen unautorisierten Zugriff auf das Dokument anzuzeigen, wäre nicht korrekt, weil `authentication.aspx` nicht für die Implementierung der HTTP-Authentifizierung verantwortlich ist. Dies ist Aufgabe des Administrators. Der HTTP-Fehler 500 zeigt an, dass der Administrator den URL nicht geschützt hat.

Wenn die Anfrage Autorisierungsdaten enthält, referenziert die `user`-Variable ein authentifiziertes `user`-Objekt, das der `Session`-Variablen zugewiesen werden könnte. In ASP.NET enthält die `Session`-Variable die Sitzungsdaten, die mit dem Cookie verbunden sind, das von ASP.NET gesendet wurde. Wenn dann ein Handler aufgerufen wird, enthält `Session` eine Referenz auf einen identifizierten Anwender.

Der Anwender muss nicht per HTTP-Authentifizierung authentifiziert werden. Ein HTML-Formular könnte dasselbe leisten. In dem Fall müsste der Entwickler den Code für die Anwenderverwaltung schreiben. Wegen dieses zusätzlichen Codes ist der HTTP-Authentifizierungsmechanismus vorzuziehen, weil er die Basis des HTTP-Protokolls bildet.

Den Einkaufswagen implementieren

Nachdem das Problem der Anwenderauthentifizierung gelöst ist, können Sie einen Anwender mit einem Einkaufswagen verbinden. Wenn Sie einen Einkaufswagen erstellen, dürfen Sie nicht davon ausgehen, dass dieser unter einem URL zur Verfügung steht. Eine Website wird normalerweise von vielen Anwendern besucht, die alle ihren eigenen Einkaufswagen benötigen. Dies bedeutet, dass jedem Anwender ein einzelner Einkaufswagen unter einem eindeutigen URL zugewiesen wird. Es handelt sich um ein typisches Henne-und-Ei-Problem: Der Einkaufswagen ist einem einzelnen URL zugeordnet. Doch wie bringt der Anwender diesen einzelnen URL in Erfahrung? Zu wissen, dass die Einkaufswagen irgendwo sind, reicht nicht aus. Man muss den Ort schon ganz genau kennen. Deshalb werden die Einkaufswagen an einer leicht zu erreichenden Stelle geparkt. Diese Stelle wird durch einen URL geschaffen, der als Verzeichnislisting fungiert.

Angenommen, der URL `http://mydomain.com/shoppingcart` zeigte auf die leicht zu erreichende Stelle. Dann würde bei einem Aufruf dieses URLs das folgende Ergebnis generiert werden:

```
<dir xmlns:xlink="http://www.w3.org/1999/xlink">
    <cart
        xlink: href="example12345"
        xlink: label="unlabelled"
        xlink:title="Unbenannter Einkaufswagen" />
</dir>
```

Das generierte Ergebnis ist eine XML-Datei, die mehrere Links enthält, die in der XML-Xlink-Notation definiert sind. Jeder generierte Link repräsentiert einen verfügbaren Einkaufswagen. Weil jeder Client einen Einkaufswagen benötigt, muss das generierte Ergebnis nicht alle verfügbaren Einkaufswagen, sondern nur einen eindeutig identifizierten enthalten. Wenn der Client den Einkaufswagen referenziert, muss er nur die Links behalten und verwenden, die in dem generierten Ergebnis angezeigt werden.

Falls der Client anonym operiert, nicht authentifiziert worden ist und Cookies abgeschaltet hat, muss der clientseitige JavaScript-Code nur den zur Verfügung gestellten Einkaufswagen-Link behalten. Wenn der Client authentifiziert worden ist oder Cookies zugelassen hat, können mögliche Einkaufswagen-Links mit dem Cookie verbunden werden.

Eine Lösung, die eine vollständige Anonymität gewährleistet und sehr effizient eingesetzt werden kann, besteht darin, den Zustand nicht serverseitig, sondern clientseitig zu speichern. Wenn der Client etwas kaufen will, wird der Einkaufswagen auf dem Client gefüllt. Um die Artikel im Einkaufswagen zur Kasse zu bringen, referenziert der Client einen URL und übergibt den Einkaufswagen an den Server. Der Zustand des Einkaufswagens wäre zwar volatil, aber es würde sich um einen echten Einkaufswagen handeln, für den die Authentifizierung erst erfolgen muss, wenn der Anwender zur Kasse gehen will.

Falls der Einkaufswagen auf dem generierten Link basiert, handelt es sich um einen serverseitigen Einkaufswagen. Der Einkaufswagen könnte längere Zeit gespeichert bleiben, und die Implementierung des *Permutations*-Pattern könnte es dem Anwender ermöglichen, die Geräte, den Browser oder den Ort zu wechseln, um seinen Einkaufswagen zu sehen. Damit der Einkaufswagen korrekt funktioniert, müssen Sie die Header `Accept` und `Authorization` definieren, wie es im folgenden Beispiel für eine HTTP-Anfrage gezeigt wird:

```
GET /shoppingcart HTTP/1.1
Host: 192.168.1.103:8100
User-Agent: Mozilla/5.0 (Windows; U; Windows NT 5.0; en-US;
    rv: 1.7.5) Gecko/20041220 K-Meleon/0.9
Accept: application/xml
Authorization: Digest username="cgross", realm="Private Domain",
    nonce="yiLhlmf/AwA=e1bafc57a6151c77e1155729300132415fc8ad0c",
    uri="/browse/authenticate", algorithm=MD5,
    response="c9b5662c034344a06103ca745eb5ebba", qop=auth,
    nc=00000001, cnonce="082c875dcb2ca740"
```

Die Anfrage illustriert mehrere Dinge auf einmal und enthält sowohl Autorisierungs- als auch Repräsentationsdaten. Der Server könnte beispielsweise die folgende Antwort generieren:

```
<dir xmlns : xlink="http://www.w3 .org/1999/xlink">
    <cart
        xlink:href="cgross/cart1" xlink: label="cart1"
        xlink:title="Einkaufswagen 1" />
    <cart
        xlink:href="cgross/cart2" xlink: label="cart2"
        xlink:title="Einkaufswagen 2" />
    <cart
        xlink:href="cgross/cart3"
        xlink:label="unlabelled"
        xlink:title="Einkaufswagen ohne Titel" />
</dir>
```

Die generierte Antwort enthält eine Liste der Verzeichnisse aller Einkaufswagen, die zu dem einzelnen Anwender `cgross` gehören. Die Links `cgross/cart1` und cgross/cart2 repräsentieren bereits erstellte und manipulierte Einkaufswagen. Der Link cgross/cart3 ist ein neuer Einkaufswagen, der für den Kauf anderer Artikel verwendet werden könnte. Die bereits vorhandenen Einkaufswagen könnten von älteren Einkaufsbesuchen stammen oder auf die Kassenabfertigung warten. Wesentlich ist, dass mehrere Einkaufswagen nebeneinander existieren und zu unterschiedlichen Zeitpunkten manipuliert werden können. Der Server könnte auch Wiederholungskäufe implementieren, die auf einem Einkaufswagen aus der Vergangenheit, auf Wunschlisten usw. basieren. Serverseitige Einkaufswagen ermöglichen einer Website diverse Automatisierungen.

In den Beispielen wurden die Einkaufswagen durch XML-Code repräsentiert. Um die Einkaufswagen mit einem Browser abzurufen, könnten folgende HTML-Inhalte generiert werden:

```
<html>
    <body>
        <a href="cgross/cart1" label="cart1">Einkaufswagen 1</a>
        <a href="cgross/cart2" label="cart2">Einkaufswagen 2</a>
        <a href="cgross/cart3" label="unlabelled">Einkaufswagen ohne Titel</a>
    </body>
</html>
```

Die generierten Inhalte sind HTML, aber die Verzeichnisliste ähnelt immer noch dem generierten XML-Code.

Einkaufswagen sind persönliche Objekte, die nicht mit einem generischen Link verbunden werden müssen. Einkaufswagen haben eindeutige URLs, die vollkommen anonym oder einem Anwender zugeordnet sein können. Der Einkaufswagen zeigt, dass generische URLs überflüssig sind. Auch ohne sie kann immer noch dieselbe Funktionalität angeboten werden, selbst wenn der Anwender Cookies abgeschaltet hat.

5.7 Besonderheiten des Patterns

Der Zweck des *Permutations*-Patterns besteht darin, eine komponentenartige Struktur für Webanwendungen zu definieren, die mit einem Anwenderbezeichner verbunden werden kann. Webanwendungen können eine interfacegesteuerte Architektur implementieren, in der die Ressource einem Interface und die Repräsentation einer Implementierung entspricht. Entwicklern bietet das Pattern zusätzlich den Vorteil, eine Webanwendung konsistent modularisieren zu können.

Der Vorteil des Patterns wird durch Abbildung 5.7 am besten illustriert, in der einige URLs das *Permutations*-Pattern implementieren, andere dagegen nicht. Die URLs, die das *Permutations*-Pattern implementieren, sind die Referenz-URLs, mit denen die Clients die gewünschte Funktionalität abrufen (z.B. das Bankkonto, einen Einkaufswagen usw. des Anwenders). Diese URLs, die Teil der Implementierung sind, sind spezifisch und werden im Allgemeinen vom Anwender nicht mit Lesezeichen versehen.

Die folgenden Punkte heben die wichtigen Aspekte des *Permutations*-Patterns hervor:

- Das *Permutations*-Pattern hat zwei wesentliche Eigenschaften: die Trennung von Ressource und Repräsentation und die Definition von URLs, die spezielle Ressourcen referenzieren.
- Die Trennung von Ressource und Repräsentation bedeutet: Es wird ein generischer URL zur Verfügung gestellt, der auf mehreren Geräten oder Browsertypen verwendet werden kann. Der Endanwender muss nur den einen URL behalten. Die entsprechenden Inhalte werden vom Server aufgrund des HTTP-Headers der HTTP-Anfrage generiert.
- Bei der Implementierung der Trennung von Ressource und Repräsentation wird der URL normalerweise umgeschrieben, das heißt durch einen anderen URL ersetzt oder umgelenkt. Beispielsweise wird der Ressourcen-URL `http://mydomain.com/resource` zu einem potenziellen Repräsentations-URL `http://mydomain.com/resource/content.html` umgelenkt.
- Umgelenkte Ressourcen wie etwa `content.html` brauchen nicht mehrere Repräsentationen. Wenn eine Ressource eine Erweiterung wie etwa `html` hat, ist damit die Repräsentation in HTML-Code impliziert.
- In den Definitionen von Ressourcen-URLs werden oft Datenressourcen (Anwender oder Bankkonten) referenziert. Solche URLs basieren oft auf Namen, etwa `http://mydomain.com/bankaccount/maryjane`. Der Komponente, die den URL umschreibt, trägt dann eine zusätzliche Verantwortung: Sie muss gewährleisten, dass Anwender, die auf einen namens- und ressourcenbasierten URL zugreifen wollen, über die entsprechenden Berechtigungen verfügen. Diese Berechtigungen werden durch den Anwenderbezeichner bestimmt. Anwenderbezeichner dienen nicht dazu, Inhalte zu generieren, sondern den Zugriff auf Ressourcen zu erlauben oder zu verbieten.
- Cookies und HTTP-Authentifizierungsmechanismen sind die bevorzugten Mittel, um die Anwenderidentifizierung zu implementieren.
- Manchmal ist es bei der Implementierung des *Permutations*-Patterns nicht möglich oder wünschenswert, Inhalte allein auf der Basis des HTTP-Headers `Accept` zurückzugeben. In solchen Fällen können die abzurufenden Inhalte mit einem Parameter in der Abfrage spezifiziert werden, etwa `http://mydomain.com/mybooks/1223?accept=text/xml`. Der Abfrageparameter `accept` ist ein beliebiger Wert und hat über dieses Beispiel hinaus keine Bedeutung.

- Auch wenn die Inhalte in allen Beispielen mit HTTP-GET abgerufen wurden, gelten dieselben Regeln auch für HTTP-POST, weil auch HTTP-POST Daten generieren kann.
- Eine Komponente für die URL-Umschreibung ist nicht auf einen einzigen HTTP-Header wie etwa `Accept` beschränkt, sondern kann alle Informationen in der HTTP-Anfrage auswerten, um den passenden URL für die Umschreibung zu ermitteln.

Kapitel 6

Decoupled Navigation-Pattern

6.1 Zweck

Das *Decoupled Navigation*-Pattern definiert eine Methode zur Entkopplung von clientseitigem Code und Navigation in kleinere modulare Komponenten, um die Erstellung, Aktualisierung und Wartung clientseitiger Inhalte zu vereinfachen.

6.2 Motivation

Die Fähigkeit, Teilinhalte zu verknüpfen, bildet die Basis jeder Webanwendung. So ist ein HTML-Link eine einseitige Verknüpfung, die den Anwender beim Anklicken von einem Inhalt A zu einem Inhalt B weiterleitet. HTML hat keinen eingebauten Mechanismus, um bidirektionale Links herzustellen, die auch Inhalt B mit Inhalt A verknüpfen. Theoretisch gibt es nach dem Anklicken eines Links, der eine neue Seite lädt, keinen Weg zurück zu der ursprünglichen Seite. Ein Webbrowser löst das Problem, indem er einen Verlauf (History) der besuchten Seiten zur Verfügung stellt. Wenn der Anwender die Schaltfläche ZURÜCK oder EINE SEITE ZURÜCK seines Browsers anklickt, schaut dieser in dem Verlauf nach und lädt die vorherige Seite.

Links bilden die Basis von Webanwendungen, und ohne Links wäre das Web nicht das Web. Doch die Links, die 1995 den Standardnavigationsmechanismus bildeten, sind nicht dieselben Links wie heute, mehr als ein Jahrzehnt später. Um es anders auszudrücken: Die technische Implementierung von Links hat sich nicht geändert, wohl aber ihre Verwendung. Durch neue Technologien wie DHTML, Ajax, REST und andere haben Links eine neue Bedeutung gewonnen.

Bei den meisten anderen Patterns in diesem Buch ist ein Link einfach ein URL, der geladen wird. In diesen Patterns werden einfach brauchbare URLs definiert und angewendet, ohne dass es eine Rolle spielt, wie die URLs oder Links auf einer HTML-Seite verarbeitet werden.

Abbildung 6.1 zeigt einen klassischen Link, der eine HTML-Seite mit einer anderen verknüpft.

Die Abbildung zeigt zwei Arten von Links: klassische Links und statische GUI-Links. Ein klassischer Link ist ein Konstrukt, der aus einem Text besteht, der in spezielle HTML-Tags eingeschlossen ist und von einem Webbrowser hervorgehoben wird. Zu den speziellen HTML-Tags für klassische Links zählt das a-Tag, das eine

Kapitel 6
Decoupled Navigation-Pattern

Referenz auf einen URL enthält. Ein statischer GUI-Link ähnelt einem klassischen Link, außer dass ein Bild anstelle eines Textes verwendet wird.

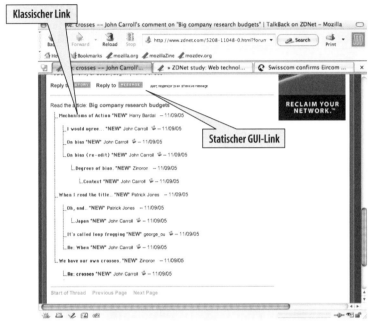

Abb. 6.1: Beispiel für einen klassischen Link und einen statischen GUI-Link

Wird ein klassischer Link oder ein statischer GUI-Link angeklickt, wird die aktuelle HTML-Seite durch eine andere HTML-Seite ersetzt. Links werden normalerweise durch ihre Farbe und/oder eine Unterstreichung von den anderen Inhalten der HTML-Seite abgehoben. Wenn eine Suchmaschine einen Link verarbeitet, wird der Link als Index verwendet, um eine Verbindung zu anderen Inhalten herzustellen. Abbildung 6.2 zeigt, was eine Suchmaschine sieht, wenn sie eine HTML-Seite verarbeitet.

In Abbildung 6.2 sind einige Links aus Abbildung 6.1 ausdrücklich hervorgehoben, um zu illustrieren, dass die meisten HTML-Seiten mehrere Links enthalten. Eine Suchmaschine erkennt viel mehr Links, als wir annehmen. Der Punkt ist: Die Natur, die Komplexität und die bloße Anzahl der Links haben sich geändert.

Abbildung 6.3 zeigt ein komplizierteres GUI mit Links, die mehr als klassische Links leisten, um Inhalte zu navigieren. Sie zeigt drei Typen von Links: klassische Links, Benutzerinteraktionslinks und dynamische GUI-Links. Klassische Links wurden bereits erklärt. Benutzerinteraktionslinks werden verwendet, wenn die Richtung der Navigation von Daten abhängt, die der Anwender zur Verfügung stellt. In Abbildung 6.3 ist der Benutzerinteraktionslink ein Textfeld, in das der

Anwender Suchbegriffe eingibt. Die Ergebnisse der Suche hängen von dem Querystring ab, der aus dem Suchbegriff gebildet wird. Der dynamische GUI-Link führt beim Anklicken Code aus, mit dem die Inhalte navigiert oder Bilder oder andere visuelle Effekte erzeugt werden.

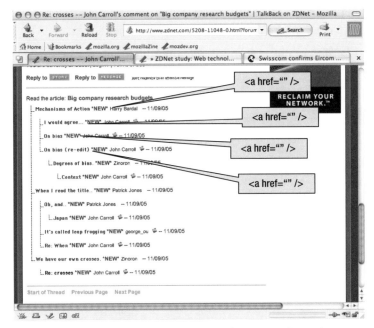

Abb. 6.2: HTML-Seitenstruktur aus Sicht einer Suchmaschine

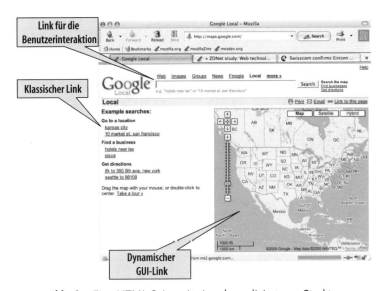

Abb. 6.3: Eine HTML-Seite mit einer komplizierteren Struktur

Die Abbildungen 6.1 und 6.2 zeigen Links aus dem traditionellen oder ursprünglichen Web; Abbildung 6.3 zeigt Links aus dem modernen Web. Das moderne Web hat den Begriff der Navigation neu definiert. Die Navigation von Inhalten ist komplizierter geworden, weil die Richtung der Navigation durch zusätzliche clientseitige Logik bestimmt werden muss. Aus logischer Sicht sind die Links aus Abbildung 6.3 nicht gleichwertig. Einige Links sind komplizierter; und an dieser Stelle kommt das *Decoupled Navigation*-Pattern ins Spiel.

Abbildung 6.4 zerlegt die HTML-Inhalte aus Abbildung 6.3 in einzelne Inhaltsblöcke.

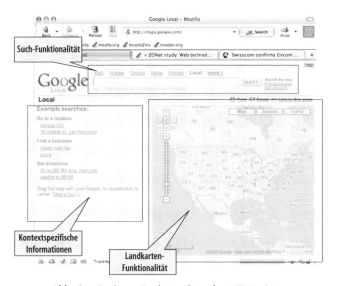

Abb. 6.4: Zerlegte Funktionalität der HTML-Seite

Diese HTML-Seite verfügt über drei Typen von Inhaltsblöcken: Such-Block, Mapping-Block (engl. mapping = Zuordnung) und Kontext-Block. Die Inhaltsblöcke sind nicht unabhängig voneinander – und müssen es auch nicht sein. In Abbildung 6.4 basieren die Inhalte des Kontext-Blocks auf den Inhalten, die in dem Mapping-Block angezeigt werden. Und der Such-Block generiert bei seiner Ausführung den Mapping- und den Kontext-Block. Diese Komponenten sind also verbunden, weil jeder Block Links generiert, die von den Inhalten eines anderen Blocks abhängen.

6.3 Anwendbarkeit

Das *Decoupled Navigation*-Pattern wird zur Navigation von Inhalten verwendet. Diese Aussage ist recht nichtssagend, weil HTML-Inhalte immer navigiert werden. Doch DHTML wird manchmal nicht zur Navigation, sondern zur Erzeugung anderer Effekte verwendet. Wenn Links verwendet werden, um Effekte zu generieren, ist das *Decoupled Navigation*-Pattern nicht anwendbar.

Abbildung 6.5 soll diese Erklärung anhand eines Schnappschusses einer Website verdeutlichen und zeigt, bei welchen Links das *Decoupled Navigation*-Pattern anwendbar und nicht anwendbar ist.

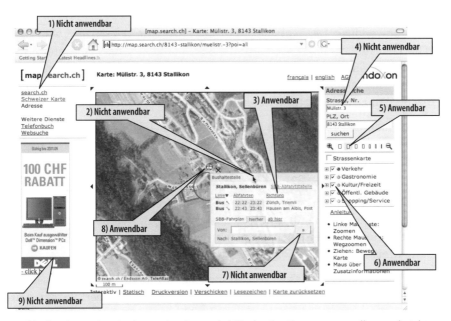

Abb. 6.5: Szenarios, in denen das *Decoupled Navigation*-Pattern anwendbar und nicht anwendbar ist

Hier sind die Erklärungen zu den einzelnen Szenarios:

1. Nicht anwendbar: Der Link ist nicht anwendbar, weil er einen weiteren Link referenziert, mit dem einer neuer Kontext aufgebaut wird, der mit den aktuellen Inhalten nichts zu tun hat. Dieses Szenario ähnelt einer Situation, in der ein Anwender eine Anwendung ausführt und dann eine andere Anwendung aufruft.

2. Nicht anwendbar: Das Popup-Dialogfeld verfügt über eine Titelleiste, mit der das Dialogfeld (manchmal) mit der Maus durch Ziehen verschoben werden kann. Dieses Ziehen ist eine reine Benutzerschnittstellenaktion, die technisch gesehen HTML-Ereignisse und -Navigationstechniken verwendet.

3. Anwendbar: Der Link, der in dem Popup-Dialogfeld referenziert wird, ist optisch mit Szenario 1 identisch, doch die Aktionen nach dem Anklicken sind anders. Ein Klick auf diesen Link wird als Ereignis abgefangen und mit einer

JavaScript-Funktion verarbeitet. Die JavaScript-Funktion verarbeitet den Link-Kontext und lädt Inhalte, die zu dem Kontext gehören. In gewisser Weise ist dieses Szenario mit dem ersten Szenario verwandt, weil die referenzierten Inhalte unter normalen Umständen nicht mit den aktuellen Inhalten verbunden sind. Der Unterschied liegt darin, dass die JavaScript-Funktion intelligent entscheidet, was geladen werden soll, und so den aktuellen Kontext mit dem neuen verbindet.

4. Nicht anwendbar: Der Link, der in diesem Szenario referenziert wird, ist ein HTML-Formular. Ein HTML-Formular ist so konzipiert, dass es Kontexte ändert und den Kontext durch einen neuen ersetzt. Doch HTML-Formulare können wie der Link aus Szenario 3 funktionieren. Um dieses Szenario anwendbar zu machen, müsste das Formularereignis `onsubmit` verarbeitet werden.

5. Anwendbar: Die dargestellten Links ähneln optisch klassischen und statischen grafischen Links. Der Unterschied besteht darin, dass die `onclick`-Ereignisse abgefangen und mit JavaScript verarbeitet werden.

6. Anwendbar: Dieses Szenario wäre normalerweise nicht anwendbar, weil Kontrollkästchen üblicherweise in ein HTML-Formular eingebunden sind. In diesem Szenario sind die Kontrollkästchen anwendbar, weil bei Aktivierung oder Deaktivierung der Kästchen JavaScript-Filtercode aktiviert wird, der auf der Karte Kreise anzeigt bzw. löscht.

7. Nicht anwendbar: Dieses HTML-Beispielformular wäre normalerweise anwendbar, weil der Inhalt des Popups mit JavaScript geändert werden würde. Doch in diesem Szenario ist das *Decoupled Navigation*-Pattern nicht anwendbar, weil mit dieser Navigation ein weiteres Fenster des Webbrowsers geöffnet wird.

8. Anwendbar: Die Grafik auf der Karte ist ein so genannter Hotspot, weil ein Popup-Feld (ähnlich dem gelben Dialogfeld) geöffnet wird, wenn der Anwender mit der Maus über die betreffende Stelle fährt. Dieses Szenario ist anwendbar, weil das Öffnen des Popup-Feldes per JavaScript-Code mit dem `onmousemove`-Ercignis verknüpft wird.

9. Nicht anwendbar: Die Anzeige ist nicht anwendbar, weil die Inhalte, die von Anzeigen generiert werden, in den meisten Fällen absolut nichts mit den Inhalten der HTML-Seite zu tun haben.

Aus den verschiedenen Szenarien lassen sich einige Faustregeln ableiten, wann das *Decoupled Navigation*-Pattern anwendbar ist und wann nicht:

- Bei der Anwendung des Patterns gibt es JavaScript-Code, in dem ein Teil der Anwendungslogik enthalten ist. Dies ist einer der Hauptanhaltspunkte dafür, dass Entscheidungen getroffen werden müssen.
- An jeder Anwendung des Patterns sind ein Ereignis, ein URL, Anwendungsdaten und eine Präsentation dieser Daten beteiligt.

- Falls bei der Navigation Daten verarbeitet werden müssen, kann das *Decoupled Navigation*-Pattern angewendet werden. Dies darf nicht mit einer Datensammlung verwechselt werden, für die ein einfaches HTML-Formular ausreicht.

6.4 Verwandte Patterns

Das *Decoupled Navigation*-Pattern ist eine Erweiterung des *Content Chunking*-Patterns. Das *Content Chunking*-Pattern umreißt eine Strategie, um Bereiche einer HTML-Seite zu definieren und mit Inhaltsblöcken zu füllen. Das *Content Chunking*-Pattern definiert weder, welche Inhalte, noch wie diese in die Bereiche eingefügt werden. Das *Decoupled Navigation*-Pattern hat die Aufgabe, das Was und Wie zu definieren.

Wenn das *Content Chunking*-Pattern implementiert wird, ruft eine Funktion das `XMLHttpRequest`-Objekt auf, das einige Daten generiert, die dann in die aktuellen HTML-Inhalte eingefügt werden. Das *Decoupled Navigation*-Pattern bildet Inhaltsblöcke unter Anleitung einer Strategie. Die Strategie umfasst die Ausführung der folgenden Schritte: Es wird ein HTML-Ereignis generiert; normalerweise wird ein URL ausgeführt; einige Daten werden manipuliert; dann werden diese Daten in eine Repräsentation der Benutzerschnittstelle umgewandelt.

Das *Decoupled Navigation*-Pattern kann mit dem *Persistent Communications*-Pattern verwechselt werden, weil ein Timer-Ereignis ein HTML-Ereignis ist und dazu verwendet werden könnte, die *Decoupled Navigation* (entkoppelte Navigation) anzustoßen. Der Hauptunterschied zwischen dem *Decoupled Navigation*- und dem *Persistent Communications*-Pattern besteht darin, dass *Persistent Communications* für Anwendungen vom Typ »Tickertape« verwendet wird. Dies bedeutet, dass Inhalte in größeren Mengen generiert werden und es wichtiger ist, den Fluss der Daten vom Server zum Client und nicht wie üblich vom Client zum Server zu regeln.

6.5 Architektur

Das *Decoupled Navigation*-Pattern ist ein Versuch, die möglichen Navigationen auf einer HTML-Seite zu ordnen. Eine durchschnittliche HTML-Seite enthält wenigstens 30 Links, und mehr als 50 sind nicht ungewöhnlich. Falls eine HTML-Seite über 30 Links verfügt, müssen diese Links nach einer gewissen Strategie verwaltet werden. Und wenn 15 dieser 30 Links JavaScript-Code benötigen, wird die durchschnittliche HTML-Seite sehr komplex. Komplexität erfordert Organisation, weil andernfalls Chaos und Wartungsprobleme die Folge sein können. Das *Decoupled Navigation*-Pattern dient dazu, dieses Chaos zu ordnen.

Technisch besteht die klassische Navigation darin, einen Link anzuklicken, was dazu führt, dass gewisse Inhalte heruntergeladen werden. Der Prozess der Navigation kann in drei Funktionen zerlegt werden (siehe Abbildung 6.6).

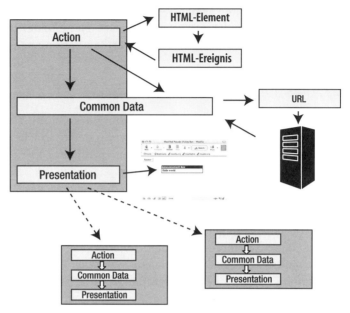

Abb. 6.6: Zerlegung der Navigation in drei Funktionen

Diese drei Funktionen lassen sich folgendermaßen beschreiben:

- *Action:* Repräsentiert das HTML-Element und die zugehörigen HTML-Ereignisse. Ein Link mit einer Implementierung des onclick-Ereignisses ist ein Beispiel für die *Action*-Funktionalität. Der Zweck der *Action*-Funktionalität ist, den Navigationsprozess zu instanzieren und die Daten vorzubereiten.

- *Common Data:* Tut zwei Dinge: definiert eine gemeinsame Datenstruktur, den so genannten *Zustand* (state), und stellt eine Funktion zur Manipulation des Zustands zur Verfügung. Der Zustand ist eine Datenstruktur, die von allen Funktionen gemeinsam genutzt wird. Die Funktion zur Manipulation des Zustands kann rein lokal sein oder einen Remote-Aufruf des XMLHttpRequest-Objekts umfassen. Ein Beispiel für die Anwendung einer Zustandsfunktion ist die Manipulation des Zustands mit einer XSL-Transformation.

- *Presentation:* Repräsentiert die Darstellung des Zustands. Die Präsentationsfunktion transformiert den Zustand in eine Form, die der Anwender sehen und mit der er möglicherweise interagieren kann. Die Transformation kann aus einem Popup-Feld, einem Fenster oder eingefügtem HTML-Code bestehen. Wichtig ist: Die Präsentationsfunktion liest den Zustand nur, ändert ihn aber nicht.

Diese Funktionen zeigen, dass das *Decoupled Navigation*-Pattern hauptsächlich clientseitig arbeitet. Es ist dafür verantwortlich, die URLs zu definieren, aufzurufen und zu verarbeiten. Aus Sicht des *Decoupled Navigation*-Patterns gibt es serverseitig andere Funktionen, die entsprechende Patterns wie etwa das *Permutations*-Pattern implementieren.

Abbildung 6.6 illustriert das *Decoupled Navigation*-Pattern in abstrakten Begriffen, die zu verstehen helfen, was implementiert werden muss. Dagegen zeigt Abbildung 6.7, was dies technisch bedeutet; sie illustriert die drei Funktionen und die zugehörigen Implementierungen.

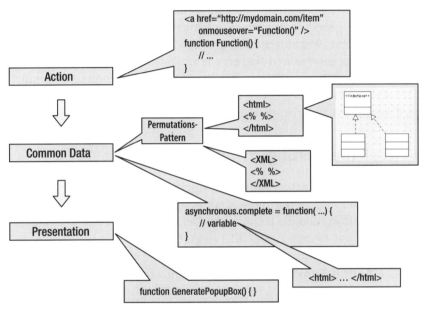

Abb. 6.7: Drei Funktionen und die zugehörigen technischen Implementierungen

Abbildung 6.7 zeigt, wie die drei Funktionen technisch implementiert werden. Für die *Action*-Funktionalität gibt es einen Link, der die onmouseover-Ereignisse abfängt und Function aufruft. Die *Action*-Funktionalität wird mit einem HTML-Element implementiert, das ein HTML-Ereignis auslöst, das wiederum von einer JavaScript-Funktion abgefangen wird. Die JavaScript-Funktion Function fordert ihrerseits Inhalte von einem URL an, der auf eine Ressource zeigt, die auf dem Server implementiert ist. Je nach den Anforderungen der Implementierung des *Decoupled Navigation*-Patterns kann die JavaScript-Funktion einen Remote-Aufruf ausführen oder nicht. Viele Teile des Patterns tauschen Informationen aus, die einige gemeinsame Attribute benötigen. Deshalb ist die *Common Data*-Funktionalität so wichtig: Sie entkoppelt die Funktionalität der verschiedenen Teile des Codes und stellt zugleich einen gemeinsamen Zustand zur Verfügung.

Wenn für die *Common Data*-Funktionalität ein Remote-Aufruf erfolgt, implementiert der Server das *Permutations*-Pattern, um zu entscheiden, welche Inhalte der Aufrufer empfangen will. Die Inhalte werden mit einem serverseitigen Framework generiert, das über diverse Klassen, Interfaces und/oder Funktionen verfügt. Die serverseitig generierten Inhalte werden von der Methode `asynchronous.complete` verarbeitet und einer Variablen zugewiesen, die dann von der Funktion `GeneratePopupBox` verwendet wird, um Inhalte zu generieren, mit denen der Anwender interagieren kann.

Das übergreifende Ziel des *Decoupled Navigation*-Patterns besteht darin, die HTML-Elemente und -Ereignisse von der Verarbeitung und Präsentation der Daten zu entkoppeln. Wenn die einzelnen Komponenten entkoppelt sind, können sie unabhängig voneinander geändert werden. Sie können eine Komponente ändern und trotzdem bleibt Ihre Webanwendung gut organisiert und wartbar. Das *Decoupled Navigation*-Pattern leitet seinen Namen aus der Tatsache ab, dass die Teile modularisiert sind und zur Navigation der Inhalte einer Webanwendung verwendet werden. Bei der Implementierung des *Decoupled Navigation*-Patterns arbeiten Sie mit Daten, die generiert, verarbeitet und dargestellt werden.

6.6 Implementierung

Um das *Decoupled Navigation*-Pattern zu implementieren, müssen Sie unabhängige Teile von Code definieren, die verdrahtet werden, um Inhalte zu navigieren. In diesem Abschnitt werden die technischen Details der drei Funktionen behandelt. Außerdem wird das Design eines URLs vorgestellt.

6.6.1 Die Action-Funktionalität implementieren

Mit der *Action*-Funktionalität wird höchstwahrscheinlich ein HTML-Ereignis implementiert: ein Mausklick, ein Timer-Ereignis, das Versenden eines HTML-Formulars oder ein anderes HTML-Ereignis. Dieses Ereignis muss, unabhängig von seinem Typ, verarbeitet werden. Das Hauptproblem bei der Verarbeitung von Ereignissen liegt darin, zu definieren, welche Ereignisse abgefangen werden sollen und welches Element dafür zuständig sein soll.

Ein einfaches Beispiel

Die einfachste aller Navigationsmöglichkeiten ist ein Link, der standardmäßig die aktuellen Inhalte durch die Inhalte eines anderen URLs ersetzt. Ein Link wird durch die folgende HTML-Notation repräsentiert:

```
<a href="http://www.apress.com">Apress</a>
```

Das HTML-Element `a` verfügt über ein Attribut namens `href`, das den Ziel-URL bezeichnet, zu dem der Webbrowser navigieren soll. Wenn ein Link angeklickt wird, werden die aktuellen Inhalte durch die Inhalte ersetzt, die unter dem URL `http://www.apress.com` gespeichert sind. In Ajax-Anwendungen sind diese

Typen von Links gefährlich, weil sie die aktuellen Inhalte, die einen Zustand haben, durch ganz neue Inhalte ersetzen, die keinen Zustand haben. Wenn der Anwender die Schaltfläche ZURÜCK anklickt, wird nicht der alte Zustand, sondern ein neuer geladen. Der beschriebene einfache Link ist damit vergleichbar, eine Anwendung zu beenden und dann eine neue Anwendung zu starten.

Eine Möglichkeit, um die Inhalte und den Zustand zu bewahren, besteht darin, das *State Navigation*-Pattern zu verwenden, das den Zustand der Inhalte speichert, bevor die neuen Inhalte geladen werden. Eine andere Möglichkeit, das Löschen der Inhalte zu vermeiden, besteht darin, die neuen Inhalte in ein anderes Fenster umzulenken, wie es das folgende Link-Beispiel zeigt:

```
<a href="http://www.apress.com" target="external">External Link</a>
```

Das zusätzliche Attribut `target` enthält den Bezeichner eines weiteren Fensters. Falls dieses Fenster nicht existiert, wird ein neues Fenster geöffnet, und die Inhalte werden in dieses separate Fenster geladen. Falls die Inhalte lokal geladen werden müssen, wird ein Frame verwendet. In dem folgenden Beispiel wird ein schwebendes Frame verwendet:

```
<a href="http://www.apress.com" target="external">External Link</a></p>
<iframe name="external"></iframe>
```

Ein schwebendes Frame ist ein Dokument innerhalb eines Dokuments. Abbildung 6.8 zeigt ein Beispiel.

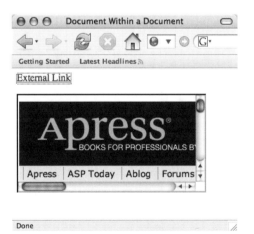

Abb. 6.8: Ein schwebendes Frame oder Dokument innerhalb eines Dokuments

Mit einem Frame wird eine Dokument-in-einem-Dokument-Architektur erstellt. Webanwendungsentwickler haben damit das Verhalten des `XMLHttpRequest`-

Objekts nachgebildet. Im folgenden Beispiel wird das Verhalten des `XMLHttpRequest`-Objekts mit dem schwebenden Frame `iframe` nachgebildet, das eine Pixelgröße von 1 x 1 hat und in einer kleinen Ecke an der Seite des Dokuments steht:

```html
<html>
<head>
<title>Dokument in einem Dokument</title>
</head>
<script language="JavaScript" type="text/javascript">
function LoadedContent(Frame) {
    window.alert("Location (" + Frame.contentWindow.location.href + ")");
}
</script>
<body>
    <p><a href="http://www.apress.com" target="external">
        External Link
    </a></p>
    <iframe name= "external" onload="LoadedContent (this) "></iframe>
</body>
</html>
```

In dem HTML-Beispielcode hat `iframe` ein Attribut, `onload`, das ein Ereignis repräsentiert, das ausgelöst wird, wenn das Dokument in `iframe` geladen worden ist. In dem Beispiel wird die Funktion `LoadedContent` aufgerufen, die ein Popup-Feld generiert, in dem der URL des geladenen Dokuments angezeigt wird.

Interessant ist die Referenz `frame.contentWindow.location.href`, die Domänengrenzen überschreitet. Sie erinnern sich, dass in Kapitel 2 die Same Origin Policy erklärt wurde. Die Eigenschaft `frame.contentWindow` gilt als eine Domäne und `location.href` als eine weitere Domäne. Falls beide Domänen der Same Origin Policy unterliegen, kann das Popup-Feld `window.alert` ausgeführt werden. Falls jedoch beide Domänen nicht unter die Same Origin Policy fallen, wird eine Zugriffserlaubnisausnahme generiert, und zwar durch die Eigenschaftsreferenz `location.href`. Zwar können Inhalte geladen werden, die gegen die Same Origin Policy verstoßen, sie können aber weder selbst manipuliert werden noch den Aufrufer manipulieren. (Als dies geschrieben wurde, gab es einen »Hack«, mit dem ein Skript geladen werden konnte, das die Same Origin Policy verletzt. Die Technik gilt als Hack, weil es sich um ein Schlupfloch handelt, das höchstwahrscheinlich später geschlossen werden wird und ein Sicherheitsproblem darstellt.)

Es ist möglich (wurde aber nicht gezeigt), Inhalte in ein Frame zu laden, das dann benutzt wird, um Inhalte des Aufrufers zu manipulieren. In diesem Fall verhält sich das Frame wie das *Content Chunking*-Pattern, da das Frame einen Inhaltsblock zur Verfügung stellt, der eingefügt wird.

Event Bubbling

HTML-Ereignisse können mit beliebigen HTML-Elementen verbunden werden. Ein HTML-Ereignis kann auf zwei Wegen ausgelöst werden: Das HTML-Element selbst löst das Ereignis aus, oder das HTML-Element enthält ein weiteres Element, das das Ereignis auslöst. HTML verfügt über eine besondere Eigenschaft: Ereignisse können in einer Hierarchie von Elementen nach oben wandern; der Prozess wird als *Event Bubbling* bezeichnet. (Diese Bezeichnung ist an das Aufsteigen von Luftperlen in einem Glas Wasser angelehnt; A.d.Ü.). Beim Event Bubbling löst ein HTML-Element ein Ereignis aus, das dann von diesem HTML-Element an ein anderes übergeordnetes HTML-Element weitergereicht werden kann, bis das letzte oberste Element in dieser Weitergabekette erreicht ist. Das letzte oberste Element dieser Kette ist normalerweise das HTML-Dokument.

Der folgende HTML-Code illustriert das Event Bubbling:

```html
<body>
    <h1>Decoupled Navigation Pattern: Actions Examples</h1>
    <div id="div" onclick="OnClick(event)" style="background:yellow; ">
        <p id="paragraph">Hello</p>
        <table border="1">
            <tr id="Row 1">
                <td id="Row 1 Cell 1">OnClick</td>
            </tr>
            <tr id="Row 2">
                <td id="Row 2 Cell 1">
                    <input type="button" value="Button"
                        id="Row 2 Button 1"/>
                </td>
            </tr>
            <tr>
                <td id="eventDestination">Nothing yet</td>
            </tr>
        </table>
    </div>
</body>
```

Dieser HTML-Beispielcode enthält einen Header (h1), einen div-Block (div), einen Absatz (p), eine Tabelle (table), eine Tabellenzeile (tr) und eine Tabellenzelle (td). Jedes Element ist in ein anderes Element eingebettet. Das div-Block-Element enthält die Tabelle, diese eine Tabellenzeile usw. Abbildung 6.9 veranschaulicht die Struktur grafisch.

Kapitel 6
Decoupled Navigation-Pattern

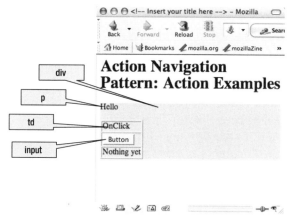

Abb. 6.9: HTML-Seitenstruktur

Diese Beschreibung der HTML-Struktur mag simplizistisch und langatmig erscheinen. Doch es ist wichtig, die verschachtelte Struktur des HTML-Dokuments herauszuarbeiten, weil das Event Bubbling direkt mit dieser Struktur verbunden ist.

Das HTML-Element div in dem HTML-Code verfügt über ein onclick-Attribut, mit dem das onclick-Ereignis implementiert wird. In normalen Programmen würde das definierte onclick-Ereignis nur Klick-Ereignisse abfangen, die mit dem div-Element verbunden sind. Beim Event Bubbling wird das definierte Ereignis für alle Klick-Ereignisse ausgelöst, an denen das div-Element oder eines seiner untergeordneten Elemente beteiligt ist. Dies bedeutet: Wenn die eingebettete Schaltfläche angeklickt wird, wird die OnClick-Funktion aufgerufen. Event Bubbling ist eine elegante Methode, um Ereignisse kollektiv zu definieren, die von mehreren HTML-Elementen ausgelöst werden können. Event Bubbling funktioniert jedoch nur, wenn das Ereignis aufsteigen kann. Einige HTML-Ereignisse können dies nicht, sondern sind an ein spezielles HTML-Element gebunden.

Nehmen wir an, es wäre ein Ereignis ausgelöst und stiege in der Kette nach oben. Wenn das Ereignis abgefangen und verarbeitet wird, kann es annulliert werden. Ein Ereignis wird annulliert, indem false zurückgegeben wird; ein Beispiel:

```
<div onclick="return false" />
```

Die Annullierung eines aufsteigenden Ereignisses funktioniert nur, falls das Ereignis auch annulliert werden kann. Die Annullierung aller onclick-Ereignisse ist eine Lösung, wenn der Browser gewisse Ereignisse nicht verarbeiten soll, um bestimmte Funktionalitäten zu deaktivieren. In dem HTML-Beispielcode wird die OnClick-Funktion aufgerufen, wenn das Ereignis eintritt. Sie verarbeitet die Klick-Ereignisse für mehrere HTML-Elemente und ist folgendermaßen implementiert:

```
function OnClick(evt) {
    evt = (evt) ? evt : ((event) ? event : null);
    if(evt) {
        var elem = (evt.target) ? evt.target :
            ((evt.srcElement) ? evt.srcElement : null);
        if(elem) {
            document.getElementById("eventDestination").innerHTML =
                "Click (" + elem.id + ")";
        }
    }
}
```

Wenn ein HTML-Ereignis ausgelöst ist, sind die Details des Ereignisses nicht browserübergreifend kompatibel. Um diese Kompatibilität herzustellen, sind mehrere zusätzliche Schritte erforderlich. Die Funktion OnClick hat einen einzigen Parameter, evt, der das Ereignis repräsentieren soll. Doch die Signatur einer Ereignisfunktion mit einem einzigen Parameter wird nicht von allen Browsern erkannt. Mit dem folgenden Code kann das Ereignisobjekt unabhängig vom Browser abgefragt werden:

```
evt = (evt) ? evt : ((event) ? event : null);
```

Dieser Befehl prüft, ob die Variable evt den Wert null hat. Falls der Wert nicht null ist, wird evt der Variablen evt zugewiesen, was faktisch nichts bewirkt. Die Zuweisung ist eine Platzhalterzuweisung, um auch den Fall abhandeln zu können, dass evt den Wert null hat. Ist dies der Fall, wird höchstwahrscheinlich der Microsoft Internet Explorer verwendet. Dann wird der Variablen evt die Variable event zugewiesen, die im Internet Explorer immer definiert ist.

Der Test ist nicht erforderlich, wenn die Methode wie in dem Beispiel aufgerufen wird, weil hier das event-Objekt der OnClick-Funktion beim Aufruf übergeben wird:

```
<div id="div" onclick="OnClick(event)" style="background:yellow; ">
```

Dieser Aufruf ist mit dem Microsoft Internet Explorer kompatibel. Wichtig ist: Das event-Objekt ist bei Mozilla-kompatiblen Browsern nur im Kontext des Attributs onclick gültig.

Wenn ein HTML-Ereignis von einem Oberelement des HTML-Elements abgefangen wird, das das Ereignis ausgelöst hat, kennt das Oberelement nicht die unmittelbare Quelle des Ereignisses. Dies ist z.B. bei unserer OnClick-Funktion der Fall. Sie kann in mehreren Kontexten aufgerufen werden: beim Anklicken der Schaltfläche, der Tabellenzelle usw. Zum Zweck der Manipulation müssen Sie das Ursprungselement des Ereignisses kennen, doch wie bei dem HTML-Ereignisobjekt ist die Eigenschaft, die das Ursprungselement enthält, browserspezifisch. Das

Ursprungselement kann entweder über die `target`- oder die `srcElement`-Eigenschaft abgerufen werden. Hier ist der entsprechende Code aus unserer `OnClick`-Funktion:

```
if(evt) {
    var elem = (evt.target) ? evt.target :
        ((evt.srcElement) ? evt.srcElement : null);
```

In diesem Beispiel wird vorausgesetzt, dass die Variable `evt` gültig ist. Die Variable `elem` enthält das HTML-Element, das das Ereignis ausgelöst hat. Nach dem Zuweisungszeichen wird getestet, ob entweder `evt.target` oder `evt.srcElement` existiert. Basiert der Browser auf Mozilla, existiert die Eigenschaft `evt.target`, handelt es sich um den Microsoft Internet Explorer, existiert die Eigenschaft `evt.srcElement`. Auch in anderen Browsern existiert eine der beiden Eigenschaften.

Nachdem das Ereignis und das Zielobjekt abgerufen worden sind, können Sie der `innerHTML`-Eigenschaft eines HTML-Elements den Bezeichner des Elements zuweisen, das das Ereignis generiert hat. Weil allen HTML-Elementen ein Bezeichner zugewiesen wurde, wird bei einem Klick auf eine Tabellenzelle deren Bezeichner in der letzten Zeile der Tabelle angezeigt (siehe Abbildung 6.10).

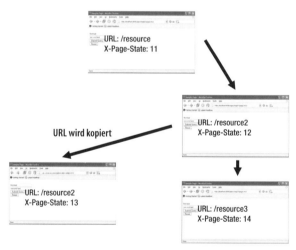

Abb. 6.10: Schrittfolge: auf ein HTML-Element klicken und die Ergebnisse identifizieren

In Abbildung 6.10 sind zwei Elemente mit Ballons markiert. Der erste Ballon zeigt den Punkt, auf den der Anwender geklickt hat (hier die erste Zeile der Tabelle). Dadurch wurde ein `onclick`-Ereignis generiert, das erst an das `td`-Element, dann an das `tr`-Element, dann an das `table`-Element und schließlich an das `div`-Element weitergereicht wird, in dem `onclick` implementiert ist und das den Output generiert. Der generierte Output wird durch den zweiten Ballon markiert.

6.6.2 Aufsteigende Events annullieren

Viele, aber nicht alle aufsteigende Events können annulliert werden. Betrachten wir zunächst die Ereignisse, die annulliert werden können. Ein aufsteigendes Ereignis – etwa ein Mausklick – kann annulliert werden. Mit einer Annullierung können Sie beispielsweise unter gewissen Umständen verhindern, dass ein Link weiterverfolgt oder das HTML-Formular abgeschickt wird, weil es ungültige Daten enthält.

Betrachten Sie den folgenden HTML-Code:

```
<div onclick="return MonitorLinks(event)">
    <a href="http://www.apress.com"
        target="external">Apress ist nicht erlaubt</a>
    <a href="http://www.google.com"
        target="external">Google ist nicht erlaubt</a>
    <a href="http://www.slashdot.org"
        target="external">Slashdot ist erlaubt</a>
</div>
```

Das Beispiel zeigt drei Links: `apress`, `google` und `slashdot`. Die drei Links sind in ein `div`-Element eingebettet, das das `onclick`-Ereignis implementiert. Die Implementierung enthält das Schlüsselwort `return` sowie die Funktion `MonitorLinks`. Das Schlüsselwort `return` bewirkt, dass das Klick-Ereignis und entsprechende Ereignisse im Allgemeinen annulliert werden. Falls ein Ereignis abgefangen und verarbeitet wird, kann die entsprechende Funktion `true` zurückgeben, um das Event Bubbling fortzusetzen, oder `false`, um es zu annullieren.

Die Funktion `MonitorLinks` soll es ermöglichen, über einen angeklickten Link selektiv Ziele anzusteuern. In diesem Beispiel wird nur der Link `slashdot` weiterverfolgt; die Links `apress` und `google` werden annulliert. Die Funktion `MonitorLinks` ist folgendermaßen implementiert:

```
function MonitorLinks(evt) {
    evt = (evt) ? evt : ((event) ? event : null);
    if(evt) {
        var elem = (evt.target) ? evt.target :
            ((evt.srcElement) ? evt.srcElement : null);
        if(elem) {
            if(elem.href == "http://www.apress.com/") {
                window.alert("Apress ist nicht erlaubt");
                return false;
            }
            else if(elem.href == "http://www.google.com/") {
                window.alert("Google ist nicht erlaubt");
                return false;
            }
            else if(elem.href == "http://www.slashdot.org/") {
                return true;
```

```
            }
        }
    }
    return false;
}
```

Zunächst werden wie üblich das Ereignis (`evt`) und das HTML-Urspungselement (`elem`) abgerufen. Wenn die Variable `elem` existiert, wird die Eigenschaft `elem.href` getestet, um festzustellen, welcher Link angeklickt worden ist. Wenn `apress` oder `google` angeklickt worden ist, wird mit `window.alert` ein Popup-Feld geöffnet, das anzeigt, dass diese Links nicht erlaubt sind. Nachdem der Anwender auf die OK-Schaltfläche des Popup-Felds geklickt hat, gibt die Funktion `MonitorLinks` den Wert `false` zurück, um anzuzeigen, dass das Event Bubbling annulliert werden sollte. Mit der Annullierung des `onclick`-Ereignisses wird die Navigation abgebrochen, und die HTML-Inhalte bleiben unverändert stehen.

Sie müssen sich merken, dass die Funktion `MonitorLinks` davon ausgeht, dass die Variable `elem` ein Link-Element referenziert. Diese Annahme basiert auf der Eigenschaft `elem.href`, weil diese Eigenschaft nur für Link-Elemente gilt. Diese Annahme ist durchaus plausibel, aber Sie müssen daran denken, weil `MonitorLinks` eine Funktion ist, die die Klick-Ereignisse aller HTML-Unterelemente abfängt. Würde das Klick-Ereignis von einer Schaltfläche generiert, würde `MonitorLinks` scheitern und möglicherweise unerwünschte Nebeneffekte erzeugen. Um dies zu vermeiden, könnte anhand der Eigenschaft `elem.nodeName` getestet werden, ob das Ursprungselement ein Link ist. Dann müsste der `if`-Befehl in unserem Beispiel wie folgt umgeschrieben werden:

```
if(elem && elem.nodeName == "A")
```

Alternativ könnte auch eine gemeinsame Eigenschaft wie etwa `id` abgefragt werden, um zu prüfen, ob es sich um einen speziellen Link-Bezeichner handelt. Die Verwendung der `id`-Eigenschaft wäre eine nützliche Lösung, weil diese Eigenschaft eindeutig ist und nichts von dem Typ des Elements weiß. Den eindeutigen Bezeichner zu verwenden ist eine brauchbare Methode, HTML-Elemente zu vergleichen und zu unterscheiden, weil sie Fehler durch zufällige Verwechslungen ausschließt. Der folgende Quellcode illustriert einen Fehler durch zufällige Verwechslung:

```
<a href="http://www.apress.com" target="external">
    Apress ist nicht erlaubt</a>
// ...
if(elem.href == "http://www.apress.com/") {
```

In diesem Beispiel hat die `href`-Eigenschaft den Wert `http://www.apress.com`, doch bei dem Vergleich wird der Wert `http://www.apress.com/` verwendet. Die beiden Werte unterscheiden sich durch den Schrägstrich am Ende. Wenn der Webbrowser das Link-Element aus dem HTML-Code verarbeitet, fügt er am Ende der `href`-Eigenschaft einen Schrägstrich hinzu. Dieser zusätzliche Schrägstrich ist für den Skriptautor nicht offensichtlich und führt zu einem zufälligen Fehler, der erst beim Debuggen erkannt wird. Dagegen ändert der Browser nicht den Wert der `id`-Eigenschaft, wodurch ein derartiger zufälliger Fehler vermieden wird.

Hier ist der umgeschriebene HTML-Code, in dem die Links durch die `id`-Eigenschaften identifiziert werden:

```
<div onclick="return MonitorLinks(event)">
    <a href="http://www.apress.com" id="apress"
        target="external">Apress ist nicht erlaubt</a>
    <a href="http://www.google.com" id="google"
        target="external">Google ist nicht erlaubt</a>
    <a href="http://www.slashdot.org" id="slashdot"
        target="external">Slashdot ist erlaubt</a>
</div>
```

Und hier ist die entsprechend angepasste `MonitorLinks`-Funktion:

```
function MonitorLinks(evt) {
    evt = (evt) ? evt : ((event) ? event : null);
    if (evt) {
        var elem = (evt.target) ? evt.target :
            ((evt.srcElement) ? evt.srcElement : null);
        if(elem) {
            if(elem.id == "apress") {
                window.alert("Apress ist nicht erlaubt");
                return false;
            }
            else if(elem.id == "google") {
                window.alert("Google ist nicht erlaubt");
                return false;
            }
            else if(elem.id == "slashdot") {
                return true;
            }
        }
    }
    return false;
}
```

Die Struktur des HTML-Codes und der Funktion sind unverändert; in dem HTML-Code wurde die `id`-Eigenschaft zu den Links hinzugefügt. In der Funktion wurden die Vergleiche entsprechend geändert.

6.6.3 Andere Methoden, Ereignisse zu definieren

Es gibt andere Methoden, um Ereignisse zu verdrahten. Eine andere verbreitete Methode besteht darin, das HTML-Element abzufragen und es dann mit einer Funktion zu verbinden. Beispielsweise würden Sie, wenn Sie ein Klick-Ereignis abfangen wollten, die `onclick`-Eigenschaft einer Funktion zuweisen. Bei einem Klick würde ein Ereignis generiert und von dem Element abgefangen werden. Das folgende Beispiel zeigt, wie ein Ereignis mit einer Eigenschaft abgefangen wird, um das Ereignis zu verdrahten:

```
function DoAssociation() {
    (document.getElementById(
        "manualassociation"))['onclick'] = MonitorLinksId;
    document.getElementById (
        "manualassociation").attachEvent('onclick', MonitorLinksId);
}
</script>
<body onload="DoAssociation()">
```

In dem Beispiel sollte die Verknüpfung der Methoden mit einem HTML-Element im `onload`-Ereignis des HTML-Elements body erfolgen. Wichtig ist: Nur wenn das `onload`-Ereignis ausgelöst wird, können die Ereignisse verdrahtet werden. Wenn die Verdrahtung erfolgt, bevor das Dokument geladen worden ist, existieren einige HTML-Elemente möglicherweise nicht und können nicht referenziert werden. Das `onload`-Ereignis gewährleistet, dass die HTML-Inhalte geladen worden sind und referenziert werden können.

Nachdem die Methode `DoAssociation` aufgerufen worden ist, kann ein Ereignis auf zwei Arten mit einem HTML-Element verbunden werden. In beiden muss die Methode `document.getElementById` aufgerufen werden, um ein HTML-Element-Objekt abzurufen.

Die erste Möglichkeit, ein Ereignis zuzuweisen, besteht darin, den Array-Index des zu verknüpfenden Ereignisses zuzuweisen. In unserem Beispiel ist dies der `onclick`-Array-Index. Diese Zuweisung illustriert eine grundlegende Eigenschaft von JavaScript: Eigenschaften, Funktionen usw. werden nicht unterschieden.

Die erste Möglichkeit, ein Ereignis zuzuweisen, besteht darin, die Methode `attachEvent` (wie gezeigt) oder `addEventListener` zu verwenden. Beide Methoden erwarten zwei Parameter: das abzufangende Ereignis und die Funktion, die dem Ereignis zugeordnet ist. In beiden Fällen sind Funktionsvariablen oder Bezeichner nicht erforderlich, weil eine anonyme Funktion akzeptabel wäre. Die Methode `attachEvent` wird beim Microsoft Internet Explorer, die Methode `addEventListener` bei Mozilla-basierten Browsern oder Safari verwendet.

Der Array-Index-Ansatz hat einen Vorteil: Er funktioniert ohne spezielle Anforderungen bei allen Browsern, und zwar aufgrund der speziellen Konstruktion der

JavaScript-Sprache. Die offiziell anerkannte Methode bestünde darin, entweder `addEventListener` oder `attachEvent` zu verwenden. Nachdem die Ereignisse verdrahtet worden sind, funktioniert alles so wie bei der `MonitorLinks`-Funktion aus den vorangegangenen Beispielen.

Wenn Sie das Ereignis nicht in dem body `onload`-Ereignis mit dem HTML-Element verbinden wollen, können Sie dies auch nach der Deklaration des Elements tun:

```
<div id="manualassociation"></div>
...
<script>
    (Dokument.getElementById(
        "manualassociation"))['onclick'] = MonitorLinksId;
...
```

Hier wird das `div`-Element mit dem `id`-Element `manualassociation` komplett deklariert. Nach einer kompletten Deklaration existiert das HTML-Element `div` im Document Object Model, so dass es referenziert werden kann.

Natürlich verlangt ein guter Programmierstil, in der Funktion `MonitorLinks` zu testen, ob die `evt`-Variable den Wert `null` hat. Denn wenn die Ereignisse per Programm verdrahtet werden, ist der erste Parameter möglicherweise das Ereignis.

6.6.4 Die Common Data-Funktionalität definieren und implementieren

Bereits weiter vorne in diesem Kapitel wurde erwähnt, dass für die *Common Data*-Funktionalität ein Zustand und möglicherweise einige Funktionen definiert werden müssen, die den Zustand verarbeiten. Bei der Verarbeitung des Zustands können die Daten lokal oder über Fernzugriff verarbeitet werden. Bei einer Remote-Verarbeitung des Zustands ist ein URL beteiligt; der Prozess erfordert dann das Design eines URLs. Deshalb wird in diesem Abschnitt auch das Design von URLs behandelt.

Der Zweck des Zustands und der Zustandsmanipulation

Manche betrachten die *Common Data*-Funktionalität möglicherweise als überflüssigen Mehraufwand. Die *Common Data*-Funktionalität ist eine Notwendigkeit, allerdings nur, wenn das *Decoupled Navigation*-Pattern eine Notwendigkeit ist (siehe den Abschnitt *Anwendbarkeit*). Die *Common Data*-Funktionalität soll ein Zwischenglied zwischen der *Action*-Funktionalität und der Präsentationsfunktionalität schaffen, um die Funktionalitäten zu entkoppeln.

Abbildung 6.11 illustriert die Schritte nach dem Anklicken einer HTML-Schaltfläche; es wird ein Ereignis ausgelöst, das zum Aufruf einer JavaScript-Funktion führt.

Kapitel 6
Decoupled Navigation-Pattern

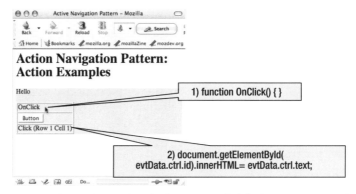

Abb. 6.11: Schritte, die durch Anklicken einer Schaltfläche ausgelöst werden

In Abbildung 6.11 werden nach dem Anklicken einer Schaltfläche zwei Schritte ausgelöst: Der erste Schritt ist das HTML-Ereignis, das den Mausklick verarbeitet. Der zweite Schritt ist die Generierung der Inhalte für die Tabellenzeile unter der Schaltfläche. Die Inhalte werden durch eine Zuweisung zu der innerHTML-Eigenschaft in die Seite eingefügt. In diesem einfachen Beispiel wäre die *Common Data*-Funktionalität überflüssig, weil sie nur eine unnötige Schicht einfügen würde.

Wir wollen jetzt dieses Beispiel ausbauen. Nehmen Sie an, dass mit dem XMLHttp-Request-Objekt über dieselbe Benutzerschnittstelle ein Remote-Aufruf erfolgt. Abbildung 6.12 illustriert die dabei erforderlichen Schritte.

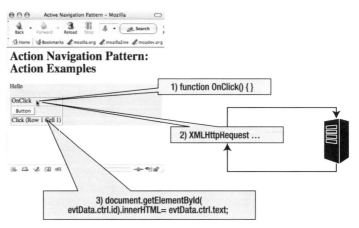

Abb. 6.12: Schritte nach dem Anklicken einer Schaltfläche, wenn ein zusätzlicher XMLHttpRequest-Aufruf beteiligt ist

Abbildung 6.12 zeigt einen zusätzlichen Schritt (Schritt 2), in dem mit dem XML-HttpRequest-Objekt eine Anfrage erfolgt, mit der einige Daten generiert werden, die in Schritt 3 verarbeitet werden.

Wenn Sie sich die Abbildungen 6.11 und 6.12 anschauen, fragen Sie sich vielleicht, wo die *Common Data*-Funktionalität benötigt wird. Sie ist notwendig, weil eine Anwendung oft aus dem Zustand aus Abbildung 6.11 in den Zustand aus Abbildung 6.12 oder umgekehrt umgewandelt wird. Um die Umwandlung zu implementieren, muss möglicherweise der Code grundlegend umstrukturiert oder vollkommen neu implementiert, getestet und gewartet werden. Die *Common Data*-Funktionalität entkoppelt die Schritte, so dass eine Anwendung, die wie die aus Abbildung 6.11 ausgeführt wird, ohne größere Überraschungen in eine Anwendung konvertiert werden könnte, die wie die aus Abbildung 6.12 ausgeführt wird. Das Ziel der Entkopplung besteht darin, mit den geringstmöglichen Änderungen auszukommen und dem Anwender den größten Nutzen zu bieten.

Betrachten Sie folgenden Code, der die Implementierung aus Abbildung 6.11 nachbildet:

```
function OnClick(event) {
    document.getElementById("myDiv").innerHTML = "data";
}
```

Dieser Code ist problematisch, weil er die beiden Schritte aus Abbildung 6.11 zu einem Schritt zusammenfasst. Der Code definiert eine Funktion mit einer Implementierung. Das Problem der Funktion OnClick liegt darin, dass sowohl der Textbezeichner myDiv als auch der zugewiesene Wert data fest einprogrammiert ist. Nehmen Sie an, der Zuweisungscode würde an mehreren Stellen verwendet und der Text müsste vor der Zuweisung in Großbuchstaben umgesetzt werden. Dann müsste der Code an mehreren Stellen aktualisiert werden.

Die Lösung besteht darin, die Schritte aus Abbildung 6.11 zu entkoppeln und die eine Funktion in zwei zu zerlegen:

```
function InjectHTML(elementId, text) {
    document.getElementById(elementId).innerHTML = text;
}
function OnClick(event) {
    InjectHTML("myDiv", "data");
}
```

Jetzt gibt es zwei Funktionen: InjectHTML und OnClick. Die Funktion InjectHTML erwartet einen Elementbezeichner und einen Text als Parameter und weist den Text der innerHTML-Eigenschaft des bezeichneten Elements zu. Die Funktion InjectHTML ist eine anwendungsspezifische Implementierung, in der der Client ein spezielles HTML-Element ("myDiv") mit gewissen Daten ("data") verbindet. Die Funktion OnClick reagiert auf das Ereignis und ist dafür verantwortlich, die Daten für den Aufruf der Funktion InjectHTML zu sammeln. Beide Funktionen haben getrennte Verantwortlichkeiten und sind voneinander entkoppelt. Nur die

Kapitel 6
Decoupled Navigation-Pattern

Daten, die von `OnClick` gesammelt und von `InjectHTML` verarbeitet werden, verbinden die beiden Funktionen.

Nachdem wir die entkoppelte Lösung für Abbildung 6.11 implementiert haben, ist Abbildung 6.12 an der Reihe. Dabei muss der Schritt hinzugefügt werden, bei dem das `XMLHttpRequest`-Objekt verwendet wird. Der Einfachheit halber wollen wir annehmen, die Funktionalität des `XMLHttpRequest`-Objekts sei in einer Funktion namens `CallXMLHttpRequest` eingekapselt, die einen einzelnen Parameter erwartet. Da in dieser Funktion Informationen gesammelt werden, wird sie von `OnClick` aufgerufen; die zurückgegebenen Daten werden an die Funktion `InjectHTML` weitergegeben. Der Code wird folgendermaßen modifiziert:

```
function InjectHTML(elementId, text) {
    document.getElementById(elementId).innerHTML = text;
}
function OnClick(event) {
    InjectHTML("myDiv", CallXMLHttpRequest("data"));
}
```

Hier wurde der zweite Parameter der Funktion `InjectHTML` durch die Funktion `CallXMLHttpRequest` ersetzt. Technisch gesehen sind die drei Schritte voneinander entkoppelt; jede kann separat geändert werden, ohne die anderen zu beeinflussen. Nur die Sammlung der Daten sowie ihre Übergabe an die Funktion `InjectHTML` sind noch etwas umständlich. Deshalb kommt hier die *Common Data*-Funktionalität ins Spiel.

Die *Common Data*-Funktionalität ersetzt den umständlichen Aufruf der Funktionen durch einen gemeinsamen Zustand. Im Moment liegt das Problem darin, dass die `OnClick`-Funktion von den Funktionen `InjectHTML` und `CallXMLHttpRequest` abhängt. Diese Abhängigkeit lässt sich nicht vermeiden, wohl aber die Art des Aufrufs. Nehmen Sie an, wegen einer Geschäftsentscheidung solle anstelle von `InjectHTML` die Funktion `InjectTextbox` verwendet werden; außerdem benötige `InjectTextbox` einen zusätzlichen Parameter, wie es der folgende Code zeigt:

```
function InjectTextbox(convert, elementId, text) {
    // ...
}
function OnClick(event) {
    InjectTextbox(false, "myDiv", CallXMLHttpRequest("data"));
}
```

Obwohl `InjectTextbox` und `InjectHTML` ähnlich sind, erfordert der Aufruf von `InjectTextbox` eine Änderung der Logik der `OnClick`-Funktion. Die `OnClick`-Funktion muss eine zusätzliche Entscheidung treffen, nämlich ob eine Umwandlung erforderlich ist oder nicht. Die Annahme, die `OnClick`-Funktion müsse sich eben ändern, wenn die aufgerufene Funktion modifiziert wird, wäre etwas vorschnell. Warum auch? Der Zweck der OnClick-Funktion besteht darin, die Daten zu sammeln, die für den Aufruf der Funktionen InjectHTML oder InjectTextbox benötigt werden, und nicht darin, Entscheidungen zu treffen. Denn die Entscheidungen können sich ändern, während die Benutzerschnittstelle konstant bleibt und umgekehrt. Die Datensammlung und die Verarbeitung der Daten müssen entkoppelt werden.

In einer idealen Welt, in der alles entkoppelt wäre, würden Sie folgenden Code schreiben:

```
<button onclick="Call(OnClick, null, InjectHTML)" />
<button onclick="Call(OnClick, CallXMLHttpRequest, InjectTextbox)" />
```

Der modifizierte Quellcode verfügt über die zusätzliche Funktion Call, die über drei Parameter verfügt, die drei Funktionen referenzieren. Die erste Funktionsreferenz, OnClick, ist die *Action*-Funktionalität, die für die Sammlung der Daten in einem Zustand verantwortlich ist. Die zweite Funktionsreferenz ist entweder null oder CallXMLHttpRequest und repräsentiert die *Common Data*-Funktionalität, die für die Verarbeitung des Zustands verantwortlich ist. Und schließlich sind die dritten Funktionsreferenzen, InjectHTML und InjectTextbox, dafür verantwortlich, den Zustand anzuzeigen.

Die daraus folgende Aufrufsequenz zeigt, dass das Klick-Ereignis der ersten Schaltfläche die Daten sammelt, die Daten nicht weitergibt und sie anzeigt. Das Klick-Ereignis der zweiten Schaltfläche sammelt die Daten, ruft einen Remote-Server auf und zeigt die Daten an. In den Klick-Ereignissen beider Schaltflächen wird dieselbe OnClick-Funktion verwendet. Das bedeutet, dass das OnClick-Ereignis nicht davon abhängt, ob die gemeinsamen Daten lokal oder remote verarbeitet werden. Jetzt sind also die Funktionen sowie die Aufrufsequenz entkoppelt. Die Details dieser Entkopplung und der Aufruf der Funktionen sind Thema der folgenden Abschnitte.

Eine entkoppelte Bibliothek implementieren

Der Kern der *Common Data*-Funktionalität besteht aus einer entkoppelten Bibliothek, die dafür verantwortlich ist, den Zustand zu verwalten und zu verarbeiten. Die entkoppelte Bibliothek wird mit DecoupledNavigation aufgerufen und ist folgendermaßen definiert:

```
function DecoupledNavigation() {
}
DecoupledNavigation.prototype.call = DecoupledNavigation_call; Decoupled-
   Navigation.prototype.initializeRemote =
      DecoupledNavigation_InitializeRemote;
```

Kapitel 6
Decoupled Navigation-Pattern

Die Definition von `DecoupledNavigation` enthält keine Eigenschaften und zwei Methoden. Es gibt keine Eigenschaften, weil das gemeinsame Zustandsobjekt in der Implementierung der Methoden von `DecoupledNavigation` definiert wird. Mit der Methode `DecoupledNavigation_call` wird ein *Decoupled Navigation*-Pattern aufgerufen; dies wurde durch das Beispiel `Call(OnClick...)` illustriert. Die Methode `DecoupledNavigation_initializeRemote` wird verwendet, wenn die *Common Data*-Funktionalität einen Remote-Server aufrufen will.

Die Funktion `DecoupledNavigation_call` wird als `DecoupledNavigation.call` veröffentlicht. Sie verbindet die *Action-*, *Common Data-* und *Presentation*-Funktionalitätalitäten. Dies wird durch folgende Implementierung illustriert:

```
function DecoupledNavigation_call(evt, action, data, presentation) {
    evt = (evt) ? evt : ((event) ? event : null);
    if (evt) {
        var elem = (evt.target) ? evt.target :
            ((evt.srcElement) ? evt.srcElement : null);
        if (elem) {
            var obj = new Object();
            obj.event = evt;
            obj.parent = this;
            obj.element = elem;
            obj.state = new Object();
            obj.presentation = presentation;
            if ((action) != null) {
                if (action(obj) != true) {
                    return false;
                }
            }
            obj.isRemote = false;
            if ((data) != null) {
                if (data(obj) != true) {
                    return false;
                }
            }
            if(obj.isRemote) {
                return true;
            }
            if (presentation != null) {
                if (presentation(obj, obj.state) != true) {
                    return false;
                }
            }
            return true;
        }
    }
    return true;
}
```

Die Funktion `DecoupledNavigation_call` erwartet vier Parameter. Der erste Parameter, `evt`, ist das Ereignisobjekt. Ob der erste Parameter einen gültigen Wert hat, hängt von dem Ereignisproblem ab, das im Abschnitt *Event Bubbling* beschrieben wurde. Die zweite Parameter, `action`, referenziert eine *Action*-Funktionalität (beispielsweise `OnClick`). Der dritte Parameter, `data`, referenziert die Funktion, die einen Zustand manipuliert. Der vierte Parameter, `presentation`, referenziert eine Präsentationsfunktion, normalerweise eine HTML-Komponente. Die Zeilen bis `if (elem)` wurden bereits im Abschnitt *Event Bubbling* beschrieben; sie dienen dazu, das HTML-Ereignis und das HTML-Quellelement zu extrahieren.

Die Zeilen danach sind hier relevant; sie implementieren die technischen Details der *Common Data*-Funktionalität. Sie repräsentieren den Zustand als Objekt statt als Gruppe von Parametern. Dies wurde in dem Beispiel illustriert, in dem die Funktion `OnClick` entweder `InjectHTML` oder `InjectTextbox` aufrief. Betrachten wir diese Zeilen genauer:

```
var obj = new Object();
obj.event = evt;
obj.parent = this;
obj.element = elem;
obj.state = new Object();
obj.presentation = presentation;
```

Die Variable `obj` ist das gemeinsame Objekt, das von den Funktionsreferenzen `action`, `data` und `presentation` gemeinsam genutzt wird. Es geht darum, die Parameter, die von der Beispielfunktion `OnClick` gesammelt werden, in ein Objekt umzuwandeln. Zu diesem Zweck manipuliert die `action`-Funktion die Variable `obj` und weist ihr den Zustand zu. Der Zustand wird dann von der `data`-Funktion manipuliert und verarbeitet. Die Zustandsstruktur ist beliebig. Höchstwahrscheinlich ähnelt sie den Parametern, die in den Aufrufen der Funktionen `InjectHTML` oder `InjectTextbox` verwendet wurden. Wichtig ist, dass die Funktionen `action`, `data` und `presentation` die Struktur des Zustands kennen. Die Manipulation einer Objektstruktur bietet den Vorteil, dass der aufrufende Code (etwa `OnClick`) nicht geändert werden muss. Nur die Funktionen, die die Objektstruktur modifizieren, müssen geändert werden. Auf diese Weise bleibt die bewährte und getestete Navigationsstruktur erhalten.

Die Eigenschaften `event` und `element` enthalten das HTML-Ereignis bzw. das HTML-Quellelement. Die Eigenschaft `state` enthält den Zustand, der von den verschiedenen Funktionen manipuliert wird. Sie soll einen Einstiegspunkt für den gemeinsamen Zustand zur Verfügung stellen, der nicht mit den anderen Eigenschaften von `obj` in Konflikt steht. Die Eigenschaft `obj.presentation` wird für Remote-Aufrufe benötigt; dies wird etwas später illustriert.

Nachdem `obj` instanziert worden ist, soll die `action`-Funktion aufgerufen werden:

```
if ((action) != null) {
    if (action(obj) != true) {
        return false;
    }
}
```

Zunächst wird geprüft, ob die Funktionsreferenz nicht den Wert `null` hat. Denn falls sie den Wert `null` hat, ist die *Action*-Funktionalität nicht implementiert. Manchmal muss kein Zustand generiert werden, sondern es müssen – wie etwa für einen Begrüßungsbildschirm – nur Daten präsentiert werden, die nicht weiter verarbeitet werden.

Falls die `action`-Variable nicht `null` ist, wird die `action`-Funktion mit dem gemeinsamen Objekt `obj` als Parameter aufgerufen. Sie kann `obj` abfragen und manipulieren und dann entweder `true` (Erfolg) oder `false` (Misserfolg) zurückgeben. Wird `false` zurückgegeben, gibt `DecoupledNavigation_local` ebenfalls `false` zurück. Dadurch wird – falls anwendbar – das Event Bubbling abgebrochen.

Nachdem die `action`-Funktion ausgeführt worden ist, ist die Eigenschaft `obj.state` initialisiert und kann von der `data`-Funktion verarbeitet werden:

```
obj.isRemote = false;
if ((data) != null) {
    if (data(obj) != true) {
        return false;
    }
}
if(obj.isRemote) {
    return true;
}
```

Die Aufrufsequenz der `data`-Funktion entspricht der der `action`-Funktion. Allerdings wird hier zusätzlich die Eigenschaft `obj.isRemote = false` gesetzt, weil die `data`-Funktion den Zustand lokal oder remote verarbeiten kann. Bei einer Remote-Verarbeitung des Zustands erfolgt ein asynchroner Aufruf; die Verarbeitung kann dann nur fortgesetzt werden, nachdem der Remote-Server eine Antwort gesendet hat. Die Funktion `DecoupledNavigation_call` kann in diesem Fall nicht fortgesetzt werden, sondern muss die Kontrolle an den Webbrowser abgeben. Mit der Eigenschaftszuweisung soll angezeigt werden, ob ein Remote-Server aufgerufen wird. Erfolgt ein Remote-Aufruf, darf die *Presentation*-Funktionalität nicht aufgerufen werden, und die Funktion `DecoupledNavigation_call` gibt den Wert `true` zurück.

Dies wirft die Frage auf, ob der Wert `true` oder `false` zurückgegeben werden soll, wenn die Eigenschaft `obj.isRemote` den Wert `true` hat. Den Wert `true` zurückzugeben bedeutet, dass das Event Bubbling fortgesetzt wird; je nach Kontext ist dies möglicherweise nicht die beste Aktion. Wie der Rückgabewert der `data`-Funktion verarbeitet wird, muss kontextabhängig entschieden werden.

Falls die Daten lokal verarbeitet werden, kann die *Presentation*-Funktionalität aufgerufen werden:

```
if (presentation != null) {
    if (presentation(obj, obj.state) != true) {
        return false;
    }
}
```

Die Aufrufsequenz der `data`-Funktion entspricht der der `action`- und der `data`-Funktionen. Die Funktion hat einen zusätzlichen Parameter, `obj.state`, den Zustand des Objekts. Aufgrund dieses Parameters können Sie rekursiv mehrere Präsentationsfunktionen verketten (siehe Abbildung 6.13).

Abbildung 6.13 zeigt, wie die Funktion `MyPresentation` als Frontprozessor für die Funktionen `InjectHTML` und `InjectTextbox` agiert. Weil der Zustand ein Parameter ist, kann der Frontprozessor die entsprechende Zustandsstruktur herausfiltern und an die anderen Präsentationsfunktionen weitergeben. Würde `state` nicht als Parameter übergeben, müsste der Frontprozessor die `state`-Eigenschaft der gemeinsamen Variablen neu zuordnen.

Die Implementierung der Funktion `DecoupledNavigation_InitializeRemote` wird bis zu dem Beispiel für einen Remote-Serveraufruf aufgeschoben. Im Moment geht es um die Anwendung der Klasse `DecoupledNavigation` für lokale Aufrufe.

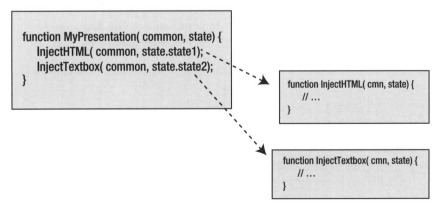

Abb. 6.13: Verkettung von Präsentationsfunktionen

Ein Beispiel für einen lokalen Aufruf

Nach der Definition der entkoppelten Bibliothek wollen wir ein einfaches Beispiel implementieren. Auch wenn die *Presentation*-Funktionalität kurz erwähnt wurde, stehen ihre Details noch aus. Auch wenn ich damit vielleicht etwas vorgreife, will ich sie hier erläutern, damit Sie die Aufrufsequenzen verstehen.

Um das *Decoupled Navigation*-Pattern zu illustrieren, soll der Inhalt eines Textfelds in ein HTML-div-Element kopiert und dabei in Großbuchstaben umgewandelt werden. Abbildung 6.14 zeigt die HTML-Seite des Beispiels.

Abb. 6.14: HTML-Beispielseite, mit der der Inhalt des Textfelds in ein div-Element kopiert und dabei in Großbuchstaben umgewandelt wird

Diese HTML-Seite, der HTML-Code und der JavaScript-Code sind sehr einfach. Das Textfeld enthält die Daten, die in die HTML-Seite eingefügt werden sollen, und ersetzt den Ursprungstext NOTHING YET (dt. *Noch nichts*) Die Seite aus Abbildung 6.14 wird mit folgendem Code erstellt (Titel: *Processing Local Data = Lokale Daten verarbeiten*):

```
<html>
<head><title>Lokale Daten verarbeiten</title></head>
<script language="JavaScript" src="../lib/factory.js"></script>
<script language="JavaScript" src="../lib/asynchronous.js"></script>
<script language="JavaScript" src="../lib/events.js"></script>
<script language="JavaScript" type="text/javascript">
var nav = new DecoupledNavigation();

function OnClick(common) {
    common.state = new TextState("divDestination",
```

```
            document.getElementById("txtContent").value);
        return true;
    }
    function ConvertToUpperCase(common) {
        common.state.text = common.state.text.toUpperCase();
        return true;
    }

    </script>

    <body>
        <div>
            <table border="1">
                <tr>
                    <td><input type="text" id="txtContent"></td>
                </tr>
                <tr>
                    <td>
                        <input type="button" value="Übertragen"
                            onclick="return nav.call (event, OnClick,
                                ConvertToUpperCase, InjectHTML)"/>
                    </td>
                </tr>
                <tr>
                    <td id="divDestination">Noch nichts</td>
                </tr>
            </table>
        </div>
    </body>
</html>
```

In dem HTML-Code wird jedes HTML-Element, das von dem JavaScript-Code verwendet wird, durch ein id-Attribut identifiziert, damit der JavaScript-Code bei Manipulationen nicht nach den HTML-Elementen suchen muss. In dem JavaScript-Code wird die Variable nav deklariert, die das *Decoupled Navigation*-Pattern implementiert. Sie wird in dem onclick-Ereignis des HTML-Inputelements verwendet. Der Aufruf der Methode nav.call verbindet die Funktionen OnClick und ConvertToUpperCase mit der noch nicht definierten Funktion InjectHTML. Dies bedeutet: Wenn die Schaltfläche angeklickt wird, wird die Funktion OnClick aufgerufen, um den Klick zu verarbeiten; die Funktion ConvertToUpperCase wird aufgerufen, um den Text in Großbuchstaben umzuwandeln; und die Funktion InjectHTML wird aufgerufen, um die Benutzerschnittstelle zu aktualisieren.

In der Funktion OnClick wird die Klasse TextState instanziert. Mit ihr soll eine gemeinsame Zustandsstruktur für einen Textpuffer und einen Bezeichner definiert werden. Das generierte TextState-Objekt unter den *Action-*, *Data-* und *Presentation*-Funktionalitäten wird ausgetauscht. Der erste Parameter des Konstruktors von `TextState` referenziert den Inhalt des Textfelds, der zweite Parameter ist der Bezeichner des HTML-Elements, in das der Inhalt eingefügt werden soll. Das `TextState`-Objekt wird der Eigenschaft `common.state` zugewiesen, die gemeinsam mit der noch nicht definierten Funktion `InjectHTML` verwendet wird.

Betrachtet man die Implementierung insgesamt, so sind die Funktionen `OnClick`, `ConvertToUpperCase` und `InjectHTML` unabhängig voneinander und nutzen nur die gemeinsame Zustandsstruktur `TextState`. Um beispielsweise eine neue Funktionalität zu implementieren, die den Inhalt des Textfelds überträgt, sobald ein Buchstabe zu dem Textfeld hinzugefügt wird, muss die Funktion `OnClick` ersetzt werden. Die neue Variante könnte das `onchange`-Ereignis abfangen. Die anderen Funktionen müssten nicht verändert werden.

Den lokalen Aufruf in einen Remote-Aufruf umwandeln

Wie leistungsstark die Entkopplung der drei Funktionen ist, wurde schnell anhand der Ersetzung der `OnClick`-Funktion erklärt. Beeindruckender wäre jedoch ein Beispiel, bei dem die lokale Verarbeitung der Daten auf eine Remote-Verarbeitung umgestellt wird. Dabei soll ein Dienst auf dem Remote-Server aufgerufen werden, der den lokalen Text in Fettschrift umwandelt. Natürlich ist der Aufruf des Remote-Servers zur Umwandlung von Text zu aufwändig, aber das Beispiel soll die Schritte für den Aufruf eines Remote-Servers illustrieren.

URLs sind Ressourcen in Komponentenform Für den Aufruf eines Remote-Servers wird ein `XMLHttpRequest`-Objekt und ein URL benötigt. Wenn ein URL aufgerufen wird, ist es wichtig, dass er gut designt ist. Beim Design von URLs besteht das Ziel darin, sie so zu entwerfen, als wären sie Komponenten. URLs als Komponenten zu behandeln, vereinfacht die Modularisierung der Funktionalität.

Einige serverseitige Webframeworks – etwa ASP.NET oder Java Server Pages (JSP) – verwenden den ersten Bezeichner nach dem Schrägstrich, um eine Anwendung zu identifizieren. Beispielsweise definiert der URL `/application` die Webanwendung `application`. Mit dem ersten Bezeichner eine Anwendung zu spezifizieren, ist eigentlich eine gute Idee. Nehmen Sie beispielsweise an, Sie wollten sowohl das *REST-based Model View Controller*-Pattern als auch das *State Navigation*-Pattern implementieren. Beide Patterns benötigen Code, der im Kontext eines HTTP-Servers ausgeführt wird. Die beiden Patterns sind voneinander unabhängig, weil sie verschiedene Funktionen anbieten. Deshalb gibt es keinen Grund, warum sie Variablen, Zustände oder Code gemeinsam nutzen sollten. Die Unterteilung von Anwendungen muss nicht bei den Anwendungen haltmachen, sondern kann auf Komponenten ausgedehnt werden. Anwendungen können noch weiter in Komponenten zerlegt werden (siehe Abbildung 6.15).

Abbildung 6.15 zeigt den Root-URL `/`, von dem die URLs `/search` und `/state` abzweigen. Jeder URL zeigt auf eine Ressource, das heißt eine Komponente, die eine bestimmte Funktion (hier: Suchen bzw. Zustandsnavigation) zur Verfügung stellt. Dies bedeutet, dass etwa alle Ressourcen, deren URL mit /search beginnt, mit dem Suchen zu tun haben sollten. Im Interesse der logischen Klarheit sollten Sie keine anderen Funktionen ins Spiel bringen. Natürlich wird dies nicht durch Werkzeuge erzwungen, sondern hängt allein vom Willen und Können des Autors ab. Gleiches gilt für den URL /state. Unter ihm und seinen Abkömmlingen sollten nur Ressourcen referenziert werden, die mit der Zustandsnavigation zu tun haben. Wenn andere Funktionen benötigt werden, sollte für sie ein neuer Komponenten-URL definiert werden.

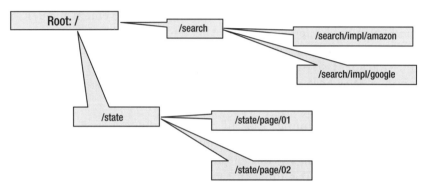

Abb. 6.15: Komponentenarchitektur in Form von URLs

Kurz gesagt: URLs sollten mit einer Definition der allgemeinen Funktionalität beginnen. Mit jedem weiteren Bezeichner, der an den URL angehängt wird, sollte die Funktionalität weiter spezialisiert werden. Der URL /search ist allgemein, der URL /search/impl/amazon dagegen speziell. Der URL /search verweist auf eine Suchkomponente, der URL /search/impl/amazon auf eine Suchkomponente für Amazon.com. Diese Art, URLs zu erstellen, hängt rein von den Ressourcen und den Zuständen ab. Sie steht in Konflikt zu Webanwendungen, die aus organisatorischen Gründen Verzeichnisstrukturen auf URLs abbilden.

URLs in HTML-Seiten referenzieren Wenn Sie einen URL in einer HTML-Seite referenzieren, wissen Sie dann wirklich, was der URL ist oder sein sollte? Es wurde dafür plädiert, dass URLs auf Komponenten verweisen sollten, aber wie werden diese Komponenten entdeckt? Betrachten Sie den folgenden Link:

```
<a href="/search/impl/amazon">Amazon-Implementierung</a>
```

Was bedeutet eigentlich der URL /search/impl/amazon? Woher wissen Sie, dass die Amazon.com-Implementierung unter dem URL /search/impl/amazon zu finden ist? Oder noch direkter: Wie können Sie die Inhalte, die der URL referenziert, überhaupt erst einmal herunterladen? Eine Redewendung sagt: »Das kann ich doch nicht riechen!« Das bedeutet, dass irgendwo irgendetwas definiert sein muss, weil ein URL nicht über einen Duft verfügt, der Sie an die richtige Stelle leiten könnte.

Eine Möglichkeit, den URL zu definieren, besteht darin, ihn mit der JSP- oder ASP.NET-Seite zu generieren:

```
<a href="<%=obj.getAmazonSearchURL()%>">Amazon-Implementierung</a>
```

In dem generierten Code erzeugt ein Methodenaufruf den URL dynamisch anhand der in der Methode enthaltenen Logik. Die Methode könnte den URL beispielsweise aus einer Konfigurationsdatei, einer Datenbank oder einem anderen Persistenzmechanismus abrufen. Aus der Sicht der traditionellen Anwendungsprogrammierung funktioniert dieser Ansatz; doch er ist vollkommen falsch. Betrachtet man einen URL abstrakt, so ist dieser nur ein Zeiger auf die Funktionalität, die Sie aufrufen wollen. Dies bedeutet, dass ein URL Ihre abstrakte Ressource ist; und eine Abstraktion zu einer Abstraktion hinzuzufügen ist falsch.

Deshalb ist es in Ordnung, dass in dem ursprünglichen Beispiel der URL /search/impl/amazon fest einprogrammiert ist, weil er eine abstrakte Ressource ist. Viele Webanwendungsentwickler programmieren URLs ungern fest in ihren Anwendungscode ein. Das Problem ist nicht der URL, sondern das Framework. Nehmen Sie an, ein Entwickler verwende JSP. Dann würde er den URL /search/impl/amazon folgendermaßen umschreiben:

```
<a href="/search/impl/amazon.jsp">Amazon Implementierung</a>
```

Der URL endet mit der Erweiterung .jsp, um anzuzeigen, dass amazon.jsp eine JavaServer-Seite ist. Aufgrund dieser Erweiterung wird ein JSP-Prozessor aktiviert. Zugegeben – die Erweiterung .jsp könnte auch mit einer ASP.NET- oder sogar einer PHP-Seite verbunden werden, doch Tatsache ist, dass die Erweiterung alles komplizierter macht. Das *Permutations*-Pattern fordert ausdrücklich, extern veröffentlichte URLs als Komponenten zu behandeln und Ressourcen zu benutzen, die keine Repräsentation wie JSP verlangen.

Dies bedeutet nicht, dass URLs nicht dynamisch generiert werden können, sondern dass nur URLs, die als Ressourcen veröffentlicht werden, laut *Permutations*-Definition nicht dynamisch generiert werden. Diese URLs werden fest in die HTML-Seite einprogrammiert, weil sie Ressourcen repräsentieren, die bereits abstrahiert wurden. Und wie das *Permutations*-Pattern zeigt, können die URLs für eine spezielle Repräsentationstechnologie dynamisch generiert, fest einprogrammiert oder aus einer Konfigurationsdatei abgerufen werden. Wie der URL in die Inhalte eingefügt wird, hängt von der Repräsentationstechnologie ab.

Einen URL fest in eine HTML-Seite einzuprogrammieren, ist für einen Programmierer schwer zu akzeptieren. Programmierer mögen es einfach nicht, im Prinzip variable Bezeichner fest in Programme einzufügen. Dies ist verständlich. Schließlich haben sie schmerzhaft das Gegenteil lernen müssen. Wenn Sie als Programmierer absolut sichergehen wollen, können Sie den URL aus einer Konfigurationsdatei laden. Doch werden Sie damit nicht viel Arbeit sparen, weil URLs Komponenten sind, und wenn ein URL aktualisiert wird, müssen auch viele Konfigurationsdateien entsprechend geändert werden. Denken Sie daran, dass wir in ein Zeitalter eintreten, in dem Inhalte abgerufen, zwischengespeichert, archiviert, referenziert und gespeichert werden. Dies bedeutet, dass sich URLs von vornherein nicht ändern sollten, weil dies zu Problemen mit anderen HTTP-basierten Anwendungen führen würde. Deshalb sollten Sie gründlich nachdenken, bevor Sie die entsprechenden Ressourcen-URLs erstellen.

Als Letztes muss die Referenzierung des Servers beschrieben werden. Nicht alle URLs enthalten eine HTTP-Server-Referenz. Beispielsweise wird die Website von Apress über den HTTP-Server www.apress.com referenziert. Der Name www.apress.com ist eine reine Konvention; der URL hätte auch some.cool.apress.server lauten können. Allerdings ist der URL some.cool.apress.server nicht sehr intuitiv, da wir uns im Laufe der Jahre an die Form www.xyz.com oder die Landeskennung (.de, .at, .ch usw.) gewöhnt haben. Suchmaschinen wie Google bieten eine andere Möglichkeit, einen URL zu finden. Außerdem repräsentieren die meisten HTTP-Server nicht einen einzelnen (physischen) Server, sondern eine Webserver-Farm.

Den Namen eines Servers herauszufinden kann sehr kompliziert sein. Das *Decoupled Navigation*-Pattern bietet keine Lösung für das Problem der HTTP-Server-Referenzierung, weil bei diesem Problem auch noch ganz andere Faktoren ins Spiel kommen: die Namensauflösung durch einen Domain Name Service (DNS), die Technik der Suchmaschine oder die Lastverteilung über mehrere Server. Heute gibt es bereits sehr gute Implementierungen dieser Technologien und ein Pattern über diese Technologien zu schreiben, wäre nutzlos, weil die meisten Anwender die Technologien als Blackboxes behandeln, die bequemerweise immer funktionieren. Hört sich an, als wolle ich mich drücken, oder? Aber diese Technologien sind in unserem Kontext etwa so interessant wie die Philosophie des perfekten Garbage Collectors. Wir nehmen einfach an, dass der Garbage Collector seinen Job vernünftig erledigt. Wäre dies ein Buch über Internet-Infrastruktur-Patterns, würde meine Antwort ganz anders ausfallen.

Die Anwendung umstrukturieren Nach diesem Exkurs über URLs und ihre Beziehungen zur lokalen Anwendung wollen wir diese so umbauen, dass sie einen Remote-Server aufruft, der den Text in Fettschrift umwandelt.

Die Anwendung ruft den Remote-Server **asynchron** auf und wartet auf eine Antwort. Der HTML-Code bleibt fast gleich, nur die Funktion ConvertToBolded wird geändert:

```html
<html>
<head><title>Processing Local Data</title></head>
<script language="JavaScript" src="/ajax/lib/factory.js"></script>
<script language="JavaScript" src="/ajax/lib/asynchronous.js"></script>
<script language="JavaScript" src="/ajax/lib/events.js"></script>
<script language="JavaScript" type="text/javascript">
var nav = new DecoupledNavigation();

function OnClick(common) {
    common.state = new TextState("divDestination",
        document.getElementById("txtContent").value);
    return true;
}
function ConvertToBolded(common) {
    common.parent.initializeRemote(common);
    common.complete = function(cmdEmbedded, status, statusText,
        responseText, responseXML) {
        cmdEmbedded.state.text = responseText;
        return true;
    }
    var buffer = common.state.text;
    common.async.post("/ajax/kap10/remotecontent",
        "application/text", buffer.length, buffer);
    return true;
}

</script>
<body>
    <div>
        <table border="1">
            <tr>
                <td><input type="text" id="txtContent"></td>
            </tr>
            <tr>
                <td>
                    <input type="button" value="Transfer"
                        onclick="return nav.call (event, OnClick,
                            ConvertToBolded, InjectHTML)"/>
                </td>
            </tr>
            <tr>
                <td id="divDestination">Nothing yet</td>
            </tr>
        </table>
    </div>
</body>
</html>
```

Implementierung

Die geänderten Inhalte der HTML-Seite sind fett hervorgehoben. Die Änderungen betreffen nur eine Funktion. Dies bedeutet, dass die Veränderung der lokalen Datenverarbeitung in eine Remote-Verarbeitung transparent implementiert worden ist, ohne dass die HTML-Elemente, die für die Benutzerschnittstelle verantwortlich sind, nämlich die Funktionen OnClick und InjectHTML, geändert werden mussten. Insgesamt sieht die Anwendung immer noch gleich aus und zeigt dasselbe Verhalten. Möglicherweise ist jetzt nur eine gewisse Verzögerung bemerkbar, wenn der Text in Fettschrift umgewandelt wird.

Konzentrieren wir uns auf die Funktion ConvertToBolded:

```
function ConvertToBolded(common) {
   common.parent.initializeRemote(common);
   common.complete = function(cmdEmbedded, status, statusText,
       responseText, responseXML) {
      cmdEmbedded.state.text = responseText;
      return true;
   }
   var buffer = common.state.text;
   common.async.post("/ajax/kap10/remotecontent.html",
       "application/text", buffer.length, buffer);
   return true;
}
```

In dieser Funktion wird die Methode initializeRemote aufgerufen. Diese initialisiert die Funktionen und Datenelemente, die für einen Aufruf eines Remote-Servers mit dem Typ Asynchronous benötigt werden. Dieser Typ verlangt, dass die Funktion common.complete definiert ist, die aufgerufen wird, wenn die Remote-Anfrage beendet ist. Die Existenz von common.complete spaltet die *Common Data*-Funktionalität in zwei Teile. Der erste Teil besteht aus der Erstellung der Anfrage an den Remote-Server; der zweite Teil besteht aus der Verarbeitung der Ergebnisse.

In den letzten Zeilen der Methode ConvertToBolded werden die Daten mit der Methode common.async.post (HTTP POST) an den Server gesendet. Die Übertragung der Daten ist die erste Stufe der zweistufigen *Common Data*-Funktionalität. Der Server verarbeitet die Daten und gibt einen modifizierten Zustand an den Aufrufer zurück. Dieser modifizierte Zustand wird dann von der Methode common.complete verarbeitet; dies ist die zweite Stufe der zweistufigen *Common Data*-Funktionalität. Die *Presentation*-Funktionalität kann danach aufgerufen werden.

Bevor wir uns der Implementierung von initializeRemote zuwenden, möchte ich die Aufrufsequenz grafisch darstellen (siehe Abbildung 6.16).

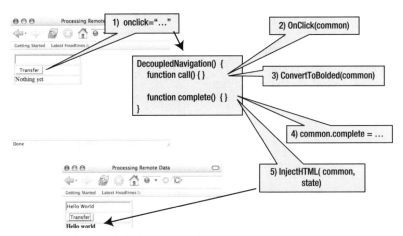

Abb. 6.16: Aufrufsequenz für die Methode `nav.call`

Wenn der Anwender auf die Schaltfläche ÜBERTRAGEN klickt (links oben in Abbildung 6.16), wird das Ereignis `onclick` ausgelöst. Dieses ruft die Methode `nav.call` vom Typ `DecoupledNavigation` auf. Dieser Typ verfügt über zwei Methoden (`call` und `complete`), die beim Aufruf eines Remote-Servers verwendet werden. Wenn die `call`-Methode ausgeführt wird, werden die *Action*-Funktionalität (`OnClick`) und die *Data*-Funktionalität (`ConvertToBolded`) aufgerufen. Die *Data*-Funktionalität initialisiert die asynchrone HTTP-Anfrage und ruft den Remote-Server auf. An diesem Punkt gibt das *Decoupled Navigation*-Pattern die Kontrolle ab und wartet auf eine Antwort des Servers.

Die Antwort des Servers wird von `DecoupledNavigation.complete` abgefangen und an `common.complete` delegiert. Mit dem Aufruf von `common` geht die Kontrolle wieder an das *Decoupled Navigation*-Pattern zurück, und die *Data*-Funktionalität wird zu Ende gebracht. Danach startet die *Presentation*-Funktionalität, die die Funktion `InjectHTML` aufruft. Diese ändert die Benutzerschnittstelle so, dass der Text in Fettschrift angezeigt wird.

Nachdem die Abfolge der Ereignisse klar ist, wollen wir die Methode `initializeRemote` betrachten, die dafür verantwortlich, die verschiedenen Methoden zu verknüpfen:

```
function DecoupledNavigation_InitializeRemote(common) {
    common.async = new Asynchronous();
    common.complete = function(obj, status, statusText,
        responseText, responseXML) {}
    common.openCallback = function(xmlhttp) {}
    common.async.openCallback = function(xmlhttp) {
        common.openCallback(xmlhttp);
    common.async.complete = function(status, statusText,
        responseText, responseXML) {
```

```
        if ((common.complete) != null) {
            if (common.complete(common, status, statusText,
                responseText, responseXML) == true) {
                if ((common.presentation) != null) {
                    common.presentation(common, common.state);
                }
            }
        }
    }
    common.isRemote = true; }
```

Die Variable common enthält das Zustandsobjekt, das zwischen den verschiedenen Funktionen ausgetauscht wird. Die Eigenschaft common.async repräsentiert ein Asynchronous-Objekt. Dieses Objekt muss über eine Eigenschaft namens complete verfügen (siehe Kapitel 2). Sie enthält eine Funktion, die von dem Asynchronous-Objekt aufgerufen wird, wenn der Server eine Antwort zurückgibt.

In der anonymen Funktion, die common.async.complete zugewiesen wird, wird die Funktion common.complete des Anwenders aufgerufen, falls sie existiert. Diese Funktion bildet den zweiten Schritt der *Common Data*-Funktionalität. Gibt sie den Wert true zurück, wird die Funktion common.presentation aufgerufen, falls sie existiert.

6.6.5 Die Presentation-Funktionalität implementieren

Im *Decoupled Navigation*-Pattern wird der Output in der Präsentationsschicht generiert. Die bisherigen Beispiele waren sehr einfach; der Output bestand aus HTML-Code, der in eine Seite eingefügt wurde. Komplizierte Ajax-Anwendungen können eine kompliziertere Ausgabe generieren, beispielsweise ein Popup-Feld (siehe Abbildung 6.17).

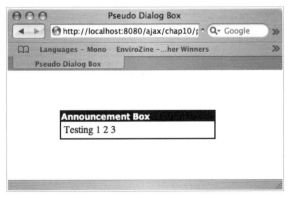

Abb. 6.17: Eine kompliziertere Benutzerschnittstelle mit einem Popup-Feld (Announcement Box = Meldungsfeld)

Abbildung 6.17 zeigt eine HTML-Seite, die ein Dialogfeld enthält, das auf der Seite verschoben werden kann. Um dies zu ermöglichen, ist eine etwas aufwändigere DHTML-Programmierung erforderlich. Wichtig ist hierbei: Das HTML-Dialogfeld wird durch DHTML erzeugt und hat per se nichts mit Ajax zu tun. Folgt man der ursprünglichen Definition von Ajax (http://www.adaptivepath.com/publications/essays/archives/000385.php), so ist dieses keine separate Technologie, sondern eine Kombination bereits vorhandener Technologien.

In diesem Buch sollen nicht die DHTML-Komponenten erklärt, sondern im Kontext von Ajax eingesetzt werden, weil DHTML-Komponenten bereits in zahlreichen Skripts sehr gut erklärt werden (http://www.dynamicdrive.com, http://www.dhtmlcentral.com, http://scriptasylum.com, http://www.hotscripts.com, http://www.howtocreate.co.uk, http://webdeveloper.earthweb.com usw.; falls Ihre Website nicht dabei ist, tut es mir leid. Bitte senden Sie eine E-Mail an christianhgross@gmail.com; ich werde dann unter http://www.devspace.com:8080 eine entsprechende Referenzliste erstellen.) Der Zweck der *Presentation*-Funktionalität besteht darin, die Navigation mit DHTML-Komponenten zu unterstützen.

Ein verschiebbares Popup-Feld mit DHTML zu erstellen, ist recht kompliziert, obwohl der Inhalt des Feldes ziemlich einfach ist. Der Autor der Komponente hat sich große Mühe gegeben, Programmierern die Anwendung des verschiebbaren Popup-Feldes zu erleichtern. Hier ist der abgekürzte Quellcode, der das Popup-Feld erstellt:

```html
<body>
  <div id="showimage"
    style="position:absolute;width:250px;left:250px;top:250px">
    <table border="0" width="250" bgcolor="#000080"
      cellspacing="0" cellpadding="2">
      <tr>
        <td width="100%">
          <table border="0" width="100%" cellspacing="0" cellpadding="0"
            height="36px">
            <tr>
              <td id="dragbar" style="cursor:hand; cursor:pointer"
                width="100%" onMousedown="initializedrag(event)">
                <ilayer width="100%" onSelectStart="return false">
                <layer width="100%"
                  onMouseover="dragswitch=1;
                    if (ns4) drag_dropns(showimage)"
                  onMouseout="dragswitch=0">
                <font face="Verdana" color="#FFFFFF">
                  <strong>
                    <small>Announcement Box</small>
                  </strong>
```

```
                </font>
            </layer>
        </ilayer>
    </td>
    <td style="cursor:hand">
        <a href="#" onClick="hidebox();return false">
        <img src="close.gif" width="16px"
            height="14px" border="0"></a>
    </td>
</tr>
<tr>
    <td width="100%" bgcolor="#FFFFFF" style="padding:4px"
        colspan="2">
        <!-- FÜGEN SIE HIER IHRE INHALTE EIN -->
        Test 1 2 3
        <!-- BEENDEN SIE HIER IHRE INHALTE -->
    </td>
</tr>
            </table>
        </td>
    </tr>
</table>
</div>
</body>
```

Dieser Code sieht recht kompliziert aus. Was macht er? Keine Ahnung. Es ist nicht wirklich notwendig, dies zu wissen. Sie müssen nur wissen, wo Sie Ihre Inhalte einfügen müssen; und diese Stelle ist fett markiert. Hätte die entsprechende Tabellenzelle ein id-Attribut, könnte das Popup-Feld sogar per innerHTML injiziert werden. Dies ist gut; denn es bedeutet für die *Presentation*-Funktionalität, dass Sie nicht wissen müssen, wie die HTML-Komponente funktioniert. (Eine ausführlichere Analyse der Funktionsweise von DHTML-Komponenten finden Sie beispielsweise in den Büchern *JavaScript* und *DHTML Cookbook* von Danny Goodman, O'Reilly Media, 2003.)

Sie müssen nur wissen, wie Sie die Komponenten nutzen und gegebenenfalls ihre Attribute anpassen können. Von Interesse sind:

- Anpassung von Aussehen und Verhalten (Schriftart, Hintergrundfarbe usw.)
- Einfügen von Inhalten und Auslesen der Inhalte der HTML-Komponente
- Anzeigen, Verbergen und Positionieren der HTML-Komponente

Die Strategie der *Presentation*-Funktionalität besteht darin, den HTML-Code als Komponente aufzufassen, die mit dem *Adapter*-Pattern in das *Decoupled Navigation*-Pattern eingefügt wird (siehe Abbildung 6.18).

Kapitel 6
Decoupled Navigation-Pattern

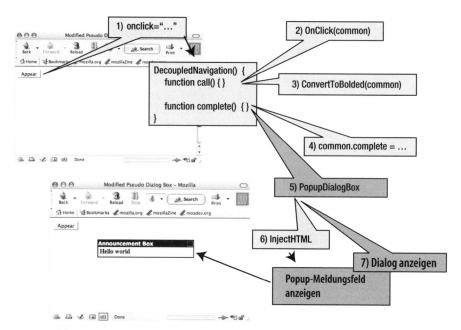

Abb. 6.18: Eine kompliziertere Benutzerschnittstelle mit einem Popup-Feld

Abbildung 6.18 zeigt Schnappschüsse eines Webbrowsers. Der obere Schnappschuss zeigt den Browser vor, der untere nach dem Anklicken der Schaltfläche. Die Callouts beschreiben die Aufrufsequenz für eine Remote-Anfrage an einen Server, um das Popup-Feld zu generieren. Bis auf drei kennen Sie diese Callouts bereits aus Abbildung 6.16.

Die neuen Callouts – 5) PopupDialogBox, 7) Show Dialog und Pop-up Box Component – bilden die *Adapter*-Implementierung der HTML-Komponente. Die Funktion PopupDialogBox implementiert die *Presentation*-Funktionalität und stellt den Adapter zwischen InjectHTML und der Popup-Feld-HTML-Komponente zur Verfügung. Die Funktion PopupDialogBox leitet InjectHTML um, damit der HTML-Code in eine Tabellenzeile eingefügt wird.

Aus Abbildung 6.18 sollte hervorgehen, wie wenig Änderungen erforderlich sind, um das Aussehen und Verhalten der HTML-Inhalte zu ändern. Die Seite aus Abbildung 6.16 sieht ganz anders aus als die Seite aus Abbildung 6.18. Dennoch wird dieselbe Ereignisstruktur verwendet; nur die *Presentation*-Funktionalität wurde geringfügig verändert. Dies zeigt die Effizienz des *Decoupled Navigation*-Patterns, das die verschiedenen Funktionalitäten entkoppelt.

Ein Gedankenexperiment: Stellen Sie sich vor, das Anklicken der Schaltfläche werde durch ein Mausereignis ersetzt, das das Dialogfeld bei einem onmousemove-Ereignis öffnet. Die Änderung wäre nicht schwierig; denn es müsste nur das onclick-Ereignis durch das onmousemove-Ereignis ersetzt werden.

In dem folgenden HTML-Code sind die Stellen fett markiert, die geändert werden mussten, um die DHTML-Komponente, mit der das Popup-Feld aus Abbildung 6.17 erstellt wird, in unser Pattern zu integrieren:

```html
<body>
  <input type="button" value="Appear"
    onclick="return nav.call(event, OnClick,
      ConvertToUpperCase, PopupDialogbox)"/>
  <div id="showimage"
    style="position:absolute;width:250px;left:250px;
      top:250px;visibility:hidden;">
  <table border="0" width="250" bgcolor="#000080"
    cellspacing="0" cellpadding="2">
    <tr>
      <td width="100%">
        <table border="0" width="100%" cellspacing="0" cellpadding="0"
          height="36px">
          <tr>
            <td id="dragbar" style="cursor:hand; cursor:pointer"
              width="100%"onMousedown="initializedrag(event)">
              <ilayer width="100%" onSelectStart="return false">
              <layer width="100%"
                onMouseover=
                  "dragswitch=1; if (ns4) drag_dropns(showimage)"
                onMouseout="dragswitch=0">
                <font face="Verdana"
                  color="#FFFFFF"><strong>
                    <small id="title">Announcement Box</small>
                  </strong>
                </font>
              </layer>
              </ilayer>
            </td>
            <td style="cursor:hand">
              <a href="#" onClick="hidebox();return false">
                <img src="close.gif" width="16px"
                  height="14px" border="0"></a></td>
          </tr>
          <tr>
            <td width="100%" bgcolor="#FFFFFF"
              style="padding:4px" colspan="2"
              id="destContent">
                <!-- FÜGEN SIE HIER IHRE INHALTE EIN -->
                Test 1 2 3
                <!-- BEENDEN SIE HIER IHRE INHALTE -->
            </td>
          </tr>
        </table>
      </td>
```

```
        </tr>
    </table>
</div>
</body>
```

Dieser HTML-Code enthält sehr wenige Änderungen. Am Anfang wird das zusätzliche HTML-Element `input` verwendet, um das Popup-Feld zu öffnen, das von dem `div`-Element definiert wird. Das `div`-Element ist vordefiniert; die einzigen wirklichen Änderungen bestehen darin, das `div`-Element zu verbergen (`visibility:hidden`) und die Stellen zur Einfügung der HTML-Inhalte für die Titelleiste (`id="title"`) und für den Inhalt des Popup-Feldes (`id="destContent"`) zu identifizieren.

Für das Ereignis `nav.call` wird die neue Funktion `PopupDialogbox` definiert:

```
function PopupDialogbox(common, state) {
    InjectHTML(common, state);
    document.getElementById("showimage").style.visibility = "visible";
    document.getElementById("title").innerHTML = state.title;
}
```

Sie dient als Adapter der vordefinierten Popup-Feld-Komponente. Mit der Funktion `InjectHTML` wird Text in die Tabellenzelle mit dem Bezeichner `destContent` eingefügt. Das erste `getElementById` referenziert die Eigenschaft `visibility` und macht das `div`-Element sichtbar. Das zweite `getElementById` referenziert die `innerHTML`-Eigenschaft und weist dem Popup-Feld einen Titel zu. Der Titel selbst wird in der Funktion `common.complete` gesetzt.

In dem Beispiel wird die Funktion `PopupDialogbox` in der HTML-Seite selbst definiert. Sie könnte aber auch in anderen Kontexten wiederverwendet werden, in denen ein Popup-Feld benötigt wird. Außerdem könnten anwendungsspezifische kosmetische Änderungen (Orientierung, Größe, Schriftart usw.) erforderlich werden, die hier nicht erläutert werden, weil sie nichts zum *Decoupled Navigation*-Pattern beitragen.

6.6.6 HTML-Komponenten verwenden

Als ich die Details dieses Patterns niederschrieb, zögerte ich, Inhalte zu wiederholen, die bereits sehr ausführlich in anderen Büchern oder auf Websites beschrieben worden waren. Andererseits hätte es Programmierern wenig gebracht, wenn ich einfach mehrere Komponenten umrissen hätte, ohne ihre Anwendung detailgenau zu beschreiben. Außerdem wusste ich, dass bei der *Presentation*-Funktionalität auch HTML-Komponenten erklärt werden mussten.

Ursprünglich wollte ich einige grundlegende HTML-Komponenten wie etwa Popup-Felder, Menüs und Popup-Fenster auf mehreren Seiten beschreiben und begann deshalb zu untersuchen, wie andere diese HTML-Komponenten erstellen.

Dabei stieß ich auf die Website http://www.dynamicdrive.com. Mein erster Eindruck war: interessante Website und hübsche Komponenten. Sie bot nicht alles, war aber gut. Erst als ich anfing zu erklären, wie HTML-Komponenten erstellt werden, erkannte ich, wie brillant diese Website ist.

Ich dachte, ich müsste Stunden damit verbringen, ein Popup-Feld in das *Decoupled Navigation*-Pattern zu integrieren. Tatsächlich dauerte es nur 20 Minuten. Da wurde mir klar, dass die beste Art, die *Presentation*-Funktionalität zu erklären, darin besteht zu erklären, wie HTML-Komponenten integriert werden. Doch als ich meine Untersuchungen fortsetzte, stellte ich fest, dass es gute und schlechte HTML-Komponenten gab. Deshalb möchte ich als Teil der Implementierung des *Decoupled Navigation*-Patterns eine gute Website für HTML-Komponenten vorstellen, damit Sie, wenn Sie für Ihre Zwecke nach HTML-Komponenten suchen, ebenfalls gute HTML-Komponenten von schlechten unterscheiden lernen. Sie wollen bestimmt nicht noch eine Version eines Popup-Feldes schreiben; denn dies ist oft genug gemacht worden.

Abbildung 6.19 zeigt einen Schnappschuss der Website http://www.dynamicdrive.com mit einer Liste der verfügbaren HTML-Komponenten für dynamische Inhalte.

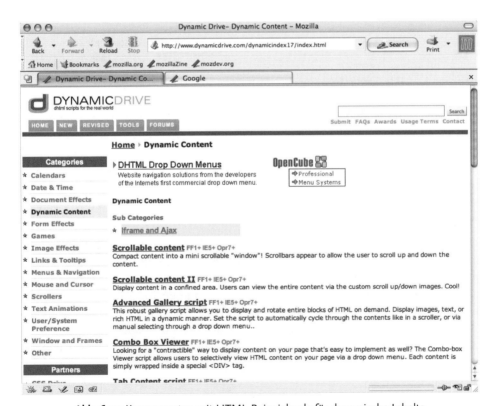

Abb. 6.19: Komponenten mit HTML-Beispielcode für dynamische Inhalte

Die folgenden Abschnitte zeigen, wie Sie den HTML-Code für das Popup-Feld integrieren und die zugehörige HTML-Seite untersuchen können (siehe Abbildung 6.20).

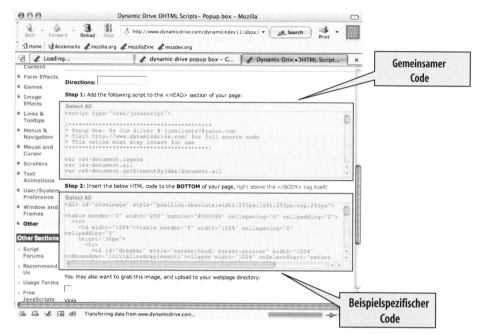

Abb. 6.20: HTML-Komponente mit den Details des Popup-Feldes

Abbildung 6.20 zeigt zwei Textfelder. Das obere Textfeld enthält den allgemeinen Code der Komponente, der in einer separaten JavaScript-Datei gespeichert werden kann. Das untere Textfeld enthält den Code des Anwenderbeispiels, das prototypisch zeigt, wie der allgemeine Code der Komponente angewendet wird. Bei der Implementierung der *Presentation*-Funktionalität wird der allgemeine Code nicht verändert und als separates Modul behandelt. Nur der Code des Anwenderbeispiels wird modifiziert.

Der allgemeine Code der Komponente und der Code, der den allgemeinen Code aufruft, sind also klar getrennt. Zusammen bilden beide eine gute HTML-Komponente. Eine solche Definition einer HTML-Komponente zeigt an, dass die HTML-Komponente entkoppelt ist und auch in einer anderen Infrastruktur verwendet werden kann. Einer meiner Hauptkritikpunkte richtet sich dagegen, dass viele Webanwendungen und Ajax-Frameworks nicht entkoppelt sind. Oft verlässt sich die clientseitige Technologie auf die serverseitigen Technologien, und der Client ist mit anderen Komponenten auf der HTML-Seite gekoppelt. Dies führt zu monolithischen Anwendungen, die zufällig auch als Webanwendungen und als Ajax-Anwendungen bezeichnet werden können, obwohl sie dem Geist von Ajax und REST zuwiderlaufen.

6.7 Besonderheiten des Patterns

Liest man nur den Abschnitt *Architektur*, scheint das *Decoupled Navigation*-Pattern überflüssig zu sein. Doch der Abschnitt *Implementierung* sollte gezeigt haben, wie nützlich dieses Pattern ist. Mit Ajax werden komplexe Webanwendungen geschrieben, mit denen vielfältig verknüpfte Daten navigiert werden. Für die Navigation werden clientseitig Links und Logik benötigt. Der wesentliche Aspekt des *Decoupled Navigation*-Patterns zielt darauf ab, die verschiedenen Teile der Logik zu organisieren und zu entkoppeln. Die Vorgehensweise wurde anhand eines zunehmend komplexer werdenden Beispiels demonstriert.

Viele HTML-Anwendungen sind kompliziert; deshalb ist es sehr wichtig, den Überblick über sie zu bewahren. Das *Decoupled Navigation*-Pattern wird clientseitig eingesetzt und zerlegt eine HTML-Anwendung so, dass die Teile besser codiert, gewartet, erweitert, und überwacht werden können. Dabei werden drei Funktionalitäten unterschieden: *Action*, *Common Data* und *Presentation*. Für jede dieser Funktionalitäten gibt es einige Faustregeln.

Für die *Action*-Funktionalität gelten folgende Regeln:

- Kennzeichen Sie alle HTML-Elemente, die in der Anwendung benutzt werden sollen, eindeutig durch ein id-Attribut.
- Das HTML-Ereignisobjekt sollte aus Gründen der Einfachheit und Robustheit abstrahiert werden.
- Verwenden Sie HTML-Event-Bubbling, um mehrere ähnliche Elemente als Gruppe zu verarbeiten. Verbinden Sie andernfalls einzelne Ereignisse mit einzelnen Elementen. Wenn Sie mehrere Elemente verarbeiten, müssen Sie unbedingt die id-Eigenschaft verwenden, um Probleme (Verwechslungen) zu vermeiden.
- Verwenden Sie HTML-Event-Bubbling, um HTML-Formulare zu validieren und zu verifizieren und um gegebenenfalls ihre Übertragung zu annullieren. Beachten Sie, dass nicht alle Ereignisse annulliert werden und nicht alle Ereignisse in der Elementehierarchie aufsteigen können. Ereignisse, die nicht in der Elementehierarchie aufsteigen, können nur von dem auslösenden HTML-Element verarbeitet werden.
- Aus Gründen der browserübergreifenden Kompatibilität sollten Sie nur die Ereignisse verwenden, die in Tabelle 6.1 aufgeführt sind.

Ereignis	Bubbles (steigt in der Hierarchie nach oben)	Annullierung
onabort	Nein	Nein
onblur	Nein	Nein
onchange	Internet Explorer – Nein Mozilla – Ja	Internet Explorer – Ja Mozilla – Nein
onclick	Ja	Ja
ondblclick	Ja	Ja
onerror	Nein	Ja
onfocus	Nein	Nein
onkeydown	Ja	Ja
onkeypress	Ja	Ja
onkeyup	Ja	Ja
onload	Nein	Nein
onmousdown	Ja	Ja
onmousmove	Ja	Nein
onmouseout	Ja	Ja
onmouseover	Ja	Ja
onmouseup	Ja	Ja
onmove	Ja	Nein
onreset	Nein	Ja
onresize	Ja	Nein
onsubmit	Internet Explorer – Nein Mozilla – Ja	Ja
onunload	Nein	Nein

Tabelle 6.1: Browserübergreifende Ereignisse, Event Bubbling und Annullierbarkeit

Hier sind einige Faustregeln für die Definition von URLs:

- URLs sind Ressourcen, die Komponenten repräsentieren, und sollten dementsprechend behandelt werden.
- URLs sind allgemein; und jeder Bezeichner, der an einen URL angehängt wird, veröffentlicht mehr Details über die Komponente.
- Die Anwendungslogik ist mit dem URL verbunden; und orthogonale Anwendungslogik wird durch den URL klar getrennt.

- Laut Definition des *Permutations*-Patterns haben Ressourcen-URLs Ewigkeitscharakter, das heißt, sie gelten als unveränderlich (hard-coded).

Hier sind einige Faustregeln für die *Common Data*-Funktionalität:

- Mit der *Common Data*-Funktionalität wird eine allgemeine Zustandsstruktur definiert, die von der *Action*-, der *Common Data*- und der *Presentation*-Funktionalität gemeinsam genutzt wird.
- Eine gemeinsame Zustandsstruktur ist erforderlich, um die Funktionalitäten voneinander zu entkoppeln und so die Verbindung mit vordefinierten Funktionalitäten zu ermöglichen.
- Die gemeinsame Zustandsstruktur sollte mit Klassen und Funktionen von den Funktionalitäten entkoppelt werden.

Hier sind einige Faustregeln für die *Presentation*-Funktionalität:

- Die *Presentation*-Funktionalität umfasst nicht alle Aspekte der Benutzerschnittstelle. Beispielsweise werden die Details der Erstellung und Verschiebung eines Popup-Feldes von dessen eigenen Routinen gehandhabt. Die *Presentation*-Funktionalität soll anzeigen, welche Daten wann präsentiert werden sollen.
- Alle *Presentation*-Funktionalitäten sollten als Adpater für HTML-Komponenten implementiert werden. Sie sollten keine eigenen Popup-Felder, Menüs oder andere kompliziertere HTML-Benutzerschnittstellenkomponenten schreiben müssen. Intelligente Entwickler haben dies längst getan; und Sie sollten ihre Großzügigkeit nutzen und die Früchte ihrer Arbeit einsetzen.
- Wenn Sie eine Funktion implementieren, um die Benutzerschnittstelle zu generieren, sollten Sie sich darauf konzentrieren, allgemeinen Code zu schreiben, der in anderen Kontexten wiederverwendet werden kann.

Kapitel 7

Representation Morphing-Pattern

7.1 Zweck

Das *Representation Morphing*-Pattern wird am besten als Repräsentation beschrieben, die einen Model-View-Mini-Controller implementiert, wobei das Modell eine Konstante ist, die in andere Model-View-Mini-Controller eingesetzt werden kann. Die Einzigartigkeit dieses Patterns liegt darin, dass sich das Model, die View und der Controller alle in einem einzigen Paket befinden. Das Ergebnis ist eine Workspace-orientierte Repräsentation, die das Speichern und Wiederherstellen ermöglicht, ohne auf umfangreichen JavaScript-Quellcode zurückzugreifen.

7.2 Motivation

Die Motivation für die Anwendung dieses Patterns hat mit dem Wunsch zu tun, Webanwendungen benutzerfreundlicher zu machen. Webanwendungen sind keine traditionellen Client-Anwendungen und erfordern eigene spezifische Programmiertechniken. Bei der Implementierung von Webanwendungen versuchen einige, Funktionen der traditionellen Client-Programmierung anzuwenden, obwohl die korrekte Lösung darin bestünde, sich auf das Web und seine Möglichkeiten zu konzentrieren.

Es gibt mehrere Arten von Webanwendungen, darunter zwei, die mit dem Angebot von Informationen und der Sammlung von Daten zu tun haben. *Informationswebsites* stellen Links sowie einige HTML-Formularelemente zur Verfügung, um zu den Daten zu navigieren. Suchmaschinen sind ein Beispiel für Informationswebsites, auf denen Links und HTML-Formularelemente (beispielsweise ein Textfeld) verwendet werden, um Informationen zu navigieren. Abbildung 7.1 zeigt die Google-Suchmaschine.

Die Google-Suchmaschine verfügt über mehrere HTML-Formularelemente (Textfeld, Schaltflächen und Optionsfelder). Die Seite zeigt, wie ausgefeilte Funktionen über eine einfache Benutzerschnittstelle angeboten werden können. Die meisten Anwender benutzen wahrscheinlich nur das Textfeld und nicht die anderen HTML-Formularelemente. Normalerweise geben sie ihre Daten in das Textfeld ein, drücken die Eingabetaste und erhalten eine Liste mit Suchergebnissen.

Kapitel 7
Representation Morphing-Pattern

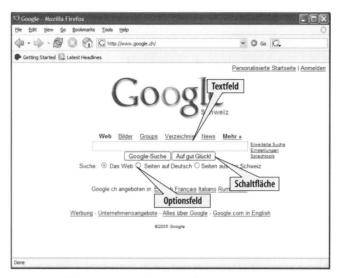

Abb. 7.1: Beispiel für eine Informationswebsite

Dagegen verwendet eine *Webanwendung zur Datensammlung* die HTML-Elemente dazu, Daten des Anwenders abzufragen. Abbildung 7.2 zeigt ein Beispiel für eine solche Anwendung.

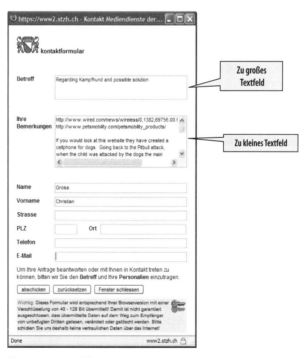

Abb. 7.2: Beispiel für eine Webanwendung zur Datensammlung

In dieser Webanwendung zur Datensammlung werden alle Daten mit HTML-Formularelementen erfasst. Alle HTML-Elemente des Formulars aus Abbildung 7.2 sind Textfelder. Diese Felder sind kompakt und optisch ansprechend, aber weniger gut zur Datenerfassung geeignet. Zwei Textfelder sind falsch formatiert und illustrieren ein grundlegendes Problem. Das obere Textfeld ist für den Titel der Nachricht zu groß. Dagegen ist das zweite Textfeld für die Eingabe einer Nachricht viel zu klein. Falls eine Bildlaufleiste angezeigt wird, um den Text in dem Feld zu verschieben, wird dieses noch mehr verkleinert. Bei längeren Nachrichten muss der Anwender den Text laufend von links nach rechts und/oder nach oben und unten verschieben. Anwender wären besser beraten, die Nachricht erst mit einer anderen Anwendung zu erstellen und dann in das Textfeld zu kopieren. (Für Neugierige: Ich habe eine Nachricht an die Züricher Regionalregierung geschickt, um mitzuteilen, dass Hundehalsbänder mit GPS- und Handyfunktion dazu verwendet werden könnten, Hunde (speziell Kampfhunde wie Pitbulls) zu kontrollieren, ohne drastischere Maßnahmen zu ergreifen. Dieses Problem wird in vielen Ländern diskutiert, da Kampfhunde schon viele Kinder getötet oder schwer verletzt haben.)

Das HTML-Formular hat ein Editier-Problem, für das im Wesentlichen zwei Faktoren verantwortlich sind: schlechtes Design der Benutzerschnittstelle und mangelnde Kenntnisse im Umgang mit HTML-Formularen. Dagegen zeigt Abbildung 7.3, wie eine HTML-Seite auch konzipiert werden kann, damit sie sowohl optisch ansprechend ist als eine effiziente Datenerfassung ermöglicht.

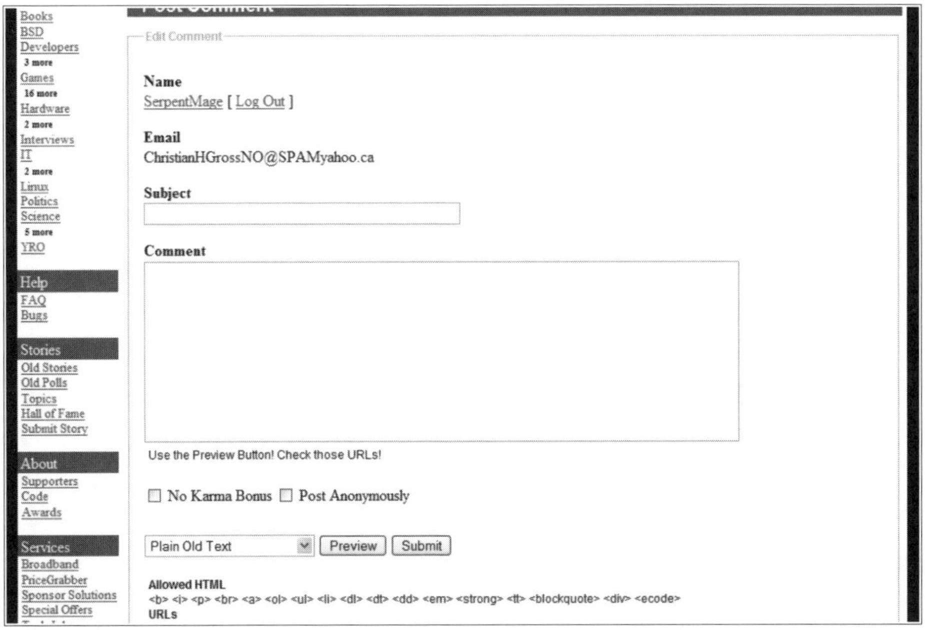

Abb. 7.3: Ein anwendungsgerecht formatiertes Textfeld

Abbildung 7.3 zeigt eine Seite von Slashdot mit einer sehr einfachen Benutzerschnittstelle, die über ein einzeiliges Textfeld für das Thema und einen großzügigen Textbereich für den Kommentar verfügt. Dies ist ein gutes Beispiel dafür, wie eine Anwendung zur Datensammlung aussehen kann. Doch es gibt auch einen Nachteil: Ein gut organisiertes HTML-Formular benötigt mehr Platz auf dem Bildschirm.

Könnten solche HTML-Formulare auch kompakt und effizient sein? Und falls dies nicht möglich sein sollte: Bedeutet dies, dass Webanwendungen weniger gut zur Datensammlung, sondern mehr zur Navigation geeignet sind? Um diese Fragen zu beantworten, muss ich die Fähigkeiten herausarbeiten, die HTML anderen Technologien voraus hat. Traditionelle Benutzerschnittstellen verfügen im Allgemeinen über vordefinierte Fenster und Dialogfelder; sie arbeiten im Wesentlichen statisch (nicht dynamisch). Eine traditionelle Benutzerschnittstellenanwendung generiert nicht dynamisch Benutzerschnittstellenelemente aus einigen anderen Daten. Traditionelle Benutzerschnittstellen entstehen in Programmierumgebungen vom WYSIWYG-Typ (What you see is what you get – was Sie sehen, das bekommen Sie auch). Dagegen könnten mit DHTML Benutzerschnittstellen bei der Ausführung einer Anwendung definiert werden. Dies wäre zwar auch in traditionellen Programmierumgebungen möglich, aber der Aufwand wäre nicht unbeträchtlich.

Statische Benutzerschnittstellen entstehen aus einer Komponente, die durch einen einzelnen Codeblock erstellt wird, der von einer Programmiersprache manipuliert wird. Abbildung 7.4 illustriert eine solche Komponente – ein Kombinationsfeld, mit dem Flugtickets spezifiziert und gekauft werden können.

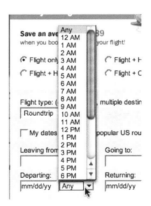

Abb. 7.4: Einfaches Beispiel für einen verankerten Zustand

Abbildung 7.4 zeigt ein Kombinationsfeld, das nach dem Anklicken eine Liste der verfügbaren Abflugzeiten anzeigt. Das Feld ist groß genug, um zahlreiche Abflugzeiten mit einem Minimum von Scrolling anzuzeigen. Es ist funktional und repräsentiert die Daten in einem Format, das von JavaScript und einer Server-

Anwendung leicht verarbeitet werden kann. Einige Entwickler betrachten diese Art von Benutzerschnittstelle als entwicklerfreundlich, aber benutzerunfreundlich.

Aus Sicht einer Benutzerschnittstelle ist das Kombinationsfeld nicht optimal, aber wir würden es aufgrund unserer traditionellen Programmiergewohnheiten einsetzen. Alternativ könnten wir kleine Uhren konstruieren und dem Anwender die Möglichkeit geben, die gewünschte Zeit anzuklicken. Mit den Uhren könnte der Anwender die Zeit schneller wählen und sogar Viertelstundenabschnitte angeben. In dem Kombinationsfeld aus Abbildung 7.4 können nur ganze Stunden gewählt werden.

Ein weiterer Ansatz wäre die Verwendung zweier separater Komponenten, um einen Wert auszuwählen. Jede Komponente würde die bestmögliche Repräsentation erhalten. Die bevorzugte Zeit könnte statisch mit einem Textfeld angezeigt werden. Die zweite Komponente könnte eine benutzerfreundliche Methode zur Auswahl der Zeit präsentieren. Ein solches Beispiel für die Anwendung zweier separater Komponenten existiert bereits in Form eines Kalenders (siehe Abbildung 7.5).

Abb. 7.5: Einen einzigen Zustand mit zwei Komponenten festlegen

Abbildung 7.5 zeigt ein Textfeld, das eine rechnerfreundliche Komponente repräsentiert und ein Beispiel für die Formatierung des Datums enthält. Das Datum soll in der Form *mm/dd/yy* eingegeben werden. Das Datumsformat ist kryptisch und nicht intuitiv verständlich, dennoch scheinen die meisten Anwender zu wissen, was es bedeutet. Diese Formatierung ist ein Beispiel für die unglaublichen Schnittstellenmarotten, die die meisten Anwender widerspruchslos akzeptieren, weil sie rechnerfreundlich sind. Dagegen ist die zweite Komponente, das größere Kalenderfenster, benutzerfreundlich. Wenn der Anwender einen Tag in einem Monat auswählt, aktualisiert diese benutzerfreundliche Komponente den Inhalt der rechnerfreundlichen Komponente. Der Anwender muss die Formatierung nicht verstehen; das Datum könnte sogar als Anzahl der Sekunden seit dem 1.1.1970 formatiert werden.

Die meisten Anwender werden die beiden Komponenten als eine einzelne Komponente, die so genannte *Kalenderkomponente*, wahrnehmen, die ein Beispiel für das *Representation Morphing*-Pattern darstellt. Wichtig dabei ist: Der Kalender basiert letztlich auf zwei optimalen Repräsentationen, einer benutzerfreundlichen und einer rechnerfreundlichen, wobei das Modell (das Datum) aus einer Repräsentation in die andere umgewandelt wird.

Die Kalenderkomponente ist natürlich trivial und könnte zu der Frage veranlassen, worin der Unterschied zwischen Komponenten und dem *Representation Morphing*-Pattern besteht. Hier die Antwort:

- Traditionelle Komponenten sind so programmiert, dass ihr Zustand während ihrer Laufzeit bestimmt wird.
- Traditionelle Komponenten sind fest miteinander verknüpft, weshalb die Umwandlung des Modells aus einer Repräsentation sehr unflexibel ist.
- Bei traditionellen Komponenten wird das Modell mit externen Zugriffsmechanismen umgewandelt, während ihre Interna als privat gelten.

Kurz gesagt: Bei der Implementierung des *Representation Morphing*-Patterns definieren Sie eine Struktur, in der das Modell, die View und der Controller Teil der Repräsentation sind. Die Motivation für die Anwendung des *Representation Morphing*-Patterns lässt sich folgendermaßen beschreiben:

- Es soll ein Programmiermodell geschaffen werden, bei dem das Modell, die View und der Controller eigenständig sind und gespeichert und geladen werden können. Damit soll es möglich sein, Workspaces zu erstellen, die von einem Entwickler gespeichert werden können.
- Es soll eine flexible Kombination von Repräsentationen ermöglicht werden, um den jeweils optimalen Ansatz zur Manipulation wählen zu können. Ein einfaches Beispiel ist die Fähigkeit, ein HTML-Formular so umzuwandeln, dass auch blinde oder fast blinde Anwender auf Inhalte zugreifen können.
- Zustände sollen so definiert werden können, dass Workflow-Anwendungen verwendet werden können, ohne dass eine größere Anzahl von Objekten miteinander verknüpft werden müsste.

Die Idee besteht darin, ein Modell der Programmierung zu schaffen, in dem das Modell, die View und der Controller untereinander interagieren können. Ein Anwender soll das Modell direkt oder mit Hilfsfunktionen manipulieren können, aber das Modell soll nicht vor dem Anwender der Repräsentation verborgen werden. Die Idee, mit einem Skript in die interne Arbeitsweise einer Komponente einzugreifen, verstößt gegen das Prinzip der Datenkapselung der objektorientierten Programmierung. Aber das Ziel des *Representation Morphing*-Patterns besteht nicht darin, das Modell, aus dem die Komponente besteht, zu abstrahieren, sondern zu standardisieren. Bei objektorientierten Programmiertechniken wird vom internen

Zustand abstrahiert, damit sich dieser ändern kann, ohne dass der Code des Anwenders geändert werden muss. Bei dem *Representation Morphing*-Pattern soll das Modell konstant bleiben, und die Repräsentation soll sich ändern.

7.3 Anwendbarkeit

Technisch ausgedrückt, bedeutet dies: Das *Representation Morphing*-Pattern wird immer dann verwendet, wenn eine Repräsentation von Daten in eine andere transformiert wird. Beispielsweise werden bei Anwendungen zur Datenerfassung häufig zwei verschiedene Repräsentationen benötigt: eine zum Anzeigen der Daten und eine zum Editieren der Daten. In dem Abschnitt *Implementierung* wird die Transformation zwischen diesen beiden Repräsentationen illustriert.

Wikis sind ein weiteres, sehr passendes Beispiel für die Anwendung des *Representation Morphing*-Patterns. Ein Wiki ist eine webbasierte Anwendung, mit der Dokumente verwaltet werden, die von den Anwendern angezeigt und/oder geändert werden können. Ein Wiki ist ein ideales Beispiel für eine Anwendung, die über einen gemeinsamen Zustand, aber mehrere verschiedene Repräsentationen (Editieren, Versionieren, Kommentieren und Anzeigen) verfügt.

Das *Representation Morphing*-Pattern eignet sich auch gut zur Navigation, wenn der angesteuerte Zustand unterschiedlich dargestellt werden soll, etwa bei der Umwandlung einer HTML-Seite in eine andere, druckerfreundliche HTML-Seite.

Mit dem *Representation Morphing*-Pattern können Repräsentationen zur weiteren Verarbeitung an einen Server gesendet werden. Mit einem solchen Ansatz können die Beschränkungen von HTML-Formularen überwunden werden, indem auch die Übertragung komplizierter Strukturen zugelassen wird. Der Vorteil, eine Repräsentation direkt an den Server zu senden, besteht darin, dass der Client nichts verarbeiten muss. Ein Client kann das *Content Chunking*- oder das *Persistent Communication*-Pattern nutzen, ohne umfangreiche Serialisierungsroutinen zu implementieren.

Das *Representation Morphing*-Pattern wäre nicht geeignet, wenn die Anwendung zur Datenerfassung die Daten generieren und vergessen würde. Bei einer solchen Anwendung werden die übermittelten Daten in einen anderen Zustand transformiert. Nachdem der Zustand transformiert worden ist, wird die Implementierung des *Representation Morphing*-Patterns komplizierter, und zwar weil möglicherweise ein Zustand verloren geht, der von einer Repräsentation benötigt wird. Nehmen Sie beispielsweise an, Sie wollten eine Webanwendung erstellen, die zwei Zahlen addiert. Wenn serverseitig die beiden Zahlen addiert werden, dann aber nur die Summe zurückgegeben wird, geht die Information über die beiden Summanden verloren. Diese werden aber von der Repräsentation benötigt, um die zugehörige Sicht auf die Summe zu generieren.

7.4 Verwandte Patterns

Das *Representation Morphing*-Pattern stützt sich auf Inhaltsblöcke, die entweder mit einem Zustand oder einer Repräsentation zu tun haben. Da die Inhaltsblöcke gesendet oder empfangen werden können, nutzt dieses Pattern das *Content Chunking*-Pattern. Wenn Inhalte mit dem *Content Chunking*-Pattern empfangen werden, kann das *Permutations*-Pattern angewendet werden. Das *Representation Morphing*-Pattern ist eine Form des *Permutations*-Patterns, die für die Clientseite bestimmt ist.

Genauer gesagt, imitiert das *Representation*-Pattern das *Permutations*-Pattern, außer dass das *Representation*-Pattern keinen URL hat. Der URL ist in der Repräsentation das Modell. Das *Representation Morphing*-Pattern wird verwendet, wenn das *State Navigation*-Pattern implementiert wird. Der Zweck des *Representation Morphing*-Patterns besteht darin, den Zustand zu definieren, der von dem *State Navigation*-Pattern verwaltet wird.

7.5 Architektur

Technisch wird mit dem *Representation Morphing*-Pattern eine Repräsentation definiert, die einen Zustand hat, der in eine andere Repräsentation (und zurück) transformiert werden kann, ohne dass sich der Zustand ändert. In den Abschnitten *Architektur* und *Implementierung* wird die *Model View Controller*-Analogie aufgegeben, weil diese zwar einen guten ersten Eindruck des *Representation Morphing*-Patterns vermittelt, sich aber nicht zur Erklärung der praktischen Details eignet. Bei kritischer Betrachtung zeigen sich bei diesen praktischen Details grundlegende Unterschiede zwischen dem *Representation Morphing*-Pattern und der *Model View Controller*-Architektur.

7.5.1 Grundlegende Theorie

Die Architektur des *Representation Morphing*-Patterns behandelt den Zustand als Basis der Repräsentation. Die Repräsentation hängt vom Zustand ab, dieser aber nicht von der Repräsentation. Dies bedeutet: Zwei Repräsentationen können denselben Zustand haben, aber unterschiedlich anzeigen. Doch der Zustand ist für beide Repräsentationen buchstäblich identisch. Abbildung 7.6 zeigt anhand einer genaueren Darstellung des Kalenders und seiner zugrunde liegenden HTML-Struktur, wie dies funktionieren könnte.

In Abbildung 7.6 wird der gemeinsame Zustand durch die Attribute `value` und `date` repräsentiert. Das Format der beiden Attribute ist identisch; nur ihre Bezeichner unterscheiden sich. Sie sollten es vermeiden, den Zustand in seine Basiskomponenten zu zerlegen (bei einem Datum wären dies `month`, `day` und `year`). Denn dies würde bedeuten, dass ein externes Skript, das auf den Zustand zugreift, wissen müsste, wie der Zustand zerlegt wird. Zwar könnte man einwenden, der Zustand sei bereits zerlegt, weil der Kalender zwei verschiedene Attributbezeichner verwendet, doch diese modifizierten Bezeichner sollen illustrieren, dass das *Representation Morphing*-Pattern wahrscheinlich eine gewisse Flexibilität im Hinblick auf die Identifizierung des Zustands, nicht aber im Hinblick auf seinen Wert haben muss. Natürlich bestünde die ideale Lösung darin, den Zustand über alle Repräsentationen hinweg 100-prozentig identisch zu identifizieren, aber das ist nicht immer möglich.

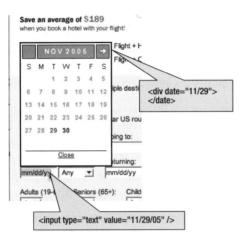

Abb. 7.6: Transformierter Zustand zwischen Textfeld und Fenster

Da die Zustandswerte über die Repräsentationen hinweg identisch bleiben, können Sie die Repräsentationen ohne Informationsverlust transformieren. In dem Moment, in dem der Zustandswert zerlegt werden muss, laufen Sie Gefahr, Informationen zu verlieren. Dies soll nicht bedeuten, dass eine Repräsentation den Zustandswert nicht zerlegen dürfe. Bei dem *Representation Morphing*-Pattern geht es darum, dass einzelne Repräsentationen den Zustandswert so zerlegen dürfen, wie für ihren Kontext nützlich ist. Wird der Zustand außerdem in die Repräsentation eingebettet, wird gewährleistet, dass er nicht verloren geht, wenn er temporär im Kontext der Ausführung eines JavaScript-Dokuments existiert.

7.5.2 Warum das Pattern keine HTML-Komponente ist

Nachdem Sie die grundlegende Theorie des *Representation Morphing*-Patterns kennen gelernt haben, könnten Sie sich fragen, wodurch es sich von einer Komponente unterscheidet. Komponenten und Patterns haben denselben Zweck, nämlich Daten auf mehrere Arten zu präsentieren.

Weiter vorne habe ich traditionelle Komponenten beschrieben. Nachdem Sie die Architektur des Patterns näher kennen gelernt haben, will ich die Attribute der Implementierung des *Representation Morphing*-Patterns definieren:

- Die Repräsentation und der Zustand werden zu einem einzigen Teilinhalt zusammengefasst.
- Der innere Aufbau der Komponente wird veröffentlicht und kann von anderen Repräsentationen manipuliert werden.
- Die Repräsentation zu übertragen, bedeutet, einen eigenständigen Workspace zu übertragen, der später erneut instanziert werden kann.
- Eine Repräsentation kann mit anderen Repräsentationen kombiniert werden, die sich im Laufe der Zeit entwickeln; sie kann neue Funktionalitäten erstellen, an die der Entwickler der Webanwendung ursprünglich gar nicht gedacht hat.
- Mit der Logik, die in der Repräsentation verwendet wird, wird der Zustand manipuliert und nicht bewahrt (beispielsweise wird keine JavaScript-Variable verwendet, um den Zustand zu bewahren).

Kurz gesagt: Der große Unterschied zu den meisten, auf Benutzerschnittstellen basierenden Komponenten besteht darin, dass diese keinen Zustand haben, wenn sie instanziert werden. Dagegen gibt es einen Zustand, wenn eine Repräsentation instanziert wird, die das *Representation Morphing*-Pattern implementiert. Als Folge davon können zwei Instanzen funktional identischer Repräsentationen möglicherweise zwei vollkommen verschiedene Zustände enthalten.

Das *Representation Morphing*-Pattern implementiert eines der Konzepte, die durch die dynamische Programmierung ermöglicht werden. Die gesamte Architektur des *Representation Morphing*-Pattern basiert auf den Fähigkeiten dynamischer Sprachen und dem DHTML-Objektmodell. Dynamische Sprachen (siehe den Eintrag in Wikipedia: http://en.wikipedia.org/wiki/Dynamic_language) werden auch als *Skriptsprachen* bezeichnet. Dynamische Sprachen verfügen über die spezielle Fähigkeit, Funktionen, Module oder Klassentypen während der Ausführung von Programmen zu definieren, hinzuzufügen oder zu löschen und diese Änderungen zwecks späterer Ausführung als Workspace zu persistieren. In Sprachen wie Java oder C# kann Derartiges nicht oder wenigstens nicht so leicht wie in dynamischen Sprachen realisiert werden.

Das folgende Beispiel zeigt, wie eine dynamische Sprache arbeitet:

```
function createTypeAndProperty() {
    var obj = new Object();
    obj.prop = 12345;
    return obj;
}
```

In der Funktion `createTypeAndProperty` referenziert die Variable `obj` den Typ `Object`, der über eine minimale Menge von Eigenschaften und Methoden verfügt. Der Eigenschaft `prop` wird dynamisch der Wert `12345` zugewiesen. In dem Typ `Object` existiert keine Definition von `prop`, aber eine dynamische Sprache erlaubt eine solche willkürliche Zuweisung. In Java oder C# würde dieses Beispiel wegen der unvollständigen Definition Probleme beim Kompilieren verursachen. Die dynamische Zuweisung der Eigenschaft gehört zum grundlegenden Design einer dynamischen Sprache. Folglich können Sie in einer dynamischen Sprache nach Bedarf Eigenschaften definieren, die Methoden oder Datenelemente repräsentieren. Im Kontext des Patterns bedeutet dies, dass die Eigenschaften bereits vorhandenen HTML-Elementen zugewiesen werden können. Für die Implementierung des *Representation Morphing*-Patterns wird eine dynamische Sprache benötigt, weil sich der Zustand einschließlich des Typs des gespeicherten Zustands dynamisch ändert.

Außerdem muss der Entwickler aufhören, mit statischen Programmiertechniken zu arbeiten. Der folgende Quellcode illustriert zwei JavaScript-Funktionen; die eine verwendet statische Programmiertechniken, die andere dynamische:

```
var value;

function AssignStatic() {
    value = document.getElementById("form-element") .value;
}

function AssignDynamic() {
    document.getElementById("div-variable").innerHTML =
        document.getElementById("form-element").value;
}
```

Nehmen wir an, mit beiden Funktionen solle ein Zustand verarbeitet werden, der in ein HTML-Formularelement eingegeben wird. Die Funktion `AssignStatic` überträgt den Zustand aus dem HTML-Formularelement in die Variable `value`. Die Funktion `AssignDynamic` überträgt den Zustand ebenfalls, allerdings weist sie den Wert dem `div`-HTML-Element `div-variable` zu.

Wenn der Zustand direkt in der Repräsentation gespeichert wird, können Sie Inhalte übertragen, indem Sie die Repräsentation übertragen. Aus einer traditionellen Client-Perspektive sieht dies so aus, als würde Text aus einem Textfeld in einem anderen Benutzerschnittstellenelement gespeichert und nicht an das ausgeführte Programm übergeben. Die Repräsentation ist eigenständig; und wenn sie übertragen wird, funktioniert sie immer noch – wenn auch mit einigen Einschränkungen, die im Abschnitt *Implementierung* erklärt werden. Es ist nicht möglich, den Inhalt eines HTML-Codeblocks zu übertragen, ohne vorher ausdrücklich den Zustand des laufenden JavaScript-Codes an einen anderen Inhaltsblock zu übergeben.

7.5.3 Zustandsblöcke definieren

Der Entwurf des *Representation Morphing*-Patterns erfordert die Definition von Zustandsblöcken, die mit einer Repräsentation verbunden sind. Eine Repräsentation ähnelt einem Inhaltsblock, der von dem *Content Chunking*-Pattern definiert wird. Abbildung 7.7 zeigt ein HTML-Ausgangsformular, mit dem gezeigt wird, wie ein HTML-Formular in eine Reihe von Inhaltsblöcken umgewandelt wird, die dem *Representation Morphing*-Pattern entsprechen.

Abb. 7.7: HTML-Beispielformular (Der HTML-Quellcode befindet sich unter http://demo.xoad.org/examples/forms/ und verwendet das XOAD-Toolkit.)

Abbildung 7.7 zeigt ein HTML-Formular mit diversen HTML-Formularelementen wie Textfeldern, Kombinationsfeldern usw. Das HTML-Formular wird verwendet, um Daten zu erfassen, und ist ein klassisches Beispiel für ein Formular, das rechnerfreundlich, aber in vielen Aspekten benutzerunfreundlich ist. Die folgenden Punkte erläutern, warum das HTML-Formular benutzerunfreundlich ist:

- Was passiert, wenn Sie älter als 65 sind? Das Kombinationsfeld AGE (Alter) kann maximal 65 Einträge aufnehmen. Dieses Problem ist von Scott Meyers als *Keyhole-Problem* bezeichnet worden (http://www.aristeia.com/).
- Was passiert, wenn Ihr Namensmuster nicht dem klassischen Modell *Vorname und Nachname* entspricht? Viele Kulturen haben andere Namenskonventionen.
- Was passiert, wenn Ihr Land nicht über Bundesstaaten verfügt oder keine Postleitzahlen kennt?
- Was passiert, wenn die Telefonnummer nicht dem klassischen Muster *Vorwahl und siebenstellige Nummer* entspricht? Wo wird eine Durchwahl eingefügt?
- Warum muss das Textfeld COMMENTS (Kommentare) eine feste Zahl von Zeilen und Spalten haben, die nur für die simpelsten Informationen ausreichen?
- Warum muss das Listenfeld BROWSER(S) Elemente enthalten, die nur über die Scrollbar sichtbar gemacht werden können?

Architektur

- Warum müssen Abkürzungen (wie etwa WA für den Bundesstaat) verwendet werden, die möglicherweise nicht alle Anwender kennen?
- Warum sind die Textfelder in dem HTML-Formular nicht breit genug?

Mit diesem HTML-Formular können die Daten angezeigt werden; aber wenn die Daten editiert werden, sollte eine andere Repräsentation verwendet werden. Natürlich könnte man fragen, warum überhaupt ein HTML-Formular verwenden, wenn die Daten in einer anderen Repräsentation editiert werden sollen? Auch wenn dies stimmt, verfügen die meisten Anwendungen heute über HTML-Formulare; und es ist sinnvoller, sich zu überlegen, wie HTML-Formulare und das *Representation Morphing*-Pattern interagieren können. Um das HTML-Formular so zu konvertieren, dass es das *Representation Morphing*-Pattern verwendet, müssen einzelne Zustände definiert werden (siehe Abbildung 7.8).

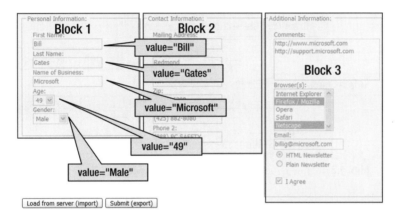

Abb. 7.8: Das umgewandelte HTML-Beispielformular mit drei Zustandsblöcken

Abbildung 7.8 zeigt drei Zustandsblöcke. Die Definition dieser Blöcke lehnt sich an die Gruppierung der Elemente auf der Seite an. Denn wenn Sie etwas gruppieren, schaffen Sie eine Verbindung zwischen den gruppierten Elementen. Es ist jedoch nicht notwendig, einen Zustand pro Gruppierung zu erstellen; es könnte auch mehrere Gruppierungen pro Zustand geben. Im Wesentlichen geht es darum, einen Repräsentationsblock zu definieren, der einen Zustand enthält. In dieser Erklärung möchte ich mich auf den Block 1 aus Abbildung 7.8 konzentrieren. Block 1 ist eine Repräsentation, die einen Zustand enthält, der aus fünf Datenelementen besteht. Diese fünf Datenelemente bilden das Modell, das extrahiert und in verschiedene Repräsentationen eingefügt werden wird.

HTML-Formularelemente sind nützlich, um Daten zu erfassen, aber sie hindern den Anwender daran, die Daten zu verstehen, weil das Layout der Daten in der Regel unregelmäßig ist. Um dem Anwender zu helfen, die Daten beim Betrachten leichter zu verstehen, sollte HTML ohne Formularelemente verwendet werden.

Abbildung 7.9 zeigt, wie der Zustand von Block 1 ohne HTML-Formular aussehen würde.

Abbildung 7.9 zeigt eine neue Repräsentation von Block 1 aus Abbildung 7.8. Sie ist kompakter und schon auf den ersten Blick leichter lesbar. Was das Lesen angeht, ist sie also benutzerfreundlicher. Der Zustand aus Abbildung 7.9 ist in einer Reihe von HTML-span-Tags enthalten. Jedes einzelne span-Tag verfügt über einen Bezeichner, der dem Bezeichner aus Abbildung 7.8 ähnelt. Der Zustand aus Abbildung 7.9 ist auch die Repräsentation, was der folgende HTML-Code zeigt:

```
<td><span id="first-name">Bill</span>,
    <span id="last-name">Gates</span><br />
...
</td>
```

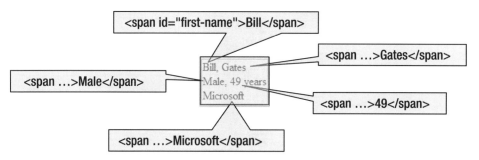

Abb. 7.9: In eine neue Repräsentation umgewandelter Zustandsblock

DHTML bietet unter anderem den Vorteil, dass ein Zustand in eine Repräsentation eingebettet werden kann, weshalb es nicht notwendig ist, den Zustand in einer Variablen zu speichern, die im Kontext eines JavaScript-Skripts ausgeführt wird. Der Zustand wird mit der Eigenschaft `document.getElementById("div").innerHTML` zugewiesen oder abgerufen. Dies ist ein Vorteil des *Representation Morphing*-Patterns: Der Zustand muss nicht aus dem Speicher eines ausgeführten Skripts in eine Repräsentation (und umgekehrt) umgewandelt werden. Die einzige Anforderung besteht darin, dass der Zustand so gespeichert sein muss, dass ein Skript die Daten leicht abrufen kann.

Einige erkennen möglicherweise, dass das *Representation Morphing*-Pattern Xforms ähnelt (http://www.w3.org/MarkUp/Forms/). Obwohl das *Representation Morphing*-Pattern wie ein Xform verwendet werden könnte, besteht sein Hauptzweck darin, einen Zustand zu erstellen, der in eine Repräsentation eingebettet ist. Der Zustand könnte ein Formular repräsentieren, muss es aber nicht. Der Zustand könnte ein HTML-Dokument sein, das im Laufe der Zeit manipuliert wird, etwa ein Dokument einer Textverarbeitung.

Das *Representation Morphing*-Pattern kommt ins Spiel, wenn der Zustand aus Abbildung 7.9 in ein HTML-Formular umgewandelt wird, mit dem der Anwender die Daten editieren kann. Nachdem der Zustand editiert worden ist, wird die Repräsentation mit den neuen Werten wieder in die Form aus Abbildung 7.9 umgewandelt. Diese Transformation ist eine Umwandlung oder Umformung (Morphing) der Repräsentation unter Verwendung eines gemeinsamen Zustands. Sie wird in Abbildung 7.10 illustriert.

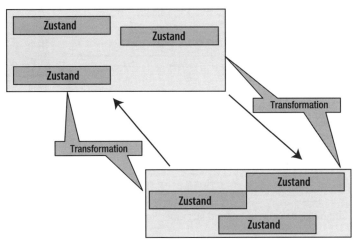

Abb. 7.10: Morphing von einem Zustand in einen anderen

Abbildung 7.10 zeigt zwei Zustände mit zwei Repräsentationen. Die Pfeile zeigen die Richtung der Umwandlung an. Die TRANSFORMATION-Blöcke repräsentieren die Funktionalität, mit der der Zustand aus einer Repräsentation in eine andere ungewandelt wird. Es ist wichtig, über die Fähigkeit zur bidirektionalen Umwandlung zu verfügen, weil nur dadurch gewährleistet werden kann, dass der Zustand nicht verloren geht oder beschädigt wird. Diese bidirektionale Fähigkeit geht zurück auf das Beispiel, in dem zwei Zahlen addiert und nur das Ergebnis zurückgegeben wurde. Für ein konsistentes bidirektionales Verhalten wäre es erforderlich, das Ergebnis als Kombination aus den beiden zu addierenden Zahlen und der Summe zu definieren.

Abbildung 7.11 zeigt ein Beispiel für die Implementierung des *Representation Morphing*-Patterns: das Wiki *TiddlyWiki*, eine Anwendung, die ohne Server läuft.

Möglicherweise implementiert TiddlyWiki das *Representation Morphing*-Pattern nicht vollkommen, aber das Konzept ist realisiert. Es gibt eine Repräsentation, mit der der Zustand editiert wird, und eine Repräsentation, mit der er angezeigt wird. Jede Repräsentation ist im Hinblick auf ihren Zweck optimal. Beide basieren auf demselben Zustand, und durch den Wechsel aus einer Repräsentation zu der anderen werden keine Daten zu dem Zustand hinzugefügt oder aus ihm entfernt.

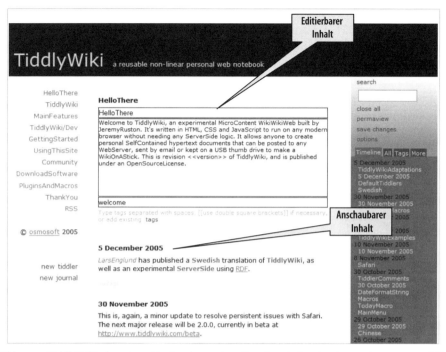

Abb. 7.11: TiddlyWiki, das einen Zustand aus einer Repräsentation in eine andere umwandelt

7.6 Implementierung

Die Implementierung des *Representation Morphing*-Patterns konzentriert sich auf die Definition des Zustands (vergleiche Abbildung 7.8) und seine Umwandlung (vergleiche Abbildung 7.9). In diesem Abschnitt wird zunächst eine reine JavaScript-Lösung als Beispiel implementiert. Das zweite Beispiel besteht aus einer vereinfachten Implementierung, die zeigt, wie Inhalte per XSLT aus einer Repräsentation in eine andere umgewandelt werden können. Unabhängig von der Lösung erfordert eine komplette Implementierung des Patterns spezielle Techniken, um die Probleme von DHTML zu umgehen.

7.6.1 Das Framework implementieren

In diesem Beispiel soll das *Representation Morphing*-Pattern für den Zustand von Block 1 aus Abbildung 7.9 komplett implementiert werden. Es wandelt die Repräsentation zur Editierung des HTML-Formulars in eine Repräsentation zur Anzeige und dann in eine weitere Repräsentation zur Editierung um. Die Umwandlung in die zweite Repräsentation zur Editierung erfolgt per XSLT. Insgesamt umfasst das Beispiel drei Repräsentationen, aber natürlich nur einen Zustand. Abbildung 7.12 zeigt alle Repräsentationen nebeneinander, allerdings ohne Zustand. Natürlich wird auf Ihren HTML-Seiten der Übergang aus einer Repräsentation zu einer anderen (ähnlich wie in Abbildung 7.11) auch optisch ansprechend erfolgen.

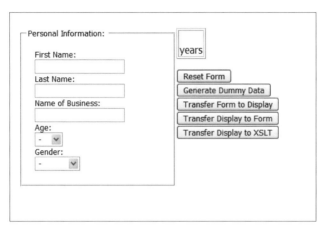

Abb. 7.12: HTML-Beispielseiten ohne Zustand

Abbildung 7.12 zeigt drei Repräsentationen ohne Zustand. Die erste ist die Gruppe mit den Personendaten, die zweite eine Tabelle mit der Bezeichnung YEARS und die dritte das unsichtbare div-Element, zwischen der zweiten Repräsentation und der Schaltfläche RESET FORM. Wenn alle Repräsentationen mit Daten gefüllt sind, sieht die HTML-Seite ähnlich wie die aus Abbildung 7.13 aus.

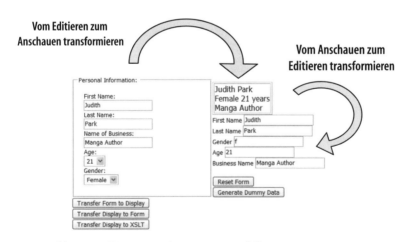

Abb. 7.13: HTML-Beispielseite mit ausgefüllten Repräsentationen

Abbildung 7.13 zeigt links die erste Repräsentation zum Editieren der Daten. Sie besteht aus einem HTML-Formular, das einige Daten enthält. Der Zustand wird von der ersten Repräsentation in die zweite und von dort in die dritte Repräsentation übertragen. Das Besondere der dritten Repräsentation ist ihre Form: Sie besteht aus rohen, rechnerfreundlichen Daten. Beachten Sie, dass das Geschlecht in der ersten und zweiten Repräsentation FEMALE lautet, in der dritten Repräsentation jedoch nur durch den Buchstaben F angegeben wird. Der Grund dafür liegt darin, dass die Daten für das Geschlecht im Rohzustand entweder aus einem f oder einem m bestehen. In der ersten und zweiten Repräsentation werden diese Daten in ein benutzerfreundlicheres MALE oder FEMALE umgewandelt.

Der abgekürzt HTML-Code sieht etwa folgendermaßen aus:

```html
<html>
    <body>
        <div id="htmlform">
            <script id="scripthtmlform" language="JavaScript"></script>
            <div>
            </div>
        </div>
        <div id="htmldisplay">
            <script id="scripthtmldisplay" language="JavaScript"></script>
            <div>
            </div>
        </div>
        <div id="htmlxslt">
            <div id="xsltFromSpan" style="visibility: hidden">
                <![CDATA[]]>
            </div>
            <script language="JavaScript"></script>
            <div id="htmlxsltdest">
            </div>
        </div>
    </body>
</html>
```

Das body-Element in dem abgekürzten HTML-Code enthält drei div-Unterelemente für je eine Repräsentation. Jede Repräsentation enthält eine Reihe von HTML-Unterelementen, die direkt der *Model View Controller*-Architektur zugeordnet werden können. Der Zustand ist das Modell. Er ist in einem div-Unterelement enthalten. Der Controller ist in dem script-Element enthalten, und die View ist in einem weiteren div-Unterelement enthalten. Dadurch, dass das Modell, die View und der Controller Unterelemente eines div-Elements sind, gibt es für ein JavaScript-Skript einen einzelnen Referenzpunkt, über den Funktionen zugreifen können, um Daten einzufügen oder zu extrahieren.

7.6.2 Die Repräsentationsreferenzpunkte implementieren

Es gibt zwei Arten von Repräsentationsreferenzpunkten: JavaScript und XSLT. Ein JavaScript-Repräsentationsreferenzpunkt wird verwendet, wenn der Zustand mit

JavaScript extrahiert und transformiert wird. Ein XSLT-Repräsentationsreferenzpunkt wird verwendet, wenn der Zustand per XSLT-Sheet eingefügt wird.

Die Details eines JavaScript-Repräsentationsreferenzpunktes

Wenn ein Zustand aus einer Repräsentation in eine andere übertragen wird, müssen beiden Repräsentationen etwas gemeinsam haben. Die Gemeinsamkeit könnte aus einem identischen Zustand bestehen, der durch eine XML-Struktur innerhalb der HTML-Inhalte repräsentiert wird, oder aus einem identischen Satz von Methoden. Mit der Gemeinsamkeit wird der Zustand aus einer Repräsentation extrahiert und einer anderen Repräsentation zugewiesen.

Die Gemeinsamkeit besteht in diesem Beispiel aus einem Satz von Methoden namens `assignState` und `extractState`. Zum Zweck der Referenzierung wird die Funktion `el` der Funktion `document.getElementById` zugeordnet:

```
<html>
    <body>
        <div id="htmlform">
            <script id="scripthtmlform" language="JavaScript">
                el("htmlform").assignState = function(state) { }
                el("htmlform").extractState = function() {
                    return state; }
            </script>
            <div>
            </div>
        </div>
        <div id="htmldisplay">
            <script id="scripthtmldisplay" language="JavaScript">
                el("htmldisplay").assignState = function(state) { }
                el("htmldisplay").extractState = function() {
                    return state; }
            </script>
            <div>
            </div>
        </div>
    </body>
</html>
```

Der fett hervorgehobene Code wird ausgeführt, wenn die HTML-Seite geladen wird. Er tut zwei Dinge: Er definiert die Methoden, mit denen der Zustand extrahiert und zugewiesen wird, und er weist diese Methoden einem HTML-Element zu. Der Code weist die Funktionen `assignState` und `extractState` den referenzierten `div`-Elementen `htmlform` und `htmldisplay` zu. Das Besondere dieser Methodenzuweisung liegt darin, dass die Funktionalität der `div`-Element damit dynamisch erweitert wird. Die Methode `assignState` akzeptiert ein Objekt, das den Zustand aus einer anderen Repräsentation enthält. Die Methode `extract-`

`State` ruft den zu einer Repräsentation gehörigen Zustand als Objekt ab. Um den Zustand aus einer Repräsentation auf eine andere zu übertragen, wird die folgende Methode aufgerufen:

```
el("htmlform").assignState(el("htmldisplay").extractState());
```

Das generierte Zustandsobjekt bildet die Gemeinsamkeit zwischen mehreren Repräsentationen. Es ist wichtig zu erkennen, dass die generierten Zustandsobjekte nur für die Transformation verwendet werden. Die Implementierung der Funktionen `assignState` und `extractState` kann schwierig sein, weil es zwei Implementierungstechniken gibt: Bei der einen Technik wird der Code generisch geschrieben, bei der anderen spezifisch. Den Code *generisch* zu schreiben, bedeutet den Zustand so mit einem konsistenten Programmierstil in einer Repräsentation zu speichern, dass generische Routinen zur Extraktion und Zuweisung erstellt werden können. Den Code *spezifisch* zu schreiben, bedeutet, explizit Elemente zu definieren, mit denen der Zustand extrahiert und zugewiesen wird.

Wir wollen beide Ansätze näher betrachten und eine optimale Lösung entwickeln. Die folgende Implementierung der Funktion `extractState` verwendet den spezifischen Ansatz:

```
el("htmlform").extractState = function () {
    var obj = new Object();
    obj.firstName = el("first-name").value;
    obj.lastName = el("last-name").value;
    obj.businessName = el("business-name").value;
    obj.age = el("age").value;
    obj.gender = el("gender").value;
    return obj;
}
```

In diesem Beispiel wird eine Variable vom Typ `Object` erstellt, die das Zustandsobjekt repräsentiert. Dann werden die Eigenschaften firstName, lastName usw. einzeln referenziert, um die HTML-Inhalte abzurufen, und entsprechenden (dynamisch erstellten) Eigenschaften des Objekts zugewiesen. HTML-Inhalte manuell zu referenzieren und nachfolgend zuzuweisen ist ein traditioneller statischer Programmieransatz, bei dem es ein Problem gibt: Wenn die HTML-Inhalte aktualisiert werden, müssen die Funktionen, die spezielle HTML-Elemente referenzieren, ebenfalls aktualisiert werden. Dies führt dazu, dass ein Zustand in dem JavaScript-Code definiert wird, was der Intention des *Representation Morphing*-Patterns zuwiderläuft.

Eine bessere Methode, um die Funktion `extractState` zu schreiben, verwendet generische Routinen zur Extraktion. Sie arbeitet mit der View der Repräsentation. Bei einer generischen Implementierung werden alle HTML-Unterelemente der

View in dem div-Element iteriert. Die Elemente, die einen Coding-Standard implementieren, repräsentieren einen Zustand. Sie werden bei der Iteration in ein Objekt kopiert. Der folgende Codeabschnitt zeigt eine generische Implementierung der Funktion extractState:

```
function parseElement(obj, element) {
    if(element.nodeType == 1) {
        if(element.nodeName.toLowerCase() == "input" ||
            element.nodeName.toLowerCase() == "select") {
            if(element.name) {
                obj[element.name] = element.value;
            }
        }
        for(var i = 0; i < element.childNodes.length; i ++) {
            parseElement(obj, element.childNodes[i]);
        }
    }
}
el("htmlform").extractState = function () {
    var obj = new Object();
    parseElement(obj, el("mainForm"));
    return obj;
}
```

Auch in diesem Beispiel extractState wird eine Variable vom Typ Object definiert; danach wird aber die generische Funktion parseElement aufgerufen. Sie iteriert über alle HTML-Elementknoten und filtert alle HTML-Formularelemente vom Typ input und select heraus. Falls ein Elementknoten gefunden wird, werden der Name und der Wert des Elements dem Objekt obj zugewiesen. Diese Zuweisung ist sehr wichtig:

```
obj[element.name] = element.value;
```

Die eckigen Klammern zeigen an, dass ein Array referenziert wird. Doch in der Implementierung der Methode extractState wurde kein Array erstellt. Hier wird einfach eine Eigenschaft dynamisch mit einer Object-Instanz verbunden. Die eckigen Klammern enthalten einen Index. Er identifiziert eine Eigenschaft, über die das Array-Element referenziert werden kann. Wenn etwa element.name den Wert firstName hat, kann die Eigenschaft folgendermaßen referenziert werden:

```
obj.firstName = element.value;
```

Dynamische Programmiertechniken, die Eigenschaften und Methoden dynamisch zuweisen, um die Funktionalität von Objekten zu erweitern, werden von Programmierern, die mit statischen Sprachen arbeiten, skeptisch betrachtet, weil die entsprechenden Objekte kein klar definiertes Verhalten haben. Ob eine gewisse Funktionalität existiert, zeigt sich erst, wenn der Code ausgeführt wird. Doch wenn der Code richtig getestet wird, sind solche Bedenken überflüssig.

Zurück zu dem Beispiel: Das Zustandsobjekt wird mit den generischen Programmiertechniken in eine Repräsentation umgewandelt. Dies bedeutet, dass der Zustand aus der Repräsentation zur Editierung in einen Zustand für die Anzeige-Repräsentation umgewandelt wird (siehe Abbildung 7.13). In der Anzeige-Repräsentation wird der Zustand durch einzelne span-Elemente repräsentiert. Der folgende HTML-Code stellt ein Gerüst zur Verfügung, um den Zustand in der View zu speichern (ignorieren Sie im Moment den fett hervorgehobenen Code und betrachten Sie den gesamten Code):

```
<table border="1">
    <tbody>
        <tr>
            <td><span display="First Name" id="firstName"></span>
                <span display="Last Name" id="lastName"></span>
                <span display="Gender" id="gender"
                    style="visibility:hidden; ">
                </span><br />
                <span id="html-gender"></span>
                <span display="Age" id="age"></span> years<br />
                <span display="Business Name" id="businessName"></span>
            </td>
        </tr>
    </tbody>
</table>
```

Der HTML-Code generiert eine einfache Tabelle mit einer einzigen Zeile und einer einzigen Zelle. Die Zelle enthält einige span-Elemente mit Bezeichner. Die Bezeichner sind identisch mit den Eigenschaften, die in der JavaScript-Object-Instanz definiert sind. Diese Übereinstimmung ist kein Zufall, sondern Absicht, damit zwischen den Eigenschaften des Zustandsobjekts und den span-Elementen Querverweise hergestellt werden können.

In dem Beispielcode sind HTML-span-Elemente fett hervorgehoben. Das span-Element mit dem Bezeichner Gender ist mit der Eigenschaft gender des JavaScript-Objekts verbunden. Dagegen ist das span-Element mit dem Bezeichner html-gender nicht mit einer Eigenschaft des Zustandsobjekts verbunden. Dieser span-Bezeichner ist ein Transformationsfeld, das vom Controller verwaltet wird und die Eigenschaft gender repräsentiert. Die Transformation ist notwendig, weil gender im Rohzustand entweder ein f oder ein m enthält, in der Anzeige aber FEMALE bzw. MALE erscheinen soll. Der Controller hat die Aufgabe, den Rohzustand in die benutzerfreundlichere Form umzuwandeln.

Ohne die Transformation zu berücksichtigen, zeigt der folgende Quellcode, wie das Zustandsobjekt generisch in das Modell der Repräsentation transformiert wird:

```
function processElement(obj, element) {
   if(element.nodeType == 1) {
      if(element.nodeName.toLowerCase() == "span") {
         if(obj[element.id]) {
            if(element.callback) {
               element.callback(obj)
            }
            element.innerHTML = obj[element.id];
         }
      }
      for(var i = 0; i < element.childNodes.length; i ++) {
         processElement(obj,element.childNodes[i]);
      }
   }
}
el("htmldisplay").assignState = function(state) {
   processElement(state, el("htmldisplay"));
}
```

Wie bereits erwähnt, weist die Funktion `assignState` den Zustand zu. In der Implementierung von `assignState` wird die Funktion `processElement` aufgerufen, mit der einzelne HTML-Elemente der Repräsentation durchlaufen werden. Falls ein HTML-Element ein span-Element ist, wird geprüft, ob es mit dem Zustandsobjekt in dem JavaScript-Code querverbunden ist (siehe den fett hervorgehobenen Code).

Der fett hervorgehobene Code zeigt, wie eine dynamische Sprache ein Attribut automatisch mit einer Eigenschaft eines Zustandsobjekts querverbindet. Die HTML-Elementeigenschaft `element.id` repräsentiert das Attribut `id` des HTML-Elements. Diese Eigenschaft stellt die Querverbindung zwischen dem Zustandsobjekt und dem HTML-Element her. Zunächst wird geprüft, ob die Eigenschaft `element.id` in `obj` existiert. Ist dies der Fall, wird `element.callback` geprüft, um zustandsspezifische Feineinstellungen vorzunehmen. Danach wird sie der innerHTML-Eigenschaft des span-Elements zugewiesen.

Zurück zu der HTML-Eigenschaft `callback`, mit der die Operation anwendungsspezifisch angepasst werden kann. In unserem Beispiel ist dies für die span-Elemente für gender erforderlich. Eines dieser span-Elemente enthält den Zustand in rechnerfreundlicher Form, das andere in benutzerfreundlicher Form für die Anzeige. Die Umwandlung funktioniert, weil die span-Elemente mit Callbacks verbunden werden, und zwar durch die dynamischen Erweiterungsfunktionen, mit denen die Methoden `assignState` und `extractState` zugewiesen werden. Wenn der Callback aufgerufen wird, wird der zugeordnete rechnerfreundliche Zustand untersucht und in eine benutzerfreundliche Form konvertiert. Abbildung 7.14 zeigt den Ablauf der Ereignisse.

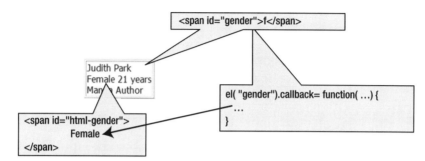

Abb. 7.14: Ablauf der Ereignisse, um eine benutzerfreundliche Repräsentation zu schaffen

In Abbildung 7.14 wird die callback-Funktion dynamisch einem span-Element zugewiesen. Sie manipuliert dann ein weiteres span-Element (html-gender), das die benutzerfreundliche Repräsentation enthält. Durch die Erweiterung eines einzelnen Elements können die generischen Routinen den Zustand generisch extrahieren oder zuweisen, während eine Feinanpassung möglich bleibt. Die callback-Funktion ist folgendermaßen implementiert:

```
local el("embedded", "gender").callback = function(state) {
    if(state.gender == "m") {
        local el ("embedded", "html-gender").innerHTML = "Male";
    }
    else if(state.gender == "f") {
        local el ("embedded", "html-gender").innerHTML = "Female";
    }
}
```

Die callback-Funktion verwendet nicht die el-Funktion, sondern die localel-Funktion. Warum? Wenn der Zustand mit generischen Routinen verarbeitet wird, verfügt jede Repräsentation über einen Bezeichner, der denselben Namen wie die Eigenschaft hat. Dies bedeutet, dass eine einzige HTML-Seite mehrere identische Bezeichner enthalten kann, was zu einem Bezeichnerkonflikt führt. Wird die Funktion document.getElementById verwendet, wird der erste gefundene Bezeichner zurückgegebenen. Die Funktion localel tut zwei Dinge: Sie sucht den Referenzpunkt der Repräsentation und iteriert dann über die Elemente der View, um das entsprechend benannte Element zu ermitteln. In dem Beispiel heißt dies, dass die Unterelemente des eingebetteten HTML-Elements nach dem Bezeichner gender durchsucht werden. Der eingebettete Bezeichner ist eindeutig und wird mit der Funktion document.getElementById abgerufen.

Implementierung

Durch Kombination der generischen Routinen mit dem zugewiesenen Element ermöglicht es die Feinanpassung, Repräsentationen zu entwickeln, die den Zustand auf allgemeine Art manipulieren. Aus der Sicht eines HTML-Entwicklers ist der Zustand in das HTML-Dokument und nicht in den JavaScript-Code eingebettet. Der folgende JavaScript-Code zeigt, wie dies funktioniert:

```
<script language="JavaScript" type="text/javascript">
function ShowContent(element) {
    ddrivetip(
        document.getElementById("txt" + element.title).innerHTML, 300);
}
</script>
<body>
...
<div>
    <span id="txtDecoupledNavigation"
        style="position:absolute;visibility:hidden; ">
        ...
    </span>
    <span id="txtRestBasedMVC"
        style="position:absolute;visibility:hidden; ">
        ...
    </span>
    <span id="txtRepresentationMorphing"
        style="position:absolute;visibility:hidden; ">
        ...
    </span>
...
<map id="patterns" name="patterns">
    <area shape="rect"#DecoupledNavigation
        onmouseover="ShowContent(this)"
        coords="105,13,204,58" href="#null"
        title= "DecoupledNavigation"
        onclick="return ShowLinks(this) ">
    </area>
```

Die Funktion ShowContent aus dem Beispiel implementiert die Logik, nach der der Parameterinhalt einer Funktion von dem title-Attribut eines HTML-Elements gesteuert wird. Der Inhalt des Parameters ergibt sich aus dem Abruf des Inhalts eines span-Elements. In dem Beispiel ist der Inhalt des span-Elements fest einprogrammiert, er könnte aber auch aus dem Aufruf eines *Content Chunking*-Patterns stammen. Außerdem sind das span-Element und sein Inhalt XML-konform; sie delegieren die schwierige Arbeit der Verarbeitung der Daten mit XHTML-Elementbezeichnern an den Webbrowser.

Die Details eines XSLT-Repräsentationsreferenzpunktes

Eine andere Möglichkeit, den Zustand aus einer Repräsentation in eine andere zu transformieren, besteht darin, XSLT (Extensible Stylesheet Language Transformations) zu benutzen. XSLT ist eine Technologie, die eine mit XML definierte Programmiersprache verwendet, um XML-Inhalte in andere textbasierte Inhalte zu transformieren. Der Zustand der Repräsentation wird als XML-konformer HTML-Code gespeichert und mit einer XSLT-Transformation aus einer Repräsentation extrahiert und in eine andere eingefügt.

XSLT erfordert zur Transformation einen Inhalt. Bei dem *Representation Morphing*-Pattern stellt die andere Repräsentation einen solchen Inhalt dar. Das Ergebnis ist eine weitere Transformation. Dies bedeutet, dass alle Repräsentationen einige gemeinsame HTML-Tags verwenden müssen, etwa HTML-Formularelemente, span-Tags oder andere gemeinsame Tags. Die gemeinsamen Tags können von anderen, unbekannten Tags umgeben sein, die in dem Kontext irrelevant sind. Kurz gesagt: Die XSLT-Transformation bewirkt dasselbe wie die Funktionen parseElement und processElement. Doch bei der XSLT-Transformation wird alles in einem Schritt und nicht in zwei Schritten (Funktionen aufrufen) erledigt. Außerdem basiert die gesamte Verarbeitung auf XML.

Wird XSLT verwendet, hat die Repräsentation keine klassische *Model View Controller*-Architektur, weil der Controller und die View kombiniert werden. Hier ist noch einmal der Ausschnitt aus dem HTML-Framework, in dem der XSLT-Referenzpunkt definiert wird:

```
<div id="htmlxslt">
   <div id="xsltFromSpan" style="visibility:hidden">
      <![CDATA[]]>
   </div>
   <script language="JavaScript"></script>
   <div id="htmlxsltdest">
   </div>
</div>
```

Ein XSLT-Referenzpunkt hat wenigstens drei Unterelemente. Das erste Unterelement, div, mit dem Bezeichner xsltFromSpan, enthält die XSLT-Transformation, mit der der HTML-Code transformiert wird. Dieses Element verfügt über einen eingebetteten CDATA-Abschnitt. Dieser Abschnitt wird benötigt, weil andernfalls Text mit Fluchtzeichen nicht korrekt verarbeitet wird (was etwas weiter unten erläutert wird). Mit dem zweiten Unterelement, script, wird das XSLT-Skript ausgeführt. Und das dritte Unterelement, ein div-Element, enthält die Repräsentation, die durch die Transformation generiert wird.

Das Beispiel enthält nur ein einziges XSLT-Sheet, das eine einzige Transformation aus einer Repräsentation in eine andere zeigt. Es werden jedoch mehrere XSLT-Sheets für weitere Transformationen benötigt. Üblicherweise werden mehrere ähnliche, aber nicht identische Transformationen verwendet. Ein Problem bei der Anwendung von XSLT besteht darin, dass eine Start- und eine Endrepräsentation erforderlich ist; dadurch ist der Aufwand beim Codieren und bei der Wartung höher als bei dem JavaScript-Ansatz, der mit einem gemeinsamen Zustandsobjekt arbeitet.

Mit dem folgenden XSLT-Sheet können die span-Elemente in die dritte Repräsentation aus Abbildung 7.13 transformiert werden:

```
<div id="xsltTransformUsingSpan" style="visibility:visible">
<![cdata[
<xsl:stylesheet>
    <xsl:template match="/">
        <xsl:apply-templates select="//span"/>
    </xsl:template>
    <xsl:template match="span">
       <xsl:if test="@display">
           <xsl:value-of select="@display" />
           <xsl:text disable-output-escaping="no">
               &lt;input type=&quot;text&quot; id=&quot;
           </xsl:text>
           <xsl:value-of select="@id" />
           <xsl:text disable-output-escaping="yes">
               &quot;value=&quot;
           </xsl:text>
           <xsl:value-of select="."/>
           <xsl:text disable-output-escaping="yes">
               &quot;/&gt; &lt;br /&gt;
           </xsl:text>
       </xsl:if>
    </xsl:template>
</xsl:stylesheet>]]>
</div>
```

Eine Beschreibung von XSLT übersteigt das Thema dieses Buches; doch ich werde die wichtigen Teile erklären, die fett hervorgehoben sind. Das fette XML-Element xsl:template ist eine Match-Anweisung, die prüft, ob ein Element bei der Iteration der HTML-Inhalte einem gewissen Wert (hier span) entspricht. Alle anderen Elemente werden ignoriert. Falls ein span-Element gefunden wird, werden mit den xsl:text-Tags HTML-Inhalte generiert. Dies ist bei der Anwendung von XSLT ein echtes Problem, da HTML-Code in das XSLT-Dokument eingebettet ist.

Weiter vorne habe ich erwähnt, dass der CDATA-Abschnitt wegen der Fluchtsequenzen im Text erforderlich ist. In die `xsl:text`-Tags sind die Bezeichner <, " und < eingebettet. Es handelt sich um Fluchtsequenzen, mit denen unvollständige XML-Tags generiert werden. Ohne die CDATA-Anweisung würden die Fluchtzeichen buchstäblich interpretiert werden und die generierte Repräsentation wäre falsch.

Das XSLT-Stylesheet wird mit der XSLT-Bibliothek von Google ausgeführt (http://sourceforge.net/projects/goog-ajaxslt/). Der Quellcode sieht folgendermaßen aus:

```
el("htmlxslt").transfromFromSpan = function(src) {
  var xml = xmlParse(src);
  var xslt = xmlParse(trimBuffer(el('xsltTransformUsingSpan').innerHTML));
  var html = xsltProcess(xml, xslt);
  el("htmlxsltdest").innerHTML = unescapeHTML(html);
}
```

Mit der Funktion `xmlParse` wird ein Puffer, der XML enthält, in eine Objektstruktur konvertiert, die von der Google-XSLT-Bibliothek verwendet werden kann. Die Funktion `xmlParse` wird zweimal aufgerufen: einmal, um die Inhalte zu transformieren, und einmal für das XSLT-Sheet. Um das XSLT-Sheet auszuführen, wird die Funktion `xsltProcess` mit den XML- und XSLT-Inhalten aufgerufen. Das Ergebnis ist ein Puffer mit HTML-Code. Der HTML-Puffer wird dann dem lokalen Repräsentationsreferenzknoten zugewiesen.

Wenn Sie XSLT-Programme schreiben können, ist die XSLT-Lösung relativ unkompliziert. Das einzige wirkliche Problem bei der Anwendung von XSLT besteht darin, das Lesen der Repräsentation mit ihrer Generierung zu verbinden. Zu diesem Zweck muss jede Repräsentation den Typ der Repräsentation kennen, aus der sie die Daten lesen wird.

7.6.3 Einige Implementierungsdetails

Bis jetzt wurden in der Pattern-Implementierung keine wesentlichen Probleme beschrieben, mit denen Sie sich auseinandersetzen müssen. Vielleicht ist Ihnen bei den vorangegangenen Beispielen aufgefallen, dass dem HTML-Objektmodell anwendungsspezifische Attribute und Eigenschaften zugewiesen wurden. Das HTML-Objektmodell ist flexibel und lässt dies zu, obwohl es einige Einschränkungen gibt. Sie sind nicht kritisch, weil sie umgangen werden können, aber ein Entwickler muss sie kennen.

Ich werde eine abgekürzte Erklärung verwenden, wenn ich die Einschränkungen demonstriere. Ich werde sie illustrieren, indem ich eine einzige HTML-Datei und dann die Abbildungen 7.15 und 7.16 verwende. Schließlich werde ich eine Liste zeigen, die jede Einschränkung im Code und den Abbildungen hervorhebt.

Der Code lautet folgendermaßen:

```html
<html>
<title>Hallo Welt</title>
<script language="JavaScript" type="text/javascript"> function el(id) {
    return document.getElementById(id);
}

function OnClickMe() {
    el("txtArea1").value = el("parentArea2").innerHTML;
}
function OnClickForMyProperty() {
    el("txtArea2").value = el("txtArea2").directAssignedString;
    el("txtBoxArea2").value = el("txtArea2").directAssignedObject.prop;
}
function OnLoad() {
    el("txtArea2").directAssignedString = "direct assigned string";
    var obj = new Object();
    obj.prop = "property on an object";
    el("txtArea2").directAssignedObject = obj;
    el("txtArea2").setAttribute("attributeAssignedString",
        "attributed assigned string");
    el("txtArea2").setAttribute("attributeAssignedObject", obj);
}
</script>
<body onload="OnLoad()">
    <div id="element">Hallo Welt</div>
    <div id="parentArea1">
        <textarea id="txtArea1" cols="60" rows="10">
            Nichts
        </textarea>
    </div>
    <div id="parentArea2">
        <textarea id="txtArea2" cols="60" rows="10">
            Nichts
        </textarea><br />
        <input type="text" id="txtBoxArea2" value="Hallo" />
    </div>
    <input type="button" value="An erster Stelle anklicken"
        onclick="OnClickForMyProperty()" />
    <input type="button" value="An zweiter Stelle anklicken"
onclick="OnClickMe()" /> </body>
</html>
```

Kapitel 7
Representation Morphing-Pattern

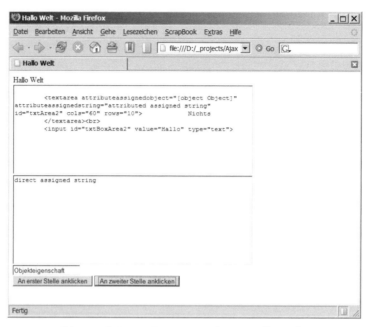

Abb. 7.15: Seite mit Pattern-Details in Mozilla Firefox

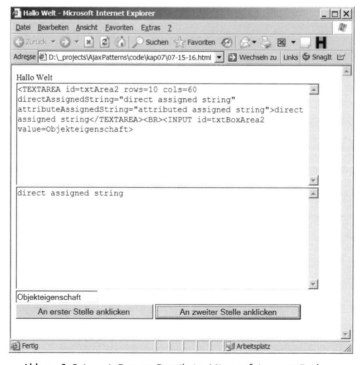

Abb. 7.16: Seite mit Pattern-Details im Microsoft Internet Explorer

Hier sind einige spezielle Implementierungspunkte über die HTML-Inhalte:

- Eigenschaften, die mit `el("txtArea2").directAssignedString` zugewiesen werden, sind nicht sichtbar, wenn das HTML-Element mit der `innerHtml`-Eigenschaft serialisiert wird.
- Eigenschaften, die mit der Methode `setAttribute` zugewiesen werden, sind für beide Browser sichtbar, wenn die `innerHTML`-Eigenschaft verwendet wird.
- Eigenschaften, die mit einem Objekt und der Methode `setAttribute` zugewiesen werden, sind in allen Browsern nicht als Attribute sichtbar, wenn die `innerHTML`-Eigenschaft verwendet wird.
- Eigenschaften (beispielsweise `el("txtArea2").value`), die dynamisch zugewiesen werden, sind nicht für alle Browser sichtbar, wenn die `innerHTML`-Eigenschaft verwendet wird.
- Modifizierte HTML-Inhalte, die vom Browser mit SPEICHERN UNTER gespeichert werden, werden nicht von allen Browsern auf die gleiche Weise gespeichert.

Die Details sollen illustrieren, dass das HTML-Dokumentmodell browserübergreifend konsistent implementiert wird. Nicht konsistent implementiert ist dagegen, ob Änderungen der HTML-Seite sichtbar sind, wenn Standardeigenschaften (wie etwa `innerHTML`) verwendet werden. Für die Zuweisung von Eigenschaften zu einzelnen HTML-Elementen gibt es eine Faustregel: Die Zuweisung sollte mit der JavaScript-Eigenschaftsnotation (z.B. `element.property`) und nicht mit der `setAttribute`-Funktion erfolgen. Um dann ein konsistentes Objektmodell zu erhalten, sollte das Objektmodell mit einer Funktion iteriert werden, die ein echtes Objektmodell generiert, was `innerHTML` möglicherweise nicht tut.

7.7 Besonderheiten des Patterns

Das *Representation Morphing*-Pattern soll einen Mechanismus zur Verfügung stellen, mit dem Inhalte über die jeweils optimalen Benutzerschnittstellen angezeigt, editiert oder navigiert werden können. Bei dem *Representation Morphing*-Pattern ist die Zustandsstruktur eine Konstante, die von Repräsentation zu Repräsentation übertragen wird.

Dieses Kapitel konzentrierte sich auf die folgenden Aspekte:

- Die Definition des Zustands in einer Repräsentation
- Die Übertragung des Zustands von einer Repräsentation auf eine andere
- Eine Repräsentation als Zustand zu verwenden, ist akzeptabel, solange der eingebettete Zustand klar und konsistent definiert ist. Sie sollten es vermeiden, Zustände zu definieren, die zusätzliche Zerlegungsroutinen erfordern und so die

- Übertragung eines Zustands aus einer Repräsentation in eine andere komplizierter machen.
- Auch wenn der Schwerpunkt darauf lag, editierbare Inhalte in sichtbare Inhalte zu transformieren, gibt es andere Situationen. Beispielsweise ist die Umwandlung von Daten aus einer editierbaren Form in eine read-only Form ein klarer Fall für eine Anwendung des *Representation Morphing*-Patterns.
- Der JavaScript-Code, der mit einer Repräsentation verbunden ist, dient nicht dazu, den Zustand zu speichern, sondern zu manipulieren, und muss deshalb zustandslos sein.
- Inhalte können auch mit XSLT aus einer Repräsentation in eine andere transformiert werden, aber die generische JavaScript-Lösung ist einfacher.

Kapitel 8

Persistent Communications-Pattern

8.1 Zweck

Das *Persistent Communications*-Pattern stellt einen Mechanismus zur Verfügung, der es dem Client und dem Server ermöglicht, dauerhaft miteinander zu kommunizieren, damit der Client Nachrichten an den Server und der Server Nachrichten an den Client senden kann.

8.2 Motivation

Die Client-Server-Programmierung, also HTTP, erfordert, dass der Client den Server aufruft, um eine Anfrage zu verarbeiten. Der Server übernimmt die Aufgabe, verarbeitet die Anfrage und sendet eine Antwort. Dies ist eine ganz normale Operation.

Nehmen Sie jetzt an, Sie wollen eine Webanwendung schreiben, die sich wie ein Schwarzes Brett verhält. Jeder Anwender soll eine Nachricht erstellen und posten (d.h. auf dem Brett veröffentlichen) können. Eine Erweiterung könnte darin bestehen, die Fähigkeit anzubieten, bei der Präsentation einer Nachricht auch anzuzeigen, ob der Nachrichtenautor online ist. Wenn ein anderer Anwender diese Nachricht liest, könnte er möglicherweise weitere Fragen stellen wollen. Wüsste der Leser, dass der Nachrichtenautor online ist, könnte er die Fragen sofort stellen. Diese Fähigkeit wird von Yahoo! angeboten und in Abbildung 8.1 illustriert.

Abbildung 8.1 zeigt eine Reihe von Zeilen, die mit einer Zahl beginnen und dann einen Titel zeigen. Nach dem Titel steht der Name der Person, die die Nachricht geschrieben hat. Unter dem Namen steht der Spitzname der Person und darunter ein Kreis, der entweder einen Smiley oder ein Gesicht mit einem anderen Ausdruck enthält. Ein Smiley zeigt an, dass derjenige, der die Nachricht verfasst hat, über das Yahoo! Instant Messaging erreichbar ist.

Die Verfügbarkeit eines Anwenders mit einer geposteten Nachricht zu kombinieren, ist eine raffinierte Kombination, die zwei separate Anwendungen integriert. Die geposteten Nachrichten werden aus Inhalten einer Datenbank generiert. Der Verfügbarkeitsstatus eines Anwenders stammt von dem Instant Messaging Service. Die Integration des Messaging Service mit den Inhalten einer Datenbank wird durch den Anwender ermöglicht, der die Nachricht gepostet hat und den Service nutzt.

Kapitel 8
Persistent Communications-Pattern

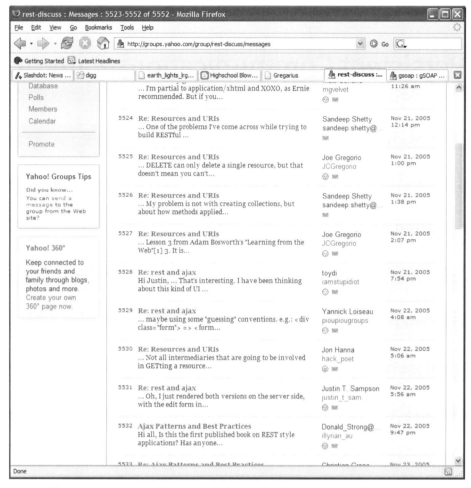

Abb. 8.1: Message-Board von Yahoo!, das Nachrichten und die Verfügbarkeit des Nachrichtenautors anzeigt

Die verschiedenen Dienste generieren sehr verschiedene Typen von Daten. Wenn eine Nachricht gepostet wird, ist sie read-only. Nachrichten werden normalerweise nicht geändert, können aber gelöscht werden. Dagegen ändert sich der Status des Anwenders. Doch was noch wichtiger ist: Ein Leser der Nachricht weiß nicht, wann sich der Status ändern wird. Inhalte für diese beiden unähnlichen Streams zu generieren ist kompliziert; denn wenn eine Nachricht generiert und auf einer HTML-Seite angezeigt wird, ändert sie sich nicht. Doch das Symbol, das den Status des Nachrichtenautors anzeigt, kann sich ändern, während der Leser die Nachrichten betrachtet.

Eine mögliche Strategie bei der Generierung der Inhalte besteht darin, die Status des Nachrichtenautors wie ein einmaliges Ereignis zu behandeln, das nur zum

Zeitpunkt der Generierung abgefragt und danach nicht mehr aktualisiert wird. Höchstwahrscheinlich überfliegt ein Leser die Nachrichten und entscheidet innerhalb weniger Momente, ob er Kontakt mit dem Nachrichtenautor aufnehmen will. Falls der Nachrichtenautor verfügbar war, als die Inhalte generiert wurden, ist die Wahrscheinlichkeit recht hoch, dass er auch eine Minute später noch erreichbar ist. Probleme treten bei dieser Strategie dann auf, wenn die HTML-Seite geladen wird und der Leser eine längere Pause einlegt, bevor er die Nachrichten liest; denn dann ist der Status wahrscheinlich nicht mehr aktuell.

Eine andere Strategie besteht darin, den Server zu *pollen* und den Status des Nachrichtenautors periodisch abzufragen. Wenn die Seite generiert wird, wird ein Anfangsstatus definiert. Dann, nach einer Minute oder einer anderen, im Skript festgelegten Zeitspanne, wird der Status aktualisiert. Dabei tritt jedoch das Problem auf, dass der Status nur zum Zeitpunkt des Pollens (der Abfrage) tatsächlich aktuell ist. Zwischen den Abfragen gilt der Zustand als unsicher (eigentlich engl. *stale*, dt. *abgestanden*) und nicht repräsentativ. Um möglichst aktuell zu bleiben, pollen Sie häufiger, aber welche Polling-Frequenz ist optimal? Nehmen wir an, Sie würden jede Sekunde pollen; dann ist die Wartezeit aus der Sicht eines Lesers unbedeutend. Doch für ein Echtzeitsystem ist eine Sekunde eine Ewigkeit. Der Punkt ist: Die Polling-Frequenz hängt von den Daten ab; es gibt keine Frequenz, die für alle Fälle optimal ist.

Und es gibt noch eine andere Strategie: Sie besteht darin, dass der Server den Client informiert, sobald sich der Status ändert. Diese Strategie scheint die beste zu sein, funktioniert aber wegen der Internet-Infrastruktur nicht. (Die Details werden später im Abschnitt *Architektur* erklärt.)

Unabhängig von der implementierten Strategie muss der Server den Client aus dem einen oder anderen Grund mit neuen Informationen aktualisieren.

8.3 Anwendbarkeit

Das Hauptargument für die Anwendung des *Persistent Communications*-Patterns besteht darin, den Webbrowser (Client) in die Lage zu versetzen, Datenaktualisierungen vom Server zu empfangen. Der Server verfügt über die Fähigkeit, mit einem Client zu kommunizieren, ohne dass der Server darauf warten muss, dass der Client die Aktualisierung der Daten anfordert.

Das Pattern verfügt über drei hauptsächliche Implementierungstypen, die unterschiedliche Lösungen für das Problem darstellen:

- Statusaktualisierungen: Eine Statusaktualisierung besteht aus globalen Informationen, an denen ein Client interessiert ist und die auf einem Server gespeichert sind. Mehrere Clients sehen dieselbe Repräsentation der Daten. Ein Beispiel ist ein Laufband der aktuellen Börsenkurse, ähnlich dem Laufband eines finanzorientierten Fernsehprogramms. Die Informationen sind nicht für einen speziellen Anwender bestimmt, da alle dieselben Informationen zu sehen bekommen. Um die Informationen zu sehen, muss sich der Anwender nicht identifizieren. Dies bedeutet nicht, dass die Daten für alle kostenlos sind. Anders ausgedrückt: Eine Gruppe autorisierter Anwender kann auf die Ressource zugreifen, aber die Ressource hängt nicht von den Anwendern ab, die darauf zugreifen.

- Anwesenheitserkennung: Anwesenheitserkennung liegt vor, wenn mehrere Clients an derselben globalen Ressource interessiert sind. Die globale Ressource hat für alle Clients dieselbe Repräsentation, außer dass ihr Zustand von den Clients abhängt, die sie betrachten. Der Status des Nachrichtenautors aus Abbildung 8.1 ist ein Beispiel für die Anwesenheitserkennung. Die Ressource könnte von einem externen Prozess, aber auch von dem einzelnen Anwender aktualisiert werden.

- Server-Push: Server-Push liegt vor, wenn mehrere Clients sich bei einer globalen Ressource registrieren, ihnen aber eine eindeutige Ressource zugewiesen wird. Es bleibt dem Server überlassen, wie der identifizierte Anwender mit der eindeutigen Ressource querverbunden wird. Ein Beispiel für eine solche Ressource ist eine anwenderspezifische Sicht eines Laufbandes. Die Börsenkurse sind für alle Anwender identisch, aber welche Börsenkurse gezeigt werden, richtet sich nach dem jeweiligen Anwender. Der Server muss verwalten, welche Daten an welchen Anwender übertragen werden. Die Clients teilen nur mit, woran sie interessiert sind.

Das letzte Szenario wird ausdrücklich als *Server-Push* bezeichnet; doch theoretisch können alle drei Implementierungstypen als Server-Push aufgefasst werden, weil bei allen dreien der Server Daten an den Client sendet. Die verschiedene Implementierungstypen werden durch zwei Merkmale unterschieden: die Repräsentation der Ressource und die Notwendigkeit, einen Anwender zu identifizieren, der auf eine Ressource zugreifen will.

8.4 Verwandte Patterns

Das *Persistent Communications*-Pattern überlappt sich mit dem *Decoupled Navigation*-Pattern. Insbesondere kann das *Decoupled Navigation*-Pattern ein Ereignis auslösen, das dieselbe serverseitige Ressource aufrufen kann wie das *Persistent Communications*-Pattern. Das *Persistent Communications*-Pattern ist insofern anders, als sein Zweck auf den Server konzentriert ist, der Daten an den Client sendet. Der Zweck des *Decoupled Navigation*-Patterns besteht nicht darin, Daten vom Server zum Client zu pushen, sondern darin, einen Mechanismus zur Trennung der Navigationsfunktionen zur Verfügung zu stellen.

Das *Persistent Communications*-Pattern implementiert nicht das *Content Chunking*-Pattern, oder wenigstens muss es dies nicht implementieren. Eher überträgt das *Persistent Communications*-Pattern Daten, die das *Infinite Data*-Pattern implementieren. Das *Persistent Communications*-Pattern ist ein sehr spezielles Pattern für eine sehr spezielle Situation (siehe die Erläuterung im vorangehenden Abschnitt *Anwendbarkeit*). Es in anderen Situationen zu verwenden, würde die Lösung komplizierter machen. In diesen Fällen wäre es sinnvoller, das Verhalten des *Decoupled Navigation*-Patterns an das des *Persistent Communications*-Patterns anzupassen.

8.5 Architektur

Die Architektur des *Persistent Communications*-Patterns zu erklären, ist relativ einfach. Das Problem liegt eher darin, dass Sie sich möglicherweise fragen, warum überhaupt eine solche Lösung entwickelt wurde. Die Lösung könnte Ihnen ineffizient und übermäßig komplex erscheinen, und vielleicht denken Sie, die Aufgabe könnte auch anders gelöst werden. Doch wegen der Art und Wiese, wie die Internet-Architektur implementiert ist, ist es nicht möglich, die Server-zum-Client-Kommunikation anders zu lösen.

Selbst wenn es aus der Sicht des Internets keine Implementierungsprobleme gäbe, müsste das *Persistent Communications*-Pattern definiert und implementiert werden, weil das HTTP-Protokoll nicht für diese Art von Funktionalität entwickelt wurde. Das Design des HTTP-Protokolls sieht nur zustandslose Interaktionen vor, die vom Client angestoßen, vom Server verarbeitet und dann auf dem Client abgeschlossen werden. Das Problem liegt darin, dass mit HTTP etwas bewirkt werden soll, für das es nicht konzipiert wurde, und dieses Pattern bietet einige Lösungen an.

Bevor Sie die Architektur des *Persistent Communications*-Patterns kennen lernen, müssen Sie das Problem des »kaputten (engl. *broken*, dt. auch *defekt*, *zerbrochen*)« Internets verstehen.

8.5.1 Warum das Internet »kaputt« ist

Zu sagen, das Internet sei »kaputt«, ist schon recht mutig. Damit will ich nicht sagen, das Internet sei nicht reparierbar oder schlecht, sondern dass es sich so entwickelt hat, dass seine Architektur suboptimal ist. Das Attribut »suboptimal« bezieht sich auf die IP-Adressen (IP = Internet Protocol). Damit Sie diese Entwicklung verstehen können, möchte ich in der Zeit zurückgehen und die Arbeitsweise des Internets in den späten 8oer Jahren betrachten (siehe Abbildung 8.2).

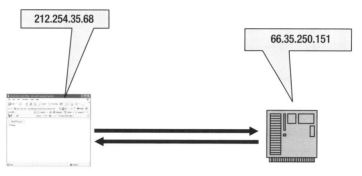

Abb. 8.2: Internet-Architektur in den späten 80er Jahren

Hätte jemand in den späten 80er Jahren mit einem Browser auf das Internet zugegriffen, hätte er jeden Computer über eine eindeutige Adresse (beispielsweise 212.254.35.68) erreichen können. (Bitte vergessen Sie für einen Moment, dass Browser erst in den frühen 90er Jahren erfunden wurden.) Diese Adresse wäre im ganzen Internet eindeutig und gültig gewesen – nur ein Computer hätte diese Adresse sie gehabt. Dadurch hätte der Client leicht mit einem speziellen Server kommunizieren können. Abbildung 8.2 zeigt eine einfache Sicht auf den Aufbau eines Netzwerks. Dagegen ist Abbildung 8.3 realistischer, weil sie auch Router und Computer einschließt.

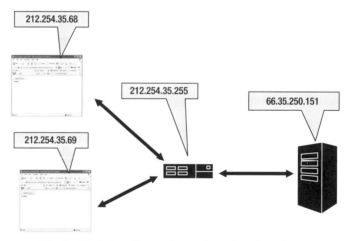

Abb. 8.3: Typisches Netzwerk aus den späten 80er Jahren

In einem typischen Netzwerk aus den späten 80er Jahren hatten alle Geräte eindeutige Adressen, über die sie eindeutig identifiziert werden konnten. Daten konnten an das Gerät gesendet werden, ohne dass es Probleme der Zielbestimmung gab. Aber dann passierte etwas Schlimmes, und das war das Web. Das Internet existierte bereits vor dem Web und wurde von einigen wenigen Anwendern benutzt, die einen gewissen ungeschriebenen Verhaltenskodex befolgten. (Wenn Sie, ohne bei Google zu suchen, die Begriffe Archie, Whois, WAIS, Veronica, Jughead oder Gopher+ kennen, zählen Sie im Hinblick auf das Internet zu den Alten!)

Ich versuche nicht, das Web schlecht zu machen – schließlich begründete es die Internet-Ökonomie, die wir schon nach wenigen Jahren gar nicht mehr wegdenken können. Doch beim Übergang vom traditionellen Internet zur Internet-Ökonomie änderte sich die Struktur des Internets grundlegend. Durch diese Umwandlung ist es immer komplizierter geworden, Anwendungen zu schreiben, die das Internet verwenden. Serverseitig ist das Internet im Wesentlichen gleich geblieben, aber clientseitig hat sich so gut wie alles geändert. Abbildung 8.4 illustriert die geänderte Struktur des Internets.

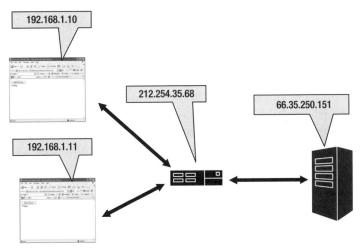

Abb. 8.4: Struktur des Internets nach Einführung des Webs

Ein Vergleich der Abbildungen 8.3 und 8.4 zeigt auf den ersten Blick nicht, wie radikal der Wandel war – zwei neue eindeutige Adressen, na und? Und doch ist die Umwälzung der Internet-Struktur gerade in diesen geänderten eindeutigen Adressen enthalten. Die IP-Adressen 192.168.1.10 und 192.168.1.11 sind so genannte reservierte Adressen, mit denen Computer im Internet gerade nicht eindeutig identifiziert werden können, weil zahlreiche lokale Netzwerke dieselben IP-Adressen haben. Dies bedeutet, dass der Server 66.35.250.151 die Computer 192.168.1.10 und 192.168.1.11 gar nicht sehen kann, sondern nur den Router 212.254.35.68 sieht. Die Komplexität wird noch dadurch erhöht, dass sich die Router-Adresse 212.254.35.68 oft ändert; das heißt, sie kann nicht verwendet werden, um das betreffende Netzwerk von Computern eindeutig zu identifizieren.

Folglich kann der Server 66.35.250.151 seine aktualisierten Daten nicht einfach an einen Client (192.168.1.10 oder 192.168.1.11) senden, weil er nicht weiß, wie er den

Client adressieren kann. Der Übergang führt nur deshalb nicht zum Kollaps des Internets, weil die Router intelligenter geworden waren und die so genannte Network Address Translation (NAT) entwickelt wurde. NAT ist den Telefonoperatoren aus den Anfangsjahren des 20. Jahrhunderts vergleichbar, die Anrufe entgegennahmen und dann manuell die Verbindung zu einem anderen Operator oder dem Ziel herstellten. Der Client, der einen Aufruf macht, und der Server, der den Aufruf empfängt, stellen keinen Kontakt zueinander her. Der Router ist mit beiden in Kontakt. Wenn der Client einen Server aufruft, funktioniert NAT außerordentlich gut und transparent. Doch in der umgekehrten Richtung kann der Router nicht entscheiden, welchen Client er kontaktieren soll. Das Problem ist so gelöst worden, dass auf dem Router Ports definiert und einem internen Computer zugeordnet wurden. Über den Port konnte der Router Aufrufe an den internen Computer weiterleiten. Selbst bei dieser Lösung kann der Router einem speziellen Port nur einen einzigen Computer zuweisen. Die NAT-Lösung ist keine allgemeine Netzwerklösung wie in den 1980er Jahren.

Die Internet-Architektur wurde aus diversen Gründen geändert: Geld, IPv4-Adressierungsprobleme, Sicherheit und Wartung. Warum diese Gründe maßgebend waren, tut nicht zur Sache und ändert nichts. Wichtiger ist, wie wir mit der Änderung umgehen. Aus der Sicht eines Ajax-Entwicklers kann ein Server nicht beliebige Nachrichten an einen bestimmten Client senden. Doch ein Blick auf gewisse Peer-to-Peer-Lösungen wie etwa BitTorrent lässt vermuten, dass das Problem gelöst sei. Doch dies ist nicht der Fall. Vielmehr wird das Problem als Implementierungsproblem an den Anwender delegiert, mit dem er sich auseinandersetzen muss, bevor er BitTorrent ausführen kann. (`http://www.bittorrent.com/FAQ.html#firewall`). Bei der Lösung muss der Router oder die Firewall geöffnet werden und der Internet-Verkehr zu dem entsprechenden Computer umgelenkt werden. Für Ajax-Entwickler ist dies keine Lösung. Die einzige Lösung, die sowohl robust als auch einsetzbar ist, besteht im Pollling der Daten. (Einige Unternehmen verkaufen Komponenten, indem sie versprechen, dass die Daten asynchron gesendet werden, damit Sie als Anwender nicht pollen müssen. Tatsächlich ist das Polling nur im Code der Komponente verborgen. Bei der Programmierung der Server-to-Client-Kommunikation gibt es keine einfache technische Lösung, um das NAT-Adressierungsproblem zu umgeben.)

8.5.2 Eine Polling-Lösung implementieren

Nachdem wir festgestellt haben, dass Polling für eine zuverlässige und robuste Server-to-Client-Kommunikation erforderlich ist, besteht die Herausforderung darin, eine Polling-Implementierung zu entwickeln, die effizient ist und so wenig Ressourcen wie möglich verschwendet. Im Beispiel dieses Kapitels besteht der Client aus einem Webbrowser und der Server ist ein HTTP-Server. Dem HTTP-Protokoll entsprechend stößt der Client die Kommunikation mit einer Anfrage an, und der Server beantwortet die Anfrage.

Beim Polling wird ein Server in speziellen Zeitintervallen abgefragt, ähnlich wie ein E-Mail-Server bei Einsatz des Post Office Protocol (POP3) regelmäßig abgefragt wird. Normalerweise wird E-Mail abgerufen, indem ein POP-Server alle x Minuten auf neue Nachrichten gepollt wird. Das Problem beim Polling liegt darin, dass es ineffizient sein und wichtige Ereignisse verpassen kann. Nehmen Sie an, Sie würden einen Server auf verfügbare Nachrichten pollen. Wenn der Server mitteilt, dass keine Nachrichten vorhanden sind, wartet der Client dann x Minuten bis zur nächsten Abfrage. Falls direkt nach dem Polling eine Nachricht eintrifft, erfährt der Client erst davon, wenn die Wartezeit abgelaufen ist. Falls das Polling nur alle zwei Stunden erfolgt, ist eine Nachricht, die direkt nach einem Polling eingetroffen ist und nur eine Stunde gültig ist, beim nächsten Polling bereits wieder ungültig. Wenn die Polling-Frequenz nur zehn Sekunden betrüge, würde die Nachricht recht schnell abgerufen und wäre nicht ungültig.

Eine höhere Polling-Frequenz belastet natürlich das Netzwerk und den Server stärker. Die Bandbreite des Netzwerks wird stärker genutzt, und der Server muss laufend Anfragen mit »Keine Nachricht verfügbar« beantworten. Kurz gesagt: Wenn die Polling-Frequenz zu niedrig ist, kommen Nachrichten nicht rechtzeitig an, ist sie zu hoch, werden Netzwerk- und Server-Ressourcen verschwendet. Ein echtes Dilemma! (Es ist möglich, dauerhafte HTTP-Verbindungen zu verwenden, um die Belastung der Netzwerk-Bandbreite zu reduzieren; dies ist ganz allgemein eine gute Lösung. Doch auch solche Verbindungen lösen nicht das Problem der Server-to-Client-Kommunikation.)

Die Lösung besteht darin, zwei Streams zu erstellen, über die Client und Server kommunizieren. Über den ersten werden Nachrichten empfangen, über den zweiten gesendet. Um Nachrichten zu empfangen, pollt der Client den Server auf neue Nachrichten. Falls keine Nachrichten vorhanden sind, antwortet der Server nicht sofort, sondern schiebt die Antwort in eine Warteschleife, und zwar für eine bestimmte Zeitspanne oder bis er eine Nachricht generiert. Wenn die Polling-Antwort in eine Warteschleife geschoben wird, befindet sich auch der Client in einer Warteschleife, während er auf eine Nachricht wartet. Normalerweise wird beim Polling der Server abgefragt, eine Antwort entgegengenommen und dann bis zum Zeitpunkt der nächsten Abfrage gewartet. Die Wartezeit bis zum nächsten Polling ist tote Zeit, in der der Client und der Server nicht miteinander kommunizieren können. Indem diese tote Zeit in eine serverseitige Warteschleife umgewandelt wird, wartet der Client darauf, dass möglicherweise eine Nachricht generiert wird.

Es werden zwei Streams benötigt, weil der Client möglicherweise eine Nachricht an den Server senden will, während er auf eine Antwort des Servers wartet. Falls ein Stream auf eine Antwort wartet, können über diesen Stream keine Daten gesendet werden. Also wird für diesen Zweck ein weiterer Stream erstellt. Aus der Sicht des Servers handelt es sich um eine Anfrage, die Daten sendet.

Kapitel 8
Persistent Communications-Pattern

Unter dem Aspekt von HTTP ist der Lese-Stream, der in einer Warteschleife auf Inhalte wartet, ein HTTP-GET, und der Schreib-Stream, der Inhalte sendet, ein HTTP-POST oder -PUT. Technisch ausgedrückt, setzt der HTTP-Server bei dem Lese-Stream den Socket und den Thread, die die Anfrage verarbeiten, in eine Warteschleife. Den Thread in eine Warteschleife zu schieben, ist für HTTP-Server kein Problem. Das Problem liegt darin, dass Tausende von Threads auf Nachrichten warten könnten, die vielleicht generiert werden, vielleicht aber auch nicht. Eine Lösung besteht darin, einen Computer einzusetzen, der groß genug ist und über genügend RAM verfügt. Eine andere Lösung besteht darin, einen speziellen HTTP-Server einzusetzen, der das Problem elegant lösen kann. (Der HTTP-Server *Jetty*, http://jetty.mortbay.org/jetty/, hat ab Version 6.0 das Waiting-Thread- und das Ressourcen-Problem gelöst. Dieser Server wird als Lösung für Java-Programmierer empfohlen, die das *Persistent Communications*-Pattern implementieren wollen.)

Ein anderes potenzielles Problem auf dem HTTP-Server besteht darin, dass zwischen den beiden Streams Konflikte entstehen können. Der Lese-Stream wird in einem Thread und der Schreib-Stream in einem anderen Thread ausgeführt. Beide Threads könnten jedoch auf dieselben Daten zugreifen, so dass eine Synchronisation erforderlich sein könnte.

Aus architektonischer Sicht sind die beiden Stream-Kommunikationsmechanismen ähnlich wie in Abbildung 8.5 aufgebaut.

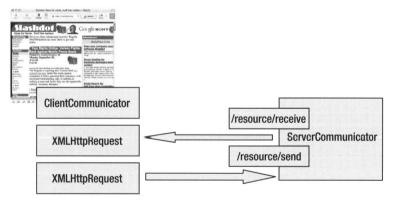

Abb. 8.5: Architektur des *Persistent Communications*-Patterns

In Abbildung 8.5 interagiert der Browser mit einem Typ namens `ClientCommunicator`, dessen Zweck darin besteht, zwei Stream-Kommunikationsmechanismen zu erstellen und Nachrichten zu verarbeiten, die vom Server gesendet und empfangen werden. In der Implementierung von `ClientCommunicator` werden zwei separate Instanzen von `XMLHttpRequest` verwendet. Eine Instanz von `XMLHttpRequest` repräsentiert den Lese-Stream und ruft die Ressource `/resource/`

receive auf. Die Instanz von XMLHttpRequest repräsentiert den Schreib-Stream und ruft die Ressource /resource/send auf. Serverseitig befindet sich eine Komponente namens ServerCommunicator, die für die Kombination der beiden Streams verantwortlich ist.

Die Ressourcen /resource/receive und /resource/send sind keine echten URLs, sondern sollen nur die Richtung des Datenflusses zeigen. Wie bereits erwähnt, arbeitet der Schreib-Stream mit HTTP-POST oder -PUT und der Lese-Stream mit HTTP-GET. Weil diese drei HTTP-Verben verschieden sind, können für beide Streams dieselben URLs verwendet werden.

8.6 Implementierung

Im Rest dieses Kapitels soll der Zwei-Stream-Kommunikationsmechanismus in drei Szenarios implementiert werden: Statusaktualisierung, Anwesenheitserkennung und Server-Push. Die Erklärungen beginnen mit dem einfachsten Szenario und enden mit dem komplexesten. Der Client-Code wird zuerst entwickelt, weil er für alle Szenarios identisch ist. Dagegen wird der Server-Code immer komplexer.

8.6.1 Beispiel: eine globale Statusressource

Statusaktualisierungen sind von Natur aus global. Globale Statusaktualisierungen sind nicht gleichbedeutend mit globalen Daten. Es bedeutet, dass die Daten, die von der Statusaktualisierung referenziert werden, für alle zugänglich sind. Aus der Sicht des *Permutations*-Patterns ist eine Statusaktualisierung eine einzelne Ressource, die mehrere Repräsentationen haben kann. Kurz gesagt: Es handelt sich um gemeinsam genutzte (»shared«) Daten, die einen einzigen Zustand haben und sich nicht um den Client kümmern. Der Client betrachtet die Daten als *read-mostly*. Read-mostly Daten werden vom Client selten aktualisiert, können sich aber aufgrund externer Prozesse laufend ändern. Aus der Sicht des Zwei-Stream-Kommunikationsmechanismus werden mit dem Lese-Stream hauptsächlich die Statusaktualisierungen abgerufen. Der Schreib-Stream (mit dem der Zustand aktualisiert werden würde) wird, je nach Kontext, nicht oder nur selten verwendet.

Die HTML-Seite implementieren

Eine HTML-Seite, die den ClientCommunicator enthält und den Lese- und Schreib-Stream implementiert, wird dem Anwender präsentiert. Die HTML-Seite muss einen URL definieren, eine Callback-Funktion zur Verfügung stellen und mit dem Lese-Stream die Kommunikation mit dem Server anstoßen. Zu diesem Zweck muss sie beispielsweise Schaltflächen enthalten, um den Lese-Stream zu starten und anzuhalten. In einer produktiven Anwendung könnte der Lese-Stream auch durch Ereignisse oder Standardaktionen gesteuert werden, die von einem Skript gestartet werden. Abbildung 8.6 zeigt die HTML-Seite.

Kapitel 8
Persistent Communications-Pattern

Abb. 8.6: HTML-Seite, die mit einem globalen Status interagiert

Mit der Schaltfläche KOMMUNIKATION STARTEN wird der Empfang von Aktualisierungen des globalen Status über den Lese-Stream gestartet. Mit der Schaltfläche KOMMUNIKATION BEENDEN wird diese Kommunikation beendet. Mit der Schaltfläche DATEN SENDEN wird Text über den Schreib-Stream gesendet und der globale Status aktualisiert. Die empfangenen Aktualisierungen des globalen Status werden in der Tabelle unter den Schaltflächen gespeichert. Die HTML-Seite zeigt, dass jeder Client, der auf die globale Statusressource zugreift, ähnliche Repräsentationen der Ressource empfängt.

Die Seite wird durch den folgenden HTML-Code realisiert:

```html
<html>
<head>
<title>Globale Statusseite</title>
</head>
<script language="JavaScript" src="../lib/factory.js"></script>
<script language="JavaScript" src="../lib/asynchronous.js"></script>
<script language="JavaScript" src="../lib/clientcommunicator.js"></script>
<script language="JavaScript" type="text/javascript">
var client = new ClientCommunicator();
client.baseURL = "/ajax/kap06/status";
client.listen = function(status, statusText, responseText, responseXML) {
   document.getElementById('httpcode').innerHTML = status;
   document.getElementById('httpstatus').innerHTML = statusText;
   document.getElementById('result').innerHTML = responseText;
   document.getElementById('xmlresult').innerHTML = responseXML;
}
function StartCommunications() {
   client.start();
}
function EndCommunications() {
   client.end();
}
```

```
function SendData() {
   var buffer = "Hallo Welt";
   client.send("application/text", buffer.length, buffer);
}
</script>
</head>
<body>
<button onclick="StartCommunications ()">Kommunikation starten</button>
<button onclick="EndCommunications ()">Kommunikation beenden</button>
<button onclick="SendData() ">Daten senden</button>
<p><table border="1">
   <tr><td>Dokument</td>
       <td><span id="httpcode">Kein HTTP-Code</span></td>
       <td><span id="httpstatus">Kein HTTP-Status</span></td>
       <td><span id="result">Kein Ergebnis</span></td>
       <td><span id="xmlresult">Kein XML-Ergebnis</span></td></tr>
</table></p>
</body>
</html>
```

Die HTML-Seite enthält mehrere script-Tags, in denen das src-Attribut definiert wird. Jedes src-Attribut repräsentiert eine JavaScript-Datei mit wiederverwendbarem generischem Ajax-Code, der clientseitig eingesetzt wird. Der wiederverwendbare Code gehört zu anderen Patterns aus diesem Buch. Der Code für die Clientseite des *Persistent Communications*-Patterns befindet sich in der Datei clientcommunicator.js; er wird etwas später erklärt.

Das script-Tag ohne src-Attribut enthält den seitenspezifischen JavaScript-Code, mit dem das *Persistent Communications*-Pattern auf der HTML-Seite genutzt wird. Der HTML-Code nach diesem script-Tag generiert die HTML-Seite aus Abbildung 8.6.

Die erste Zeile in dem seitenspezifischen JavaScript-Code instanziert den Typ ClientCommunicator (aus Abbildung 8.5) und weist das Objekt der Variablen client zu. Der URL, der von dem Lese- und Schreib-Stream gemeinsam verwendet wird, wird durch die Eigenschaft client.baseURL repräsentiert. Der Eigenschaft client.listen wird eine Funktion zugewiesen, die von dem ClientCommunicator aufgerufen wird, wenn der Server über den Lese-Stream eine Aktualisierung sendet.

Die Methode client.start() startet die Aktualisierung über den Lese-Stream. Die Methode client.end() beendet sie. Die Methode client.send(...) sendet über den Schreib-Stream Aktualisierungen an den Server. Sie verfügt über drei Parameter: Der erste Parameter ("application/ text") enthält den MIME-Typ der gesendeten Inhalte, der zweite Parameter (buffer.length) gibt deren Länge an und der letzte Parameter (buffer) enthält die Daten, die an Server übertragen werden.

Ohne auf die Details von ClientCommunicator und ServerCommunicator einzugehen, zeigt Abbildung 8.7, wie die HTML-Seite und das *Persistent Communications*-Pattern funktionieren, damit Sie eine Vorstellung davon bekommen, welcher Code zusätzlich implementiert werden muss.

Abb. 8.7: Statusaktualisierungen, illustriert anhand der HTML-Seite

In Abbildung 8.7 sind die Inhalte der Tabelle durch Daten vom Server ersetzt worden. Sie sind das Ergebnis einer Rundreise, die mit dem Anklicken der Schaltfläche DATEN SENDEN beginnt. Wird diese Schaltfläche angeklickt, dann werden einige Inhalte generiert, die über den Schreib-Stream an den Server übertragen werden. Der Server speichert die Daten als globale Statusressource. Wenn dann die Schaltfläche KOMMUNIKATION STARTEN angeklickt wird, wird über den Lese-Stream die globale Statusressource abgefragt. Der Server antwortet mit der aktualisierten globalen Statusressource. Der Client empfängt diese Daten über den Lese-Stream und aktualisiert die Tabelle. Dieser Prozess illustriert, wie ein globaler Status geschrieben und gelesen wird.

Den ClientCommunicator implementieren

Nachdem die HTML-Seite und ihr Verhalten klar sind, wollen wir anfangen, das Pattern zu implementieren. In unserem HTML-Codebeispiel definiert die Eigenschaft `client.baseURL` den Basis-URL `/ajax/kap06/status`. Der URL wird vom Entwickler festgelegt und in dem JavaScript-Code verwendet.

Der ClientCommunicator-Code ist etwas länger; deshalb will ich ihn nicht auf einmal, sondern stückweise erklären. Zunächst der zum Konstruktor von ClientCommunicator gehörende Code:

```
function CounterHack() {
    this.counter = 0;
}
function ClientCommunicator() {
    this.server2Client = new Asynchronous();
```

```
    this.baseURL = null;
    this.username = null;
    this.password = null;
    this.listen = null;
    this.doLoop = false;
    this.callDelay = 500;
    this.preferredTypes = "text/xml";
    this.index = this.instanceCount.counter;
    this.instances[this.index] = this;
    this.instanceCount.counter ++;
}
ClientCommunicator.prototype.start = ClientCommunicator_start;
ClientCommunicator.prototype.end = ClientCommunicator_end;
ClientCommunicator.prototype.send = ClientCommunicator_send;
ClientCommunicator.prototype.instances = new Array();
ClientCommunicator.prototype.instanceCount = new CounterHack();
```

Die Funktion ClientCommunicator ist als Konstruktor definiert, weil das Skript der HTML-Seite aus Abbildung 8.6 den Typ ClientCommunicator instanziert. Dabei werden diverse Eigenschaften definiert. Die Eigenschaft server2client ist ein Asynchronous-Objekt, das XMLHttpRequest einkapselt. Sie ist für die Implementierung des Lese-Streams verantwortlich. Die Eigenschaft baseURL wurde bereits beschrieben. Mit den Eigenschaften username und password wird der Anwender identifiziert, was im Fall der globalen Statusressource unwichtig ist. Dies gilt nur für unser Beispiel; sonst ist eine Autorisierung für den Zugriff auf eine globale Statusressource natürlich nicht immer irrelevant. Die Eigenschaft listen wurde bereits beschrieben. Die Eigenschaft doLoop ist ein Flag, das anzeigt, ob die periodische Prüfung über den Lese-Stream fortgesetzt werden soll. Die Eigenschaft preferredTypes zeigt die MIME-Typen an, die von dem *Permutations*-Pattern in der Antwort bevorzugt werden.

Die Eigenschaften callDelay, index, instances und instanceCount sind miteinander verbunden und müssen näher erläutert werden. Sie dienen dazu, das Problem der Implementierung einer Wiederholungsschleife in JavaScript zu lösen. Im Abschnitt *Architektur* wurde erwähnt, dass der Client die Daten über den Lese-Stream pollt; dies bedeutet, dass eine Wiederholungsschleife erstellt werden muss. Mit einer JavaScript-Schleife lässt sich jedoch eine Wiederholung, wie sie beim Polling benötigt wird, nicht implementieren. Eine JavaScript-Schleife übernimmt die Kontrolle über die Benutzerschnittstelle und würde den Client von weiteren Eingaben oder einer weiteren Verarbeitung seiner Daten abhalten. Da außerdem die Anfragen asynchron erfolgen, würde die Schleife eine unendliche Anzahl von Anfragen generieren. Das eigentliche Problem liegt darin, dass JavaScript kein echtes Multithreading implementiert. Andernfalls wäre die Erstellung einer endlos laufenden JavaScript-Schleife kein Problem.

Doch obwohl JavaScript nicht über echte Multithreading-Fähigkeiten verfügt, können diese simuliert werden. Ein Beispiel für ein Pseudo-Multithreading wurde in Kapitel 2 illustriert; es erforderte einen Timer. Die Lösung des Problems eines gesperrten Browsers bei Schleifen besteht darin, mit einem Timer, der nach dem Aufruf einer Funktion ausgelöst wird, den Eindruck einer Schleife zu erwecken. Um einen Timer wie eine Schleife aussehen lassen, müssen folgende Ereignisse ablaufen:

1. Wenn die Funktion ausgeführt wird, erfolgt eine asynchrone `XMLHttpRequest`-Anfrage über den Lese-Stream.

2. Die Funktion wird sofort beendet, wenn eine asynchrone Anfrage erfolgt; es wird kein Timer aufgerufen. Der Webbrowser kann weiterhin Daten entgegennehmen und verarbeiten.

3. Im Hintergrund hat der HTTP-Server die asynchrone Anfrage, die auf dem Lese-Stream auf eine Nachricht wartet, in eine Warteschleife eingefügt.

4. Wenn die asynchrone Anfrage mit einer Antwort zurückkehrt, wird diese verarbeitet; dann wird ein Timer gestartet, um die Funktion aufzurufen, die eine weitere asynchrone Anfrage ausführt.

Es ist wichtig, dass der Timer bei dieser Abfolge der Ereignisse nur aufgerufen wird, wenn die asynchrone Anfrage eine Antwort zurückgegeben hat. Würde der Timer früher aufgerufen, wäre eine unendliche Anzahl von Anfragen die Folge, die sofort gestellt werden würden. Dies würde zu einer Blockierung des Webbrowsers führen, und der Server würde einen Denial-of-Service-Angriff erleiden.

Der Einsatz des Timers wirft ein weiteres Problem auf: Die Methode `window.set-Timeout` benötigt eine Referenz auf ein textbasiertes Skript. Die Referenz darf sich nicht auf ein Objekt beziehen, weil JavaScript bei der Umwandlung einer Objektreferenz entweder eine undefinierte Referenz oder einen nicht existierenden Wert referenziert. Das Problem wird durch den folgenden Quellcode klar illustriert:

```
function runIt(value) {
    window.setTimeout("Loop(value)", 1000);
}
```

Die Funktion `runIt` hat einen Parameter, `value`. Dieser ist eine Objektreferenz, die in dem Skriptausdruck der Methode `setTimeout` verwendet wird. Das Problem liegt darin, dass der Skriptausdruck aus Text besteht und der Timer nur einen Textausdruck, nicht aber eine Variablenreferenz ausführen kann. Eine Lösung besteht darin, nicht die Variable zu referenzieren, sondern den Wert der Variablen in das Textskript zu kopieren. Diese Lösung wird durch folgenden Code illustriert:

```
function runIt(value) {
    window.setTimeout("Loop(" + value + ")", 1000);
}
```

Implementierung

In dem modifizierten Code wird die Funktion Loop korrekt mit dem Wert der Variablen value aufgerufen.

Mit der Umwandlung des Variablenwertes in Textform ist es jedoch nicht getan. Das Hauptproblem besteht darin, dass die Variable value ein Objekt referenziert. Eine Serialisierung eines Objekts wäre schlechter Stil, weil sie mehrere Objekte mit ähnlichen Zuständen erzeugt und damit Konsistenzprobleme verursacht. Die Lösung besteht darin, einen Wert zu übergeben, der einen Index eines Arrays repräsentiert. Die entsprechende Implementierung verwendet die Array-Eigenschaft this.instances und die zugehörigen Eigenschaften (callDelay, index, instances und instanceCount), um Referenzen des Lese-Streams zu speichern und zu verwalten. Hier ein Auschnitt aus dieser Lösung:

```
this.index = this.instanceCount.counter;
this.instances[this.index] = this;
this.instanceCount.counter ++;

ClientCommunicator.prototype.instances = new Array();
ClientCommunicator.prototype.instanceCount = new CounterHack();
```

Der Eigenschaft instances wird eine Array-Instanz zugewiesen. Beachten Sie jedoch, dass die Eigenschaft instances mit der Eigenschaft prototype verbunden ist. Dies bedeutet: Immer wenn ClientCommunicator instanziiert wird, nutzen alle Instanzen gemeinsam dieselben Array-Instanzen. Egal was das ClientCommunicator-Objekt referenziert, die Eigenschaft prototype.instances manipuliert immer dasselbe Array. Natürlich könnte die Eigenschaft instances auch eine globale Variable sein, aber die Verwendung der Eigenschaft prototype ist objektorientiert.

Die andere Eigenschaft, instanceCount, ist ein Beispiel dafür, wann das Konzept der globalen Variablen nicht funktioniert. Ich möchte noch einmal darauf zurückgreifen, dass ich behauptet habe, die Eigenschaft prototype sei objektorientiert. Ich möchte die Aussage umformulieren und sagen, dass *der Effekt* objektorientiert sei. Wenn eine Eigenschaft definiert wird, die mit prototype verbunden wird, werden die Werte der Eigenschaft prototype in die Eigenschaften der ClientCommunicator-Instanz kopiert. Wenn die Eigenschaft ein Wertetyp (etwa eine Ganzzahl oder Double-Wert) ist, enthält jedes ClientCommunicator-Objekt einen eigenen Wert. Falls die Eigenschaft eine Referenz ist, wird der referenzierte Wert kopiert. Deshalb muss sich die Eigenschaft instanceCount auf einen JavaScript-Referenztyp beziehen. Die Eigenschaft index ist die Indexreferenz der einzelnen ClientCommunicator-Instanzen.

Der folgende Codeabschnitt zeigt die Funktion ClientCommunicator_start, mit der das Polling des Lese-Streams gestartet wird:

```
function ClientCommunicator_start () {
   if(this.baseURL != null) {
      this.doLoop = true;
      window.setTimeout(
         "PrivateLoop(" + this.index + ")", this.callDelay);
   }
   else {
      throw new Error(
         "Vor Start der Kommunikation muss baseURL angegeben werden");
   }
}
```

Die Methode `ClientCommunicator_start` startet das Polling nur, wenn die Eigenschaft `baseURL` einen Wert enthält. Ist dies der Fall, wird eine Polling-Operation durch einen Aufruf der Methode `setTimeout` gestartet, wobei der Index (`this.index`) der `ClientCommunicator`-Instanz übergeben wird. Falls die Eigenschaft keinen Wert hat, wird eine `Error`-Ausnahme generiert.

Wenn die Methode `setTimeout` abläuft, wird die Funktion `PrivateLoop` aufgerufen. Sie liest die Daten physisch aus dem Lese-Stream. Die Methode `PrivateLoop` ist folgendermaßen implementiert:

```
function PrivateLoop(index) {
   var tempReference = ClientCommunicator.prototype.instances [index];
   tempReference.server2Client.openCallback = function(xmlhttp) {
      xmlhttp.setRequestHeader("Accept", tempReference .preferredTypes);
   }
   tempReference.server2Client.complete = function(status, statusText,
         responseText, responseXML) {
   if(status == 200) {
      if(tempReference.listen != null) {
         tempReference.listen(status, statusText,
            responseText, responseXMl );
      }
      if(tempReference.doLoop) {
         window.setTimeout("PrivateLoop(" + tempReference.index + ")",
            tempReference.callDelay);
      }
   }
   tempReference.server2Client.username = tempReference.username;
   tempReference.server2Client.password = tempReference.password;
   tempReference.server2Client.get (tempReference.baseURL);
}
```

Der Parameter `index` ist der Index des `ClientCommunicator`-Objekts in dem Array, das den aktiven Lese-Stream repräsentiert. Der Variablen `tempReference` wird das aktive ClientCommunicator-Objekt zugewiesen, mit dem ein HTTP-Aufruf erfolgen kann. Danach wird der Eigenschaft openCallback eine Funktion zugewiesen, die den HTTP-Header Accept setzt, der für die clientseitige Implementierung des *Permutations*-Patterns verwendet wird.

Dann wird der Eigenschaft complete eine Funktion zugewiesen, die die Nachrichten vom Server verarbeitet. Nur Nachrichten mit dem HTTP-Statuscode 200 werden weiterverarbeitet, die anderen werden ignoriert. Dahinter steht folgende Annahme: Wenn eine Nachricht vorliegt, die der Server an den Client senden will, enthält der Body der Anfrage Inhalte, und deshalb sendet er den HTTP-Statuscode 200. Diese Annahme wurde der Einfachheit halber getroffen, aber in Ihrer Anwendung können Sie natürlich auch Fehlernachrichten und andere HTTP-Statuscodes verarbeiten. Nachdem der HTTP-Statuscode und die potenzielle Nachricht verarbeitet worden sind und wenn die Eigenschaft doLoop den Wert true hat, wird wieder die Methode window.setTimeout aufgerufen. Die Verzögerung ist nicht notwendig, wird aber durch die Eigenschaft tempReference.callDelay spezifiziert. Und schließlich, bevor der asynchrone Aufruf erfolgt, setzt die Funktion Private Loop die Eigenschaften username und password, falls eine Autorisierung erforderlich sein sollte. Zuletzt wird die get-Methode aufgerufen, um Nachrichten abzurufen, die vom Client verarbeitet werden müssen.

Um das Polling des Lese-Streams zu beenden, wird die weiter vorne illustrierte Methode ClientCommunicator.end folgendermaßen implementiert:

```
function ClientCommunicator_end() {
   this.doLoop = false;
}
```

Die Funktion ist einfach, aber die Abfragen werden nicht sofort beendet. Falls gerade eine Abfrage ausgeführt wird, wird sie abgeschlossen; es wird aber keine neue Abfrage gestartet.

Zuletzt muss die Methode ClientCommunicator.send implementiert werden, die Inhalte in den Schreib-Stream einfügt:

```
function ClientCommunicator_send (mimetype, contentLength, content) {
   var client2Server = new Asynchronous client2Server
   client2Server.username = this.username;
   client2Server.password = dieses .password;
   client2Server.complete = function(status, statusText,
      responseText, responseXML) {
      if(status != 200) {
         throw new Error("Post führt zu dem Fehler (" + status +
            ") Fehlertext (" + statusText + ")");
      }
```

```
    }
    client2Server.post(this .baseURL, mimetype, contentLength, content);
}
```

In der Funktion `ClientCommunicator_send` werden die Daten an den Server gesendet, und die Antwort wird vergessen. Sie wird nicht benötigt, weil der Schreib-Stream empfangene Daten nicht verarbeitet; dies ist Aufgabe des Lese-Streams. Deshalb kann `ClientCommunicator_send` ein `Asynchronous`-Objekt instanzieren, die Parameter initialisieren, `post` aufrufen und das generierte Ergebnis ignorieren. Der Eigenschaft `complete` wird immer noch eine Funktion zugewiesen, um zu prüfen, ob der Server tatsächlich den HTTP-Code 200 zurückgibt. Ist dies nicht der Fall, ist etwas passiert, und der Client muss informiert werden. Die beste Methode, den Client zu informieren, besteht darin, eine Ausnahme mit den Details des Problems auszulösen.

Insgesamt ist der Typ `ClientCommunicator` ein eigenständiger Typ, der über separate Schreib- und Lese-Streams verfügt, über die Aktualisierungen gesendet bzw. empfangen werden. Es muss betont werden, dass in der Implementierung von `ClientCommunicator` nicht versucht wird, die gesendeten und empfangenen Daten besonders zu interpretieren oder zu verarbeiten. Falls die vom Server gesendeten Daten aus einem Blob (Binary Large Object; großes Binärobjekt) bestehen, muss der empfangende Client einen Blob verarbeiten. Falls die Daten aus einer inkrementellen Aktualisierung bestehen, muss der Client die inkrementelle Aktualisierung verarbeiten.

Den ServerCommunicator implementieren

In diesem Abschnitt wollen wir den `ServerCommunicator` mit einem Java-Servlet implementieren. Alternativ könnte ein ASP.NET-Handler verwendet werden, der das `IHttpHandler`-Interface implementiert. Wichtig dabei ist, eine Ressource samt ihren Unterelementen mit einer bestimmten Funktionalität zu verbinden. Wenn beispielsweise der URL `/resource` auf ein Java-Servlet zeigt, wird auch der URL `/resource/sub/resource` von demselben Java-Servlet verarbeitet. Denn eine serverseitige Ressource soll von einem einzigen Handler verarbeitet werden.

Das folgende Java-Servlet verarbeitet die Ressource `/ajax/kap06/status`, die den vom Client verwendeten Basis-URL repräsentiert:

```
import javax.servlet.http.*;
import javax.servlet.*;
import java.io.*;
import java.util.*;
import devspace.book.*;
import devspace.book.definitions.*;
```

```java
public class GlobalStatus extends HttpServlet
    implements SingleThreadModel {
    static String _buffer;
    static long _callCount;

    public void init(javax.servlet.ServletConfig config)
        throws javax.servlet.ServletException {
        _buffer = "";
        _callCount = 0;
    }

    protected void doPost(HttpServletRequest request,
        HttpServletResponse response)
        throws javax.servlet.ServletException, java.io.IOException {
        ServletInputStream input = request.getInputStream();
        byte[] bytearray = new byte[request.getContentLength()];
        input.read (bytearray);
        _buffer += new String(bytearray).toString(); _callCount ++;
    }

    protected void doGet(HttpServletRequest request,
        HttpServletResponse response)
        throws ServletException, IOException {
        PrintWriter out = response.getWriter();
        out.println("Content (" + _buffer + ") Call Count (" +
            _callCount + ")(" + Calendar.getInstance().getTime() +")");
    }
}
```

Verglichen mit dem Code von ClientCommunicator ist der Code von ServerCommunicator relativ einfach, aber das liegt nur an der Implementierung der globalen Statusressource und des Beispiels. Die serverseitige Implementierung von ServerCommunicator ist eine minimale Lösung. Aus Abbildung 8.7 können Sie ersehen, wie das Servlet die »Rundreise« implementiert. Es speichert den Zustand in einem Datenelement (_buffer) und hält die Anzahl der Änderungen des Zustands fest (_callCount). Die Methode init wird vom HTTP-Server aufgerufen und initialisiert die Datenelemente.

Die Methode doPost verarbeitet die HTTP-POST-Anfrage und ist verantwortlich für die Implementierung des Schreib-Streams. Aus Sicht des Zwei-Stream-Kommunikationsmechanismus wird die Methode doPost von der Methode ClientCommunicator.send aufgerufen. Der Datenpuffer, der an den Server gesendet wird, wird mit der Methode request.getInputStream gelesen. Es ist wichtig, den Puffer als Byte-Stream einzulesen, weil alles Mögliche gesendet werden könnte. Die Methode doGet verarbeitet die HTTP-GET-Anfrage und ist für die Implementierung des

Lese-Streams verantwortlich. Sie ruft den Zustand der Datenelemente _buffer und _callCount ab, die zu einer Nachricht verkettet werden, die an den Client gesendet wird. Aus Sicht des Zwei-Stream-Kommunikationsmechanismus wird die Methode doGet von der Funktion PrivateLoop aufgerufen.

Viele Leser werden die Implementierung von doPost und doGet und die Verwendung des Java-Servlets kritisch beäugen. Die Implementierungen von doPost und doGet prüfen nicht die MIME-Typen und verstoßen gegen das *Permutations*-Pattern. Und das Java-Servlet verwaltet einen Zustand, obwohl man das als unelegante Lösung betrachten kann. Diese Kritikpunkte sind durchaus berechtigt; doch wollte man sie vermeiden, müsste die Erklärung des *Persistent Communications*-Patterns viel komplexer ausfallen. Geradeheraus gesagt: Schauen Sie sich an, welchen Zweck die Implementierung erfüllen soll, und schreiben Sie besseren Code. Wenn Sie außerdem Jetty 6.x benutzen, wird der Code etwas anders aussehen und ressourceneffizienter arbeiten. Weitere Details über den Jetty-Code finden Sie in der Jetty-Dokumentation.

Doch um die Leser zu befriedigen, die eine korrekte Implementierung sehen wollen, wird der folgende abgekürzte Code zur Verfügung gestellt. Achtung: Um diesen Quellcode lesen zu können, müssen Sie das *Permutations*-Pattern voll verstanden haben, weil der Code spezielle Referenzen zu seiner Implementierung enthält:

```java
class ServerCommunicator extends HttpServlet {
  Class _rewriter;
  Class _router;

  public void init(ServletConfig config) throws ServletException {
    try {
      _rewriter = (IRewriter)ServerCommunicator.class.getClassLoader()
        .loadClass(config.getInitParameter("rewriter")).newInstance();
      _router = IRewriter)ServerCommunicator.class.getClassLoader()
        .loadClass(config.getInitParameter("router")).newInstance();
    }
    catch (Exception e) {
      throw new ServletException("Konnte Typen nicht instanzieren", e);
    }
  }

  protected void doPost(HttpServletRequest request,
    HttpServletResponse response)
    throws javax.servlet.ServletException, java.io.IOException {
    IRewriter rewriter = _rewriter.newInstance();
    IRouter router = _router.newInstance();
    if (router.IsResource(request)) {
      router.ProcessPost(response);
```

Implementierung

```
    }
  }

  protected void doGet(HttpServletRequest request,
    HttpServletResponse response)
    throws ServletException, IOException {
    IRewriter rewriter = _rewriter.newInstance();
    IRouter router = _router.newInstance();
    if (router.IsResource(request)) {
      router.ProcessGet(response);
    }
  }
}
```

In der Implementierung von ServerCommunicator fehlt die Anwendungslogik – wie z.B. die der Klasse GlobalStatus. Die Anwendungslogik ist nicht etwa vollkommen verschwunden, sondern wurde an die Logik delegiert, die von ServerCommunicator aufgerufen wird. Was das *Permutations*-Pattern angeht, so gibt es zwei Interface-Instanzen: IRewriter und IRouter. Der Zweck des IRewriter-Interface besteht darin, den angeforderten URL zu lesen und auf Gültigkeit zu prüfen sowie die MIME-Typen nach Prioritäten zu ordnen.

Die eigentliche Arbeit wird von dem IRouter-Interface-Objekt router geleistet. Es ist dafür verantwortlich, die Inhalte zu senden, die das IRewriter-Objekt senden will. Die fehlende Anwendungslogik müsste in die Implementierung des modifizierten IRouter-Interface eingebettet werden.

In dem *Permutations*-Pattern wurde gezeigt, wie ein URL mit dem IRewriter-Interface-Objekt so umgeschrieben wurde, dass er die am besten geeigneten Inhalte repräsentiert. Den URL umzuschreiben, bedeutet normalerweise, einen neuen Link für den Download an den Client zu senden. In den Beispielen für das *Permutations*-Pattern bedeutete dies, dass der URL mit einem Servlet so umgeschrieben wurde, dass eine ASP.NET- oder JSP-Seite die eigentliche Anfrage verarbeiten konnte. Im Fall des *Persistent Communications*-Patterns ist ein Umschreiben nur im Interesse des Clients erforderlich, weil das Servlet die Anfrage auf jeden Fall verarbeitet – unabhängig davon, in welche Form der URL umgeschrieben wird. Deshalb ist es sinnvoller, wenn das Servlet die Anfrage verarbeitet, ohne die Umlenkung an den Client zu senden. Seien Sie jedoch vorsichtig; denn die fragliche Umlenkung ist die Umlenkung, die in dem *Permutations*-Pattern beschrieben wird und die Ressource mit der wünschenswertesten Anfrage abgleicht. Falls die Umlenkung eine weitere Ressource referenzieren sollte, müsste die Umlenkung an den Client gesendet werden; dies wird im Abschnitt *Beispiel: Server-Push* illustriert. Um diese zusätzliche Arbeit zu bewältigen, verfügt das IRouter-Interface über zwei zusätzliche Methoden, die den HTTP-POST (ProcessPost) bzw. -GET (ProcessGet) verarbeiten.

Den ServerCommunicator intelligent aufrufen

Sowohl die clientseitige als auch die serverseitige Implementierung sind komplett. Wenn die Schaltfläche DATEN SENDEN und dann die Schaltfläche KOMMUNIKATION STARTEN angeklickt werden, erfolgt eine Rundreise von Inhalten. In der Implementierung von `ClientCommunicator` und `GlobalStatus` gibt es ein Problem, nämlich dass der Lese-Stream fragt, ob Daten verfügbar sind, und dass der Server mit einem »Ja« antwortet und die Daten sendet. Der Lese-Stream fragt allerdings nicht, ob *neue* Daten verfügbar sind, und fordert den Server nicht auf, nur die neuen Daten zu senden. In der jetzigen Implementierung gibt es kein Datenelement, das beim Lesen übertragen wird und anzeigt, welche Inhalte bereits gesendet worden sind.

Um dieses Problem zu lösen, muss der Aufruf der Ressource geändert werden. Insbesondere muss ein anwendungsspezifischer HTTP-Header hinzugefügt werden. Zur Erinnerung: Die Definition von `GlobalStatus` enthielt auch ein Datenelement namens `_callCount`. Es wurde nicht aus trivialen Gründen definiert, sondern soll einen speziellen Zweck erfüllen, nämlich die Versionsnummer des letzten Zustands speichern. Wenn ein HTTP-POST ausgeführt wird, wird dieser Aufrufzähler inkrementiert, um anzuzeigen, dass der Zustand aktualisiert worden ist. Wenn der Server den Aufrufzähler als Referenz verwendet, kann er anzeigen, ob neue Inhalte verfügbar sind.

Der Server kann von sich aus nicht entscheiden, wann eine Nachricht an den Client gesendet werden muss, sondern braucht die Hilfe des Clients. Denn der Server weiß nicht, welchen Zustand der Client bereits empfangen hat. Der clientseitige Code muss geändert werden, um die Versionsnummer temporär auf dem Client zu speichern. Dann kann ihr Wert mit der nächsten Anfrage an den Server gesendet werden, und dieser kann entscheiden, ob der Client über die aktuellen Daten verfügt oder neue braucht. Der Wert könnte mithilfe eines HTTP-Cookies gesendet und abgerufen werden. Dies wäre eine einfache Lösung, weil der Client nur das HTTP-Cookie annehmen müsste. Das Cookie wird dann mit jeder Anfrage des Clients automatisch an den Server übertragen; der Server könnte den Wert der Version auf dem Client aus dem Cookie herauslesen.

Doch in diesem Beispiel wollen wir kein Cookie, sondern einen anwendungsspezifischen HTTP-Header verwenden, weil einige Anwender HTTP-Cookies nicht schätzen. Das Cookie-Beispiel wird im Abschnitt *Beispiel: Anwesenheitserkennung* illustriert. Clientseitig wird `ClientCommunicator` folgendermaßen modifiziert (Änderungen sind fett hervorgehoben):

```
function ClientCommunicator() {
  this.server2Client = new Asynchronous();
  this.baseURL = null;
  this._delegated = null;
```

Implementierung

```
    this.username = null;
    this.password = null;
    this.listen = null;
    this.doLoop = false;
    this.callDelay = 500;
    this.preferredTypes = "text/xml";
    this.index = this.instanceCount.counter;
    this.instances[this.index] = this;
    this.instanceCount.counter ++;
    this.versionTracker = 0;
}

function PrivateLoop(index) {
  var tempReference = ClientCommunicator.prototype.instances [index];
  tempReference.server2Client.openCallback = function(xmlhttp) {
    xmlhttp.setRequestHeader("Accept", tempReference .preferredTypes);
    xmlhttp.setRequestHeader("X-Version- ID",
      tempReference.versionTracker);
  }
  tempReference.server2Client.complete = function(status, statusText,
    responseText, responseXML) {
    if(status == 200) {
      tempReference.versionTracker =
        tempReference.server2Client.getResponseHeader("X-Version-ID");
      if(tempReference.listen != null) {
        tempReference.listen(status, statusText,
          responseText, responseXML);
      }
    }
    if(tempReference .doLoop) {
      window.setTimeout("PrivateLoop(" + tempReference.index + ")",
        tempReference.callDelay);
    }
  }
  tempReference.server2Client.username = tempReference.username;
  tempReference.server2Client.password = tempReference.password;
  tempReference.server2Client .get(tempReference.baseURL);
}
```

In dem fett hervorgehobenen Code wird eine neue Eigenschaft, versionTracker, eingeführt, die den Wert enthält, der in dem HTTP-Header X-Version-ID gespeichert ist; dieser Wert ist die Versionsnummer des serverseitigen Zustands. Wenn eine Anfrage an den Server erfolgt, wird der HTTP-Header X-Version-ID zu der Anfrage hinzugefügt bzw. aus der Antwort extrahiert. Serverseitig wird die Implementierung von GlobalStatus.doGet folgendermaßen modifiziert:

```
protected void doGet(HttpServletRequest request,
   HttpServletResponse response)
   throws ServletException, IOException {
   int lastCount =
      new Integer(request.getHeader("X-Version- ID")).intValue();
   int waitCount = 0;
   while(waitCount < 100) {
      if(lastCount < _callCount) {
         PrintWriter out = response.getWriter();
         out.println("Content (" + _buffer + ") Call Count ("
            + _callCount + ")("
            + Calendar.getInstance().getTime() + ")");
         response.setHeader("X-Version-ID",
            new Integer(_callCount).toString());
         return;
      }
      try {
         Thread.currentThread ().sleep (1000);
      }
      catch (InterruptedException e) { }
      waitCount ++;
   }
   response.setStatus(408, "Keine Änderung");
}
```

Wenn die Methode doGet aufgerufen wird, wird zunächst der Wert des Headers X-Version-ID extrahiert und der Variablen lastCount zugewiesen. Danach durchläuft der Code maximal 100 Mal eine while-Schleife, um zu prüfen, ob aktualisierte Daten vorliegen. Innerhalb der Schleife wird geprüft, ob der gesendete Zähler (lastCount) kleiner als der globale Zähler (_callCount) ist. Ist dies der Fall, wird der Output generiert, um die neuesten Änderungen an den Client zu senden. Der generierte Output enthält auch den HTTP-Header X-Version-ID mit dem neuesten Versionsbezeichner. Falls keine Daten übertragen werden müssen, wird der aktuelle Thread mit der Methode Thread.currentThread().sleep(1000) für eine kurze Zeit angehalten, bevor in einer neuen Iteration geprüft wird, ob jetzt neue Daten vorliegen. Falls nach 100 Iterationen keine Änderung festgestellt wurde, wird der HTTP-Code 408 generiert, der einen Timeout anzeigt.

Schaut man sich die HTTP-Header-Implementierung an, könnte man als zynischer Leser meinen, dass die alternative Lösung einem HTTP-Cookie verdächtig ähnlich sieht. Tatsächlich hätte ein solcher Leser absolut Recht, aber diese Lösung wurde gewählt, um zu zeigen, dass HTTP-Cookies bei passender Anwendung sehr nützlich sein können. Der Vorteil, im Gegensatz zu der vorgeschlagenen Lösung HTTP-Cookies zu verwenden, besteht darin, dass der clientseitige Code nicht geändert werden muss. Nur serverseitig sind Änderungen notwendig; sie sind der vorgeschlagenen Lösung sehr ähnlich.

Bevor wir zum nächsten Thema übergehen, muss ich noch einen Punkt erwähnen. In der ursprünglichen Deklaration von `GlobalStatus` implementiert die Klasse das `SingleThreadModel`-Interface. Dieses ist ein spezifisches Feature von Java, das vorschreibt, dass nur ein Client das Servlet aufrufen darf. Ich rate davon ab, für Anwendungen den Typ `SingleThreadModel` zu verwenden, habe ihn hier aber aus Gründen der Einfachheit und leichten Demonstration benutzt. Beim Schreiben von Zwei-Stream-Kommunikationsmechanismen werden höchstwahrscheinlich Dateien, Objekte usw. gemeinsam benutzt, was bedeutet, dass die Daten synchronisiert werden müssen.

Die serverseitige Überwachung implementieren

HTTP-Server haben unter anderem den folgenden wesentlichen Nachteil: Sie sind reaktive Server. Eine *reaktiver Server* reagiert auf Anfragen und generiert Antworten. Danach wartet er tatenlos auf weitere Anfragen. Bei diesem Ansatz gibt es also das Problem, dass ein standardmäßiger HTTP-Server keine Daten verarbeitet, wenn keine Anfrage vorliegt.

Betrachten wir etwa unser Beispiel für den Zwei-Stream-Kommunikationsmechanismus und den Status. So wie der HTML-Client codiert ist, ist der Anwender dafür verantwortlich, eine Aktualisierung zu senden. Dies ist normalerweise nicht das, was passiert, wenn serverseitige Statusaktualisierungen verwaltet werden. Stattdessen wird die Aktualisierung durch irgendeine externe Aktion ausgelöst. Die Webanwendung muss über die Aktualisierung informiert werden, und da liegt das Problem. In dem Beispiel für die Versionsüberwachung wartet der Client darauf, dass `_callCount` einen größeren Wert annimmt. Praktische Anwendungen sind in der Regel nicht so einfach, dass einfach der Wert einer Variablen überwacht werden muss. Praktische Anwendungen benötigen einen Signalmechanismus.

Wie ein Signalmechanismus implementiert wird, geht über das Thema dieses Buches hinaus. Doch viele Projekte lösen das Problem, indem sie eine HTTP-Client-Anwendung erstellen, die sich wie ein Webbrowser verhält und Daten an den Server überträgt. Aus architektonischer Sicht sieht die Lösung ähnlich wie Abbildung 8.8 aus.

In Abbildung 8.8 wird der HTTP-Server von dem Hauptserver gehostet. Mehrere Clients greifen auf den HTTP-Server zu. Zwei Clients sind Anwender, die einen Browser benutzen. Ein dritter Client ist ein anderer Computer, der eine Anwendung ausführt, die gewisse Daten wartet. Falls sich die Daten ändern, schreibt die Anwendung die Daten in den Schreib-Stream. Dies führt zu einem HTTP-PUT oder -POST, der letztlich eine Änderung bei den beiden anderen zuhörenden Clients bewirkt. Durch die Trennung der Prozesse kann separat geändert werden, wie der Dienst die Daten auf dem HTTP-Server überwacht und aktualisiert.

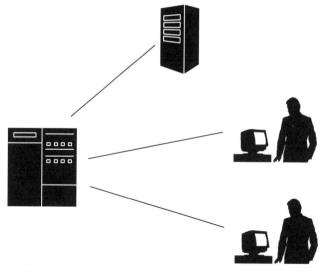

Abb. 8.8: Active-Server-Dienst, der den HTTP-Server verwendet

8.6.2 Beispiel: Anwesenheitserkennung

Der Code der Anwesenheitserkennung kann als inkrementelle Aktualisierung des Codes der globalen Statusanwendung aufgefasst werden. Hinzu kommt lediglich die Anforderung, dass die globale Statusressource wissen muss, wer auf die Ressource zugreift. Die Inhalte der globalen Statusressource werden um die Identität des Anwenders erweitert.

Den Benutzer authentifizieren

Der grundlegende Code der Anwesenheitserkennung besteht aus dem Code der globalen Statusanwendung, der gerade beschrieben wurde. Der Client-Code bleibt unverändert, weil er bereits über die Funktionen verfügt, einen Benutzernamen und ein Passwort abzurufen. Der ServerCommunicator muss aktualisiert werden; er benötigt Funktionen zur Identifizierung des Anwenders. Der Anwender könnte per HTTP-Authentifizierung oder mit einem Cookie identifiziert werden; hier wird die HTTP-Authentifizierung verwendet. Weil ein Anwender möglicherweise verschiedene Formen der Authentifizierung implementieren möchte, wird folgendes Interface definiert:

```
public interface UserIdentification {
    public String getIdentifier();
    public Boolean isIdentified();
}
public interface UserIdentificationResolver {
    UserIdentification identifyUser(HttpServletRequest request);
}
```

Das Interface `UserIdentificationResolver` identifiziert einen Anwender mit dem Servlet-Anfrage-Interface `HttpServletRequest`. Das Interface `UserIdentification` repräsentiert einen identifizierten Anwender, falls die Methode `isIdentified` den Wert `true` zurückgibt. Die Interface-Definitionen sollten Ihnen bekannt vorkommen. In dem *Permutations*-Pattern wurden zur Identifizierung des Anwenders dieselben Interface-Deklarationen verwendet, aber die Interfaces wurden als `IUserIdentificationResolver` und `IUserIdentification` deklariert, weil der Code in .NET geschrieben war.

Wenn Sie mehr über die Implementierung von Interfaces zur Anwenderidentifizierung wissen wollen, sollten Sie den Abschnitt *Beispiel: Einkaufswagen-Anwendung* in Kapitel 5 lesen.

Den ServerCommunicator aktualisieren

Die `ServerCommunicator`-Funktionalität zur Anwesenheitserkennung wird mit der Klasse `WhoisOnline` implementiert. Diese Klasse ist eine erweiterte Variante der weiter vorne definierten Klasse `GlobalStatus`. Hier ist die partielle Implementierung von `WhoisOnline`:

```
public class WhoisOnline extends HttpServlet
    implements SingleThreadModel {
  private String _user;
  private UserIdentificationResolver _userIdentification;
  private ArrayList _users = new ArrayList();
  private int _version;

  public void init (javax.servlet.ServletConfig config)
      throws javax.servlet.ServletException {
    _version = 0;
    try {
      _userIdentification =
          (UserIdentificationResolver)WhoisOnline.class
              .getClassLoader().loadClass(
                  config.getInitParameter("user-identification"))
                  .newInstance();
    }
    catch (Exception e) {
      throw new ServletException(
        "Konnte _userIdentification nicht instanzieren", e);
    }
  }

  protected void service(
      javax.servlet.http.HttpServletRequest request,
      javax.servlet.http.HttpServletResponse response)
```

```
        throws javax.servlet.ServletException,
            java.io.IOException {
    }

    protected void doPost(HttpServletRequest request,
        HttpServletResponse response)
        throws javax.servlet.ServletException, java.io.IOException {
    }

    protected void doGet(HttpServletRequest request,
        HttpServletResponse response)
        throws ServletException, IOException { }
}
```

Der globale Ressourcenzustand für `WhoisOnline` ist in dem Datenelement `_users` enthalten, einem Objekt vom Typ `ArrayList`, das die Anwender enthält, die online sind. Das Datenelement `_user` repräsentiert einen vergänglichen Zustand, mit dem die Anwender identifiziert werden, die gegenwärtig auf die Ressource zugreifen. Der Wert von `_user` stimmt in der gegenwärtigen Implementierung zufällig mit der Identität des authentifizierten Anwenders überein, aber das ist nicht die Regel. Der Normalfall wird in dem folgenden Abschnitt *Beispiel: Server-Push* illustriert. Das Datenelement `_userIdentification` enthält ein Objekt vom Interface-Typ `UserIdenficationResolver`, der vor diesem Codesegment vorgestellt wurde. Das letzte Datenelement, `_version`, enthält die Versionsnummer des Zustandsdatenelements `_users`. Anhand seines Wertes wird festgestellt, ob der Lese-Stream einige Inhalte generieren sollte.

Den Zweck der Methode `init` habe ich bereits erklärt; mit ihr wird das Java-Servlet initialisiert. Bei `WhoisOnline` wird die Versionsnummer (`_version`) auf null gesetzt und die Anwenderauthentifizierung (`_userIdentification`) wird instanziert. Die Technik für diese Instanzierung stützt sich auf die Fähigkeit von Java, Klassen dynamisch laden zu können.

Ganz neu ist die Methode `service`, die folgendermaßen implementiert ist:

```
protected void service(
    javax.servlet.http.HttpServletRequest request,
    javax.servlet.http.HttpServletResponse response)
    throws javax.servlet.ServletException,
    java.io.IOException {
    UserIdentification userid =
        _userIdentification.identifyUser(request);
    if(userid.isIdentified()) {
        _user = userid.getIdentifier();
        super.service(request, response);
    }
```

```
    else {
        response.setStatus (500,
        "Anwender konnte nicht identifiziert werden");
    }
}
```

Die Methoden doPost und doGet verarbeiten die Aktionen HTTP-POST bzw. -GET. Aber diese Methoden werden nicht direkt vom HTTP-Server aufgerufen. Stattdessen castet der HTTP-Server die Servlet-Implementierung für das Servlet-Interface. Nachdem Abruf des Interface wird die Methode service aufgerufen, die in der Standardimplementierung die entsprechende HTTP-Aktionsmethode (beispielsweise doPost oder doGet) aufruft. Wenn die anwendungsspezifische Klasse WhoisOnline die Methode service implementiert, ist WhoisOnline für die Verarbeitung der einzelnen HTTP-Aktionsmethoden verantwortlich.

Bei WhoisOnline soll die service-Methode nicht die Standardfunktionalität überschreiben, sondern einen einzelnen Platz zur Verfügung stellen, an dem die globale Aktion zum Extrahieren der Anwenderidentifizierung untergebracht werden kann. In der Implementierung wird die Methode identifyUser aufgerufen. Sie gibt ein Objekt vom Typ UserIdentification zurück. Das UserIdentification-Objekt enthält die Daten des Anwenders, der gegenwärtig auf die Ressource zugreift. Falls der Anwender identifiziert worden ist (userid.isIdentified), wird dem Datenelement _user die ID des Anwenders zugewiesen und die Funktion kann ein HTTP-POST oder -GET verarbeiten. Mit der Methode super.service wird die Standardfunktionalität von service aufgerufen, die ihrerseits doGet und doPost aufruft. Falls der Anwender nicht identifiziert werden kann, wird der HTTP-Fehler 500 generiert; doGet oder doPost werden dann natürlich nicht aufgerufen, weil nur ein authentifizierter Anwender die globale Ressource der Anwesenheitserkennung verwenden kann.

Die Funktion doPost ist folgendermaßen implementiert:

```
protected void doPost(HttpServletRequest request,
    HttpServletResponse response)
    throws javax.servlet.ServletException, java.io.IOException {
    Iterator iter = _users.iterator();
    boolean didFind = false;
    while(iter.hasNext()) {
        String user = (String)iter.next();
        if(user.compareTo(_user) == 0) {
            didFind = true;
            break;
        }
    }
    if(!didFind) {
```

```
            _users.add(_user);
            _version ++;
        }
        response.setStatus (200, "Alles OK");
    }
```

In der Implementierung von doPost werden die mit HTTP-POST gesendeten Daten nicht verarbeitet, weil unser Beispiel für die Anwesenheitserkennung nur die Identität des Anwenders feststellen muss. Es wird die Anwenderidentität verarbeitet. Falls die Anwenderidentifizierung (_user) bereits in der Liste der anwesenden Anwender (_users) existiert, passiert nichts. Falls der Anwender nicht existiert, wird er in die Anwenderliste eingefügt, und die Versionsnummer (_version) wird inkrementiert, um eine Änderung des Zustands anzuzeigen. Unabhängig davon, ob ein Anwender hinzugefügt wird, wird der HTTP-Code 200 zurückgegeben, um eine erfolgreiche Operation anzuzeigen. Man könnte dafür plädieren, einen Fehler zurückzugeben, falls der Anwender bereits in der Anwenderliste enthalten ist. Doch dies wäre der Sachlage nicht angemessen; falls ein Anwender bereits in der Liste enthalten ist, liegt kein Fehler vor; sondern es zeigt nur an, dass dieser bestimmte Operationen wiederholt ausführt. Etwas zu wiederholen, mag ineffizient sein, aber es ist nicht falsch.

Hier sind die Implementierungen der Methoden getSentVersion und doGet:

```
private int getSentVersion(HttpServletRequest request) {
    Cookie[] cookies = request.getCookies();
    if(cookies != null) {
        for(int c1 = 0; c1 < cookies.length; c1 ++) {
            if(cookies[c1].getName().compareTo("VersionId") == 0) {
                return new Integer(
                cookies[c1].getValue()).intValue();
            }
        }
    }
    return 0;
}

protected void doGet(HttpServletRequest request,
    HttpServletResponse response)
    throws ServletException, IOException {
    int sentVersion = getSentVersion(request);
    int waitCount = 0;
    while(waitCount < 100) {
        if(sentVersion < _version) {
            PrintWriter out = response.getWriter();
            Iterator iter = _users.iterator();
            while(iter.hasNext()) {
```

```
            String user = (String)iter.next();
            out.println("User (" + user + ")");
        }
        response.addCookie(new Cookie(
            "VersionId", new Integer(_version).toString()));
        return;
    }
    try {
        Thread.currentThread ().sleep(1000);
    }
    catch (InterruptedException e) { }
    waitCount ++;
}
response.setStatus(408, "Keine Änderung");
}
```

Die Implementierung der doGet-Methode ähnelt der Implementierung der weiter vorne im Abschnitt *Den ServerCommunicator intelligent aufrufen* gezeigten doGet-Methode. Allerdings wird hier die Versionsnummer des Clients mit HTTP-Cookies verwaltet. Die Methode getSentVersion extrahiert die Versionsnummer aus den vom Client gesendeten Cookies. Falls die Versionsnummer nicht existiert, wird der Wert 0 zurückgegeben. Dann durchläuft der Server eine Schleife, um zu prüfen, ob eine geänderte Versionsnummer vorliegt. Falls ja, generiert er den Output, aktualisiert die Versionsnummer und sendet den Output zusammen mit dem neuen Cookie VersionId an den Client.

8.6.3 Beispiel: Server-Push

In jedem Beispiel wurde die Komplexität größer; das letzte zu erklärende Szenario ist der Server-Push. Ein Server-Push verfügt über eine Besonderheit: Jeder Client, der auf die globale Ressource (etwa http://mydomain.com/global/resource) zugreift, verfügt über einen eindeutigen Unter-URL (etwa http://mydomain.com/global/resource/unique-child). In den vorangegangenen Beispielen war der URL eine globale Ressource, die von den einzelnen Anwendern gemeinsam genutzt wurde. In diesem Beispiel muss der URL eindeutig sein, weil der Server individualisierte, das heißt anwenderspezifische Inhalte sendet.

Eine Nebenbemerkung: Die eindeutigen URLs, die in diesem Beispiel verwendet werden, enthalten immer einen Benutzernamen oder einen Anwenderbezeichner. Dies muss nicht so sein. Die URLs können auch Feed-Bezeichner, Nachrichtenquellen usw. enthalten. Ein eindeutiger Bezeichner repräsentiert eine bestimmte eindeutige Ressource, die sich von anderen Ressourcen unterscheidet. Mit den URLs aus diesem Beispiel soll auch nicht angedeutet werden, dass einem einzelnen Anwender eine einzelne Ressource zugeordnet wird. Es können sich durchaus mehrere Anwender dieselbe eindeutige Ressource teilen.

Einige Gedanken zur Spezifikation von URLs

Bevor ich mit der Server-Push-Implementierung fortfahre, muss ich noch etwas mehr auf die Spezifikation der URLs eingehen. Bei dem *Permutations*-Pattern habe ich illustriert, wie URLs generiert und abgerufen werden. Sie haben Techniken kennen gelernt, um Repräsentation je nach den Anforderungen des Clients mit Ressourcen zu verbinden. Beim Server-Push muss der URL eindeutig sein. Dies kann ein Problem sein, weil wir den URL zunächst nicht kennen. Die Frage ist: Wenn die globale Ressource `http://mydomain.com/global/resource` gegeben ist, wie können wir herausfinden, dass der URL `http://mydomain.com/global/resource/unique-child` eindeutig ist?

Einen fest einprogrammierten URL verwenden

Ein *fest einprogrammierter (hard-coded) URL* ist ein URL, der direkt in den HTML-Code eingefügt wird. Ein Beispiel:

```
<html> <head>
<title>Hard Code Reference</title>
<script language="JavaScript" src="../lib/factory.js"></script>
<script language="JavaScript" src="../lib/asynchronous.js"></script>
<script language="JavaScript" type="text/javascript">

var asynchronous = new Asynchronous();
</script>
</head>
<body>
<button onclick="asynchronous.get('../kap04/chunked.ashx')">
Get Image</button>
<table>
    <tr><td id="counter"></td></tr>
</table>
</body>
</html>
```

In diesem Code ruft die Schaltfläche die Methode `asynchronous.get` auf. Der aufgerufene URL lautet `../kap04/chunked.ashx`. In einem traditionellen Programm wird dies als *fest einprogrammierte URL-Referenz* bezeichnet. Programmierer lehnen fest einprogrammierte URLs in der Regel ab, weil sie die Aktualisierung einer Website erschweren, wenn der URL geändert wird. Der fest einprogrammierte URL in dem Beispiel ist möglicherweise nicht optimal. Besser wäre der URL `../kap04/chunked`, um Ressource und Repräsentation zu trennen. Hier geht es jedoch darum, die Designverfahren des *Permutations*-Patterns vorzustellen.

Einen URL mit einer Benutzerkennung spezifizieren

Alternativ kann ein URL mit dem serverseitigen Framework dynamisch generiert werden. Hier ein ASP.NET-Beispiel:

```
<%@ Page Language="C#" %>
<script runat="server">
   class DynamicURL {
       public static string GetAsync() {
           return "/url";
       }
    }
</script>
<html> <head>
<title>Hard Code Reference</title>
<script language="JavaScript" src="../lib/factory.js"></script>
<script language="JavaScript" src="../lib/asynchronous.js"></script>
<script language="JavaScript" type="text/javascript">

var asynchronous = new Asynchronous();

</script>
</head>
<body>
<button onclick="asynchronous.get('<%=DynamicURL.GetAsync() %>')">
   Bild abrufen
</button>
<table>
   <tr><td id="counter"></td></tr>
</table>
</body>
</html>
```

Dieses modifizierte Beispiel enthält zwei Arten von Code: Die eine wird serverseitig, die andere clientseitig ausgeführt. Wer PHP, JSP oder ähnliche Sprachen kennt, weiß, dass serverseitig ausgeführter Code durch spezielle Tags eingeschlossen wird. Für ASP.NET werden normalerweise die Tags <% und %> verwendet. Alternativ kann serverseitiger Code für ASP.NET auch mit einem script-Tag eingeschlossen werden, das über ein runat-Attribut mit dem Wert server verfügt. (In diesem Beispiel werden beide Methoden verwendet: das script-Tag gleich am Anfang, die Tags <% und %> weiter unten in dem button-Tag.)

Das onclick-Attribut des button-Tags enthält den Aufruf der Methode asynchronous.get, deren Parameter '<%=DynamicURL.GetAsync() %>' lautet. Die Tags <% und %> zeigen an, dass dieser Code serverseitig ausgeführt werden soll. Die serverseitig auszuführende Methode `DynamicURL.GetAsync` wird im `script`-Tag am Anfang dieses Beispiels definiert. Sie gibt hier einfach den fest einprogrammierten String `"/url"` zurück, soll aber zeigen, wie der Client serverseitig auszuführenden Code dynamisch generieren kann.

Den URL dynamisch zu generieren, bietet keinen echten Vorteil, weil dies der Zweck des *Permutations*-Patterns ist. Die Generierung des URLs ist sinnvoll, wenn die Patterns *Content Chunking* und *Decoupled Navigation* verwendet werden. Dabei gibt es Szenarios, in denen Funktionalität referenziert wird, die mit der Funktionalität der durch den URL bezeichneten HTML-Seite nichts zu tun hat. Der orthogonale URL könnte eine Abhängigkeit von einem Webanwendungs-Plug-in sein, und deshalb könnte die Generierung des URLs eine zusätzliche Flexibilität bieten. Bei einem Server-Push kann der spezielle URL mit dem dynamisch generierten URL identifiziert werden.

Einen URL durch HTTP-Umlenkung spezifizieren

Die Klasse `DynamicURL` aus dem vorangegangenen Beispiel generiert einen einzelnen URL. Wie erwähnt, kann mit einem dynamisch generierten URL ein eindeutiger Server-Push-URL erstellt werden. Der URL wird per *früher Definition* generiert (das Gegenstück, die späte Definition, wird etwas später illustriert). Man spricht von *früher Definition*, weil der eindeutige URL erstellt wird, nachdem die HTML-Inhalte generiert worden sind. Ein solcher Ansatz ist nicht immer möglich oder nützlich.

Stellen Sie sich ein Szenario vor, in dem E-Mails versendet werden, um Anwender aufzufordern, Details zu aktualisieren. Die eindeutigen URLs zum Zeitpunkt der Erstellung der E-Mails zu generieren, wäre ein Sicherheitsrisiko. Besser wäre es zu warten, bis sich der Anwender eingeloggt hat, und ihn dann zu dem speziellen URL weiterzuleiten. Dasselbe gilt für das *Persistent Communications*-Pattern. Die Lösung besteht darin, den eindeutigen URL per HTTP-Umlenkung zum letztmöglichen Zeitpunkt zu generieren. Die HTTP-Umlenkung arbeitet mit dem Ansatz der späten Definition.

Der folgende HTTP-Dialog zeigt ein Beispiel für ein HTTP-Umlenkung.

Anfrage des Clients:

```
GET /resource/ HTTP/1.1
Accept: */*
Accept-Language: en
Accept-Encoding: gzip, deflate
User-Agent: Mozilla/5.0 (Macintosh; U; PPC Mac OS X; en)
AppleWebKit/412.6.2 (KHTML, like Gecko) Safari/412.2.2
Connection: keep-alive
Host: 192.168.1.242:8100
```

Der URL /resource/ wird von dem HTTP-Server als generischer URL erkannt, der nach dem Aufruf zu einem speziellen URL umgelenkt wird. Der HTTP-Server antwortet mit dem HTTP-Code 302, um eine Umlenkung anzuzeigen.

HTTP-Antwort des Servers:

```
HTTP/1.1 302 Found
Date: Mon, 05 Sep 2005 16:29:04 GMT
Server: Apache/2.0.53 (Ubuntu) PHP/4.3.10-10ubuntu4
Location: /resource/joesmith
Content- Length: 346
Keep-Alive: timeout=15, max=100
Connection: Keep-Alive
Content-Type: text/html; charset=iso-8859-1
```

Hier lautet der spezielle URL, der an den Client gesendet wird, /resource/joesmith. Wenn ein Webbrowser oder das XMLHttpRequest-Objekt eine Umlenkung empfangen, versuchen sie, die Inhalte unter dem Umlenkungs-URL abzurufen.

Abschließende Anfrage des Clients:

```
GET /resource/joesmith HTTP/1.1
Accept: */*
Accept-Language: en
Accept-Encoding: gzip, deflate
User-Agent: Mozilla/5.0 (Macintosh; U; PPC Mac OS X; en)
AppleWebKit/412.6.2 (KHTML, like Gecko) Safari/412.2.2
Connection: keep-alive
Host: 192.168.1.242:8100
```

Eine HTTP-Umlenkung (egal ob per Webbrowser oder per XMLHttpRequest) kann nur ausgeführt werden, falls sie die Same Origin Policy beachtet. Falls eine Umlenkung in eine andere Domain mit XMLHttpRequest versucht wird, hängen die Ergebnisse von dem Browser ab. Der Microsoft Internet Explorer gibt den Statuscode null und keine anderen Daten zurück; Mozilla-basierte Browser geben den Statuscode 302 und den Umlenkungs-URL zurück; Apple Safari stürzt ab. (Als dies geschrieben wurde, war dieses Verhalten als Bug registriert.)

8.6.4 Den ServerCommunicator fertigstellen

Für die Server-Push-Implementierung soll die Umwandlung des allgemeinen URLs in den speziellen URL mit der HTTP-Umlenkung implementiert werden. Die Server-Push-Implementierung enthält alle Konzepte des *Persistent Communications*-Patterns: eine gemeinsam genutzte Ressource, eine spezielle Ressource, Anwenderauthentifizierung und Überwachung einer Versionsnummer. ServerCommunicator implementiert die folgenden Aktionen, um den Server-Push zu realisieren:

1. Der Client greift auf den Root-Ressourcen-URL (beispielsweise /ajax/kap06/ serverpush) zu.

2. Der Server liest den URL und prüft, ob es einen Anwenderbezeicher gibt, der einen speziellen URL anzeigt.

3. Falls kein Anwenderbezeichner existiert, wird ein generischen URL aufgerufen, aus dem ein spezieller URL abgeleitet werden muss. Zu diesem Zweck müssen die Authentifizierungsdaten des Clients gelesen werden, mit denen der spezielle URL konstruiert werden soll (beispielsweise /ajax/kap06/serverpush/ username).

4. Falls ein Anwenderbezeichner existiert, wird der URL nicht umgelenkt, sondern verarbeitet.

5. An diesem Punkt liegt ein spezieller URL mit einem Anwenderbezeichner vor; der Anwenderbezeichner wird aus dem URL extrahiert und mit einem Anwenderzustand querverbunden.

6. Falls kein Anwenderzustand gefunden wird, wird der HTTP-Fehler 500 generiert.

7. Falls ein Anwenderzustand gefunden wird, wird das zu dem Anwender gehörige Cookie abgerufen und die Versionsnummer extrahiert.

8. Anhand des Anwenderzustands und der Versionsnummer generiert der Server entweder neue Daten oder wartet, dass neue Daten generiert werden.

Die Aktionsliste enthält einige neue und einige bereits beschriebene Aktionen. Neu ist die direkte Referenzierung des Anwender-URLs oder speziellen URLs. Wichtig ist: Eine Umlenkung erfolgt nicht automatisch, sondern nur, wenn ein Anwender den Root-URL referenziert. Dies ist Absicht. Der Client soll auch auf einen URL zugreifen können, der möglicherweise nicht mit seinen Authentifizierungsdaten verbunden ist. Wenn sich beispielsweise ein Administrator authentifiziert hat, kann er, indem er explizit einen Anwender referenziert, dessen Detaildaten verwalten. Natürlich könnte ein Administrator durch Implementierung des *Permutations*-Patterns einen MIME-Typ an die Root-Ressource senden, der eine Umlenkung aufhebt und stattdessen ein Verzeichnislisting aller Anwender zurückgibt. Die Idee ist, dem HTTP-Server je nach Anwenderidentität und Anfrage eine gewisse Flexibilität bei der HTTP-Umlenkung einzuräumen.

Jeder spezielle URL ist mit einem Anwenderzustand verbunden. Der Anwenderzustand kann aus Daten in einer Datenbank, einer Datei oder etwas anderem bestehen und reflektiert die Daten, an denen der Client interessiert ist. In unserem Beispiel ist der Anwenderzustand folgendermaßen definiert:

```
class UserState {
    private String _userIdentifier;
```

```
    private Object _state;
    private int _version;
    public UserState(String userIdentifier, Object state) {
        _userIdentifier = userIdentifier;
        _state = state;
    }
    public String getUserIdentifier() {
        return _userIdentifier;
    }
    public Object getState() {
        return _state;
    }
    public void setState(Object state) {
        _state = state;
        _version ++;
    }
    public int getVersion() {
        return _version;
    }
}
```

Die Klasse UserState verfügt über drei Eigenschaften: _userIdentifier, die den Anwender eindeutig identifiziert, _state, die ein Objekt referenziert, das den Zustand des Anwenders repräsentiert, und _version, die die Versionsnummer des Zustands enthält. Die Eigenschaften _userIdentifier und _version sind read-only, weil eine Anwenderklasse diese Eigenschaften nicht manipulieren soll. Die Eigenschaft _userIdentifier ändert sich nach ihrer Initialisierung nicht mehr, während _version bei jedem Aufruf der Methode setState inkrementiert wird.

Die Klasse ServerPush ist für die Server-Push-Implementierung ServerCommunicator verantwortlich. Die folgende abgekürzte Implementierung von ServerPush baut auf der Implementierung der Anwesenheitserkennung auf; die neuen Zeilen sind fett hervorgehoben:

```
public class ServerPush extends HttpServlet implements SingleThreadModel {
    private ArrayList _users = new ArrayList();
    private String _user;
    private String _baseDirectory;
    private UserIdentificationResolver _userIdentification;

    public void init(javax.servlet.ServletConfig config)
        throws javax.servlet.ServletException {
        _baseDirectory = config.getInitParameter("base-url");
        try {
```

```
            _userIdentification = (UserIdentificationResolver)
               ServerPush.class.getClassLoader().loadClass(
                  config.getInitParameter("user-identification"))
                  .newInstance();
         }
         catch (Exception e) {
            throw new ServletException(
               "Konnte _userIdentification nicht instanzieren", e);
         }
      }

      protected void service(
         javax.servlet.http.HttpServletRequest request,
         javax.servlet.http.HttpServletResponse response)
         throws javax.servlet.ServletException, java.io.IOException {
      }

      protected void doPost(HttpServletRequest req,
         HttpServletResponse resp)
         throws javax.servlet.ServletException, java.io.IOException {
         // Aktionen mit dem URL
      }

      protected void doGet(HttpServletRequest request,
         HttpServletResponse response)
         throws ServletException, IOException {
      }
   }
}
```

Der Code enthält mehrere fett hervorgehobene Zeilen mit neuer Funktionalität. Zunächst ist ein neues Datenelement, `_users`, vom Typ `ArrayList` hinzugefügt worden, das die Zustände der einzelnen Anwender speichert. Bei einer produktiven Anwendung würden Sie wahrscheinlich eine andere Form der Speicherung wählen, weil es buchstäblich Tausende von Anwendern geben könnte. Sie könnten den Anwenderbezeichner beispielsweise mit einem Schlüssel verknüpfen. Der Anwenderbezeichner wird ans Ende des Ressourcen-URLs angehängt. Er muss nicht den Benutzernamen enthalten, sondern kann aus einer Folge alphanumerischer Zeichen bestehen.

Das andere neue Datenelement ist `_baseDirectory`, das den Root-Ressourcen-URL enthält. Dieser URL wird benötigt, damit das Servlet einen generischen URL (/ajax/kap06/serverpush) von einem speziellen URL (/ajax/kap06/serverpush/username) unterscheiden kann. Das Datenelement `_baseDirectory` wird in der Methode `init` initialisiert und repräsentiert einen Referenzpunkt für alle URLs, die von `ServerPush` verarbeitet werden.

Die modifizierte `service`-Methode ist folgendermaßen implementiert:

```java
protected void service(
    javax.servlet.http.HttpServletRequest request,
    javax.servlet.http.HttpServletResponse response)
    throws javax.servlet.ServletException, java.io.IOException {
    String user =
        request.getRequestURI().substring(_baseDirectory.length());
    if(user.length() == 0) {
        UserIdentification userid =
            _userIdentification.identifyUser(request);
        if(userid.isIdentified()) {
            response.sendRedirect(request.getRequestURI()
                + "/"
                + userid.getIdentifier());
            return;
        }
        else {
            response.setStatus(
                500, "Anwender konnte nicht identifiziert werden");
            return;
        }
    }
    super.service(request, response);
}
```

Der neue, fett hervorgehobene Code in der `service`-Methode zeigt, wie der Anwenderbezeichner aus dem aufgerufenen URL extrahiert und der Variablen `user` zugewiesen wird. Falls diese Variable die Länge 0 hat, ist der Root-Ressourcen-URL aufgerufen worden; deshalb muss eine Umlenkung erfolgen. Zu diesem Zweck wird die Methode `sendRedirect` aufgerufen, die den HTTP-Code 302 generiert. Falls keine Umlenkung erfolgt, wird ein spezieller URL angefordert, und die Verarbeitung kann normal fortgesetzt werden.

Die modifizierte Methode `doPost` ist folgendermaßen implementiert:

```java
protected void doPost(HttpServletRequest req,
    HttpServletResponse resp)
    throws javax.servlet.ServletException, java.io.IOException {
    // Aktionen mit dem URL
}
```

Neu und auffällig ist, dass die Methode `doPost` überhaupt nicht implementiert wird, weil ihre Implementierung vollkommen anwendungsspezifisch ist. So werden bei Server-Push Daten über den Schreib-Stream empfangen und zur Aktualisierung einer speziellen Ressource verwendet; und im Beispiel werden die gesendeten Daten verarbeitet und dem Objekt UserState zugewiesen.

Eine Nebenbemerkung: Denken Sie daran, dass der HTTP-Server die Authentifizierung handhabt. Wenn das Programm bis zu den Methoden doGet, doPost usw. gekommen ist, kann der Programmierer deshalb sicher sein, dass der Anwender authentifiziert worden ist und auf den betreffenden URL zugreifen darf. Die meisten Webserver, etwa Apache und Tomcat, ermöglichen eine umfangreiche Feineinstellung der Authentifizierung. Falls dies nicht ausreicht oder Ihr HTTP-Server eine solche Feineinstellung nicht unterstützt, müssen Sie einen Authentifizierungsfilter schreiben. Der Authentifizierungscode sollte unter keinen Umständen zu ServerCommunicator hinzugefügt werden

Die modifizierte Methode doGet ist folgendermaßen implementiert:

```java
private int getSentVersion(HttpServletRequest request,
    String user) {
    Cookie[] cookies = request.getCookies();
    String cookieIdentifier = "VersionId" + user;
    if(cookies != null) {
        for(int c1 = 0; c1 < cookies.length; c1 ++) {
            if(cookies[c1].getName().compareTo(cookieIdentifier) == 0) {
                return Integer.parseInt(cookies[c1].getValue());
            }
        }
    }
    return 0;
}
private UserState getUser(String user) {
    Iterator iter = _users.iterator();
    while(iter.hasNext()) {
        UserState userstate = (UserState)iter.next();
        if(userstate.getUserIdentifier().compareTo(user) == 0) {
            return userstate;
        }
    }
    return null;
}
protected void doGet(HttpServletRequest request,
    HttpServletResponse response)
    throws ServletException, IOException {
    UserState userstate = getUser(
        request.getRequestURI().substring(
        _baseDirectory.length()));
    if(userstate != null) {
        int sentVersion = getSentVersion(
```

```
        request, userstate.getUserIdentifier());
    int waitCount = 0;
    while(waitCount < 10) {
        if(sentVersion < userstate.getVersion()) {
            PrintWriter out = response.getWriter();
            out.println("User (" + userstate.toString() + ")");
            String cookieIdentifier =
                "VersionId" + userstate.getUserIdentifier();
            response.addCookie(
                new Cookie(cookieIdentifier,
                new Integer(userstate.getVersion()).toString()));
            return;
        }
        try {
            Thread.sleep(1000);
        }
        catch (InterruptedException e) { }
            waitCount ++;
        }
    }
    response.setStatus(408, "Keine Änderung");
}
else {
    response.setStatus(500, "Konnte Anwenderzustand nicht finden");
}
}
```

Die doGet-Methode enthält zahlreiche neue Aspekte. Weil jede Anfrage, die doGet oder doPost erreicht, einen Anwenderbezeichner enthält, muss dieser aus dem URL extrahiert werden. Der Anwenderbezeichner kann auf der Stufe von doGet oder doPost nicht mit den Authentifizierungsdaten des Anwenders verbunden werden, weil der Anwenderbezeichner eindeutig ist. Die Anwenderauthentifizierungsdaten könnten auf der Stufe doGet oder doPost zufällig mit dem Anwenderbezeichner übereinstimmen – wie etwa bei einem Administrator, der einige spezielle URLs verifiziert. Nachdem die Anwenderdaten aus dem URL extrahiert worden sind, wird die Methode getUser aufgerufen, um den Status des Anwenders abzurufen. Im Beispiel wird zu diesem Zweck das Array _users durchlaufen. Doch der Anwenderzustand könnte auch aus einer Datenbank oder einer Datei geladen werden. Wesentlich ist, dass der Anwenderzustand mit einer separaten Funktion geladen wird.

Zurück zur Implementierung von doGet: Nachdem der Anwenderzustand abgerufen worden ist, wird das Cookie aus dem URL gelesen. Wichtig ist: Es gibt nicht ein einzelnes Cookie, sondern ein Cookie für alle Anwender. Dies bedeutet für Sie als Administrator: Wenn Sie mehrere Anwender überwachen, benötigen diese mehrere Versionsnummern. Die einfachste Methode, diese Nummern zu verwalten, besteht darin, für jeden Anwender einen Cookie-Bezeichner zu erstellen. Oder allgemeiner ausgedrückt: Erstellen Sie für jeden speziellen URL einen Cookie-Versionsbezeichner. Alternativ können Sie auch ein verschlüsseltes Cookie erstellen, das die Version jedes speziellen URLs identifiziert, doch die Details sind implementierungsspezifisch. Wichtig ist, dass es nicht möglich ist, alle speziellen URLs mit einer einzigen Versionsnummer zu überwachen. Wenn Sie den Anwenderzustand und die Versionsnummer abgerufen und festgestellt haben, dass der Client nicht über die aktuelle Version des Zustands verfügt, können Sie eine Antwort generieren.

Betrachten Sie dieses Beispiel und seine einzelnen Komponenten einen Moment lang, weil es eine komplette Implementierung des *Persistent Communications*-Patterns repräsentiert. Beachten Sie, wie wenig wir die `ClientCommunicator`-Komponente geändert haben, weil diese bereits im ersten Beispiel komplett implementiert werden musste. Der `ClientCommunicator` weiß nicht, ob die angeforderte Ressource global anonym, global authentifiziert oder eindeutig ist. Der Client weiß nur, dass es einige Informationen gibt, an denen er interessiert ist.

8.6.5 Versionsnummern und Aktualisierungen

Die Versionsnummer ist kein allgemeines Programmierkonzept. Im Allgemeinen werden Datenänderungen nicht überwacht. Doch wir sollten dies tun, weil es eine gute Methode ist, Änderungen zu verwalten. Beispielsweise verwendet Subversion, ein großartiges Versionskontrollsystem, Versionsnummern. Viele Softwareprogramme verwenden so genannte *Build-Nummern*, um Änderungen der Software anzuzeigen. Das wirft wirklich die Frage auf: warum nicht Zustände?

Ajax-Anwendungen basieren auf Daten, die einen speziellen Zustand haben. Deshalb ist es sinnvoll, sie mit Versionsnummern zu verbinden. Stellen Sie sich vor, wie die Fähigkeiten von Webanwendungen erweitert werden könnten. Nehmen Sie beispielsweise an, Sie wollten einen Flug buchen und dabei verschiedene Möglichkeiten mit unterschiedlichen Ergebnissen ausprobieren. Nach sieben Varianten haben Sie komplett den Überblick verloren. Wäre es nicht fantastisch, wenn Sie zu einem Zustand der Webanwendung zurückgehen könnten, der eine frühere Anfrage repräsentiert? Aktuelle Webanwendungen leisten dies einfach nicht.

Versionsnummern im Kontext von Ajax-Anwendungen könnten als eigenes Pattern definiert werden. Es wurde aber entschieden, dies nicht zu tun, weil das *Persistent Communications*-Pattern Versionsnummern benötigt. Deshalb wurde entschieden, dass Versionsnummern ein Implementierungsdetail sind, allerdings ein überaus wichtiges.

8.6.6 Performance-Überlegungen

Ich will nicht behaupten, dieses Pattern sei nicht ressourcenintensiv. Es kann ressourceintensiv sein, wenn es in größerem Umfang eingesetzt wird. Die serverseitige Ressourcenbelastung ist der Speicherung der Ressourcen für den Lese-Stream zuzuschreiben. Wie bereits angedeutet, hat Jetty eine Methode entwickelt, um dieses Problem so effizient wie möglich zu lösen. Aber es gibt Tausende von Anwendern, die auf verschiedene globale und eindeutige Ressourcen zugreifen, die im Speicher des Servers verwaltet werden müssen. Eine Faustregel, um die Ressourcen effizienter zu verwalten, besteht darin, nur ein einziges *Persistent Communications*-Pattern pro HTML-Seite zuzulassen. Es gibt keine Methode, um die Verwendung mehrerer Instanzen zu blockieren, aber diese könnten zur Ressourcenexplosion sowohl auf dem Client als auch auf dem Server führen. Wird die Faustregel angewendet, bedeuten 100 Clients zugleich 100 aktive Verbindungen, die nichts anders tun als warten. Wenn Sie dieses Pattern implementieren wollen, sollten Sie deshalb zunächst einen Prototyp erstellen und prüfen, wie das System reagiert.

8.7 Besonderheiten des Patterns

Das *Persistent Communications*-Pattern soll einen Mechanismus zur Verfügung stellen, mit dem Client und Server miteinander so kommunizieren können, dass der Server Daten an den Client senden kann, ohne dazu aufgefordert worden zu sein. Das Pattern illustriert drei Schlüsselszenarios: Statusaktualisierungen, Anwesenheitserkennung und Server-Push.

Die folgenden Punkte heben wichtige Aspekte des *Persistent Communications*-Patterns hervor:

- Die Daten werden mit Zwei-Stream-Mechanismus zwischen Server und Client ausgetauscht, ein Stream für die Client-to-Server- und ein Stream für die Server-to-Client-Kommunikation.
- Der Server ist dafür verantwortlich, die Anfrage zu verzögern, falls keine neuen Daten für den Client vorliegen.
- Die Daten, die zwischen Client und Server ausgetauscht werden, werden nicht von der Implementierung des *Persistent Communications*-Patterns (`ClientCommunicator` oder `ServerCommunicator`) verarbeitet oder verwaltet.
- Das *Persistent Communications*-Pattern zu implementieren, bedeutet das *Permutations*-Pattern zu implementieren. Möglicherweise wird nur ein Satz von Daten an den Client gesendet; aber der `ServerCommunicator` sollte prüfen, welche Arten von Daten der Client haben will.
- Versionsnummern sind erforderlich, um den Zustand überwachen und feststellen zu können, wann der Server Daten an den Client senden muss.

- Versionsnummern können mit dem HTTP-Header generiert werden, aber HTTP-Cookies sind vorzuziehen.
- Obwohl die Synchronisierung nur kurz erwähnt wurde, ist sie bei Anwendungen sehr wichtig, bei denen das *Persistent Communications*-Pattern auf Daten zugreift, die von mehreren Anwendern gemeinsam genutzt werden.
- Die heutigen HTTP-Server können keinen dauerhaft laufenden Thread zur Verfügung stellen, der bei Bedarf globale oder spezielle Ressourcen aktualisiert. Eine Lösung besteht darin, einen HTTP-Client zu schreiben, der die Aktualisierungen per HTTP-POST oder -PUT an den HTTP-Server postet.

Kapitel 9

State Navigation-Pattern

9.1 Zweck

Das *State Navigation-Pattern* stellt eine Infrastruktur zur Navigation von HTML-Inhalten zur Verfügung, die beim Wechsel von einem Teilinhalt zu einem anderen den Zustand bewahrt.

9.2 Motivation

Webanwendungen haben unter größeren Zustands- und Konsistenzproblemen zu leiden, die von einigen Ajax-Anwendungen noch verstärkt werden. Ich möchte diese Probleme an einem Beispiel, dem Online-Kauf eines Flugtickets, aufzeigen.

Ich bin regelmäßig geschäftlich mit dem Flugzeug unterwegs und suche deshalb immer nach den niedrigsten Flugpreisen. Da meine Fähigkeiten, günstige Tickets zu finden, inzwischen hoch entwickelt sind, berate ich auch meine Frau und einige andere Leute beim Kauf von Reisen. Ich besuche viele einschlägige Reise-Websites und probiere eine Permutations- und Kombinationsstrategie aus, um die billigste oder bequemste Reiseroute zu finden. Wenn ich ein Ticket gefunden habe, versuche ich, ein besseres zu finden, indem ich den Reisetermin um einige Tage vor- oder zurückverlege, andere Flughäfen ausprobiere oder sogar konkurrierende Websites besuche. Mit einem Webbrowser das beste Ticket zu finden, ist eine Herausforderung, weil viele Reise-Websites die Ticket-Informationen recht eigenartig behandeln. Ein Hauptproblem besteht darin, dass sie einfach meine ursprünglichen Flugzeiten vergessen, wenn ich die Schaltfläche ZURÜCK anklicke, oder meine alten Flugdaten verschwunden sind, wenn ich einen zweiten Browser öffne. Und was noch schlimmer ist: Einige Sites lenken mich einfach auf andere Sites um, die ich gar nicht angefordert habe, oder verlangen, dass ich bestimmte Flughäfen benutze. Als ich dies schrieb, trat das eine oder andere hier beschriebene Problem auf allen Travel-Websites auf.

Abbildung 9.1 zeigt einen Schnappschuss einer Reise-Website. Ich habe gewisse Details ausgeblendet, weil die Abbildung nur ein Problem illustrieren soll. Abbildung 9.1 zeigt das Ergebnis, nachdem ich den Start- und den Endpunkt der ersten Etappe einer Flugreise sowie gewisse Abflugzeiten und Konditionen ausgewählt hatte.

Kapitel 9
State Navigation-Pattern

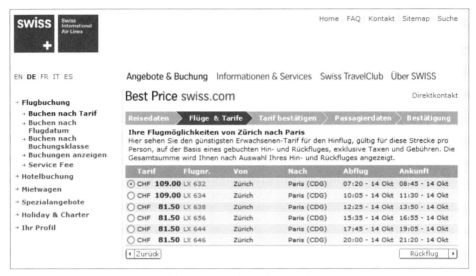

Abb. 9.1: Gefundene Flugdetails

Abbildung 9.1 zeigt die gefundenen Flugdetails. Der Anwender muss einen Flug auswählen, bevor er fortfahren kann. Um fortzufahren und den Rückflug auszuwählen, klickt er die Schaltfläche RÜCKFLUG an. Um zurückzugehen und von vorne anzufangen, klickt er die Schaltfläche ZURÜCK an. Probieren wir interessehalber aus, was dann passiert. Abbildung 9.2 zeigt die resultierende HTML-Seite.

Abb. 9.2: Ursprüngliche Seite zur Suche eines Fluges

Abbildung 9.2 zeigt, dass der Anwender durch Anklicken der Schaltfläche ZURÜCK zur Startseite für die Flugsuche zurückkommt; alle Suchparameter, die er bereits eingegeben hat, sind gelöscht; er muss ganz von vorne anfangen. Dies ist irritierend. Der Prozess wird noch undurchschaubarer, wenn der Anwender die Navigationsschaltflächen des Browsers verwendet und dessen Schaltfläche ZURÜCK anklickt. Abbildung 9.3 zeigt, was dann passiert.

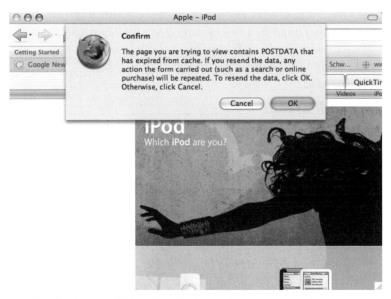

Abb. 9.3: Fehler, der durch Anklicken der falschen Webbrowser-Schaltflächen verursacht wird

Abbildung 9.3 zeigt, wie durch Anklicken der Schaltfläche ZURÜCK des Webbrowsers Fehler ausgelöst und Dialogfelder angezeigt werden können, die weitere Anwenderaktionen anfordern, wenn Seiten mit der HTTP-POST-Methode gepostet worden sind. In solchen Situationen hängt vieles von Ihren nächsten Aktionen ab: Sie können unwissentlich ein zweites Flugticket kaufen, indem Sie an der falschen Stelle auf OK klicken, oder der Browser berappelt sich und kehrt zu einer verständlichen Anzeige zurück. Auf jeden Fall ist der Prozess aber für den Anwender undurchschaubar. Er kann sich nicht auf konsistente Abläufe verlassen, und das ist problematisch.

Um das Problem der Inkonsistenz zu lösen, »merken« sich Webbrowser die Eingaben des Anwenders. Zu diesem Zweck speichern sie den Zustand von Formularelementen einer HTML-Seite und können aufgrund dieser Daten bestimmte Standardeingabefelder (etwa bei Login-Bildschirmen oder Formularen zur Adresserfassung) automatisch ausfüllen, so dass der Anwender nicht alle Daten erneut eingeben muss. Doch diese Webbrowser-Lösung funktioniert nicht immer, weil der Zustand nicht konsistent gespeichert wird. Dies liegt jedoch nicht an den Webbrowsern. Diese versuchen nur, das Beste aus einer schlechten Situation zu machen, die uns von vielen Webanwendungsentwicklern und Webanwendungsframeworks aufgezwungen worden ist.

Der ganze Schlamassel begann damit, dass Software-Anbieter das von Natur aus zustandslose HTTP-Protokoll »verbessern« wollten. Ihre Änderungen lösten oft Konflikte mit der Funktionalität der Webbrowser aus und führten neue Navigationsparadigmen ein. Die Motive für eine Abweichung von der ursprünglichen Intention des Webs und des HTTP-Protokolls sind eigentlich ganz hehr: Menschen haben den Wunsch, Dinge zu verbessern und an ihre Wünsche anzupassen. Wie auch immer – packen Sie diese Faktoren zusammen, und Sie wissen, warum die Seitennavigation in ihrem desolaten Zustand ist.

9.3 Anwendbarkeit

Das *State Navigation*-Pattern ist auf alle Kontexte anwendbar, in denen ein editierbarer Zustand mit HTML-Seiten (einer oder mehreren) verbunden ist – wie beispielsweise bei Workflows oder Geschäftsprozessen, die über Browser gepflegt und verwaltet werden. Dies bedeutet allerdings nicht, dass das Pattern nur auf HTML-Formulare anwendbar wäre, die einen Workflow erstellen. Der Zustand muss nicht in Form einer HTML-Repräsentation vorliegen, weil er mit dem *Representation Morphing*-Pattern aus einer statischen in eine editierbare Repräsentation umgewandelt werden kann.

Zustände sind verschieden. Es gibt bindende und nichtbindende Zustände. Ein *bindender Zustand* ist der Fokus dieses Patterns. Ein *nichtbindender Zustand* dient dazu, einen bindenden Zustand anzuzeigen. Beispielsweise könnte der nichtbindende Zustand, der zu einer Mailbox gehört, anzeigen, wie die E-Mails sortiert werden, die in der Mailbox präsentiert werden. Die Ressource, die die E-Mails repräsentiert, ist eine Liste und gilt als bindender Zustand. Ein nichtbindender Zustand kann ohne nachteilige Folgen für den bindenden Zustand verloren gehen. Falls etwa die Sortierung verloren geht, sind die E-Mails danach zwar anders geordnet, aber es sind keine Informationen verschwunden. Schlimmstenfalls ist es für den Endanwender etwas umständlicher, E-Mails zu finden.

9.4 Verwandte Patterns

Das *State Navigation*-Pattern greift Themen auf, die in Kapitel 2 behandelt wurden und den **Asynchronous**-Typ definieren. Wenn das *State Navigation*-Pattern implementiert wird, wird angenommen, dass das *Permutations*-Pattern verwendet wird. Das *State Navigation*-Pattern geht davon aus, dass der Zustand als Inhaltsblock im Sinne des *Content Chunking*-Patterns definiert ist und dass der Zustand der HTML-Seite das *Representation Morphing*-Pattern verwendet. Das *State Navigation*-Pattern ist im Gegensatz zum *Content Chunking*-Pattern als ein einzelner Block definiert.

9.5 Architektur

Bei der Implementierung des *State Navigation*-Patterns liegt der Hauptfokus darauf, den Zustand zu verwalten, der mit einer HTML-Seite verbunden ist. Die Infrastruktur des Patterns ist nur dafür verantwortlich, den Zustandsinhalt bereitzustellen und entgegenzunehmen. Die HTML-Seite ist dafür verantwortlich, den Zustand zu generieren und zu verarbeiten. Sie kontrolliert den Aufruf der Infrastruktur des *State Navigation*-Patterns. Falls die HTML-Seite diese Infrastruktur nicht aufruft, existiert kein zu verwaltender Zustand. Die Infrastruktur des *State Navigation*-Patterns wird seitenbezogen definiert. Deshalb kann eine Webanwendung gleichzeitig Seiten mit Zustand und Seiten ohne Zustand haben.

9.5.1 Einstieg in eine ideale Lösung aus Anwendersicht

Das *State Navigation*-Pattern hängt davon ab, wie HTML und HTTP funktionieren.

Bevor ich eine Lösung auf technischer Ebene illustriere, möchte ich die gewünschte Lösung aus Anwendersicht darstellen. Sie umfasst die Manipulation und Navigation von HTML-Seiten einer simplizistischen und fiktiven Workflow-Anwendung. Abbildung 9.4 zeigt die erste HTML-Seite der Workflow-Anwendung. (A.d.Ü: Die englischen Bezeichnungen wurden beibehalten, damit sie zu den späteren Abbildungen passen.)

Abb. 9.4: HTML-Anfangsseite

Die HTML-Seite aus Abbildung 9.4 enthält zwei Textfelder und zwei Schaltflächen, die zu einem ganz normalen HTML-Formular gehören. Das *Permutations*-Pattern mit einem HTML-Formular zu implementieren, ist hinsichtlich der Ressourcendefinition ein Problem. Vergleichen Sie das HTML-Formular mit einer traditionellen HTML-Seite. Wenn Mary Jane (beispielsweise) einen E-Mail-Eintrag liest, wird das *Permutations*-Pattern auf den Inhalt des E-Mail-Eintrags angewendet. Die Ressource ist der URL http://mydomain.com/mailbox/maryjane/entry1234 und die Repräsentation ist eine Transformation des E-Mail-Eintrags in Inhalte, die der Client sehen möchte. Die Ressource und die Repräsentation des E-Mail-Eintrags können weder editiert noch modifiziert werden.

Wenn das *Permutations*-Pattern auf ein HTML-Formular angewendet wird, ist das HTML-Formular ohne Inhalte die Repräsentation einer Ressource. Der URL `http://mydomain.com/resource/step1` ist ein Beispiel für eine Ressource, die dem HTML-Formular `http://mydomain.com/resource/step1.html` zugeordnet ist. Der Endanwender füllt das Formular aus, und es wird ein Zustand erstellt. Falls der Endanwender erst die Schaltfläche ZURÜCK und dann wieder die Schaltfläche VORWÄRTS des Webbrowsers anklicken würde, wäre der erstellte Zustand verloren (um den Verlust des Zustands zu vermeiden, speichern die meisten Browser den Inhalt der HTML-Formularelemente). Das Problem liegt darin, dass der Ressourcen-URL für eine leere HTML-Formularrepräsentation steht. Um den Zustand zu bewahren, muss ein weiterer URL (etwa `http://mydomain.com/resource/step1/state/1234`) definiert werden. Dies ist kein Problem und wird etwas später behandelt. Anzumerken ist, dass editierbare HTML-Seiten über mehrere Ressourcen-URLs verfügen, die von dem Zustand abhängen.

Das Problem aus Abbildung 9.4 besteht also darin, die Ressource mit einem Zustand zu verbinden (das Beispiel verwendet einen URL). Die Verbindung kann nicht in einen HTTP-Header, ein HTML-Textfeld oder ein Cookie eingebettet werden, weil dies gegen die Absicht des *State Navigation*-Patterns und das allgemeine Design von URLs verstieße. Es gibt noch einen, sogar einfacheren Grund: Soll ein URL kopiert und in einen anderen Browser eingefügt werden, wäre dies mit einem Cookie, einem HTTP-Header oder einem HTML-Textfeld nicht möglich. Deshalb muss sich der Zustand oder die Referenz des Zustands in dem URL befinden.

Die Lösung, einen Zustand mit einer Ressource zu verbinden, wird mit einem speziellen URL realisiert, der einen Zustandsbezeichner enthält. Abbildung 9.5 zeigt ein Beispiel für eine HTML-Seite mit einem speziellen Zustandsbezeichner. Der Zustand wurde von dem `XMLHttpRequest`-Objekt mit dem *Content Chunking*-Pattern geladen.

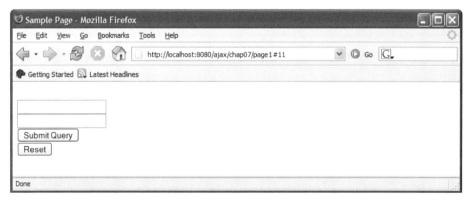

Abb. 9.5: HTML-Seite mit einem speziellen Zustandsbezeichner

Die HTML-Seite aus Abbildung 9.5 hat den zugehörigen Sitzungszustand geladen. Durch einen Vergleich der Abbildungen 9.4 und 9.5 könnten Sie dies allerdings nicht erkennen, weil sich fast nichts geändert hat. Der einzige Unterschied ist der angehängte Text #11 in der Adresse, mit dem der Zustandsbezeichner angezeigt wird.

Wenn an einen URL ein Hash-Zeichen (#, Doppelkreuz) mit oder ohne nachfolgenden Text angehängt wird, betrachtet der Browser dies als neuen, eindeutigen URL, aktualisiert die Seite von sich aus aber nicht. Würde der URL dagegen http://mydomain.com/ajax/kap07/page1/state/11 lauten, wäre die HTML-Seite neu geladen worden, und der Server wäre dafür verantwortlich gewesen, den Zustand des HTML-Formulars mit der HTML-Seite zu verbinden. Wird der URL mit einem Zustand verbunden, gibt es ein Problem: Die Seite wird bei jedem neuen Zustand automatisch neu geladen. Es findet eine Umlenkung statt, und die Webanwendung ist kompliziert und läuft Gefahr, abzustürzen oder falsche Inhalte zu laden. Wird das Zeichen # verwendet, muss die HTML-Seite nicht neu geladen werden. Deshalb ist dieses Zeichen für das *Content Chunking*-Pattern ideal geeignet, weil ein Skript den URL parsen und den Zustandsbezeichner extrahieren kann. Das Skript ruft dann den Zustand mit dem XMLHttpRequest-Objekt vom Server ab und speichert ihn in der HTML-Seite. Aus der Sicht des Servers existiert nur das HTML-Formular ohne Inhalte sowie der Zustand. Das clientseitige Skript verbindet den Zustand mit dem HTML-Formular. Vergessen Sie nicht, dass der Zustand nicht mit einem HTML-Formular verbunden sein muss, sondern auch einer HTML-Seite zugeordnet sein könnte, die mit dem *Representation Morphing*-Pattern transformiert wird.

Zurück zu Abbildung 9.5: Würde der Anwender einige Daten in die Textfelder eingeben und dann die Schaltfläche SUBMIT QUERY anklicken, würde die HTML-Seite aus Abbildung 9.6 angezeigt werden.

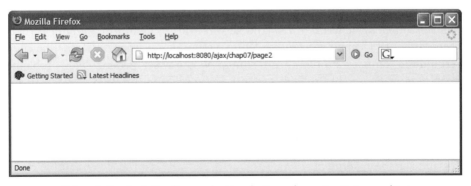

Abb. 9.6: Zweite Seite, die aus der Verarbeitung der ersten Seite resultiert

Abbildung 9.6 zeigt nichts. Sie zeigt, was passiert, wenn ein Zustand gespeichert und eine weitere HTML-Seite geladen wird, die keinen Zustand hat. Das Skript hat den Zustand der vorangegangenen Seite gespeichert und an den Server gepostet.

Danach wurde die nächste HTML-Seite mit den Standardnavigationstechniken abgerufen. Das Posten des Zustands und den Abruf der nächsten Inhalte zu trennen, löst viele Probleme – beispielsweise das überflüssige Dialogfeld aus Abbildung 9.3. Wenn der Anwender die Schaltfläche ZURÜCK anklickt, wird der Zustand aus Abbildung 9.7 angezeigt, der das *State Navigation*-Pattern illustriert.

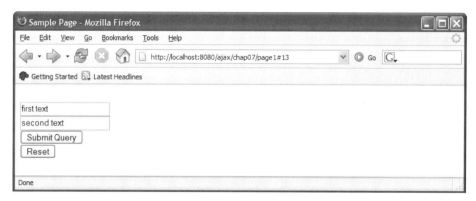

Abb. 9.7: Die ursprüngliche Seite 1 wird erneut mit dem letzten bekannten Zustand geladen.

Abbildung 9.7 zeigt mehrere Änderungen: Die Textfelder sind mit Text gefüllt (dies ist der Zustand) und der Zustandsbezeichner lautet jetzt 13 statt 11. An diesem Punkt könnten Sie die Schaltflächen VORWÄRTS und ZURÜCK so oft anklicken, wie Sie wollen; der Zustand würde laufend neu geladen werden, während sich der Zustandsbezeichner selbst aktualisieren würde.

9.5.2 Die Lösung für eine Webanwendung erweitern

Die dargestellte Lösung zeigt, wie der Zustand einer einzelnen HTML-Seite mit dem #-Zeichen geladen und gespeichert werden kann. Die einzelne HTML-Seite oder Ressource speichert den Zustand serverseitig. Er kann mit anderen HTML-Seiten zu einer Gruppe verwandter Seiten verbunden werden. Bei einer solchen Verbindung kann es Probleme mit einem Webbrowser geben. Zwei Probleme ragen heraus: Das erste Problem tritt auf, wenn mehrere Browser versuchen, auf dieselben Inhalte zuzugreifen, die einen Zustand haben. Dann hängt der Zustand der Inhalte von dem Zeitpunkt ab, an dem sie von einem der Browser gesendet werden. Die zweite Problem hat mit der Navigation der Inhalte über die Schaltflächen VORWÄRTS und ZURÜCK zu tun, da eine solche Navigation Inhalte mit einem Zustand zerstören können.

Das folgende Beispiel soll das Problem illustrieren, dass mehrere Browser dieselben Inhalte anzeigen. Es soll die Ressourcen /resource, /resource2 und /resource3 navigieren. Würde der Anwender die Ressourcen einzeln oder ad hoc navigieren, wüsste die Webanwendung nicht, wie sie den Zustand verwalten sollte, weil der Anwender ohne erkennbare Ordnung navigiert. Um eine solche Ordnung herzustellen, werden die Ressourcen mit Cookies verknüpft, in denen gespeichert wird, welche Ressourcen aufgerufen wurden und welchen Zustand sie hatten. Doch HTTP-Cookies vermitteln ein falsches Gefühl der Sicherheit; denn sie unterscheiden nicht zwischen verschiedenen Webbrowser-Instanzen. Deshalb sind Cookies zwar nicht ganz nutzlos, aber sie können nicht als Referenzpunkte dienen, mit denen der Server den Zustand der Ressourcen verwalten kann. Doch die Cookie-Lösung soll hier nicht gezeigt werden, weil der Schwerpunkt auf den Seitenübergängen und der Verwaltung des Zustands liegt.

Abbildung 9.8 illustriert das Problem, dass verschiedene Browser-Instanzen nicht unterschieden werden können.

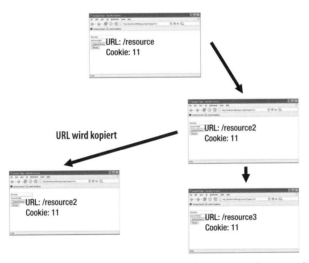

Abb. 9.8: Mehrere Seiten in einer Webanwendung mit Cookies verarbeiten

Der erste Browser aus Abbildung 9.8 hat den URL `/resource` geladen, und es wurden einige Inhalte generiert. Nachdem der Anwender das HTML-Formular ausgefüllt und SUBMIT QUERY angeklickt hat, wird der Zustand des URLs `/resource` gespeichert und `/resource2` geladen. Danach entscheidet sich der Anwender, einen weiteren Browser zu öffnen, und kopiert den URL `/resource2` in den zweiten Browser, der die entsprechende Seite lädt. Jetzt existieren zwei Browser-Instanzen, die dieselben Inhalte geladen haben und denselben Cookie-Bezeichner referenzieren. Nun kann der Server durcheinanderkommen, und zwar wenn der Anwender wieder zu dem ersten Browser wechselt, dort Daten eingibt und die Schaltfläche ANFRAGEN SENDEN anklickt, was dazu führt, dass `/resource3` geladen wird.

Die Verwirrung mit einem HTTP-Cookie wird ausgelöst, wenn der erste Webbrowser die Repräsentation lädt, die zu der Ressource `/resource3` gehört, während der zweite Webbrowser die Ressource `/resource2` lädt. Falls der zweite Browser versucht, zu der Ressource `/resource3` zu navigieren, kommt der Server durcheinander; er weiß dann nicht mehr, in welchem Zustand sich der Webbrowser tatsächlich befindet. Der Server kann die Browser-Instanzen nicht unterscheiden, überschreibt deshalb neue Daten mit alten oder alte Daten mit neuen und verursacht so Konsistenzprobleme. Das Verhalten des Cookies ist korrekt, da die Cookie-Spezifikation ausdrücklich vorschreibt, dass ein Cookie mit einer Domäne und nicht mit einem Browser-Objekt verbunden ist.

Wenn der Zustand und die Ressourcen mit einem Zustandsbezeichner verwaltet werden, kann eine Lösung erstellt werden, bei der der Zustand kumulativ gespeichert wird. Die Kumulation des Zustands ermöglicht es, den Zustand aufzusplitten, falls mehrere Browser auf mehrere Versionen des Zustands zugreifen. Abbildung 9.9 soll die entsprechende Logik verdeutlichen. Sie stellt dar, wie eindeutige Zustandsbezeichner erstellt werden.

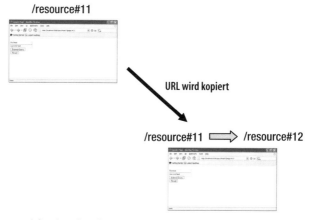

Abb. 9.9: Ein Beispiel für die Aktualisierung eines Zustandsbezeichners, nachdem der URL in ein anderes Webbrowser-Objekt kopiert worden ist

Das Fenster in der oberen linken Ecke zeigt einen Webbrowser, der mit dem URL /resource#11 einige Inhalte heruntergeladen hat, und zwar die Ressource /resource mit dem Zustandsbezeichner 11. Nehmen Sie an, der Anwender öffnete einen zweiten Browser und kopierte den Link /resource#11. Das *State Navigation*-Pattern lädt die Ressource /resource und den Zustand, der dem Bezeichner 11 zugeordnet ist. In dem zweiten Browser wird der Zustandsbezeichner aktualisiert, so dass er 12 referenziert. Falls der zweite Browser denselben Zustandsbezeichner wie der erste hätte, wären beide Browser an denselben Zustand gebunden und es würden Nebenläufigkeitsprobleme auftreten. Nehmen Sie an, der Client modifiziere den Zustand in dem ersten Browser; dann würde der zweite Browser denselben Zustand sehen. Da dies unerwünscht ist, wird der Zustandsbezeichner 11 durch den neuen Zustandsbezeichner 12 ersetzt. Dann haben die beiden Browser-Instanzen momentan zwar dieselben Zustandswerte, aber verschiedene Referenzen.

Die Lösung aus Abbildung 9.9 benötigt einen weiteren Dreh, um korrekt zu funktionieren: Falls der Browser die URLs /resource#11 und /resource#12 abrufen sollte, würde die Ressource /resource zweimal angefordert werden. Dies hat mit dem Zweck des #-Zeichens zu tun, das einen Link auf einer HTML-Seite referenziert. Dies ist gut, weil das *State Navigation*-Pattern die Ressource von ihrem Zustand getrennt hat. Wenn also die Ressource /resource#11 aufgerufen wird, werden die URLs /resource (beispielsweise eine HTML-Seite) und /resource/state (beispielsweise ein HTML-Seitenzustand) aufgerufen.

Mit dem XMLHttpRequest-Objekt können die beiden URL-Anfragen leicht getrennt werden; und es gibt mehrere Methoden, die beiden URLs zu implementieren. Aber zwei URLs zu verwenden, reicht nicht aus. Sie müssen die Anfrage auch in dem HTTP-Header eindeutig identifizieren. Abbildung 9.10 zeigt, wie Abbildung 9.8 mit dem HTTP-Header korrigiert wird.

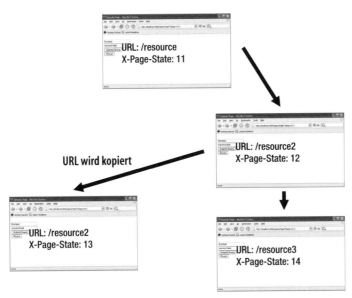

Abb. 9.10: Umstrukturierung mehrerer Ressourcen, damit sie einen Zustandsbezeichner verwenden

Jede Browser-Instanz aus Abbildung 9.10 referenziert einen URL mit einem durch ein #-Zeichen identifizierten Zustandsbezeichner, der in einen X-Page-State-HTTP-Header umgewandelt wird. Jede Browser-Instanz verfügt über einen eindeutigen HTTP-Header. Dies ist gut; denn obwohl es zwei Browser gibt, verfügt die Ressource /resource2 über zwei separate Instanzen des zugehörigen Zustands.

Eindeutige Zustandsbezeichner funktionieren, decken aber ein weiteres Problem auf: Die einzelnen HTML-Seiten sind nicht verbunden, um eine Webanwendung zu erstellen. Wir wissen nicht, welche Beziehungen zwischen den Zuständen bestehen. Optisch sehen wir, dass die Zustände 11, 12 und 14 eine einzelne Kette bilden und dass 12 und 13 ebenfalls verkettet sind. Aber der Server weiß dies nicht, weil er nicht weiß, dass Zustand 13 durch das Öffnen eines zweiten Browsers entstanden ist.

Um die Lösung fertigzustellen, benötigen wir den Verlauf (die History) des URLs. Der Webbrowser verfügt über diese Informationen, weil sie für die Navigation mit den Schaltflächen VORWÄRTS und ZURÜCK benötigt werden. Die einfache Lösung bestünde darin, auf das von dem Browser veröffentliche history-Objekt zuzugreifen und diese URLs an HTTP-POST zu übergeben. Leider ist diese einfache Lösung im Allgemeinen nicht anwendbar. Mit einem Skript auf das history-Objekt zuzugreifen, ist ein Sicherheitsproblem und generiert eine Ausnahme – es sei denn, der Client hat den Zugriff erlaubt.

Eine machbarere Lösung besteht darin, einen zusätzlichen HTTP-Header zu definieren, der das Fenster eindeutig identifiziert, mit dem die HTML-Seiten verkettet werden. Insbesondere die Eigenschaft window.name eignet sich für diesen Zweck. Abbildung 9.11 zeigt die endgültige Lösung.

Abb. 9.11: Endgültige Lösung, um die HTML-Fenster, den URL und den zugehörigen Zustand eindeutig zu identifizieren

Jedes Browser-Fenster aus Abbildung 9.11 kann eindeutig identifiziert werden. Fordert der Anwender beispielsweise /resource an, lautet der Fenstername A und der Zustandsbezeichner 11. Verarbeitet der Anwender die Daten, wird /resource2 mit dem Fensternamen A und dem neuen Zustandsbezeichner 12 abgerufen. Kopiert der Anwender den URL in ein neues Browser-Fenster, wird der URL /resource2#12 kopiert und der Zustandsbezeichner 12 geladen. Anhand des neuen Fensternamens (B) erkennt der Server, dass ein neues Fensterobjekt erstellt und ein neuer Verlauf generiert worden ist, und verbindet den Zustand 11 mit dem neuen Zustandsbezeichner 13. Jetzt haben beide Browser-Instanzen, A und B, gemeinsam den Zustandsbezeichner 11 in ihrem Verlauf. Wenn der Anwender jetzt die Schaltfläche SUBMIT QUERY in einem der beiden Fenster anklickt, treten zwei eindeutige Ergebnisse ein, die nicht in Konflikt miteinander stehen. Handelte es sich bei dem Beispiel um eine Anwendung zum Verkauf von Flugtickets, könnten Tickets für zwei Flüge gekauft werden, die am selben Ort starten, aber an verschiedenen Orten enden.

Wenn die Seite aufgefrischt wird, wird ein neuer Zustandsbezeichner erstellt. Da wir das Browser-Objekt durch den Fensternamen identifizieren können, ist der Zustandsbezeichner nicht erforderlich. Wird ein Fenstername als Zustandsbezeichner verwendet, entsteht ein kumulativer Zustand, der nach Ressourcen organisiert ist. Wenn ein neues Browser-Objekt und ein alter URL kopiert werden (beispielsweise Zustandsbezeichner 13), muss der Server den alten Zustand in einen neuen Zustand kopieren. Mit einem kumulativen Zustand zu arbeiten, hat einen Nachteil: Er ist nicht so feinkörnig wie ein Zustand, der durch eindeutige Bezeichner identifiziert wird.

9.5.3 Den Zustand auf Protokollebene verwalten

Auf der Protokollebene wird die HTTP-Kommunikation zwischen Client und Server angestoßen, indem ein Webbrowser die Ressource http://mydomain.com/ajax/kap07/page1 anfordert (Anfragen und Antworten sind abgekürzt und zeigen nur die HTTP-Informationen, die für die Beschreibung relevant sind):

Anfrage des Clients:

```
GET /ajax/kap07/page1 HTTP/1.1
Accept: text/xml,application/xml,application/xhtml+xml,text/html;q=0.9,
text/plain;q=0.8, image/png, */*;q=0.5
Accept-Language: en-us,en;q=0.5
Accept-Encoding: gzip,deflate
Accept-Charset: ISO-8859-1,utf-8;q=0.7,*;q=0.7
```

Antwort des Servers:

```
HTTP/1.1 200 OK
ETag: W/"1017-1126885576349"
Last-Modified: Fri, 16 Sep 2005 15:46:16 GMT Content-Type: text/html
Content- Length: 1017
Server: Apache-Coyote/1.1
```

Die Antwort enthält ein Etag, das anzeigt, dass die Inhalte vom Webbrowser zwischengespeichert werden können. Würde die Antwort clientseitig von einem XML-HttpRequest-Objekt empfangen, könnte das *Cache Controller*-Pattern verwendet werden. Die Antwort des Servers verwendet das *Permutations*-Pattern und enthält Daten, die von einem Webbrowser dargestellt werden können. Die generierte Antwort repräsentiert die leere oder generische Repräsentation, die keinen Zustand enthält. Wenn die generierten Inhalte in eine HTML-Seite umgewandelt worden sind, wird das HTML-body-onload-Ereignis ausgelöst und eine Anfrage nach dem mit der Ressource verbundenen Zustand generiert.

Die von dem XMLHttpRequest-Objekt generierte Anfrage:

```
GET /ajax/kap07/page1/state HTTP/1.1
Accept: application/xml
Accept-Language: en-us,en;q=0.5
Accept-Encoding: gzip,deflate
Accept-Charset: ISO-8859-1,utf-8;q=0.7,*;q=0.7
X-Page-Window-Name: window-2005-10-03-10-10-10-1245
X-Page-State: none
```

Der URL in dieser Anfrage des XMLHttpRequest-Objekts hat dieselbe Struktur wie der Ressourcen-URL, aber zusätzlich am Ende das Schlüsselwort state, das erforderlich ist, damit alle Proxies und Browser die Ressource und den zugehörigen Zustand eindeutig identifizieren können. Denselben URL zu benutzen wäre problematisch.

Die HTTP-Anfrage enthält die zusätzlichen HTTP-Header X-Page-State und X-Page-Window-Name. X-Page-State definiert den Zustandsbezeichner, X-Page-Window-Name den Namen des Fensters, das den Zustand anfordert. Das serverseitige *State Navigation*-Pattern wird entweder durch das angehängte Schlüsselwort state im URL oder den HTTP-Header X-Page-State ausgelöst. Der Trigger wird bei der Beschreibung des serverseitigen Codes ausführlicher behandelt.

Schließlich zeigt der HTTP-Header Accept an, dass nur Daten vom Typ application/xml erwünscht sind. Dieser Typ wird absichtlich verlangt, obwohl ein MIME-Typ wie etwa application/ajax-state angemessener wäre. Doch application/xml zu verwenden ist wichtig, weil das XMLHttpRequest-Objekt und der Webbrowser die zurückgegebenen Daten nur dann als XML-Code erkennen. Ein anderer MIME-Typ würde das XMLHttpRequest-Objekt veranlassen, den generierten XML-Code nicht zu parsen und die Inhalte nur als Text-Stream zurückzugeben. Eine Nebenbemerkung zur Architektur: Der Zustand könnte auch mit einem Format wie etwa JSON definiert werden.

Wenn der Server zum ersten Mal nach einem Zustand gefragt wird, ist noch kein Zustand definiert. Dann muss der Server einen leeren Zustand erstellen.

Zu diesem Zweck sendet der Server folgende Antwort:

```
HTTP/1.1 200 success
X-Page-State: 11
```

```
Date: Sun, 18 Sep 2005 11:19:30 GMT
Server: Apache-Coyote/1.1
```

Zunächst meldet der Server mit dem HTTP-Code 200 den Erfolg der Anfrage. Der Body kann leer sein; doch in diesem Beispiel enthielte der XML-Code die Tags `<state></state>`, um einen leeren Zustand anzuzeigen. Der leere Zustand wird generiert, damit der anfragende Client Gelegenheit bekommt, einen Zustand anzufordern, aber es wird nichts geändert. Der HTTP-Header `X-Page-State` zeigt dem Client den betreffenden Zustandsbezeichner an, in diesem Fall also 11.

Wenn ein Zustand mit einem URL verbunden wird, könnte dieser Zustand von jedem Standort und Browser zugänglich und damit ein Sicherheitsrisiko sein. Doch in diesem Beispiel ist dies nicht möglich, weil der URL, der Fenstername und der Zustandsbezeichner verknüpft sind. Ein Hacker müsste alle drei kennen, bevor er auf den Zustand zugreifen könnte. Um die Sicherheit zusätzlich zu erhöhen, könnte HTTPS oder eine andere Form der Authentifizierung (je nach Zustand bestimmte IP-Adressen, Authentifizierungsdaten oder sogar Cookies) verwendet werden.

Allerdings wird der Nutzen des *State Navigation*-Patterns extrem begrenzt, wenn Anwender mit Cookies authentifiziert werden. Cookies können zwar auf einem Rechner mit verschiedenen Instanzen desselben Webbrowsers, aber nicht mit verschiedenen Webbrowsern oder Computerstandorten arbeiten. Eine HTTP-Authentifizierung wäre besser geeignet, weil diese unabhängig vom Browser oder Standort angefordert werden kann.

Nachdem die Anfragen nach der HTML-Seite und dem Zustand verarbeitet worden sind, kann der Anwender Daten in das Formular eingeben und dann die Schaltfläche SUBMIT QUERY anklicken. Dies löst das `onsubmit`-Ereignis aus und veranlasst das clientseitige *State Navigation*-Pattern, mit dem `XMLHttpRequest`-Objekt eine Anfrage an den Server zu senden:

Anfrage des `XMLHttpRequest`*-Objekts:*

```
POST /ajax/kap07/linkToPage2.xml HTTP/1.1
Accept: application/xml
Accept-Language: en-ca
Accept-Encoding: gzip, deflate
Content-Type: application/xml
Content-Length: 364
Connection: Keep-Alive
Cache-Control: no-cache
X-Page-Original-Url: /ajax/kap07/page1
X-Page-Window-Name: window-2005-10-03-10-10-10-1245
X-Page-State: 11
```

Hier wird eine HTTP-POST-Anfrage gesendet, die die Daten in die statische Datei `linkToPage2.xml` postet. Bemerkenswert daran ist, dass das Zieldokument die Daten nicht verarbeiten kann; denn es ist (aufgrund seiner Endung xml) offensichtlich kein Skript. Dies ist eine Eigenheit des *State Navigation*-Patterns. Daten müssen nicht in eine andere Seite gepostet werden, die von dem Webbrowser angezeigt wird.

Normalerweise werden gepostete Daten von einem serverseitigen Skript verarbeitet, und es wird ein Output generiert. Im Gegensatz zu einem HTTP-GET, mit dem Daten abgerufen werden, erwartet HTTP-POST, dass Daten gesendet werden, bevor sie abgerufen werden. Bei einer Workflow-Anwendung sind mehrere HTML-Seiten miteinander verknüpft. Wenn beispielsweise die Ressource /ajax/kap07/ page1 einen POST in /ajax/ kap07/page2 enthält, kann nur die Seite page1 die Seite page2 aufrufen, weil diese Daten erwartet, die aus der Seite page1 stammen. Natürlich könnte der Entwickler in dem Skript von page2 mit einem Entscheidungsblock prüfen, wie das Skript aufgerufen wurde und was es tun sollte. Doch dies würde den Code sehr unübersichtlich machen.

Bei dem *State Navigation*-Pattern sind die Übertragung der Daten und der Abruf der nächsten Inhalte getrennt. Die Zustandsnavigation postet die Inhalte zu einem URL, der sie verarbeitet oder nicht verarbeitet. Sie fängt die Anfrage ab, speichert den Zustand und leitet die Anfrage an einen anderen Prozessor auf dem HTTP-Server weiter. Ein anderer Prozessor fängt die Anfrage ab, verarbeitet den Zustand und lässt den HTTP-Server die Daten an den Client senden. Ob der an den Server gesendete Zustand gespeichert oder verarbeitet wird, ist der Webserver-Anwendung überlassen. Dieser Ansatz hat folgenden Vorteil: Mit dem *State Navigation*-Pattern kann ein URL Zustände kumulativ verarbeiten und eine einzige Transaktion generieren.

Die Lösung des *State Navigation*-Patterns besteht darin, die Daten mit POST zu speichern und zu verarbeiten. Der Workflow wird durch Dokumente erstellt, die jeweils einen Link zu der nächsten Ressource enthalten. Dadurch kann die Abhängigkeit der Seite page2 von der Seite page1 separiert (d.h. aus den Seiten selbst herausgelöst) werden. Dies hat zur Folge, dass die Webanwendung den Fluss der HTML-Inhalte zur Laufzeit dynamisch ändern kann.

Zurück zu der Kommunikation: Der Server reagiert auf die HTTP-POST-Anfrage wie folgt:

```
HTTP/1.1 200 OK
X-Page-State: 11
ETag: W/"137-1126885576359"
Last-Modified: Fri, 16 Sep 2005 15:46:16 GMT
Content-Type: application/xml
Content-Length: 137
Server: Apache-Coyote/1.1
```

Wenn der Client die zurückgegebenen Daten geladen hat, sucht das Skript nach einem Link, der den URL anzeigt, der von dem Client geladen werden soll. Das Skript weist `location.href` einen anderen Wert zu, um den Browser umzulenken.

Daraufhin sendet der Browser die folgende Anfrage:

```
GET /ajax/kap07/page2 HTTP/1.1
Accept: image/gif, image/x-xbitmap, image/jpeg,
image/pjpeg, application/x-shockwave-flash,
application/vnd.ms-excel, application/vnd.ms-powerpoint,
application/msword, */*
Accept-Language: en-ca
Accept-Encoding: gzip, deflate
```

Der Server antwortet mit einer HTML-Seite, die keine Zustandsinformationen enthält. Falls die geladene HTML-Seite das *State Navigation*-Pattern implementiert hat, wird dieses neu gestartet. Der Zustandsbezeichner, der in der vorangegangenen Seite (`page1`) geladen wurde, geht verloren, allerdings nur für das Skript, denn er ist im Verlauf des Webbrowsers gespeichert. Wenn der Anwender die Schaltfläche ZURÜCK anklickt, fragt der Browser den URL `/ajax/kap07/page1` an; dann wird aus dem Verlauf der HTML-Seitenzustand mit dem Bezeichner 11 geladen. Dadurch wird das *State Navigation*-Pattern noch einmal neu gestartet, außer dass dieses Mal ein Zustandsbezeichner existiert, weshalb ein Zustand geladen werden muss. Wenn die Seite erneut von der Ressource geladen worden ist, wird die `onload`-Funktion aufgerufen, die das `XMLHttpRequest`-Objekt veranlasst, den Zustand mit dem Bezeichner 11 zu suchen.

Dies führt zu folgender Anfrage:

```
GET /ajax/kap07/page1/state HTTP/1.1
Accept: application/xml
X-Page-Window-Name: window-2005-10-03-10-10-10-1245
X-Page-State: 11
Accept-Language: en-ca
Accept-Encoding: gzip, deflate
```

Der Server verarbeitet die Anfrage und generiert folgende Antwort:

```
HTTP/1.1 200 success
X-Page-State: 12
Content-Type: application/xml;charset=ISO-8859-1
Content-Length: 364
Date: Sun, 18 Sep 2005 11:15:16 GMT
Server: Apache-Coyote/1.1
```

In der Antwort wird der Zustandsbezeichner 12 zusammen mit einigen Daten zurückgegeben, die das `XMLHttpRequest`-Objekt verarbeiten kann. Eine optische

Darstellung des *State Navigation*-Patterns auf Protokollebene illustriert, wie dieses Pattern funktioniert. In dem restlichen Schritt wird erklärt, wie alles mit Client- und Server-Code realisiert wird.

9.6 Implementierung

Damit das *State Navigation*-Pattern korrekt funktionieren kann, müssen mehrere andere Patterns kombiniert werden. Dadurch entsteht eine übergreifende Architektur zur Verarbeitung von Anfragen. Doch wie werden die Patterns kombiniert?

Eine brauchbare Lösung wäre, das *Decorator*-Pattern zu verwenden; sie würde aber mit den bereits vorhandenen *Decorator*-Pattern-Funktionen des HTTP-Servers implementiert werden. Serverseitig ist das *Decorator*-Pattern mit HTTP-Filtern implementiert. Ein HTTP-Filter modifiziert oder dekoriert eine Anfrage oder Antwort, ohne deren Intention zu ändern. Mit einem HTTP-Filter können beispielsweise die Inhalte der Antwort oder der Anfrage verschlüsselt bzw. entschlüsselt werden. Clientseitig wird das *Decorator*-Pattern nicht als HTTP-Filter, sondern durch verschachtelte Einkapselungen implementiert. Jede Einkapselung implementiert eine zusätzliche Funktionalität.

Abbildung 9.12 zeigt die Architektur in Form von Schichten.

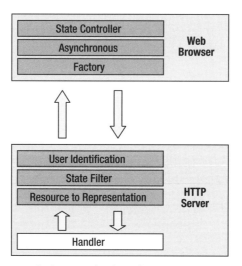

Abb. 9.12: Geschichtete Architektur des *State Navigation*-Patterns

Die Clientseite aus Abbildung 9.12 verfügt über drei Schichten: FACTORY, ASYNCHRONOUS und STATE CONTROLLER. Die Schichten ASYNCHRONOUS und FACTORY wurden in Kapitel 2 beschrieben und implementiert. Die Schicht STATE NAVIGATION ist eine clientseitige Implementierung des *State Navigation*-Patterns. Die Serverseite verfügt über mehrere Schichten. Die Schichten USER IDENTIFICATION und RESOURCE TO REPRESENTATION sind modularisierte Implementierungen des *Permutations*-Patterns. Die Schicht STATE FILTER ist eine serverseitige Implementierung des *State Navigation*-Patterns. Im Rest dieses Kapitels werden die Schichten STATE NAVIGATION und STATE FILTER beschrieben.

9.6.1 Anfragen auf dem Client verarbeiten

Die clientseitige Schicht STATE NAVIGATION soll den Zustand senden und abrufen. Laut Kommunikationsprotokoll laufen die Ereignisse, um eine Ressource und den zugehörigen Zustand herunterzuladen, in folgender Reihenfolge ab:

1. Eine URL-Repräsentation wird in den Browser heruntergeladen.
2. Danach wird das HTML-body-onload-Ereignis ausgelöst.
3. In dem onload-Ereignis fragt das XMLHttpRequest-Objekt den Zustand an, der zu der Ressource gehört.
4. Der Zustand wird heruntergeladen und benutzt, um das HTML-Formular eines HTML-Dokuments mit Daten zu füllen oder Elemente des HTML-Dokuments zu manipulieren.

Falls die HTML-Seite eine SENDEN-Schaltfläche oder ein anderes HTML-Element enthält, mit dem Daten an den Server gesendet werden können, muss die Schicht STATE NAVIGATION verwendet werden. Wird sie nicht verwendet, wird das Pattern umgangen und der Zustand könnte zerstört werden. Im Allgemeinen wird das *State Navigation*-Pattern durch folgende Ereignisfolge implementiert:

1. Eine HTML-Aktion (Anklicken einer Schaltfläche, Markieren eines Kontrollkästchens usw.) löst ein HTML-Ereignis aus.
2. Das HTML-Ereignis (z.B. ein HTML-POST oder ein onclick einer Schaltfläche) erstellt einen Zustand, mit dem die clientseitige Schicht STATE NAVIGATION eine Anfrage generiert.
3. Die Anfrage wird an den Server gesendet, dort optional von der Schicht STATE FILTER verarbeitet und dann an den Handler weitergegeben.
4. Falls die serverseitige Schicht STATE FILTER die Anfrage verarbeitet, erfolgt dies transparent, ohne dass die Inhalte geändert werden.
5. Der Handler generiert Inhalte, die einen Link enthalten, mit dem das *State Navigation*-Pattern die nächste Ressource laden könnte.

Das *State Navigation*-Pattern hat in dieser clientseitigen Ereignisfolge drei Aufgaben: der Repräsentation einen Zustand zuzuweisen, aus einer Repräsentation einen Zustand zu generieren und die Seite bei Bedarf umzulenken. Damit es diese Aufgaben erfüllen kann, muss eine Repräsentation über einen Zustand verfügen, der nur mit dem *State Navigation*-Pattern gesendet und abgerufen werden darf.

Der Zustand und die referenzierten Daten werden per XML zwischen Client und Server ausgetauscht. Andere Formate wie etwa JSON wären ebenfalls möglich. Doch in diesem Pattern wird XML als Standardformat für Daten verwendet. Die Wahl eines anderen Formats liegt bei Ihnen.

Die Zustandsnavigation von einer HTML-Seite aus nutzen

Clientseitig muss die HTML-Seite nur zwei Hauptaufgaben erfüllen: Sie muss den Zustand laden und speichern, und sie muss den entsprechenden Prozess anstoßen. Aus architektonischer Sicht startet die HTML-Seite mit einem Aufruf der Schicht STATE NAVIGATION, die per Callback wieder auf die Seite zugreift, um die anwendungsspezifischen Persistenzmethoden aufzurufen.

Das folgende Beispiel zeigt die Implementierung des *State Navigation*-Patterns für die HTML-Formulare aus den Abbildungen 9.4 bis 9.7:

```html
<html>
<head>
<title>Sample Page</title>
</head>
<script language="JavaScript" src="../lib/factory.js"></script>
<script language="JavaScript" src="../lib/asynchronous.js"></script>
<script language="JavaScript" src="../lib/xmlhelpers.js"></script>
<script language="JavaScript" src="../lib/statecontroller.js"></script>
<script language="JavaScript" type="text/javascript">
StateController.onSaveState = function() {
   return this.saveForm(document.getElementById("BasicForm"));
}
StateController.onLoadState = function(status, xmlstate) {
   this.loadForm(xmlstate);
}
</script>
<body onload="StateController.loadState()">
<div id="replace">Nichts</div>
<form id="BasicForm" name="BasicForm"
   onsubmit="return StateController.saveState()"
   action="/ajax/kap07/Link.xml" method="POST" >
   <input name="param1" type="text" /><br />
   <input name="param2" type="text" /><br />
   <input type="submit" value="Submit Query"/><br />
   <input type="reset" value="Reset"/>
</form>
</body>
</html>
```

Implementierung

Um diese HTML-Seite zu erklären, werden Querverweise zwischen dem Code und den Ereignissen hergestellt, mit denen der Zustand geladen und gespeichert wird.

Wenn eine HTML-Seite fertig geladen ist, wird ein Ereignis ausgelöst, um anzuzeigen, dass das Dokument vollständig ist und manipuliert werden kann. Zu diesem Zweck wird in dem HTML-Tag body das Ereignis onload definiert, das die Methode StateController.loadState() aufrufen soll. Die Variable StateController ist ein globales Objekt, das die clientseitige Schicht STATE NAVIGATION implementiert. Sie ist global, weil eine HTML-Seite keine zwei Zustände enthalten darf; deshalb wäre es sinnlos, der Variablen einen Typ zuzuweisen.

Die Methode StateController.loadState() ruft den Zustand der HTML-Seite mithilfe des XMLHttpRequest-Objekts von dem Server ab. Wenn der Server geantwortet hat, ruft StateController automatisch die Methode StateController.onLoadState auf, die in der HTML-Seite definiert ist. Der Client ist dafür verantwortlich, den Zustand zu analysieren und die HTML-Seite mit den Daten zu aktualisieren. In unserem Beispiel ruft onLoadState die Methode loadForm auf und delegiert damit die Wiederherstellung des Zustands an eine Standardfunktion von StateController, die den empfangenen Zustand deserialisiert.

Den Zustand zu speichern, ist etwas komplizierter, weil die HTML-Seite in den Prozess eingreifen muss, mit dem das HTML-Formular gepostet wird. Zu diesem Zweck wird im form-Element ein onsubmit-Ereignis implementiert, das die Methode StateController.saveState() aufruft. Diese löst einen Prozess aus, der in der Schicht STATE NAVIGATION definiert ist und die Methode StateController.onSaveState aufruft, die in der HTML-Seite definiert ist. In dieser Methode generiert und speichert die HTML-Seite einen anwendungsspezifischen Zustand. In unserem Beispiel wird die Methode saveForm aufgerufen, die ein bestimmtes HTML-Formular serialisiert. In den meisten Fällen wird das *Representation Morphing*-Pattern implementiert.

Aus Sicht der HTML-Seite besteht das Speichern und Laden des Seitenzustands darin, zur richtigen Zeit die richtigen Aufrufe auszuführen. Wichtig ist: Der Anwender kann definieren, wann und wie der zu der HTML-Seite gehörende Zustand verwaltet wird. Der Seitenzustand könnte beispielsweise nach dem Anklicken eines speziellen Hyperlinks gespeichert und nach dem Anklicken einer Schaltfläche wieder geladen werden. Der Entwickler könnte auch beschließen, den Zustand nicht zu speichern und zu diesem Zweck eine ABBRECHEN- oder IGNORIEREN-Schaltfläche zur Verfügung stellen.

Um die Darstellung zu vereinfachen und das *Representation Morphing*-Pattern zu illustrieren, habe ich den Zustand der HTML-Seite als HTML-Formular definiert; ich hätte ebenso leicht einen Text in einem HTML-div-Abschnitt verwenden können. Die Verantwortung für das Laden und Speichern der Daten liegt bei den HTML-Methoden onSaveState bzw. onLoadState.

Die Methoden `onSaveState` und `onLoadState` können in der HTML-Seite so implementiert werden, dass sie die Daten generieren und verarbeiten, ohne deren Struktur zu kennen. Die Daten wären einfach ein Blob (Binary Large Object), das zwischen Client und Server ausgetauscht wird. Nur der Client muss wissen, woraus die Daten bestehen, nicht dagegen die Implementierung der Zustandsnavigation. In unserem Beispiel verwendet die Variable `StateController` XML als standardmäßiges Persistenzformat. Deshalb basieren auch die generierten Daten auf XML, wenn der Client die Standardmethoden `saveForm` und `loadForm` aufruft. Die Daten könnten folgendermaßen aussehen:

```
<state>
   <html-page>
      <form id="BasicForm" >
         <element id='param1' type='text'>Value 1</element>
         <element id='param2' type='text'>Value 2</element>
      </form>
   </html-page>
</state>
```

Der Root-Knoten ist `data`. Er enthält den HTML-Zustand, `state`, und dieser wiederum Referenzinformationen über den Zustand und die zu der HTML-Seite gehörenden Zustandsinformationen. Hier die einzelnen XML-Tags:

- `html-page`: ein übergeordnetes XML-Element, das die Details über den zu einer HTML-Seite gehörenden Zustand einschließt.
- `form`: ein übergeordnetes XML-Element, das alle Elemente eines HTML-Formulars einschließt.
- `element`: ein Zustand eines HTML-Formularelements. In dem Beispiel sind alle HTML-Formularelemente einem `element`-XML-Tag zugeordnet. Alternativ können Sie auch das `id`-Attribut als XML-Elementbezeichner verwenden. In diesem Fall hätten die XML-Elemente die Form `<param1 .../>`, wobei `param1` den Attributwert repräsentiert. Welche Form Sie wählen, bleibt Ihnen überlassen; beide Ansätze sind akzeptabel.

Der Konsistenz halber ist der gesendete Zustand identisch mit dem empfangenen Zustand.

Die Details der Zustandsnavigation

`StateController` ist die eine anwendungsspezifische Variable. Sie hätte als Typ definiert werden können, der instanziert wird, aber dies hätte alles nur verkompliziert. Ich werde ihre technischen Details in drei Schritten erklären: erst die Datenelemente, dann die Logik zum Laden des Zustands und schließlich die Logik zum Speichern des Zustands.

Der folgende Codeabschnitt definiert die Datenelemente der Variablen `State-Controller`:

```
var StateController = {
   username: null,
   password: null,
   postURL: null,

   constPageStateHeader : "X-Page-State",
   constPageWindowName : "X-Page-Window- Name",
   constPageOriginalURL : "X-Page-Original-URL",
   constPageWindowNamePrefix : "StateController",
   constResourceStateContentType : "application/xml",
   constURLStateIdentifier : "/state",

   constStateTag : "state",
   constHtmlPageStateTag : "html-page",
```

Die Variable verfügt über neun Datenelemente, die alle damit zu tun haben, Daten mit dem Server auszutauschen. Die Datenelemente `username` und `password` enthalten die Bezeichner zur Authentifizierung für den Zugriff auf geschützte Ressourcen. Das Datenelement `postURL` enthält den URL, um die Daten an den Server zu posten. Bei einem traditionellen HTML-Formular entspräche `postURL` dem `action`-Attribut. Zwecks Optimierung wird dem Datenelement `postURL` bei einer Serialisierung eines HTML-Formulars das `action`-Attribut des HTML-Formulars zugewiesen. Die restlichen Datenelemente definieren Aspekte der Kommunikation zwischen Client und Server und generieren und parsen die XML-Daten.

Den Zustand laden

Wenn die HTML-Seite geladen wird, wird das Ereignis `onload` ausgelöst; es ruft den HTML-Zustand ab und fügt ihn in die HTML-Seite ein. Die Funktionalität zum Laden des Zustands wird normalerweise in das `onload`-Ereignis eingefügt, es können aber auch andere Ereignisse verwendet werden. Unabhängig davon sind drei Funktionen am Laden des Zustands beteiligt: `onLoadState`, `extractFormData` und `loadForm`.

Zunächst die Standardimplementierung von `onLoadState`:

```
onLoadState : function(status, responseXML) { },
```

Wenn die Methode `onLoadState` nicht von der HTML-Seite implementiert wird, ist sie leer, das heißt, sie tut nichts. In unserer Beispielseite ruft sie die Methode `loadForm` auf, die in ihrer vorgefertigten Form verwendet wird, um den Zustand eines HTML-Formulars zu laden. Die Methode `load Form` ist folgendermaßen implementiert:

```
loadForm : function(xmlState) {
   this.verify = this.extractFormData;
   var objData = new Object();
   XMLIterateElements(this, objData, xmlState);
},
```

Die Methode loadForm ist relativ spartanisch ausgestattet. Sie wird verwendet, um die Iteration der XML-Datei mit der Standardfunktion XMLIterateElements und der anwendungsspefizischen Funktion extractFormData vorzubereiten. Mit der Funktion this.verify soll festgestellt werden, ob ein iteriertes XML-Element für den Anwender interessant ist. Die Variable objData wird für die Funktion XMLIterateElements benötigt und nimmt die gefundenen Daten auf. Mit der Kombination von objData und der Methode this.verify werden die XML-Inhalt in JavaScript-Datenelemente deserialisiert. Mit der Funktion XMLIterateElements wird eine XML-Datei verarbeit. Die Funktion ist folgendermaßen implementiert:

```
function XMLIterateElements(objVerify, objData, element) {
   objVerify.verify(element, objData);
   for(var i = 0; i < element.childNodes.length; i ++) {
      XMLIterateElements(objVerify, objData, element.childNodes[i]);
   }
}
```

Die Funktion XMLIterateElements hat drei Parameter: Der Parameter objVerify ist ein Objekt, das aufgerufen wird, um ein XML-Element zu verarbeiten. Der Parameter objData ist ein Datenobjekt, das von der Methode objVerify.verify manipuliert wird. Es wird ein Objekt verwendet, damit verify auf die Datenelemente des aktuellen Objekts zugreifen kann. Der Parameter element repräsentiert einen XML-Knoten. Nach dem Aufruf von objVerify.verify werden die Unterknoten des XML-Elementknotens durchlaufen. Bei jeder Iteration wird die Funktion XMLIterateElements rekursiv aufgerufen. Dies hat zur Folge, dass die Methode objVerify.verify für alle Elemente aufgerufen wird. Der Parameter objData soll der Methode objVerify.verify die Möglichkeit geben, wahrend und nach der Iteration aller XML-Elemente einige Datenelemente zu speichern, die später referenziert werden können.

Die Funktion XMLIterateElements wird in der Implementierung von loadForm aufgerufen. Außerdem referenziert dort die Methode objVerify.verify die Methode extractFormData, die folgendermaßen implementiert ist:

```
extractFormData : function(element, objData) {
   if(element.nodeType == 1) {
      if(element.nodeName == "form") {
         objData.formId =
            element.attributes.getNamedItem("id").nodeValue;
```

```
            objData.formNode = document.forms[objData.formId];
        }
        else if(element.nodeName == "element") {
            if(objData.formNode != null) {
                var elementIdentifier =
                    element.attributes.getNamedItem("id").nodeValue;
                if(element.childNodes[0] != null) {
                    var elementValue = element.childNodes[0].nodeValue;
                    objData.formNode.elements[elementIdentifier].value =
                        elementValue;
                }
            }
        }
    }
},
```

In der Methode `extractFormData` werden einige XML-DOM-Methoden aufgerufen (beispielsweise `element.[example method]`). In der Methode `extractFormData` werden XML-Elemente vom Typ `form` und `element` gesucht. Falls ein XML-Element vom Typ `form` gefunden wird, enthält es eine Referenz eines HTML-Formulars, das mit der Methode `document.forms[objData.formId]` aus der aktuellen HTML-Seite abgerufen wird. Die HTML-Formularreferenz wird für benötigt, um einzelne HTML-Formularelemente zuzuweisen. Wird ein XML-Element vom Typ `element` gefunden, werden sein Bezeichner (`element.attributes.getNamedItem("id").nodeValue`) und sein Wert (`element.childNodes[0].nodeValue`) in den lokalen Variablen `elementIdentifier` bzw. `elementValue` zwischengespeichert. Schließlich wird das Element in das Elemente-Array des `form`-Elements eingefügt (`objData.formNode.elements[elementIdentifier].value = elementValue`). In dem Beispiel wird nicht getestet, welchen Typ das HTML-Element hat (z.B. Kontrollkästchen oder Listenfeld), um die Erklärung nicht noch komplizierter zu machen. In einer produktiven Implementierung von `extractFormData` müssen diese zusätzlichen Attribute getestet werden.

Mit der Methode `loadState` wird das Laden der HTML-Seite gestartet. Sie ist wie folgt definiert:

```
loadState : function() {
    if(location.hash != null) {
        var asynch = new Asynchronous();
        var thisReference = this;
        asynch.openCallback = function(xmlhttp) {
            if(location.hash.length == 0) {
                xmlhttp.setRequestHeader(
                    thisReference.constPageStateHeader, "none");
            }
```

```
            else {
                xmlhttp.setRequestHeader(
                    thisReference.constPageStateHeader,
                    location.hash.slice(1));
            }
            xmlhttp.setRequestHeader ("Accept",
                thisReference.constResourceStateContentType);
            thisReference.verifyWindowName();
            xmlhttp.setRequestHeader(thisReference.constPageWindowName,
                window.name);
        }
        var xmlhttp = asynch._xmlhttp;
        asynch.complete = function(status, statusText, responseText,
          responseXML) {
          thisReference.verify = thisReference.extractUserData;
          var objData = new Object();
          XMLIterateElements(thisReference, objData, responseXML);
          if(objData.foundElement) {
              thisReference.onLoadState(status, objData.foundElement);
          }
          location.replace(location.pathname + "#" +
              xmlhttp.getResponseHeader(thisReference.constPageStateHeader));
          asynch.username = this.username; asynch.password = this.password;
          var splitLocation = location.href.split("#");
          asynch.get(splitLocation[0] + this.constURLStateIdentifier);
        }
},
```

Die Asynchronous-Klasse, die in loadState verwendet wird, wurde bereits in Kapitel 2 erklärt. Die Implementierung ist relativ unkompliziert, weil einfach ein HTTP-GET ausgeführt wird (siehe den Aufruf der Methode asynch.get). Um dem Server mitzuteilen, dass mit dieser Anfrage ein Zustand angefordert wird, werden die HTTP-Header, die den Zustand identifizieren (X-Page-State, X-Page-Window-Name), mit der Methode xmlhttp.setRequestHeader gesendet. Ohne diese HTTP-Header würde der Server die Anfrage als generischen HTTP-GET behandeln. Die HTTP-Header werden verwendet, weil ihre Existenz leicht feststellbar ist. Alternativ könnte auch das Schlüsselwort state im URL gesucht werden, aber zu diesem Zweck müsste der URL geparst werden.

Falls kein Fenstername existiert, wird mit der Methode thisReference.verifyWindowName einer generiert, der mit dem State Navigation-Pattern konform ist. Wenn die Methode asynch.get aufgerufen wird, wird außerdem /state an den URL angehängt, um die Anfrage als Zustandsanfrage zu kennzeichnen. Würde dies nicht passieren, käme der Proxy durcheinander und es gäbe möglicherweise zwei verschiedene Repräsentationen mit einem einzigen URL; laut *Permutations-Pattern* wäre dies nicht in Ordnung.

In der Inline-Funktion `asynch.complete` wird das zurückgegebene XML-Dokument verarbeitet. Mit der Funktion `XMLIterateElements` wird der XML-Knoten gesucht, der den HTML-Seitenzustand enthält. Wenn der XML-Knoten gefunden worden ist (`objData.foundElement`), wird das Laden des Zustands an die Funktion `onLoadState` delegiert, die in der HTML-Seite implementiert ist. Weil ein Zustand abgerufen wird und der Server den Zustandsbezeichner festlegen kann, muss die Schicht STATE NAVIGATION den aktuellen Zustandsbezeichner ersetzen. Zu diesem Zweck ersetzt die Methode `location.replace` die alte Seite im Verlauf. Würde die Methode `location.replace` nicht aufgerufen, würde eine HTML-Seite zum Verlauf hinzugefügt; dies würde den Anwender bei der Navigation mit den Schaltflächen VORWÄRTS und ZURÜCK verwirren. Enthielte der Verlauf beispielsweise /other/url, /resource, /resource2 und würde die `replace`-Methode nicht angewendet, würde der Verlauf /other/url, /resource, /resource#11, /resource2 und nicht der Verlauf /other/url, /resource#11, /resource2 generiert werden.

Den Zustand speichern

Um den Zustand zu speichern, werden drei Methoden benötigt: `onSaveState`, die von dem Client implementiert wird, die unterstützende Methode `saveForm`, die ein HTML-Formular in einen Zustand umwandelt, und die Methode `saveState`, die den Vorgang steuert.

Die Methode `onSaveState` muss von der HTML-Seite implementiert werden; standardmäßig stellt der `StateController` eine leere Implementierung zur Verfügung, die nichts tut. Ohne diese Standardimplementierung würde ein JavaScript-Fehler generiert werden. Hier die Standardimplementierung der Methode `onSaveState`:

```
onSaveState : function() {
    return "";
},
```

Die Standardimplementierung von `onSaveState` illustriert die wichtigste Aufgabe jeder Implementierung dieser Funktion: Sie muss einen Puffer zurückgeben, der den persistierten Zustand enthält. Der Puffer sollte in XML formatiert sein, und die zurückgegebenen Daten sollten XML-konform sein. Der von `onSaveState` generierte XML-Code wird als Unterelement in das XML-Element `html-child` eingefügt.

Im HTML-Client ruft die Methode `onSaveState` die Methode `saveForm` auf, mit der das HTML-Formular in eine XML-Datenstruktur umgewandelt wird. Die Methode `saveForm` ist wie folgt implementiert.

```
saveForm : function(form) {
   this.postURL = form.action;
   var buffer = "";
   buffer += "<form id=\"" + form.name + "\" >\n";
   for(var i = 0; i < form.elements.length; i++) {
      if(form.elements[i].type != "submit" &&
         form.elements[i].type != "reset") {
         buffer += "<element id='" + form.elements[i].name
            + "' type='" + form.elements[i].type + "'>"
            + form.elements[i].value + "</element>\n";
      }
   }
   buffer += "</form>\n";
   return buffer;
},
```

Der Parameter `form` repräsentiert hier das zu persistierende HTML-Formular. Zunächst wird dem lokalen Objekt in `this.postURL` der Wert von `form.action` zugewiesen. Dann wird das Root-Element `form` des XML-Zustandscodes erstellt. Als `id` wird ihm der Name des Formulars zugewiesen. Dann werden die einzelnen HTML-Formularelemente zum Zustand hinzugefügt, indem die Collection `form.elements` in einer Schleife durchlaufen wird. Außer Elementen vom Typ `submit` oder `reset` werden alle HTML-Formularelemente zu der XML-Datenstruktur hinzugefügt. Der Einfachheit halber können in der Methode `saveForm` nur Textfelder persistiert werden. Normalerweise könnten jedoch alle HTML-Formularelemente persistiert werden.

Mit dem Aufruf der Methode `saveState` wird das Speichern des Zustands gestartet. Die ist wie folgt implementiert:

```
saveState : function() {
   var buffer = "<" + this.constStateTag + ">";
   buffer += "<" + this.constHtmlPageStateTag + ">\n";
   buffer += this.onSaveState()
   buffer += "</" + this.constHtmlPageStateTag + ">\n";
   buffer += "</" + this.constStateTag + ">";
   var request = new Asynchronous();
   var thisReference = this;
   var oldPath = location.pathname;
   request.openCallback = function(xmlhttp) {
      if(location.hash.length == 0) {
```

```
            xmlhttp.setRequestHeader(
              thisReference.constPageStateHeader, "none");
         }
         else {
            xmlhttp.setRequestHeader(thisReference.constPageStateHeader,
              location.hash.slice(1));
         }
         thisReference.verifyWindowName ();
         xmlhttp.setRequestHeader(thisReference.constPageWindowName,
            window.name);
         var splitLocation = location.href.split("#");
         xmlhttp.setRequestHeader(thisReference.constPageOriginalURL,
            splitLocation [0]);
      }
      var xmlhttp = request._xmlhttp;
      request.complete =
         function(status, statusText, responseText, responseXML) {
         if(status == 200 && responseXML != null) {
            thisReference.verify = thisReference.extractLink;
            var objData = new Object();
            XMLIterateElements(thisReference, objData, responseXML);
            location.replace(oldPath + "#" + xmlhttp.getResponseHeader(
              thisReference.constPageStateHeader));
            location.href = objData.redirectURL;
         }
      }
      request.username = this.username; request.password = this.password;
      request.post(this .postURL, this.constResourceStateContentType,
         buffer.length, buffer);
      return false;
}
```

Die Methode `saveState` ist komplizierter. Sie ist dafür verantwortlich, den XML-Zustand zu generieren und mit einem HTTP-POST an den Server zu senden. Die Variable `buffer` nimmt den XML-Zustand auf. Sie wird in den ersten Zeilen initialsiert, wobei auch die Methode `this.onSaveState` aufgerufen wird, in der der anwendungsspezifische Teil der HTML-Seite generiert wird. Der fertige XML-Zustand muss an den Server gepostet werden.

Wie bei den vorangegangenen Patterns wird der HTTP-POST mit der Klasse `Asynchronous` erstellt (siehe Kapitel 2). Das Besondere an diesem Posting ist die Zuweisung der anwendungsspezifischen HTTP-Header (X-Page-State, X-Page-Window-Name und X-Page-Original-URL) sowie die Verarbeitung der Antwort. In der Inline-Funktion `request.openCallback` wird der Zustandsbezeichner aus dem lokalen URL extrahiert, der in der Variablen `location.hash` gespeichert ist.

Falls `location.hash` keinen Wert hat, wird der Seitenzustandsheader auf den Wert none gesetzt, um anzuzeigen, dass ein Zustandsbezeichner erstellt werden muss. Andernfalls wird der Wert von `location.hash` ohne das voranstehende #-Zeichen gesendet. Neu in dieser Anfrage ist die Zuweisung des ursprünglichen URLs (X-Page-Original-URL oder constPageOriginalURL). Diese Zuweisung ist notwendig, damit der Server den Zustand der Ressource zuordnen kann. Am Ende der Methode `saveState` werden die Daten mit der Methode `request.post` an den Server gepostet.

Wenn der Server die Anfrage bearbeitet hat, wird der zurückgegebene XML-Code mit der Methode `request.complete` verarbeitet. Der Code sieht etwa folgendermaßen aus:

```
<data>
    <Link id="redirect" href="/ajax/kap07/page2" />
</data>
```

Die Methode `request.complete` parst den XML-Code mit der Hilfsfunktion `XMLIterateElements`. Insbesondere extrahiert diese Hilfsfunktion den Ziel-Link aus dem XML-Code (in unserem Beispiel also den URL /ajax/kap07/page2) und weist ihn der Eigenschaft `objData.redirectURL` zu. Bevor der extrahierte URL neu zugewiesen wird, wird der Zustandshashcode mit der Methode `location.replace` aktualisiert. Nachdem der URL ersetzt worden ist, kann das Skript mit der Methode `location.href` den extrahierten URL aufrufen.

Eine kleine Nebenbemerkung zum Zweck des zurückgegebenen XML-Codes: Abbildung 9.3 zeigt die Probleme bei der Navigation von einer HTML-Seite zu einer anderen per HTTP-POST. Da das *State Navigation*-Pattern zur Navigation den zurückgegebenen XML-Code benutzt, kann es nicht passieren, dass dieselben Inhalte mehrfach gepostet werden. Denn die Navigation wird von einem Skript gesteuert, das per HTTP-GET Seiten abruft, die zuvor erfolgreich gepostet worden sind. Ein Zustand kann nicht doppelt gepostet werden, weil der Zustandsbezeichner mit jedem Posting inkrementiert wird. Wenn etwa eine Ressource für die Belastung einer Kreditkarte verantwortlich ist, kann ein Server ein doppeltes Posting derselben Inhalte abfangen und verhindern.

9.6.2 Die Anfragen auf dem Server verarbeiten

Nachdem die HTML-Seite implementiert und der Zustand clientseitig geladen und gespeichert worden ist, liegt die restliche Verantwortung beim Server. Der Server nimmt den Zustand entgegen, speichert ihn irgendwo und sendet ihn auf Anforderung. Die Pattern-Implementierung auf dem Server versucht im Allgemeinen nicht, den Zustand zu interpretieren, weil dies eine nicht erforderliche Mehrarbeit bedeuten würde. Ausgenommen sind Zustände, deren Verarbeitung anwendungsbezogen ist. Der Zustand wird serverseitig mit HTTP-Handlern verarbeitet.

Wann und wie HTTP-Filter aktiviert werden

Ein HTTP-Filter soll eine Anfrage nicht verarbeiten, sondern ändern und/oder umlenken. Im HTTP-Protokoll kann ein HTTP-Filter auf zwei Arten aktiviert (»getriggert« oder ausgelöst) werden: URL und HTTP-Header. Ein HTTP-Filter könnte auch anhand von Daten im HTTP-Body ausgelöst werden, die an den Server gesendet oder von ihm generiert worden sind. Beispielsweise könnte der an den Server gesendete Zustand ein Schlüsselwort enthalten, das weitere Aktionen für den HTTP-Filter anzeigte. Doch Daten aus dem HTTP-Body selbst zu verwenden, ist nicht optimal, weil dies eine zusätzliche Verarbeitung durch den Server erfordert. Die Daten im HTTP-Body sind für einen HTTP-Handler bestimmt und sollten als Einheit betrachtet werden. Dies bedeutet nicht, dass ein HTTP-Filter die Nutzdaten (den HTTP-Body) nicht untersuchen und manipulieren sollte, sondern nur, dass der HTTP-Filter nur durch den URL oder den HTTP-Header aktiviert werden sollte.

In den folgenden Abschnitten sollen die Unterschiede zwischen den beiden Aktivierungsarten (URL oder HTTP-Header) anhand des *State Navigation*-Patterns illustriert werden. Im Abschnitt *Den Zustand auf Protokollebene verwalten* wird ein zu einem URL gehöriger Zustand mit einem HTTP-Header angefordert.

Der Client sendet zu diesem Zweck die folgende HTTP-Anfrage:

```
GET /ajax/kap07/page1/state HTTP/1.1
Accept: application/ajax-state
Accept-Language: en-us,en;q=0.5
Accept-Encoding: gzip,deflate
Accept-Charset: ISO-8859-1,utf-8;q=0.7,*;q=0.7
X-Page-Window-Name: window-2005-10-03-10-10-10-1245
X-Page-State: none
```

Die Anfrage enthält zwei Datenelemente, die einen Filter aktivieren könnten: den URL ([url]/state) und den HTTP-Header X-Page-State. Um einen Filter per URL zu aktivieren, muss der URL verarbeitet werden. Dies ist relativ aufwändig und potenziell fehleranfällig. Fehler können auftreten, wenn ein URL denselben Text wie der Trigger enthält. Der Header ist nur erforderlich, wenn der Zustand abgerufen wird, und dies passiert nur, wenn das XMLHttpRequest-Objekt verwendet wird. Einen HTTP-Header hinzuzufügen, ist nicht kompliziert und wenig aufwändig. Welche Lösung Sie wählen, hängt von Ihren URLs und Fähigkeiten ab.

Eine Faustregel: Sie können einen HTTP-Header verwenden, wenn sowohl der Client als auch der Server den anwendungsspezifischen Header verarbeiten kann; Sie sollten einen URL verwenden, wenn der Server weiß, welche Art von Client die Daten verarbeitet.

Die Implementierung eines HTTP-Filters will ich anhand einer Basisklasse zeigen, die den Trigger aktiviert und die Filteraktion ausführt. Die Klasse ist in Java implementiert. Auf anderen Plattformen und in anderen Programmiersprachen sieht der Code ähnlich aus, weil auch andere Plattformen mit HTTP-Filtern arbeiten.

```
public abstract class TriggerFilter implements Filter {
    public abstract Object initializeRequest();
    public abstract void destroyRequest(Object objData);
    public abstract boolean isTrigger(Object objData,
        HttpServletRequest httprequest, HttpServletResponse httpresponse);
    public abstract void runFilter(Object objData,
        HttpServletRequest httprequest, HttpServletResponse httpresponse,
        FilterChain chain) throws IOException, ServletException;
    public void doFilter(ServletRequest request, ServletResponse response,

        FilterChain chain) throws IOException, ServletException {
        HttpServletRequest httprequest = (HttpServletRequest) request;
        HttpServletResponse httpresponse = (HttpServletResponse) response;
        Object data = initializeRequest();
        if(isTrigger(data, httprequest, httpresponse)) {
            runFilter(data, httprequest, httpresponse, chain);
        }
        else {
            chain.doFilter(request, response);
        }
        destroyRequest(data);
    }
}
```

Die Klasse `TriggerFilter` implementiert das `Filter`-Interface. Der Einfachheit halber werden die beiden Methoden `init` und `destroy` nicht illustriert. Sie initialisieren bzw. zerstören

das Filterobjekt. Die Klasse `TriggerFilter` wird als abstrakte Klasse implementiert, weil sie als eigenständige Klasse nicht sehr nützlich ist und nur eine Basisfunktionalität zur Verfügung stellt, die anderweitig implementiert werden muss. Die Klasse `TriggerFilter` implementiert das *Template*-Pattern; deshalb muss von ihr eine Unterklasse abgeleitet werden, damit überhaupt etwas passieren kann.

Die Methode `doFilter` gehört zu dem Interface `Filter`; sie wird bei jeder HTTP-Anfrage aufgerufen. Wann die Methode aufgerufen wird, hängt von der Position des Filters in der Konfigurationsdatei ab. Die Reihenfolge der Einträge in der Konfigurationsdatei ist ein Java-Feature; auf anderen Plattformen wird die Reihenfolge und damit der Punkt, an dem ein Filter aufgerufen wird, möglicherweise anders definiert.

Wenn die Methode doFilter aufgerufen wird, müssen die Parameter request und response in die Typen HttpServletRequest bzw. HttpServletResponse konvertiert werden, weil die HTTP-Typen über Methoden und Eigenschaften zur Verarbeitung einer HTTP-Anfrage verfügen.

Die Methoden isTrigger und runFilter sind als abstract deklariert. Dies bedeutet, dass jede Klasse, die von TriggerFilter abgeleitet wird, diese abstrakten Methoden implementieren muss. Mit der Methode isTrigger wird geprüft, ob die Anfrage von der implementierten Unterklasse verarbeitet werden sollte. Mit der Methode runFilter wird die HTTP-Anfrage verarbeitet. Falls isTrigger den Wert false zurückgibt, wird die Verarbeitung der HTTP-Anfrage normal fortgesetzt; in unserem Beispiel wird die Methode chain.doFilter aufgerufen.

Das *State Navigation*-Pattern wird mit der Klasse TriggerFilter implementiert. Doch bevor ich die Architektur des *State Navigation*-Patterns ausführlich beschreibe, passe ich das *Permutations*-Pattern an die TriggerFilter-Klasse an.

Das Permutations-Pattern anpassen

Die Anpassung des *Permutations*-Patterns soll zeigen, wie das Pattern als Filter statt als Handler implementiert werden kann. Der Unterschied zwischen einem Handler und einem Filter ist nicht groß, doch es gibt einige strukturelle Änderungen. Hier ist die Implementierung des *Permutations*-Patterns in Java:

```java
public class ResourceEngineFilter extends TriggerFilter {
    private FilterConfig _filterConfig;

    private Router _router;
    private String _clsRewriter;

    public void init(FilterConfig filterConfig) throws ServletException {
        _filterConfig = filterConfig;
        try {
            _router = (Router)ResourceEngineFilter.class.getClassLoader()
                .loadClass(filterConfig.getInitParameter("router"))
                    .newInstance();
            _router.setProperty("base-directory", baseDirectory);
            _clsRewriter = filterConfig.getInitParameter("rewriter");
        }
        catch (Exception e) { throw new ServletException(
            "Klassen konnten nicht instanziert werden", e);
        }
    }
    public Object initializeRequest() {
        return null;
```

```
    }
    public void destroyRequest(Object objData) {

    }
    public boolean isTrigger(Object objData, HttpServletRequest request,
        HttpServletResponse response) {
        if (_router.IsResource(request)) {
            return true;
        }
        return false;
    }
    public void runFilter(Object objData, HttpServletRequest request,
        HttpServletResponse response, FilterChain chain)
        throws IOException, ServletException {
        Rewriter rewriter;
        try {
            rewriter =
                (Rewriter)ResourceEngineFilter.class.getClassLoader()
                    .loadClass(_clsRewriter).newInstance ();
        }
        catch(Exception ex) {
            return;
        }
        _router.WriteRedirection(rewriter, request);
    }
}
```

Die Beispielklasse `ResourceEngineFilter` implementiert die Methoden `isTrigger` und `runFilter`, die in `TriggerFilter` als `abstract` deklariert sind. Mit der Methode `init` wird der Filter initialisiert und es werden Filterkonfigurationsdaten abgerufen, insbesondere das Basisverzeichnis, das von der Klasse `FilterRouter` oder dem `Router`-Interface-Objekt verwendet wird.

In `init` wird das `Router`-Standardobjekt `_router` mit dem Konfigurationsdeklarationselement `router` instanziert. Dagegen war die Instanzierung von `Router` in der Implementierung des *Permutations*-Patterns fest einprogrammiert. Unabhängig davon, wie das `Router`-Interface-Objekt instanziert wird, muss das `Router`-Interface-Objekt in dem Beispiel für `ResourceEngineFilter` im Hinblick auf die HTTP-Anfrage zustandslos sein, weil es mit dem `ResourceEngineFilter`-Objekt verbunden ist, das ebenfalls zustandslos ist. Dagegen ist das Interface-Objekt `Rewriter` nicht zustandslos, sondern wird mit jeder ausgelösten Filteranfrage instanziert, weil die Implementierungen von `Rewriter` mehrere Aufrufe erfordern und die Aufrufe Zustände referenzieren, die von der HTTP-Anfrage generiert werden.

Die Zustandslosigkeit führt zu folgender modifizierten Version des `Router`-Interface:

```java
public interface Router {
    public void setConfiguration(String key, String value);
    public boolean IsResource(HttpServletRequest request);
    public void WriteRedirection(Rewriter rewriter,
        HttpServletRequest request);
}
```

Dieses modifizierte Interface enthält zusätzlich die Methode `setConfiguration`, die die Konfigurationsdaten zuweist. Anhand der Konfigurationsdaten stellt die `Router`-Interface-Implementierung fest, ob eine Anfrage eine Ressource oder eine spezielle Repräsentation ist. Die Methode `WriteRedirection` ist modifiziert worden und enthält jetzt den Parameter `rewriter`. Er wird bei der Übergabe der Konfigurationsdaten an das `Router`-Interface-Objekt benötigt, weil andernfalls eine verborgene Abhängigkeit bei der Implementierung des Interface entstünde, was die Entwicklung von modularem Code erschweren würde.

Die Interfaces `Rewriter` und `Router` werden genau wie im *Permutations*-Pattern implementiert. Das Ergebnis ist ein prototypisches Beispiel für die Serverseite, das verwendet werden kann, um Implementierungen zu filtern. Bei der Implementierung des *Decorator*-Patterns sollten die Filter mit dem HTTP-Filtermechanismus verschachtelt werden. Dabei ist die Reihenfolge der Filter wichtig, weil einige HTTP-Filterimplementierungen über Abhängigkeiten in der Reihenfolge verfügen.

Die Zustandsschicht implementieren

In Abbildung 9.12 wird der RESSOURCE TO REPRESENTATION-Filter nach der STATE FILTER-Schicht dargestellt. Dies ist wichtig, damit nicht alle Anfragen verarbeitet werden müssen. Wenn beispielsweise der zu einer Ressource gehörige Zustand abgerufen wird, muss kein Handler ausgeführt werden. Die STATE FILTER-Schicht fängt die zugehörige Zustandsabfrage ab und verarbeitet sie direkt.

Die Zustandsanfragen verwalten Laut vorangegangener Beschreibung muss der Filter zwei Funktionalitäten implementieren: das Speichern des Zustands und das Abrufen des Zustands. Die Klasse `StateLayer` ist von der Klasse `TriggerFilter` abgeleitet. Ihre Implementierung wird in vier Teilen erläutert.

Zunächst die Initialisierung des Filters:

```java
public class StateFilter extends TriggerFilter {
    private FilterConfig _filterConfig;
    private StateManager _stateManager;
    private String _resourceStateContentType;
    private String _XPageState;
    private String _XPageWindowName;
    private String _URLStateIdentifier;
    private int _URLStateIdentifierLength;
```

Kapitel 9
State Navigation-Pattern

```java
    private String _XPageOriginalURL;

    public void init(FilterConfig filterConfig) throws ServletException {
        _filterConfig = filterConfig;
        _resourceStateContentType = filterConfig.getInitParameter(
            "resource-state-content-type");
        _XPageState = filterConfig.getInitParameter("page-state-header");
        _XPageWindowName =
            filterConfig.getInitParameter("page-Fenster-name");
        _URLStateIdentifier = filterConfig.getInitParameter(
            "url-state-identifier");
        _URLStateIdentifierLength = _URLStateIdentifier.length();
        _XPageOriginalURL =
            filterConfig.getInitParameter("page-original-url");
        try {
            String strClass =
                filterConfig.getInitParameter("state-manager");
            _stateManager = (StateManager)
            StateFilter.class.getClassLoader().loadClass(
                filterConfig.getInitParameter("state-manager"))
                    .newInstance();
        }
        catch (Exception e) {
            throw new ServletException(
                "_stateManager konnte nicht instanziert werden", e);
        }
    }
}
```

In `StateFilter` werden die Datenelemente dynamisch zugewiesen und können in der HTTP-Server-Konfigurationsdatei spezifiziert werden. Ich werde nicht alle Datenelemente erklären, weil dies zu lang und redundant wäre. Die Datenelemente `_resourceStateContentType` und `_XPageState` sind die Gegenstücke der clientseitig definierten Datenelemente `StateController.constResourceStateContentType` bzw. `StateController.constPageStateHeader`. Das Datenelement `_stateManager` ist die Implementierung des Zustandsmanagers. Dahinter steht die Idee, dass der Filter die Aufrufe zum Abrufen und Speichern des Zustands steuert, während `_stateManager` das Abrufen und Speichern des Zustands selbst verwaltet. Durch die Trennung der eigentlichen Aktionen von ihrem Aufruf kann das Persistenzmedium leicht ausgewählt und ausgetauscht werden. In diesem Buch wird der Hauptspeicher als Persistenzmedium verwendet, es könnte aber auch eine Datenbank oder das Dateisystem der Festplatte verwendet werden.

Der zweite Teil des Codes betrifft das Objekt, mit dem die Daten zur Referenzierung des Zustands und der Ressource verwaltet werden, die pro Anfrage erstellt und an die Methoden `isTrigger` und `runFilter` übergeben werden. Die Klasse

Implementierung

Data sowie die Methoden `initializeRequest` und `destroyRequest` sind wie folgt implementiert:

```
private class Data {
    public String _method;
    public String _stateHeader;
    public String _windowName;
    public int _operation;
    public String _path;
    public void reset() {
        _method = null;
        _stateHeader = null;
        _operation = OP_NONE;
        _path = null;
        _windowName = null;
    }
    public Object initializeRequest() {
        return new Data();
    }
    public void destroyRequest(Object objData) {
    }
}
```

Die Klasse `Data` wird als private Klasse deklariert. Sie wird nur im Gültigkeitsbereich der Klasse `StateFilter` verwendet. Fünf als `public` deklarierte Datenelemente referenzieren die HTTP-Methode, den HTTP-State-Header, den Fensternamen, den lokal definierten Operationstyp und den URL-Pfad. Die Methode `initializeRequest` gibt ein neues Objekt vom Typ `Data` zurück. Die Methode `destroyRequest` wird nicht implementiert, weil keine Aktionen erforderlich sind, wenn das Objekt zerstört wird.

Der dritte Teil des Codes testet, ob die Anfrage mit der Verwaltung des serverseitigen Zustands zu tun hat:

```
private static final int OP_NONE = 0;
private static final int OP_RETRIEVE = 1;
private static final int OP_POST = 2;

public boolean isTrigger(Object inpdata, HttpServletRequest httprequest,
    HttpServletResponse httpresponse) {
    String tail = httprequest.getRequestURI().substring(
        httprequest.getRequestURI().length() - _URLStateIdentifierLength);
    String stateHeader = httprequest.getHeader(_XPageState);
    Data data = (Data)inpdata;

    if(tail.compareTo(_URLStateIdentifier) == 0) {
```

```
      data._path = httprequest.getRequestURI().substring(0,
        httprequest.getRequestURI().length() - _URLStateIdentifierLength);
    }
    else {
      if(stateHeader == null) {
        return false;
      }
      data._path = httprequest.getRequestURI();
    }

    data._method = httprequest.getMethod();
    data._stateHeader = stateHeader;
    data._operation = OP_NONE;
    data._windowName = httprequest.getHeader(_XPageWindowName);
    if(data._method.compareTo("GET") == 0) {
      data._operation = OP_RETRIEVE;
      return true;
    }
    else if(data._method.compareTo("PUT") == 0 ||
      data._method.compareTo("POST") == 0) {
      if(_resourceStateContentType.compareTo(
        httprequest.getContentType()) == 0) {
        data._path = httprequest.getHeader(_XPageOriginalURL);
        data._operation = OP_POST;
        return true;
      }
    }
    data.reset();
    return false;
  }
```

Mit der Methode `isTrigger` wird festgestellt, ob die Methode `runFilter` ausgeführt werden soll, und gegebenenfalls das `Data`-Objekt initialisiert. Auf diese Weise muss `runFilter` sich bei der Ausführung nicht um die Details des Aufrufs des Zustands oder der Ressource kümmern. Der erste Parameter der `isTrigger`-Methode, `inpdata`, ist das Objekt, das von der Methode `initializeRequest` instanziert wird. Deshalb wird der Typ dieses Parameters in den Typ `Data` gecastet, bevor er dem Objekt der Variablen `data` zugewiesen wird.

Die Variable `tail` enthält das Ende des URLs. Mit ihr wird getestet, ob der Zustandsbezeichner /state existiert (`if(tail.compareTo(_URLStateIdentifier...`). Ist dies der Fall, darf der URL, der `data._path` zugewiesen wird, nicht das Schlüsselwort `state` enthalten. Enthält der URL das Schlüsselwort `state` nicht, wird getestet, ob der Zustandsheader, `stateHeader`, existiert. Ist dies nicht der Fall, wird mit der Anfrage keine Zustandsnavigation angefordert. Falls der Zustandsheader existiert, ist der URL der data._path derselbe wie der Input-URL. In dem Beispiel werden zwei Bedingungen getestet; es wäre aber auch möglich, nur eine Bedingung zu testen und eine Entscheidung zu treffen. Für das Beispiel wurden zwei Bedingungen getestet, um den Code für jede Bedingung zu illustrieren.

Nach dem ersten Entscheidungsblock wissen wir, dass mit der Anfrage eine Zustandsnavigation angefordert wird und die Standardvariablen initialisiert werden können. Den Variablen data._method, data._stateHeader und data._windowName werden die HTTP-Methode, der HTTP-Header bzw. der Fenstername zugewiesen, damit sie von der runFilter-Methode verwendet werden können.

Der letzte Entscheidungsblock von isTrigger prüft, welche von zwei Zustandsfilteroperationen ausgeführt werden soll: HTTP-GET oder HTTP-POST. HTTP-PUT wird HTTP-POST zugeordnet. Wenn einer der beiden Teilblöcke den Werte true zurückgibt, enthält das Datenelement data_operation einen der beiden Werte OP_RETRIEVE oder OP_POST.

Gibt isTrigger den Wert true zurück, wird die Methode runFilter ausgeführt, die wie folgt implementiert ist:

```java
public void runFilter(Object inpdata, HttpServletRequest httprequest,
  HttpServletResponse httpresponse, FilterChain chain)
  throws IOException, ServletException {
  Data data = (Data)inpdata;
  if(data._operation == OP_RETRIEVE) {
    State state;
    if(data._stateHeader.compareTo("none") == 0) {
      state = _stateManager.getEmptyState(data._path, data._windowName);
    }
    else {
      state = _stateManager.copyState(data._stateHeader, data._path,
        data._windowName);
    }
    httpresponse.setContentType(_resourceStateContentType);
    httpresponse.setHeader(_XPageState, state.getStateIdentifier());
    httpresponse.setStatus(200, "success");
    PrintWriter out = httpresponse.getWriter();
    out.print(state.getBuffer());
    return;
  }
  else if(data._operation == OP_POST) {
    ServletInputStream input = httprequest.getInputStream();
    byte[] bytearray = new byte[httprequest.getContentLength()];
    input.read(bytearray);
    State state = _stateManager.copyState(data._stateHeader, data._path,
      data._windowName);
```

```
        state.setBuffer(new String(bytearray).toString());
        httpresponse.addHeader(_XPageState, state.getStateIdentifier());
        chain.doFilter(httprequest, httpresponse);
        return;
    }
}
```

Der erste Parameter von `runFilter` ist das Objekt, das von der Methode `initializeRequest` erstellt wird. Wie bei `isTrigger` wird sein Typ in den Typ `Data` gecastet, bevor es der Variablen `data` zugewiesen wird. Die folgenden Entscheidungsblöcke basieren auf den Datenelementen der Variablen `data`, die in `isTrigger` initialisiert wurden.

Es gibt zwei Zustandsoperationen: Der Zustand kann abgerufen oder gepostet werden. Der erste Entscheidungsblock (== `OP_RETRIEVE`) prüft, ob der Zustand abgerufen werden soll, der zweite (== `OP_POST`), ob er gepostet werden soll. Handelt es sich um einen Abruf des Zustands und wird der Zustand `none` angefordert (der anzeigt, dass die HTML-Seite des Clients nicht mit einem Zustand verbunden ist), wird mit der Methode `getEmptyState` ein leerer Zustand erstellt. Mit der Methode `copyState` wird der alte Zustand in einen neuen Zustand kopiert (siehe weiter unten). Nach dem Aufruf der Methode `copyState` werden verschiedene Methoden der Variablen `httpresponse` aufgerufen, um die Antwort zu generieren.

Falls die Operation ein Posting ist, wird der gepostete Stream mit der Methode `input.read` aus der Anfrage abgerufen. Die gelesenen Daten werden in der Variablen `bytearray` vom Typ `bytes[]`, d.h. einem Byte-Array, gespeichert. Der Zustand wird, wie im vorigen Absatz, mit der Methode `copyState` in die Variable `_state` kopiert; dann wird deren Puffer mit der Methode `state.setBuffer` initialisiert. Der Zustand wird von der ursprünglichen Referenz kopiert, und die neuen Daten überschreiben die alten. Durch das Kopieren eines Zustands kann der Zustandsmanager eine Kette von Abhängigkeiten und Verbindungen herstellen, die er zu Optimierungszwecken verwenden könnte. In der Antwort wird der neu generierte Zustandsheader mit der Methode `addHeader` hinzugefügt.

Der letzte und sehr wichtige Schritt besteht in einem Aufruf der Methode `chain.doFilter`, weil dadurch die Verarbeitung des Postings durch einen Handler ermöglicht wird. Doch warum sollt ein gespeicherter Zustand verarbeitet werden? Nehmen Sie an, ich wollte ein Ticket kaufen und fülle das Formular aus. Wenn ich die Schaltfläche SENDEN anklicke, will ich das Ticket bestellen; aber wenn ich ZURÜCK anklicke, möchte ich die Formulardetails aufrufen, die ich für die Bestellung des Tickets verwendet habe. Nachdem ich die Details gelesen habe, kann ich VORWÄRTS anklicken, ohne dass das Ticket ein zweites Mal bestellt wird – was passieren würde, wenn ich SENDEN anklicken müsste. Deshalb muss beim Ticketkauf ein Handler die geposteten Daten verarbeiten; das heißt, der Zustandsfilter muss die Daten speichern und dem Handler deren Verarbeitung überlassen.

Ein Beispiel für einen Zustandsmanager-Handler Die Variable _stateManager in der Implementierung von StateFilter referenziert den Interface-Typ StateManager, der den Zustand verwaltet, der gepostet und abgerufen wird. Mit Interfaces können Sie laut *Bridge*-Pattern die Intention (Absicht) von der Implementierung trennen.

Das State-Interface ist folgendermaßen definiert:

```
public interface State {
    String getURL();
    void setURL(String URL);
    String getWindowName();
    void setWindowName(String windowname);
    String getBuffer();
    void setBuffer(String buffer);
    String getStateIdentifier();
    void setStateIdentifier(String hashcode);
}
```

Das Interface basiert auf vier Eigenschaften: URL, WindowName, Buffer und StateIdentifier. Sie sind als Getter und Setter implementiert. Buffer enthält den Zustand, StateIdentifier den Zustandsbezeichner einer HTML-Seite, URL den URL des Zustands und WindowName den Namen des zugehörigen Fensters. Eine minimale Implementierung des State-Interface müsste vier private Datenelemente der Typen String, String, String und String definieren.

Die Implementierung des StateManager-Interface ist komplizierter. Eine fortgeschrittene Implementierung würde den Rahmen dieses Buches sprengen und wäre problem- und kontextspezifisch. Das StateManager-Interface spielt in der übergreifenden Architektur eine wichtige Rolle, weil es mit Servlets und externen Prozessen geteilt werden soll. Mit einem Servlet könnte der Zustand verwaltet und kumuliert werden; mit einem J2EE-Server könnten die Transaktion mit dem kumulierten Zustand ausgeführt werden. Die Idee besteht darin, den Zustandsfilter zu implementieren und der Architektur die Verwaltung des Zustands zu überlassen. Das StateManager-Interface ist folgendermaßen definiert:

```
public interface StateManager {
    public State getEmptyState(String url, String windowName);
    public State copyState(String stateIdentifier, String url, String windowName);
    public State[] getStateWindowName(String windowName);
}
```

Mit der Methode getStateWindowName wird ein Array von State-Interface-Instanzen abgerufen, die auf dem Namen eines Fensters basieren. In der Implementierung der StateFilter-Klasse wird die Methode nicht verwendet, weil sie für andere

Prozesse bestimmt ist, die Anwendungslogik ausführen. Die Methode `getEmpty-State` gibt ein leeres `State`-Objekt zurück, das auf dem URL und dem Fensternamen basiert. Mit der Methode `copyState` wird der Zustand eines Objekts in ein anderes kopiert. Sie könnte eine physische Kopie von einem `State`-Objekt in ein anderes `State`-Objekt oder eine In-Place-Kopie ausführen. Dies hängt von der Implementierung von `StateManager` ab und wird der Flexibilität halber offen gehalten.

9.7 Besonderheiten des Patterns

Das *State Navigation*-Pattern wird verwendet, um Probleme mit der Anwendung von HTTP-POST und mit Inkonsistenzen zu lösen, die bei der Ausführung einer Webanwendung unter Verwendung mehrerer Browser entstehen. Mit dem *State Navigation*-Pattern kann der Zustand einer HTML-Seite von der HTML-Seite selbst getrennt werden. Durch die Trennung wird es einfacher, einen Zustand kumulativ zu verwalten, der in einer einzigen Transaktion verarbeitet werden kann.

Die folgenden Punkte heben die wichtigen Aspekte des *State Navigation*-Patterns hervor:

- Das Pattern wird verwendet, um eine HTML-Seite mit einem Zustand zu verbinden.

- Der zugehörige Zustand ist in den meisten Fällen nicht bindend und führt deshalb nicht zu einer Fehlfunktion der Anwendung, falls er verloren geht. Im schlimmsten Fall führt ein Verlust des Zustands dazu, dass der Anwender die Daten neu eingeben muss.

- Werden HTML-Frames in größerem Umfang eingesetzt, können Probleme für das Pattern entstehen, weil die Navigationsverwaltung des Browsers geändert wird und Frames üblicherweise einen Namen erhalten. Normalerweise sind Frames nicht problematisch, aber falls HTML-Frames verwendet werden, sollten Sie einen Prototyp erstellen, damit es keine Überraschungen gibt.

- Mit dem Pattern können Sie transaktionsfreundliche Anwendungen erstellen, weil der Zustand von einem Zustandsmanager kumuliert wird und später als einzelne Aktion referenziert werden kann.

- Das Pattern stellt eine konsistente Benutzerschnittstelle zur Verfügung, weil das Posten der Daten einen separaten Schritt bildet, der nicht Teil des Verlaufs (der History) des Webbrowsers wird. Damit wird das Problem gelöst, dass Daten erneut gepostet werden, wenn der Anwender HTML-Seiten anhand des Verlaufs navigiert.

- Der Fenstername ist der Name eines physischen Fensters, könnte aber auch als Anwendungsgruppierung verwendet werden. Wenn beispielsweise ein Fenster geöffnet wird, könnte ein Fenstername wiederverwendet werden, um eine Beziehung zwischen zwei separaten HTML-Fenstern herzustellen, ohne die Fähigkeit zu opfern, Permutationen eines Formulars auszuprobieren.

Kapitel 10

Infinite Data-Pattern

10.1 Zweck

Der Zweck des *Infinite Data*-Patterns besteht darin, Daten, deren Umfang scheinbar unendlich groß ist, zeitnah zu verwalten und anzuzeigen.

10.2 Motivation

Datenbanken sind sehr groß geworden und wachsen täglich weiter. Beispielsweise verfügt Google (das Unternehmen) über Datenbanken, die so riesig sind, dass für ihre Verwaltung buchstäblich Tausende von Computern benötigt werden. In den späten 90er Jahren herrschte die Idee vor, einen sehr großen Computer mit Dutzenden von CPUs zu kaufen, die Tausende von Transaktionen verwalten konnten. Dabei stellte sich die Frage, wie man den Betrieb von einem oder zwei oder sogar vier solcher Computer aufrechterhalten konnte. In dem neuen Jahrtausend stellt sich eine andere Frage: Wie kann man die Datenbanken verwalten, die im Laufe von Jahrzehnten aufgebaut worden sind?

Viele Unternehmen verfügen heute über Datenbanken, die nicht mit einem oder vier großen Computern verwaltet werden können. Viele Unternehmen – wie etwa Google – verfügen über Datenbanken, die viele Terabyte und möglicherweise Petabyte groß sind. Nur um die Situation in den richtigen Kontext zu stellen: Heute können Sie für einige Hundert Euro ein Terabyte und mehr an Festplattenspeicherplatz für einen normalen Wald-und-Wiesen-PC kaufen. Die Konsequenzen dieser Entwicklung sind kaum abzuschätzen. Ein Terabyte entspricht etwa 300 Spielfilmen, die Sie jederzeit abrufbar auf Ihrem PC speichern könnten. Die meisten Leute gehen wahrscheinlich nicht in ein solches Extrem, sondern speichern »nur« ihre persönlichen Videos, Urlaubsbilder, E-Mails, Dokumente und andere Informationen, die zusammen vielleicht nur einen Bruchteil eines Terabyte füllen. Stellen Sie sich jetzt vor, jemand möchte Inhalte im Umfang von 100 Megabyte im Internet veröffentlichen. Die Tatsache, dass Google eine solche Datenmenge organisieren kann, ist erstaunlich. Einige möglicherweise unterhaltsame mathematische Berechnungen zeigen, dass es praktisch unmöglich ist, Petabytes von Daten zu iterieren. Dennoch benutzen wir die Daten von Google regelmäßig; wir glauben sogar, dass Google außerordentlich schnell arbeitet.

Der gigantische Umfang der Daten wirft einige sehr interessante Probleme auf. Ein Beispiel: Wenn ein Anwender Daten abfragt, welche Daten werden gefunden? Nehmen Sie an, Sie seien Bauer mit 5.000 Morgen Ackerland und müssten entscheiden, ob Ihr Land Wasser oder Dünger benötigt. Welche Kriterien legen Sie Ihren Entscheidungen zugrunde? 5.000 Morgen sind nicht mit einem Garten zu vergleichen, der vielleicht 500 Quadratmeter groß ist. Wenn Sie ein kleineres Stück Land haben, gehen Sie einmal darüber, schauen sich seinen Zustand an und treffen dann eine schnelle Entscheidung. 5.000 Morgen sind für eine Begehung einfach zu groß. Sie müssen eine Strategie oder einen Plan entwickeln, um vernünftige Entscheidungsgrundlagen zu bekommen.

Wenn Sie Anwendungen schreiben, die lange Berechnungen, lange Transaktionen oder lange Abfragen ausführen, können Sie den Anwender nicht bitten zu warten, bis die Antwort erscheint. Sie können ihm nicht sagen: »Sie müssen leider warten; wir müssen ein komplettes Ergebnisset erstellen.« Denn bei einer großen und unvollständigen Datenbank gibt es ein Problem: Was ist ein komplettes Ergebnisset? Um das Ergebnisset zu generieren, müssen Sie Ihre Strategie umformulieren, indem Sie einen asynchronen Task implementieren, der die Ergebnisse stückweise generiert. Dies ist die Essenz des *Infinite Data*-Patterns.

Der Name des Patterns rührt daher, dass die Ergebnisse stückweise generiert werden. Jedes einzelne Ergebnis ist bei separater Betrachtung ein Block von Daten. Fügen Sie drei Ergebnisse zusammen, bekommen Sie langsam eine Vorstellung von dem Kontext. Fügen Sie zwanzig Ergebnisse zusammen, ist der Kontext der Daten klarer als bei drei Ergebnissen. Fügen Sie noch mehr Ergebnisse hinzu, wird das Bild weniger klar, weil die Daten variieren. Um eine klare Vorstellung zu bekommen, sammeln Sie immer mehr Ergebnisse. Doch Sie kommen zu keinem Ende, weil der Datenstrom unendlich ist. Wenn Sie mehr Daten abrufen, geht Ihr Kontext verloren, und das Sammeln der Daten wird zum Selbstzweck, weil der Datenstrom kein Ende zu nehmen scheint. Die Konsequenz, mit einem (anscheinend) unendlichen Datenstrom zu arbeiten, ist buchstäblich mit der Suche einer Nadel in einem Heuhaufen zu vergleichen.

10.3 Anwendbarkeit

Es scheint, dass das *Infinite Data*-Pattern nur in Szenarios funktioniert, in denen die bearbeitete Datenmenge unvollständig und groß ist. Doch das Pattern ist in vielen Szenarios anwendbar; einige Beispiele:

- Abfrage und Manipulation sehr großer Datenmengen, wenn die Operation länger dauert, als der Anwender zu akzeptieren bereit ist. Wenn beispielsweise eine Operation länger als vier Sekunden (ein Erfahrungswert) dauert, ist das *Infinite Data*-Pattern anwendbar.

- Serverseitige Operationen, die andere Remote-Dienste abfragen, die ein unvollständiges Ergebnisset generieren, wie etwa Webservice Application Programming Interfaces (APIs) von Google, eBay oder Amazon.com.

- Lang andauernde Operationen, die in kleinere Operationen zerlegt werden können, die man als »intelligente Schätzungen« einstufen könnte. Die Teiloperation ist eine intelligente Schätzung, weil die generierten Daten korrekt sind; doch da die Suche unvollständig ist, könnten wichtige Daten fehlen. Wichtige Daten zu verpassen ist unvermeidbar, denn unendlich viele Daten bedeutet immer: zu viele Daten. Und das ist das Problem. Die generierten Daten können angezeigt werden, um den Arbeitsfortschritt zu zeigen oder um andere Berechnungen zu ermöglichen. Beispiele dafür sind die Berechnung von Primzahlen und Berechnungen mechanischer Belastungen etwa von Brückenkonstruktionen.

- Jede Operation, die in eine asynchrone Operation umgewandelt werden könnte, so dass die Anwendung Ergebnisse generieren könnte, wenn die Daten ankommen. Beispiele dafür sind asynchrone Datenbankabfragen oder Nachrichtenanwendungen.

Kurz gesagt: Das *Infinite Data*-Pattern wird verwendet, um Teilmengen einer anscheinend unendlichen Datenmenge zeitnah anzuzeigen. Die Idee ist, Ergebnisse inkrementell zu generieren, damit eine HTML-Seite inkrementell und in einer einzigen Operation aufgebaut werden kann. Die Konsequenzen für den HTML-Client können gravierend sein.

10.4 Verwandte Patterns

Das *Infinite Data*-Pattern wird verwendet, um auszuführende Tasks zu senden und Ergebnisse von ausgeführten Tasks zu empfangen. Die Basis des *Infinite Data*-Patterns ist das *Persistent Communications*-Pattern. Das *Persistent Communications*-Pattern wird verwendet, weil es Daten asynchron empfangen kann, was ein grundlegender Aspekt des *Infinite Data*-Patterns ist.

Das *Infinite Data*-Pattern hat nichts mit Operationen zu tun, die die Basis einer HTML-Seite definieren. Es ist nicht als Ersatz für das *Content Chunking*-Pattern gedacht, weil die HTML-Inhalte, die vom *Content Chunking*-Pattern abgerufen werden, nicht verarbeitet, sondern in die HTML-Seite eingefügt werden. Die Ergebnisse, die mit dem *Infinite Data*-Pattern abgerufen werden, werden verarbeitet und in Inhalte transformiert, die zu einer HTML-Seite hinzugefügt werden.

10.5 Architektur

Die Kurzdefinition des *Infinite Data*-Patterns lautet: ein Ergebnisset inkrementell aufbauen. Bei der Implementierung dieses Patterns muss deshalb eine Operation

Ergebnisse generieren können, während weitere Ergebnisse generiert werden. Wenn Sie ein Ergebnisset generieren, dürfen Sie nicht an ein einzelnes Ergebnis denken, das sofort an den Client gesendet wird. Es ist akzeptabel, einen Satz von Ergebnissen zu generieren, die in größeren Blöcken (Batches) an den Client gesendet werden. Denken Sie an die Funktion einer Suchmaschine: Sie erstellen eine Anfrage, und es wird eine HTML-Seite mit etwa einem Dutzend Ergebnissen dargestellt. Wollen Sie das nächste Dutzend sehen, muss eine weitere HTML-Seite geladen werden. Die Ergebnisse werden in Blöcken an Sie gesendet.

Einige Leser könnten einwenden, bei einer Datenbankabfrage sei es nicht möglich, eine Teilmenge von Ergebnissen zu generieren. Eine Abfrage generiert ein Ergebnisset, das iteriert wird. Das Argument zielt darauf ab, dass eine lange dauernde Abfrage nicht in kleinere Abfragen zerlegt werden könne. Dies ist nicht ganz richtig, da in jüngerer Zeit viele Datenbanken und Programmierplattformen wie etwa .NET oder Java APIs eingeführt haben, mit denen asynchrone Anfragen einer Datenbank ausgeführt werden können. Diese APIs werden hier nicht beschrieben, weil sie nicht zum Thema dieses Buches gehören. Doch Sie finden in diesem Kapitel genügend Informationen darüber, wie sie eingesetzt werden können.

Das Ziel des *Infinite Data*-Patterns besteht clientseitig darin, einen Task an den Server zu senden, die Kontrolle an den Client zurückzugeben und dann darauf zu warten, dass die Ergebnisse vom Server eintreffen. Serverseitig muss das *Infinite Data*-Pattern die Details des *Persistent Communications*-Patterns implementieren. Deshalb müssen auf dem Server nebenläufige Programmiertechniken implementiert werden, weil Anfragen und Ergebnisse asynchron erfolgen. Die Details des *Persistent Communications*-Patterns erfordern Implementierung von Threads, Prozessen oder sogar einen zusätzliche Anwendungsserver (beispielsweise Java J2EE Application Server, COM+ oder Zope).

Aus architektonischer Sicht müssen die folgenden Aktionen ausgeführt werden, um ein *Infinite Data*-Pattern zu implementieren (die Aktionen sind nicht nach der Reihenfolge geordnet):

- Client und Server verwenden das *Persistent Communications*-Pattern, das dafür verantwortlich ist, Daten zu senden und zu empfangen.
- Der Client erstellt eine Struktur, die die Aktionen enthält, die auf dem Server ausgeführt werden sollen.
- Der Server parst die Aktionen und erstellt einen Task, der ausgeführt wird.
- Die ausgeführten Tasks verarbeiten die Informationen und generieren bei Bedarf ein Ergebnis oder Ergebnisse.
- Der Client fragt den Server nach Ergebnissen ab. Wenn ein Ergebnis abgerufen worden ist, wird es clientseitig verarbeitet.

Abbildung 10.1 zeigt diese Aktionen in einem UML-Aktivitätsdiagramm.

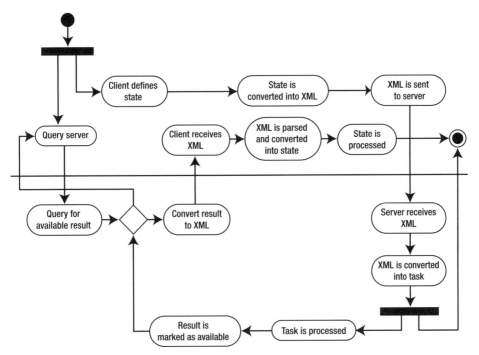

Abb. 10.1: UML-Aktivitätsdiagramm für das *Infinite Data*-Pattern

Das Aktivitätsdiagramm aus Abbildung 10.1 wird durch eine Linie in zwei Abschnitte geteilt. Der obere Abschnitt ist der Client oder Webbrowser, der untere die Serverseite oder der HTTP-Server. Für Leser, die mit UML-Aktivitätsdiagrammen nicht vertraut sind: Der Ausgangspunkt ist der große schwarze Punkt in der oberen linken Ecke; und der Endpunkt ist der schwarze Punkt mit einem weißen Kreis auf der rechten Seite.

Die erste Aktion nach dem Startpunkt ist ein schwarzer Balken, der parallele Aktionen anzeigt. Der Client folgt zwei Routen, weil das *Persistent Communications*-Pattern mit zwei Kommunikationsströmen arbeitet. Mit der ersten Route, die mit der Aktion `Client definiert Zustand` beginnt, wird die Struktur generiert, die zur weiteren Verarbeitung an den Server gesendet wird. Mit der zweiten Route, die mit dem Aktionsfeld `Server abfragen` beginnt, werden die Ergebnisse vom Server abgerufen, die dann vom Client verarbeitet werden.

Zunächst zur ersten Route: Mit der Aktion `Client definiert Zustand` werden die clientseitigen Daten (etwa die Daten in einem HTML-Formular) in eine Struktur transformiert. Dabei geht es darum, Daten zu einer Struktur zusammenzufassen, die als eigenständiges Paket von einem Task auf dem Server bearbeitet werden kann. Der Task wird asynchron ausgeführt und kann (muss aber nicht) Ergebnisse generieren.

Die nächsten Aktionen, `Zustand in XML umwandeln` und `XML an Server senden`, wandeln die Struktur in ein XML-Dokument um, das an den Server gesendet wird. Die Struktur muss nicht als XML-Dokument formatiert werden, jedoch ist dieses Format vorzuziehen. Andere mögliche Formate wären etwa in XML eingebettetes JavaScript oder JSON (http://www.json.org). Eine Nebenbemerkung: Dieses Pattern eignet sich besonders für Formate wie etwa JSON, weil strukturierte und nicht dokumentbasierte Daten manipuliert werden.

Die Aktionsfelder `Server empfängt XML` und `XML wird in Task umgewandelt` tun genau, was sie sagen. Wenn die Daten mit dem Task verbunden sind, können mehrere Tasks einen einzelnen Datenblock (eine eigenständige Struktur) verarbeiten (Näheres in Kürze). Danach zeigt ein weiterer schwarzer Balken an, dass ab hier parallele Tasks ausgeführt werden. Der eine Pfad repräsentiert den ursprünglichen Thread, der jetzt abgeschlossen ist, da es keine weiteren Aktionen gibt. Der andere Pfad spaltet einen neuen Thread ab, der einen neuen Task startet. Der Hauptgrund für die Ausführung von Tasks besteht darin, einen oder mehrere Threads zu starten, mit denen die Tasks verarbeitet werden.

Wenn der abgespaltene Task ausgeführt wird, könnte ein Ergebnis generiert werden, das der Ergebnisdatenbank hinzugefügt wird. Die entsprechenden Aktionen sind `Task wird verabeitet` und `Ergebnis wird als verfügbar markiert`. Das weiße Karo auf der linken Seite von Abbildung 10.1 repräsentiert eine Entscheidung sowie die Zusammenführung serverseitiger und clientseitiger Aktionen. Die clientseitige Route führt die Aktionen `Server abfragen` und `Verfügbares Ergebnis abfragen` aus. Falls ein Ergebnis zur Verfügung steht, ist die nächste Aktion des Servers `Ergebnis in XML umwandeln`. Der resultierende XML-Code wird zur weiteren Verarbeitung an den Client gesendet, der mit den Aktionen `Client empfängt XML`, `XML wird geparst und in Zustand umgewandelt` und `Zustand wird verarbeitet` den clientseitigen Prozess zu Ende führt.

Die Aktionen aus Abbildung 10.1 zeigen aus der Vogelperspektive, wie eine clientseitig generierte Struktur in Daten umgewandelt wird, die einem Task zugeordnet werden, der eine weitere Ergebnisstruktur generiert, die wiederum vom Client verarbeitet wird. Allerdings laufen clientseitig zwei parallele Tasks, das heißt, die Logik, mit der die Struktur gesendet wird, ist nicht die Logik, mit der die Ergebnisstruktur empfangen wird. Kurz gesagt, weiß die linke Hand nicht, was die rechte tut. Das Problem tritt auf, wenn zwei Abfragen für einen einzigen Client ausgeführt werden. Woher weiß der Client, wenn er ein Ergebnis empfängt, zu welcher Abfrage es gehört?

Eine HTML-Seite mit zwei Textfeldern wäre ein praktisches Beispiel für dieses Problem. Nehmen Sie an, jedes Textfeld repräsentiere ein Objekt desselben Tasks, aber verschiedene Task-Daten. Jedes Textfeld startet denselben Task, wodurch zwei Task-Instanzen mit verschiedenen Daten ausgeführt werden. Das Problem beginnt, wenn der Client ein Ergebnis abruft. Der Empfangsalgorithmus weiß nicht, zu welchem Textfeld das Ergebnis gehört.

Die Lösung für dieses Identifizierungsproblem besteht in der Verwendung eines Transaktionsbezeichners. In dem Aktivitätsdiagramm kommt das Konzept des Transaktionsbezeichners nicht vor, weil es sich um ein Datenelement in der generierten Struktur handelt. Der Transaktionsbezeichner wird vom Client generiert, an den Server gesendet, von diesem an den ausführenden Task und von diesem an jedes generierte Ergebnis gesendet. Wenn der Client das Ergebnis empfängt, kann er anhand des Transaktionsbezeichners das zugehörige Textfeld bestimmen. Aus Serversicht ist der Transaktionsbezeichner eine Blackbox, die nur weitergereicht, aber nicht verarbeitet wird.

Kombiniert man die Aktionen, das Aktivitätsdiagramm und die anderen Details, umfasst die Implementierung des *Infinite Data*-Patterns drei größere Komponenten: HTML-Client, Task-Manager und Task-Implementierung. Mit dem HTML-Client werden die Strukturen gesendet und empfangen. Der Task-Manager ist dafür verantwortlich, die Task-Daten zu erstellen sowie die Tasks und die Ergebnisse zu verwalten. Die Task-Implementierung ist die Anwendungslogik und dafür verantwortlich, Task und Daten zu verbinden und Ergebnisse zu generieren. Konkret hat sie in diesem Kapitel die Aufgabe, Primzahlen zu berechnen.

10.6 Implementierung

Als Beispiel für die Implementierung des *Infinite Data*-Patterns werden in diesem Kapitel einfach alle Primzahlen bis zu einem spezifizierten Wert berechnet. Ist dieser Wert 9, werden alle Primzahlen bis zur Zahl 9 berechnet (2, 3, 5 und 7). Dieser einfache Algorithmus ist nützlich, weil er es uns erlaubt, uns auf die Architektur und Arbeitsweise des *Infinite Data*-Patterns zu konzentrieren. Die Primzahlen werden hier unelegant mit einer Brute-Force-Technik berechnet, die eine Zahl auf ihre Primzahleigenschaft testet. Weil diese Implementierung lediglich vorführen soll, wie eine anscheinend unendliche Datenmenge zeitnah angezeigt werden kann, ist der Primzahlen-Algorithmus hier von untergeordneter Bedeutung. Die Primzahlen für einen großen Maximalwert zu berechnen, dauert eine gewisse Zeit, was uns die Gelegenheit verschafft, mehrere nebenläufige Tasks zu testen.

Das Pattern wird mit dem *Persistent Communications*-Pattern implementiert. Bei der Definition des *Persistent Communications*-Patterns werden drei Varianten unterschieden. Das *Infinite Data*-Pattern verwendet die Server-Push-Variante, ohne Anwenderidentifizierung zu implementieren.

Bei einem *Server-Push* sendet der Client eine Anfrage an einen generischen URL, und der Server antwortet mit einem speziellen URL, mit dem Anfragen bearbeitet werden. Bei der Primzahlenberechnung könnte der generische URL /ajax/kap08/PrimeNumberHandler lauten; der spezielle URL wäre dann etwa /ajax/kap08/PrimeNumberHandler/1_101. Dies hört sich gut an und würde funktionieren, gäbe es da nicht ASP.NET. Ein Problem bei der Implementierung des *Infi-*

nite Data-Patterns besteht darin, dass Infrastrukturen wie etwa ASP.NET nicht immer implementierungsfreundlich sind. Das Problem ist, dass das *Infinite Data*-Pattern URLs in einer Weise verwendet, die sich nicht mit der Standardinfrastruktur von ASP.NET verträgt. Im Gegensatz zu Java-Servlet kennt ASP.NET den Begriff eines generischen URLs nicht. Bei ASP.NET muss ein spezieller URL wie etwa /ajax/kap08/PrimeNumberHandler.ashx verwendet werden.

Einige Leser werden sich daran erinnern, dass das *Permutations*-Pattern mit ASP.NET implementiert wurde. Dort hat das *Permutations*-Pattern funktioniert, weil HTTP-Module von ASP.NET benutzt wurden. Technisch funktioniert ein solches Modul als Filter, und das Modul führte eine Umlenkung zu einem speziellen URL durch. Der Unterschied liegt darin, dass ein Handler mehrere Anfragen verarbeitet, die mit einem URL und seinen untergeordneten URLs verbunden sind. Das *Permutations*-Pattern lenkte zu einem URL um, mit dem eine einzelne Anfrage verarbeitet wurde.

Eine Lösung könnte also darin bestehen, mit einem generischen URL eine Umlenkung zu einem speziellen URL wie etwa /ajax/kap08/PrimeNumberHandler/ 1_101.aspx durchzuführen. Auch hier liegt das Problem darin, dass dies in ASP.NET nicht funktioniert. Im Verzeichnis PrimeNumberHandler muss eine Datei 1_101.aspx existieren. Das HTTP-Modul könnte eine Datei kopieren, um die Referenz der speziellen Datei zu befriedigen. Diese Lösung wäre zwar technisch möglich, aber praktisch nicht machbar. Der URL, der bei einem Server-Push verwendet wird, wird dynamisch generiert, und es könnte Hunderttausende von URLs geben. Derartig viele Dateien zu verwalten, ist keine Option.

Eine andere Lösung könnte darin bestehen, einen CGI-Parameter an den URL anzuhängen. Ein Beispiel: /ajax/kap08/PrimeNumberHandler.ashx?task=1234. Dies würde funktionieren, wäre aber nicht optimal, sondern nur eine notwendige Hilfsmaßnahme, weil die Infrastruktur nichts anderes zulässt. Doch in diesem Kontext CGI-Parameter zu benutzen, führt zu einem anderen Problem: Es treten Konflikte mit der Zwischenspeicherung im Internet auf.

Ein anderer raffinierter Ansatz könnte darin bestehen, nicht den Task-Bezeichner, sondern den URL /ajax/ kap08/PrimeNumberCalculatorTask.ashx?number=20 zu verwenden. Der neue URL sagt: »Bitte berechne die Primzahlen bis 20.« Dies wäre keine schlechte Idee, weil dann die Antwort für die Primzahlen bis 20 zwischengespeichert werden könnte. Tatsächlich wäre eine solche Zwischenspeicherung der berechneten Primzahlen eine Optimierung. Denn dann müssten, wenn eine größere Zahl angefordert wird, nur die Primzahlen zwischen der vorherigen größten Zahl und der neuen großen Zahl berechnet werden. Doch wir werden diesen Ansatz in diesem Kapitel nicht benutzen, weil er uns von einer klassischen Implementierung des *Infinite Data*-Patterns ablenken würde. Die Optimierungen, die für die Berechnung der Primzahl illustriert wurden, sind Optimierungen, die bei der Implementierung der Primzahlen-Tasks verwendet werden könnten. Die übergreifende Infrastruktur würde identisch bleiben, und die Konzentration auf die Optimierung würde die Aufmerksamkeit von der Implementierung des *Infinite Data*-Patterns ablenken.

Wie bereits erwähnt, ist der Einsatz von CGI-Parametern als Task-Bezeichner ein Beispiel für eine nicht optimale, aber notwendige Technik. Unabhängig vom Client, der den Server aufruft, und von der Verwendung derselben Task-Bezeichner würden dieselben Ergebnisse generiert. Das Problem, einen Task-Bezeichner wie 20 zu verwenden, liegt darin, dass der Task-Bezeichner vom Server und nicht vom Client festgelegt werden muss. Dies ist ein kleiner Schönheitsfehler dieser Lösung.

Die Implementierung des Patterns ist ein Server-Push ohne Anwenderauthentifizierung. Bei der Server-Push-Implementierung des *Persistent Communications*-Patterns haben wir die Authentifizierung verwendet, die beim jetzigen Pattern zu Konflikten führen könnte. Das *Infinite Data*-Pattern verwendet einen Einkaufswagenansatz, bei dem der Anwender durch ein HTTP-Cookie identifiziert wird. Cookies oder Authentifizierung zu verwenden, ist nicht erforderlich, aber »nice to have«. Andernfalls könnte jeder auf einen speziellen Task zugreifen. Wenn der URL beispielsweise /ajax/kap08/PrimeNumberHandler.ashx?task=1234 lautet und kein HTTP-Cookie zur Autorisierung verwendet wird, kann jeder die Ergebnisse für Task 1234 abrufen.

10.6.1 Den HTML-Client implementieren

In dieser Primzahlenanwendung soll der HTML-Client die Primzahl definieren und verarbeiten. Der HTML-Client zeigt ein HTML-Formular mit einem Textfeld und einer Schaltfläche an. Mit dem Textfeld wird die maximale Zahl definiert, für die alle Primzahlen berechnet werden sollen. Mit der Schaltfläche wird diese Zahl an den Server gesendet. Der Ergebnisbereich zeigt die ermittelten Zahlen an.

Abbildung 10.2 zeigt die HTML-Seite nach der Verarbeitung zweier Primzahlen.

Abb. 10.2: HTML-Seite nach der Verarbeitung zweier Primzahlen

Kapitel 10
Infinite Data-Pattern

Abbildung 10.2 zeigt zwei Textfelder; ein Textfeld enthält den Wert 200, das andere den Wert 1000. Beide Werte repräsentieren eine Maximalzahl, für die alle Primzahlen berechnet werden sollen. Die Ergebnisbereiche beider Zahlen enthalten hier jeweils den Text KEIN ERGEBNIS. Mit der Schaltfläche SENDEN wird jeweils die davor stehende Maximalzahl an den Server gesendet. Mit den Schaltflächen KOMMUNIKATION STARTEN und KOMMUNIKATION BEENDEN wird das *Persistent Communications*-Pattern gestartet bzw. beendet. Diese beiden Schaltflächen sind nicht erforderlich und können automatisch von der Schaltfläche SENDEN kontrolliert werden. Ich habe sie in die HTML-Seite eingefügt, um zu zeigen, dass die Patterns *Persistent Communications* und *Infinite Data* nahtlos zusammenarbeiten.

Die übergreifenden Implementierungsdetails der HTML-Seite

Die Implementierung der HTML-Seite stelle ich in verschiedenen Codesegmenten dar. Das erste Codesegment generiert die übergreifende HTML-Seite; den größten Teil der Implementierung habe ich der Klarheit halber weggelassen. Die fehlenden Codesegmente werde ich bei Bedarf ergänzen und erklären.

Die HTML-Seite aus Abbildung 10.2 hat die folgende übergreifende Struktur:

```html
<html>
<head>
<title>Infinite Data</title>
<script language="JavaScript" src="../lib/factory.js"></script>
<script language="JavaScript" src="../lib/asynchronous .js"></script>
<script language="JavaScript" src="../lib/xmlhelpers.js"></script>
<script language="JavaScript" src="../lib/clientcommunicator.js"></script>
<script language="JavaScript" type="text/javascript">

var client = new ClientCommunicator();
client.baseURL = "/ajax/kap08/PrimeNumberHandler.ashx";

</script>
</head>
<body>
<button onclick="StartCommunications () ">Kommunikation starten</button>
<button onclick="EndCommunications()">Kommunikation beenden</button>
<table border="1">
    <tr>
       <td>Zahl</td>
       <td><input type="text" size="10" id="number1" /></td>
       <td><button onclick="SendData1() ">Senden</button></td>
    </tr>
    <tr>
```

```
         <td colspan="4"><span id="result1">Kein Ergebnis</span></td>
      </tr>
      <tr>
         <td>Zahl</td>
         <td><input type="text" size="10" id="number2" /></td>
         <td><button onclick="SendData2 () ">Senden</button></td>
      </tr>
      <tr>
         <td colspan="4"><span id="result2">Kein Ergebnis</span></td>
      </tr>
   </table>
</body>
</html>
```

Am Anfang werden wie bei den vorangegangenen Pattern-Implementierungen mit dem `script`-Tag mehrere JavaScript-Dateien referenziert. Im Gegensatz zu den vorangegangenen Patterns referenziert das *Infinite Data*-Pattern clientseitig keine Skript-Dateien, die eine generische *Infinite Data*-Infrastruktur implementieren. Es gibt keine *Infinite Data*-Infrastruktur; das Aktivitätsdiagramm aus Abbildung 10.1 zeigt, dass die gesamte Logik anwendungsspezifisch ist.

Die *Infinite Data*-Pattern instanziert den `ClientCommunicator`-Typ, eine Implementierung des *Persistent Communications*-Patterns. Das instanzierte *Persistent Communications*-Pattern wird der Variablen `client` zugewiesen. Der Eigenschaft `baseURL` wird die Datei `/ajax/kap08/PrimeNumberHandler.aspx` zugewiesen, die die serverseitige Implementierung des *Infinite Data*-Patterns repräsentiert.

Die HTML-Seite enthält ein HTML-`table`-Element mit vier Zeilen, mit denen der *Infinite Data*-Zustand gesendet und empfangen wird. Den Schaltflächen in diesen Zeilen sind `onclick`-Ereignis-Handler namens `SendData1` oder `SendData2` zugeordnet. Wenn die Schaltflächen angeklickt werden, wird die Struktur assembliert und zur Verarbeitung an den Server gesendet. Die gesendete Struktur wird in den `input`-Elementen mit den Bezeichnern `number1` bzw. `number2` gespeichert. Wenn die Ergebnisstrukturen empfangen worden sind, werden sie verarbeitet und in die `span`-Elemente mit den Bezeichnern `result1` bzw. `result2` eingefügt.

Den Sende- und Empfangskontrakt definieren

Bevor ich den Code auf der Client- und der Serverseite erläutere, muss ich den Kontrakt zwischen den beiden Seiten definieren. Der *Kontrakt* einer Ajax-Anwendung definiert die Daten, die zwischen dem Client und dem Server ausgetauscht werden. Die Implementierung des *Infinite Data*-Patterns umfasst zwei Kontrakte: Der eine definiert die Struktur, die der Client zur Verarbeitung an den Server sendet; der andere definiert die Ergebnisstruktur, die der Server zur Verarbeitung an den Client sendet.

Der Zustand der Struktur ist in den `input`-Feldern des HTML-Formulars gespeichert, hier also den Textfeldern `number1` und `number2`. Wird die entsprechende Schaltfläche angeklickt, wird die Funktion `SendData1` oder `SendData2` aufgerufen. (Zwecks Unterscheidung haben alle Bezeichner am Ende eine Nummer, die anzeigt, ob sie zum ersten oder zweiten Task [besser: dem ersten oder zweiten Transaktionsbezeichner] gehören.)

Wenn die Ergebnisse mit dem Transaktionsbezeichner generiert worden sind, kennen wir das `span`-Element (`result1` oder `result2`), für das die Ergebnisstruktur bestimmt ist. Nehmen wir an, dass Textfeld `number1` enthielte die Zahl 20 und die zugehörige Schaltfläche würde angeklickt. Dann wird die Funktion `SendData1` aufgerufen und die generierte Struktur an den Server gesendet. Sie wird durch folgenden XML-Code repräsentiert:

```xml
<Action>
    <TransactionIdentifier>1</TransactionIdentifier>
    <Number>20</Number>
</Action>
```

Das Element `TransactionIdentifier` in dem XML-Code hat den Wert 1 und das XML-Element `Number` den Wert 20. Eine Ergebnisstruktur wird durch XML-Code mit folgender Struktur repräsentiert:

```xml
<PrimeNumber>
    <Result>success</Result>
    <TransactionIdentifier>1</TransactionIdentifier>
    <Number>9</Number>
</PrimeNumber>
```

Die Ergebnisstruktur enthält ein XML-Element namens `Result`, um den Erfolg der Aktion anzuzeigen, damit der Client weiß, was er mit dem XML-Inhalt anfangen soll. Nehmen Sie an, der Client sende einen Zustand mit falschen Daten. Dann wird der Fehler nicht beim Senden der Daten, sondern bei ihrem Empfang ausgelöst. Dies liegt an den Anforderungen des *Persistent Communications*-Patterns und der asynchronen Kommunikation. Um anzuzeigen, dass ein Fehler aufgetreten ist, muss ein Ergebnis mit dem Fehler gesendet werden. Außerdem soll das `Result`-Element anzeigen, dass eine Operation beendet ist, das heißt, dass alle Ergebnisse gefunden worden sind und der Client keine weiteren Ergebnisse empfangen wird.

Einfache Transaktionsbezeichner wie 1 oder 2 haben einen Schwachpunkt: Falls ein Anwender ein `Action`-XML-Dokument mit dem Transaktionsbezeichner 1 und kurz danach ein weiteres `Action`-XML-Dokument mit demselben Transaktionsbezeichner sendet, sind die Ergebnisse korrupt, weil zwei Tasks Daten mit demselben Transaktionsbezeichner generieren würden, selbst wenn der Zustand für beide Transaktionsbezeichner verschieden wäre.

Die Lösung besteht darin, für jede Übertragung von strukturierten Daten einen eindeutigen Transaktionsbezeichner zu verwenden. Hier das modifizierte Action-XML-Dokument mit dem korrigierten Transaktionsbezeichner:

```
<Action>
   <TransactionIdentifier>1_1</TransactionIdentifier>
   <Number>20</Number>
</Action>
```

In dem modifizierten XML-Code ist der Transaktionsbezeichner aus zwei Zahlen zusammengesetzt: Die erste repräsentiert das erste oder zweite Ergebnisfeld, die zweite ist der Zähler des Transaktionsbezeichners. Diese Struktur des Transaktionsbezeichners scheint willkürlich zu sein. Aus Sicht des Servers spielt sie keine Rolle, weil nur der Client den Bezeichner entschlüsseln kann. Der Server versucht nicht, den Transaktionsbezeichner zu interpretieren, sondern ist nur dafür verantwortlich, ihn mit den empfangenen Aktionen und Ergebnisdaten zu assoziieren.

Die Inhalte für den Kontrakt generieren

Nachdem der Kontrakt zwischen Client und Server definiert worden ist, müssen die Inhalte für den Kontrakt generiert werden. Der JavaScript-Code, mit dem der Zustand generiert wird, wird zuerst erläutert; dann folgt der Code zur Verarbeitung der empfangenen Ergebnisse. Der Einfachheit halber wird hier angenommen, dass der Server die Daten ohne Fehler oder Probleme sendet und empfängt.

Die Daten, die vom Client an den Server gesendet werden, werden mit den Funktionen SendData1 bzw. SendData2 erstellt. Beide Funktionen sind fast identisch und unterscheiden sich nur durch den Bezeichner (1 bzw. 2). Deshalb wird hier nur SendData1 erklärt. Natürlich gibt es bessere Methoden, als die Bezeichner 1 und 2 fest in den Code einzuprogrammieren, aber sie würden die Erklärung des Patterns nur erschweren. Hier ist die Implementierung von SendData1:

```
function SendData1() {
   transactionIdentifier1Counter ++;
   document.getElementById("result1").innerHTML = "Kein Ergebnis";
   var buffer = GenerateActionData("1_" + transactionIdentifier1Counter,
      document.getElementById('Number1').value);
   client.send("application/xml", buffer.length, buffer);
}
```

Wenn SendData1 aufgerufen wird, wird auf dem Server ein neuer Task erstellt. Führt der Server noch einen anderen Task aus, werden dessen Ergebnisse ungültig. In SendData1 wird zunächst der Transaktionsbezeichner (transactionIdentifier1Counter) des ersten Tasks inkrementiert. Würde ein statisch zufälliger Transaktionsbezeichner benutzt, entstünde ein Szenario, in dem mehrere Anfragen mit demselben Transaktionsbezeichner gesendet und so die Ergebnisse korrumpiert werden könnten. Wenn ein neuer Task erstellt wird, werden die Inhalte des span-Ergebniselements (result1) gelöscht. Der zu sendende XML-Puffer wird mit der Funktion GenerateActionData erstellt, die zwei Parameter akzeptiert: Der erste Parameter ist der Transaktionsbezeichner, der zweite die Zahl, für die alle Primzahlen berechnet werden sollen. Der generierte XML-Puffer wird mit der Methode client.send an den Server gesendet.

Die Funktion GenerateActionData, die den XML-Puffer generiert, ist wie folgt implementiert:

```
function GenerateActionData(transactionIdentifier, number) {
   return
      "<Action>"
      + "<TransactionIdentifier>" + transactionIdentifier
      + "</TransactionIdentifier>"
      + "<Number>" + number + "</Number>"
      + "</Action>";
}
```

In der Funktion werden einfach einige Strings verkettet.

Serverseitig wird der gesendete XML-Puffer in einen Task umgewandelt. Die Methode client.send wartet nicht auf eine Antwort, sondern kehrt sofort ohne Antwort zurück. Der Aufrufer der Methode weiß also nicht, ob der Task gestartet worden ist oder funktioniert. Er geht davon aus, dass alles in Ordnung ist, und erwartet im Empfangsteil der HTML-Seite Ergebnisse.

Das Protokoll entziffern

Der Empfang der Ergebnisse wird laut *Persistent Communications*-Pattern gestartet, wenn die Methode client.start aufgerufen wird. Wenn ein Ergebnis abgerufen wird, wird die Methode client.listen aufgerufen. Sie ist folgendermaßen implementiert:

```
client.listen = function(status, statusText, responseText, responseXML) {
   if(status == 200 && responseXML != null) {
      var objData = new Object();
      objData.didFind = false;
      objData.verify = IterateResults;
      XMLIterateElements(objData, objData, responseXML);
      if(objData.didFind == true &&
            IsActiveTransactionIdentifier(
               objData.transactionIdentifier) == true) {
         var spanElement = document.getElementById(
```

```
                GetResultField(objData.transactionIdentifier));
            spanElement.innerHTML += "(" + objData.number + ")";
        }
    }
}
```

Die Funktion client.listen ist etwas komplizierter, weil sie den XML-Code verarbeiten und gewährleisten muss, dass die Ergebnisse nicht überholt sind. Ein *überholtes Ergebnis* ist ein Ergebnis, das nicht zu dem gegenwärtig ausgeführten Transaktionsbezeichner gehört. Zunächst wird geprüft, ob das Ergebnis erfolgreich abgerufen worden ist. Dies ist der Fall, wenn der HTTP-Code 200 zurückgegeben worden ist und der Parameter responseXML nicht null ist. Laut Kontrakt muss das Ergebnis aus XML-Code bestehen. Falls der Parameter responseXML den Wert null hat, wurde die Antwort höchstwahrscheinlich nicht in XML codiert und kann deshalb im Kontext des Patterns nicht verwendet werden.

Wenn responseXML verarbeitet werden kann, müssen die XML-Daten mit der Funktion XMLIterateElements durchlaufen werden. Die Ergebnisse der Iteration werden den Datenelementen der Variablen objData zugewiesen. Insbesondere die Datenelemente transactionIdentifier, didFind und number werden manipuliert. Das Datenelement transactionIdentifier repräsentiert den empfangenen Transaktionsbezeichner und number repräsentiert die gefundene Primzahl. Das Datenelement didFind soll anzeigen, ob die Datenelemente transactionIdentifier und number gültig sind.

Hat das Datenelement didFind den Wert true, wurde ein Ergebnis gefunden. Doch um das Ergebnis zu verarbeiten und anzuzeigen, prüft die Funktion IsActiveTransactionIdentifier zuerst, ob das Ergebnis nicht überholt ist und ob es zu einem aktiven Transaktionsbezeichner gehört. Die Implementierung der Funktion IsActiveTransactionIdentifier wird im folgenden Absatz behandelt. Falls das Ergebnis verarbeitet werden kann, wird der Wert des Datenelements objData.number zu dem span-Zielelement hinzugefügt. Um das richtige span-Element (results1 oder results2) zu aktualisieren, wird die Funktion GetResultField aufgerufen, die den span-Elementbezeichner aus dem empfangenen Transaktionsbezeichner extrahiert. Das gefundene span-Element wird der Variablen spanElement zugewiesen, und die gefundene Primzahl (objData.number) wird an die Eigenschaft spanElement.innerHTML angehängt.

Die Funktion IsActiveTransactionIdentifier prüft, ob das abgerufene Ergebnis aktiv ist, sie ist wie folgt implementiert:

```
function IsActiveTransactionIdentifier(transactionIdentifier) {
    var reference = transactionIdentifier.charAt(0);
    var valIdentifier = parseInt(transactionIdentifier.substring(2));
```

```
      if(reference == "1"
         && valIdentifier == transactionIdentifier1Counter) {
         return true;
      }
      else if(reference == "2"
            && valIdentifier == transactionIdentifier2Counter) {
         return true;
      }
      else {
         return false;
      }
   }
```

Der Parameter `transactionIdentifier` der Funktion stammt aus dem Ergebnis und hat beispielsweise den Wert 1_101. Er ist verschlüsselt und muss zunächst in zwei Teile zerlegt werden; der erste Teil gibt das `span`-Zielelement an, der zweite den Zähler (`transactionIdentifier1Counter` oder `transactionIdentifier2Counter`). Die beiden Teile werden verifiziert. Falls das `span`-Zielelement einen aktiven Transaktionsbezeichner referenziert, wird der Wert `true`, andernfalls der Wert `false` zurückgegeben. Bei `true` kann ein Ergebnis verarbeitet werden.

Wenn das Ergebnis verarbeitet wird, muss sein Bestimmungselement mit der Funktion `GetResultField` extrahiert werden. Die Funktion ist wie folgt implementiert:

```
function GetResultField(transactionIdentifier) {
   var reference = transactionIdentifier.charAt(0);
   if(reference == "1") {
      return "result1";
   }
   else if(reference == "2") {
      return "result2";
   }
   throw new Error("Ungültiger Transaktionsbezeichnerwert");
}
```

Der Code, mit dem die Feldreferenz extrahiert wird, ist identisch mit dem entsprechenden Code in der Funktion `IsActiveTransactionIdentifier` und dient nur zur Illustration. In dem Entscheidungsblock wird geprüft, ob die Variable `reference` den Wert 1 oder 2 hat. Ist dies der Fall, wird der entsprechende HTML-Bezeichner zurückgegeben, andernfalls wird eine Ausnahme ausgelöst, um anzuzeigen, dass der Parameter `transactionIdentifier` falsch formatiert ist.

Weiter vorne wurde erwähnt, dass es clientseitig keinen wiederverwendbaren Code gibt, weil das Pattern problemspezifisch implementiert wird. Dies ist nicht ganz richtig, weil einige Komponenten des HTML-Client-Codes (etwa die Funktionen `IsActiveTransactionIdentifier` und `GetResultField`) durchaus in einer kleinen Bibliothek zusammengefasst werden könnten, um zumindest in diesem Kontext eine Wiederverwendung von Code zu ermöglichen.

Sie sollten jedoch vorsichtig sein, wenn Sie kleine Bibliotheken mit wiederverwendbarem Code hinzufügen wollen. Oft bringt es keinen echten Vorteil, die Funktionen zu verwenden, weil Sie nicht viel Codierzeit oder Logik einsparen. Dies bedeutet nicht, dass alle clientseitigen *Infinite Data*-Implementierungen wie im Beispiel der Primzahlenanwendung nur einmal verwendet werden können. Einige Dinge könnten abstrahiert werden, doch vieles hängt von den Details Ihrer Anwendungen ab. Als nützlich könnte sich jedoch die Erstellung von Hilfsroutinen erweisen. Hilfsroutinen sind eingekapselte Codeabschnitte, mit denen man gewisse Funktionalitäten schneller implementieren kann. Beispielsweise eignen sich die Funktionen, mit denen Transaktionsbezeichner erstellt und entschlüsselt werden, als Hilfsfunktionen. Sie sollten (können) erst implementiert werden, nachdem Sie die Struktur eines Standardtransaktionsbezeichners festgelegt haben.

10.6.2 Den Task-Manager implementieren

Serverseitig werden zwei Funktionalitäten implementiert: der Task-Manager und die Implementierung des Tasks. Für unser Primzahlenbeispiel muss ein Task implementiert werden, der die Primzahlen ermittelt. Es werden Interfaces verwendet, damit keine Abhängigkeiten zwischen dem Task-Manager, den Ergebnissen und den Tasks entstehen. Die Algorithmen des Task-Managers, des Primzahlen-Tasks und des Primzahlenergebnisses implementieren jeweils ein Interface. Der Task-Manager soll alle Interfaces koordinieren und serverseitig eine Lösung für das *Infinite Data*-Pattern zur Verfügung stellen.

Die Task-Manager-Interfaces

Es gibt drei hauptsächliche Interfaces für den Task-Manager: `ITask`, `ITaskManager` und `IResult`. Sie sind wie folgt definiert:

```
public interface ITask {
   long TransactionIdentifier { get; set;}
   void Execute(ITaskManager taskManager);
}
public interface IResult {
   string Result {
      get;
   }
   long TransactionIdentifier {
```

```
        get;
   }
}
public interface ITaskManager {
   void AddResult(IResult result);
}
```

Das Interface ITask wird von den einzelnen Tasks implementiert, beispielsweise dem Primzahlenalgorithmus. Es verfügt über eine Eigenschaft und eine Methode. Die Eigenschaft TransactionIdentifier enthält den Wert des clientseitig zur Verfügung gestellten Transaktionsbezeichners (beispielsweise 1_101). Die Methode Execute wird vom Task-Manager aufgerufen, um den Task auszuführen. Ihr Parameter taskManager ist ein Callback-Interface, über das der Task die generierten Ergebnisse speichert.

Das Interface IResult besteht komplett aus Eigenschaften, die das Ergebnis (Result) sowie den Transaktionsbezeichner (TransactionIdentifier) repräsentieren. Seine Definition ist unvollständig, weshalb ein Entwickler eine Unterklasse von IResult bilden kann, um Task-spezifische Eigenschaften hinzuzufügen. Das IResult-Interface soll ein gemeinsames Interface und einen Platzhalter zur Verfügung stellen, die von anderen Komponenten der *Infinite Data*-Implementierung referenziert werden können, ohne dass der Typ des Ergebnisses bekannt ist. Entwickler, die das IResult-Interface verwenden, kennen die verschiedenen Ergebnisimplementierungen und können bei Bedarf einen Typecast ausführen.

Das Interface ITaskManager wird vom Task-Manager implementiert. Es verfügt über eine einzige Methode, AddResult, mit der ein Itask-Interface-Objekt ein IResult-Objekt an den Task-Manager übergibt. Dieser speichert das IResult-Objekt und übergibt es auf Anforderung an den Client.

Bevor die Implementierung der Task-Manager-Interfaces beschrieben wird, will ich den Code zeigen, der sie verwendet. Dann werden Sie die Implementierungen einfacher verstehen. Im folgenden Code wird ein ASP.NET-Handler implementiert (in Java würde ein Java-Servlet verwendet). Handler oder Servlet sind für die Interaktion mit den definierten Interfaces verantwortlich. Außerdem müssen sie die serverseitigen Anforderungen des *Persistent Communications*-Patterns erfüllen; das heißt, sie müssen den HTTP-GET verarbeiten, um Ergebnisse an den Client zu senden, und sie müssen einen HTTP-PUT oder -POST verarbeiten, um vom Client gesendete Strukturen zu verarbeiten.

Die Implementierungen paketieren

Bei der Implementierung des serverseitigen Teils des *Infinite Data*-Patterns mit einem ASP.NET-Handler oder einem Java-Servlet können alle Komponenten zu einer Distributionseinheit (jar-Datei oder Assembly) zusammengefasst werden. Alternativ könnte die Logik aufgeteilt werden, so dass ein Teil in den Handler oder das Servlet und der Rest in eine weitere Distributionseinheit gepackt wird. Bei mehreren Distributionseinheiten ist es einfacher, die einzelnen Einheiten unabhängig voneinander zu aktualisieren. Beispielsweise wird die allgemeine Task-Handler-Infrastruktur nicht so oft aktualisiert wie die Task-Implementierungen. Abbildung 10.3 zeigt ein Beispiel für eine Struktur von Distributionseinheiten.

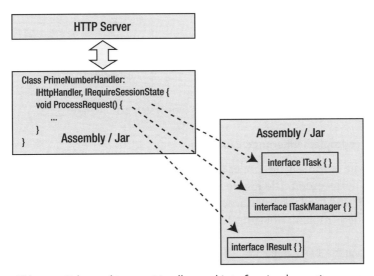

Abb. 10.3: Paketstruktur von Handler- und Interface-Implementierungen

Der HTTP-Server aus Abbildung 10.3 ruft den Handler PrimeNumberHandler.ProcessRequest auf. Dieser Aufruf generiert seinerseits eine Reihe von Aufrufen an die Interfaces ITask, ITaskManager und IResult. Auch wenn das Diagramm die Interfaces referenziert, werden Aufrufe natürlich von Typen verarbeitet, die diese Interfaces implementieren. Illustriert werden soll, wie eine Distributionseinheit eine andere Distributionseinheit referenziert. Die Interfaces in einer Distributionseinheit bilden gemeinsame Referenzpunkte für die beiden Distributionseinheiten. Die Trennung der beiden Distributionseinheiten ermöglicht es, die Task-Implementierungen direkt von Unittests oder anderen Anwendungen des Servers aufzurufen.

Abbildung 10.4 zeigt, wie die Distributionseinheit von dem Test-Framework NUnit aufgerufen werden kann.

Kapitel 10
Infinite Data-Pattern

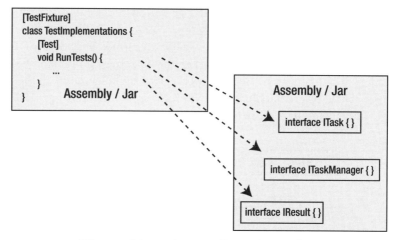

Abb. 10.4: Paketstruktur zum Testen der Interfaces

Die Interface-Implementierungen aufrufen

Nachdem die Trennung des Codes geklärt ist, soll die Klasse `PrimeNumberHandler` implementiert werden. Die Klasse ist ein HTTP-Handler, der die Distributionseinheit aufruft und die Task-Interfaces implementiert. Der Klarheit halber wurden aus der folgenden Implementierung Teile weggelassen:

```
<%@ WebHandler Language="C#" Class="PrimeNumberHandler" %>
using System;
using System.Web;
using System.Web.SessionState;
using System.Threading;
using PrimeNumberCalculator;
using TaskManager;

public class PrimeNumberHandler:IHttpHandler, IRequiresSessionState {

    public void ProcessRequest (HttpContext context) {
        TaskManagerImpl taskManager = GetTaskManager(context);

        if (context.Request.HttpMethod.CompareTo("GET") == 0) {
            // Der Klarheit halber abgekürzt }
        else if (context.Request.HttpMethod.CompareTo("PUT") == 0 ||
            context.Request.HttpMethod.CompareTo("POST") == 0) {
            // Der Klarheit halber abgekürzt
        }
    }
    public bool IsReusable { get {
}
```

```
            return true;
        }
    }
}
```

Die Klasse implementiert die beiden Interfaces `IHttpHandler` und `IRequireSessionState`. Das Interface `IRequireSessionState` definiert keine Methoden oder Eigenschaften, wird aber benötigt, falls ein ASP.NET-Handler die ASP.NET-Sitzungen manipulieren möchte. Die Methode `ProcessRequest` wird von dem Interface `IHttpHandler` definiert; sie verarbeitet eingehende HTTP-Anfragen. Die Methode `IsReusable` wird von dem Interface `IHttpHandler` definiert und prüft, ob zwei Anfragen dasselbe Objekt teilen. Dieser Grad der Kontrolle ist bei Java-Servlets nicht verfügbar. Wie bei der Java-Servlet-Implementierung des *State Navigation*-Patterns besteht das Problem darin, einen Zustand über Methodenaufrufe hinweg gemeinsam zu nutzen. Java-Servlets sind standardmäßig einzelne Instanzen und werden wiederverwendet. Das Problem, Daten methodenübergreifend zu verwenden, ist bei ASP.NET kein Problem.

Zu wissen, ob Handler einzelne Instanzen sind und wiederverwendet werden, ist für die Implementierung des *Infinite Data*-Patterns wichtig. Die Klasse `PrimeNumberHandler` hat keine Datenelemente, die bei einer Anfrage initialisiert werden (müssten). Deshalb kann sie als einzelnes Objekt instanziert und vom Server wiederverwendet werden. Hätte sie Datenelemente, die bei einer Anfrage initialisiert werden, müsste pro Anfrage ein Handler instanziert werden; andernfalls würden Daten zerstört.

In `ProcessRequest` wird zunächst die Methode `GetTaskManager` aufgerufen, mit der das Task-Manager-Objekt abgerufen wird, das dem Anwender zugeordnet ist. Ein Client wird mit HTTP-Cookies autorisiert und mit auszuführenden Tasks verbunden. Beachten Sie jedoch, dass `GetTaskManager` ausdrücklich von dem Hauptcode getrennt ist, damit die Verbindung von Anfrage und Task-Manager flexibel gehandhabt werden kann. So kann der Code, der den URL analysiert und Teile des URLs mit einem Task querverbindet, geändert werden, ohne dass der aufrufende Code davon betroffen wäre.

Hier ist die Implementierung von `GetTaskManager`:

```
private TaskManagerImpl GetTaskManager(HttpContext context) {
    HttpSessionState session = context.Session;
    if (session != null) {
        object obj = session["taskmanager"];
        TaskManagerImpl taskManager = null;

        if (obj != null) {
            taskManager = (TaskManagerImpl)obj;
```

```
        }
        else {
            taskManager = new TaskManagerImpl();
            session["taskmanager"] = taskManager;
        }
        return taskManager;
    }
    return null;
}
```

Hier ist die Verbindung von Client, Cookie und Task-Manager sehr einfach, weil ASP.NET über das Sitzungsobjekt `HttpSessionState` verfügt, das mit der Eigenschaft `context.Session` abgerufen wird. Es muss geprüft werden, ob das Sitzungsobjekt existiert. Falls nicht, wird der Wert `null` zurückgegeben. Der Versuch, ein Sitzungsobjekt mit dem Wert `null` zu referenzieren, löst eine Ausnahme aus. Das Task-Manager-Objekt wird mit dem Sitzungsobjekt-Indexer `session ["taskmanager"]` abgerufen. Für Leser, die nicht in .NET codieren: Ein Indexer verhält sich wie eine Array-Referenz, ist aber als Operator des betreffenden Typs implementiert.

Der Task-Manager kann mit der Sitzung verbunden werden, was bedeutet, dass eine Verbindung zu dem Cookie existiert. Die Tasks, die von dem Task-Manager ausgeführt und verwaltet werden, sollten jedoch von dem Anwendungszustand in ASP.NET verwaltet werden. Der Task-Manager, der mit der Sitzung verbunden ist, kann die Tasks ebenfalls referenzieren, aber es ist wichtig, dass der Anwendungszustand als Referenz eingeschlossen wird. Andernfalls könnten Tasks vorkommen, die nur über das Cookie zugänglich sind, das mit einem Anwender verbunden ist.

Das Task-Manager-Objekt wird der Variablen `obj` vom Typ `object` zugewiesen. Wenn das Task-Manager-Objekt vom Sitzungsobjekt zum ersten Mal referenziert wird, hat die Variable `obj` den Wert `null`, weil ein Objekt, das noch nicht alloziert worden ist, nicht referenziert werden kann. Ein Typecast mit einem `null`-Objekt würde eine Ausnahme auslösen. In .NET kann dieses Typecast-Problem mit dem `as`-Operator umgangen werden, obwohl er in diesem Beispiel nicht verwendet wird. Hier wird ausdrücklich getestet, ob ein `null`-Objekt vorliegt. Falls nicht, ist ein Typecast in `taskManagerImpl` möglich. Liegt dagegen ein `null`-Objekt vor, muss mit `new TaskManagerImpl` ein neues Task-Manager-Objekt instanziert und mit dem Sitzungsobjekt verbunden werden. Am Ende wird ein Task-Manager-Objekt zurückgegeben.

Zurück zu der `PrimeNumberHandler.ProcessRequest`-Methode: Nachdem das Task-Manager-Objekt abgerufen worden ist, wird in einem Entscheidungsblock getestet, ob die HTTP-Anfrage Daten sendet oder abruft. Der `if`-Zweig testet, ob Daten mit der HTTP-Methode GET abgerufen werden, und der `else`-Zweig testet, ob Daten mit einer der HTTP-Methoden POST oder PUT gesendet werden.

Tasks senden Werden Daten an den Server gesendet, wird ein XML-Dokument mit einem `Action`-Tag übertragen. Der Server muss ein .NET-Klassenobjekt erstellen und mit den Inhalten des XML-Dokuments füllen. Danach kann er einen Task starten. Der HTTP-POST- oder -PUT-Teil des Entscheidungsblocks aus `PrimeNumber-Handler` ist wie folgt implementiert:

```
else if (context.Request.HttpMethod.CompareTo("PUT") == 0 ||
   context.Request.HttpMethod.CompareTo("POST") == 0) {

   ActionData data = Serializer.Parse(context.Request.InputStream);
      taskManager.AddTask(
         new Calculator(data .Number, data.TransactionIdentifier));
      taskManager.RunThreadedTasks ();
}
```

Mit der anwendungsspezifischen Methode `Serializer.Parse` wird das XML-Dokument aus dem HTML-Stream (`context.Request.InputStream`) in ein Objekt einer .NET-Klasse umgewandelt. Die Details der Deserialisierung sprengen den Rahmen dieses Buches und werden als abstrakte Aktion behandelt. Bei der Deserialisierung wird der Typ `ActionData` instanziert. Er enthält die Daten, die von dem Task `Calculator` verwendet werden. Der Task `Calculator` wird mit der Methode `taskManager.AddTask` zu der Liste der auszuführenden Tasks hinzugefügt. Um den Task auszuführen, wird die Methode `taskManager.RunThreadedTasks` aufgerufen.

Wird die Methode `RunThreadedTasks` ausgeführt, wird ein Hintergrund-Thread gestartet, der jeden Task ausführt, der mit der Methode `AddTask` hinzugefügt worden ist. Der Thread wird zwar von der HTTP-Anfrage gestartet, gehört ihr aber nicht. Nachdem die Methode `RunThreadedTasks` aufgerufen worden ist, kehrt der Client wie erwartet sofort zurück, ohne Daten als Antwort zu senden. Natürlich muss es auf dem HTTP-Server möglich sein, Hintergrund-Tasks oder -Threads auszuführen, die nicht zu einer Anfrage gehören. Außerdem sollte der Server, wenn der Thread im Hintergrund ausgeführt wird, keine HTTP-Verbindung offen halten. Andernfalls würden Ressourcen verschwendet. Wenn der HTTP-Server einfrieren oder die Beendigung des Hintergrund-Threads erzwingen sollte, könnte das *Persistent Communications*-Pattern nicht implementiert werden. Wenn es nicht möglich ist, einen Hintergrund-Thread auszuführen, könnte das Problem mit einem Interprocess-Aufruf-Mechanismus gelöst werden, der einen Server aufruft, der auf Anfragen wartet. Dieser Mechanismus hätte den Nachteil, dass ein Server-Prozess erstellt werden müsste, der auf Anfragen wartet.

Ergebnisse abrufen Wenn der Client eine Anfrage macht, wird ein HTTP-GET ausgeführt, und der Client wartet auf das generierte Ergebnis. In dem Kontrakt-Abschnitt wartet der Client auf den Empfang eines XML-Dokuments. Dieses Dokument kann einen einzigen Knoten enthalten, oder, falls ein Ergebnis zurückgegeben wird, das `PrimeNumber`-Tag.

Ein Ergebnis wird folgendermaßen abgerufen:

```
if (context.Request.HttpMethod.CompareTo("GET") == 0) {
   IResult result = taskManager.GetResultWait(10);
   context.Response.ContentType = "text/xml";
   if (result != null) {
      context.Response.Output.Write(
         Serializer.Generate((PrimeNumberData) result));
   }
   else {
      context.Response.Output.Write("<result>nichts</result>");
   }
}
```

Ein Ergebnis abzurufen ist unkompliziert. Die Methode wird von `taskManager.GetResultWait` mit dem Parameter 10 aufgerufen. Dieser Wert weist die Funktion an, 10 Sekunden zu warten, wenn kein Ergebnis verfügbar ist. Diese Wartepause ist Teil des *Persistent Communications*-Patterns, da der Server ein Signal verwendet, um auf eine Antwort zu warten. Das zurückgegebene Ergebnis wird der Variablen `result` zugewiesen. Hat `result` nicht den Wert `null` (was ein abgerufenes Ergebnis anzeigt), wird mit der Methode `Serializer.Generate` ein XML-Dokument, andernfalls ein leeres Dokument, `<result>nichts</result>`, generiert.

Vorsicht bei mehreren Typen Die Beispielimplementierung für das Senden und Abrufen von .NET-Objekten und ihre Umwandlung in XML-Dokumente ist einfach und logisch. Der Nachteil des Beispiels liegt darin, dass der Task-Manager nur einen einzigen Task-Typ verarbeiten kann. In der Praxis müssen dagegen meistens mehrere Task-Typen ausgeführt werden.

Um die Verarbeitung mehrerer Task-Typen mit einer einzigen Instanz des *Persistent Communications*-Patterns zu vermeiden, können Sie mehrere `ClientCommunicator`-Objekte instanzieren. Dadurch entstehen jedoch mehrere Streams, die Ressourcen verschwenden (siehe die Erklärung des *Persistent Communications*-Patterns). Die Lösung muss aus einem einzigen Stream bestehen, in dem der Server verschiedene XML-Dokumenttypen unterscheiden kann. Das Problem, mehrere XML-Dokumenttypen zu erkennen, hat damit zu tun, XML-Code in ein Klasse-Objekt zu transformieren.

Das Problem, XML-Code in ein Klasse-Objekt und umgekehrt zu transformieren, ist in .NET und Java wohlbekannt und gelöst. Die Lösung besteht darin, eine Metadaten-Beschreibungssprache zu verwenden, die von einem Mapping-Werkzeug verstanden wird. In XML bedeutet dies die Verwendung von XML-Schemas. Kurz gesagt: XML-Schemas sind XML-Dateien, mit den die XML-Elemente eines XML-Dokuments beschrieben werden. XML-Schemas sprengen den Rahmen dieses Buches. Sie sind aber außerordentlich nützlich, wenn Sie Ajax-Anwendungen schreiben, die XML-Daten austauschen.

Ich möchte anhand des XML-Dokuments, das vom Client an den Server gesendet wird, zeigen, wie eine Transformation mit XML-Schemas erfolgt. Hier das Dokument:

```
<Action>
    <TransactionIdentifier>1_101</TransactionIdentifier>
    <Number>20</Number>
</Action>
```

Das XML-Dokument verfügt über das Root-Element Action und zwei Unterelemente: TransactionIdentifier und Number. Das XML-Schema, das das XML-Dokument beschreibt, sieht folgendermaßen aus:

```
<?xml version="1.0" encoding="UTF-8" ?>
<xs:schema xmlns:xs="http://www.w3.org/2001/XMLSchema">
    <xs:element name="Action">
        <xs:complexType>
            <xs:sequence>
                <xs:element ref="TransactionIdentifier"/>
                <xs:element ref="Number"/>
            </xs:sequence>
        </xs:complexType>
    </xs:element>
    <xs:element name="Number" type="xs:string"/>
    <xs:element name="TransactionIdentifier" type="xs:string"/>
</xs:schema>
```

Das XML-Schema ist ein weiteres XML-Dokument, das den Aufbau unseres ursprünglichen XML-Dokuments beschreibt. Das Schema hat ein Element und eine Struktur, die nur einem XML-Schema-Parser etwas sagen. In dem XML-Schema werden mit dem Bezeichner element XML-Elemente in einem Dokument beschrieben. Auf der ersten Stufe gibt es hier drei Unterelemente (Action, Number und TransactionIdentifier), die direkt den XML-Elementen in dem XML-Dokument entsprechen. Jedes dieser Unterelemente hat ein name-Attribut, das den Namen des XML-Elements enthält. Mit dem Attribut type wird der Typ eines XML-Elements definiert. Falls ein XML-Element Unterelemente vom Typ complexType enthält, wird eine XML-Struktur definiert. Andernfalls sind die referenzierten XML-Elemente einfache Typen, die in der XML-Schema-Spezifikation definiert sind (beispielsweise werden mit dem Typ xs:int Ganzzahlen definiert).

Das XML-Schema wird von einem Werkzeug benutzt, das Code generiert, mit dem XML-Dokumente, die mit diesem Schema konform sind, serialisiert und deserialisiert werden können. Für .NET gibt es für diesen Zweck das Befehlszeilen-Utility xsd.exe, und für Java wird die JAXB (Java Architecture for XML Binding) verwendet. Um das XML-Beispielschema in einen Satz von .NET-Klassen zu konvertieren, wird der Befehl

```
xsd.exe ActionData.xsd /classes
```

ausgeführt. Er generiert den folgenden Quellcode:

```
using System.Xml.Serialisierung;
[System.SerializableAttribute()]
[System.Xml.Serialisierung.XmlTypeAttribute(AnonymousType=true)]
[System.Xml.Serialisierung.XmlRootAttribute(Namespace="", IsNullable=false)]
public partial class Action {
    private string transactionIdentifierField;
    private string numberField;
    /// <remarks/>
    public string TransactionIdentifier {
        get {
            return this.transactionIdentifierField;
        }
        set {
            this.transactionIdentifierField = value;
        }
    }
    /// <remarks/>
    public string Number {
        get {
            return this.numberField;
        }
        set {
            this.numberField = value;
        }
    }
}
```

In dem generierten Quellcode entsprechen Klassennamen und Eigenschaften direkt den XML-Elementen in dem XML-Dokument. Der Klassenname ist Action, weil Action das XML-Root-Element ist. Jeder Klasse werden einige .NET-Attribute zugeordnet, die für die XML-Serialisierung verwendet werden. Die generierten Typen werden von den Serialisierungsmethoden (Serialization.Generate,

Serialization.Parse) verwendet, die in den Abschnitten *Tasks senden* und *Ergebnisse abrufen* als abstrakte Methode definiert wurden.

Die Infrastruktur für die Serialisierung von XML-Dokumenten wird in Java und .NET sehr unterschiedlich implementiert. Und wenn mehrere Typen serialisiert und deserialisiert werden müssen, wird die Serialisierung noch komplizierter. Um mehrere XML-Dokumenttypen parsen zu können, müssen die Dokumenttypen im Allgemeinen in einer Registry angemeldet werden. JAXB bietet dafür Unterstützung an: Es verwaltet Registries mit XML-Dokumenttypen, die mit Java-Namensräumen verarbeitet werden können, die die generierten Klassen enthalten. Um dasselbe mit .NET zu erreichen, müssen mehrere XMLSerializer-Instanzen erstellt werden. Um zu prüfen, ob ein XML-Dokument verarbeitet werden kann, kann dann die Methode CanDeserialize aufgerufen werden. Es ist wichtig, die Methoden Serialization.Generate und Serialization.Parse weiterhin als abstract zu deklarieren, damit die Serialisierung mehrerer Typen von der abstrakten Methode verwaltet wird.

Clientseitig ist die Verwaltung mehrerer Typen wegen der automatischen Serialisierungstechniken komplizierter. Im Rahmen dieses Buches bedeutet die Serialisierung von XML-Dokumenten mit JavaScript die Fähigkeit, das JavaScript XML Document Object Model iterieren zu können, und dies bedeutet, die XMLIterateElements-Funktion zu erweitern. Aus diesem Grund kann in diesem Fall ein Format wie etwa JSON die Serialisierung vereinfachen.

Mit der Fähigkeit, XML-Dokumente zu serialisieren und zu deserialisieren, ist ein Problem gelöst. Das nächste Problem besteht darin, ein Objekt mit einem Task zu verbinden. Die Lösung ist einfach: Das Objekt soll sich um sich selbst kümmern. Dies bedeutet, ein weiteres Interface einzuführen, das von jedem Objekttyp implementiert wird und folgendermaßen definiert ist:

```
public interface IData {
   ITask InstantiateTask();
}
```

Das Interface IData verfügt über eine Methode, InstantiateTask, mit der der Task instanziert wird, der mit dem Objekt verbunden ist. In der Pattern-Sprache ausgedrückt: Die Methode InstantiateTask implementiert das *Factory*-Pattern. Die generierte Action-Klasse müsste dann folgendermaßen erweitert werden:

```
public partial class Action:IData {
   public ITask InstantiateTask() {
      return new Calculator(numberField);
   }
}
```

Die Klasse `Action` implementiert das `IData`-Interface und instanziiert in der Implementierung von `IData` den Task `Calculator`. Die .NET-Implementierung von `Action` verwendet ein .NET-2.0-Feature, das in Java nicht verfügbar ist. Mit dem Schlüsselwort `partial` können Sie zwei »Klassen« definieren, die vom Compiler zu einer Klasse kombiniert werden, wenn er den .NET-Bytecode generiert. Partizielle Klassen ermöglichen die Trennung von (automatisch) generiertem Code und manuell erstelltem Code. Um Gleiches in Java zu bewirken, müssten Sie schreiben:

```
public partial class ActionImpl extends Action implements  IData {
   public ITask InstantiateTask() {
      return new Calculator(numberField, transactionIdentifier);
   }
}
```

Der Code aus dem Abschnitt *Tasks senden*, mit dem ein Task instanziiert wird, müsste wie folgt umgeschrieben werden:

```
else if (context.Request.HttpMethod.CompareTo("PUT") == 0 ||
   context.Request.HttpMethod.CompareTo("POST") == 0) {
   ITaskData taskdata = Serializer.Parse(context.Request.InputStream);
   taskManager.AddTask(taskdata.InstantiateTask());
   taskManager.RunThreadedTasks ();
}
```

Der umgeschriebene Code ist insofern einfacher, als der Quellcode nicht die speziellen Typen `ActionData` und `Calculator` handhaben muss. Der Quellcode muss nur Standard-Interfaces manipulieren; er überlässt es der Implementierung von `Serializer` und `ItaskData`, festzustellen, was die speziellen Typen sind. Dies ist *Einkapselung*, und die `Serializer`-Implementierung sollte das *Template*-Pattern oder das *Chain of Responsibility*-Pattern implementieren, um die Logik zur Verarbeitung von Typen und XML-Dokumenten flexibler und dynamischer zu machen.

Die Details des Task-Managers verstehen

Der Task-Manager implementiert das `ITaskManager`-Interface, das über eine einzige Methode verfügt. Dadurch wird die Implementierung des Task-Managers vereinfacht, es mangelt aber an Funktionalität. Am Anfang dieses Kapitels habe ich erwähnt, dass der Task-Manager auf dem Server dafür verantwortlich sei, die auszuführenden Tasks und ihre Ergebnisse zu verwalten. Zu diesem Zweck muss er mehrere Threads steuern und Collections von Objekten verwalten.

Der Task-Manager soll in mehreren kleineren Codesegmenten erklärt werden: übergreifende Klassenstruktur, Task-Verwaltung und Ergebnisverwaltung. Die übergreifende Klassenstruktur ähnelt der folgenden Klassendeklaration:

```
public class TaskManagerImpl:ITaskManager {
    private Queue<ITask> _tasks = new Queue< ITask>();
    private Queue<ITask> _completedTasks = new Queue< ITask>();
    private Queue<IResult> _results = new Queue< IResult>();
    private Thread _thread = null;

    public TaskManagerImpl() { }
}
```

Die Klasse `TaskManagerImpl` implementiert das `ItaskManager`-Interface. Die zu implementierende Methode wird in Kürze beschrieben. Die wichtigen Komponenten der übergreifenden Klassenstruktur sind die vier Datenelemente: `_tasks`, `_completedTasks`, `_results` und `_thread`. Bis auf das Datenelement `_thread` haben die Datenelemente den Typ `Queue<[ListenTyp]>`. Der Typ `Queue<>` wird verwendet, weil eine Producer-Consumer-Threading-Architektur implementiert werden soll.

Bei einer Producer-Consumer-Architektur gibt es einen Datenproduzenten und einen Datenkonsumenten. Die Producer-Consumer-Architektur fordert streng, dass nur ein Thread Daten produzieren und ein anderer Thread Daten konsumieren darf. Diese funktionale Trennung vereinfacht und verbessert die Verwaltung von Objekten bei mehreren Threads. Das Datenelement `_tasks` enthält die Liste der auszuführenden Tasks, das Datenelement `_completedTasks` die der fertigen Tasks. Hinter diesen beiden Datenelementen steht die Idee, einen Task von der `_tasks`-Q

ueue abzurufen, den Task auszuführen und ihn nach der Ausführung in die `_completedTasks`-Queue einzufügen. Das Datenelement `_results` ist eine Queue der generierten Ergebnisse der verschiedenen ausgeführten Tasks.

Wenn ein Client die Methode `AddTask` aufruft, fügt er einen Task zu der Queue `_tasks` hinzu. Allerdings wird der Task dadurch noch nicht gestartet. Der Client, der den Task hinzufügt, ist der Produzent. Ein weiterer Thread, der den Task von der Queue abruft, ist der Konsument. `AddTask` ist folgendermaßen implementiert:

```
public void AddTask(ITask Task) {
    AddToApplication(Task);
    lock(_tasks) {
        Tasks.Enqueue(Task);
    }
}
```

Die `AddTask`-Methode tut zweierlei: Sie fügt einen Task zu der `_tasks`-Queue hinzu, und sie fügt den Task in die globale Anwendungs-Task-Liste ein. Die Methode `AddToApplication` wird verwendet, damit andere Anwender einen Task referenzieren können. Enqueue ist die Methode, mit der ein Task zu einer Queue hinzugefügt wird. Weil Threads verwendet werden, ist eine Synchronisierung erforderlich. Bei .NET wird das Schlüsselwort lock verwendet. Es erwartet ein Objekt, das eine spezielle Lock-Referenz definiert.

Nachdem ein Task hinzugefügt worden ist, müssen mit der Methode RunThreadedTasks Threads ausgeführt werden, die die Tasks in der Queue verarbeiten. Die so gestarteten Threads bilden insofern den Konsumententeil der Producer-Consumer-Architektur, als sie Tasks von der _tasks-Queue abrufen. Hier die Implementierung von RunThreadedTasks und die zugehörigen Abhängigkeiten:

```
private ITask GetTask() {
    ITask Task = null;
    lock(_tasks) {
        if(_tasks.Count > 0) {
            Task = _tasks.Dequeue();
        }
    }
    return Task;
}
public void ProcessTasks() {
    ITask Task = null;
    while(true) {
        Task = GetTask();
        if(Task != null) {
            Task.Execute(this);
            lock(_completedTasks) {
                _completedTasks.Enqueue(Task);
            }
        }
        else {
            lock(this) {
                Task = GetTask();
                if(Task == null) {
                    _thread = null;
                    break;
                }
            }
        }
    }
}
public void RunThreadedTasks() {
    lock(this) {
        if(_thread == null) {
            _thread = new Thread(
```

```
            new ThreadStart(this.ProcessTasks));
        _thread.Start();
    }
  }
}
```

Beginnen wir mit der unteren Methode, RunThreadedTasks. Dort erfolgt eine weitere Synchronisierung, aber dieses Mal mit dem Objekt this. Dann wird geprüft, ob das Datenelement _thread den Wert null hat. Dabei geht es darum, dass jeder Client mit RunThreadedTasks nur mit einem Thread-verarbeitenden Task verbunden wird. Dadurch soll vermieden werden, dass der Server zum Stillstand kommt, weil Clients zu viele Anfragen senden, um eine Reihe von Primzahlen zu berechnen.

Der Thread ruft die Methode ProcessTasks auf, die eine Endlosschleife (while (true)) enthält. Bei jedem Schleifendurchlauf wird die Methode GetTask aufgerufen, mit der ein Task von der Queue abgerufen wird. In GetTask wird geprüft, ob die Queue überhaupt Tasks enthält. Ohne diesen Test würde eine Ausnahme ausgelöst werden, falls bei einer leeren Queue Dequeue aufgerufen wird. Wenn GetTask die Kontrolle an ProcessTasks zurückgibt, hat die Variable task entweder den Wert null oder sie referenziert ein Objekt. Falls sie ein Objekt referenziert, wird die Methode task.Execute aufgerufen, um den Task auszuführen. Ist diese Methode fertig, wird der fertige Task zu der Liste der ausgeführten Tasks (_completedTasks) hinzugefügt.

Wenn GetTask die Kontrolle an ProcessTasks zurückgibt und die task-Variable den Wert null hat, gibt es keine weiteren auszuführenden Tasks mehr, und der Thread wird beendet. Dann muss dem Datenelement _thread der Wert null zugewiesen werden, um anzuzeigen, dass kein laufender Thread existiert. Wenn _thread der Wert null zugewiesen wird, entsteht zwischen dem Produzenten-Thread und dem Konsumenten-Thread eine Konfliktsituation. Wenn kein Thread läuft, startet der Produzent einen Thread, und der Konsument verlässt den Thread, wenn dieser seine Arbeit beendet hat. Das Datenelement _thread muss mit einer Synchronisierungssperre geschützt werden. Zu diesem Zweck wird das Schlüsselwort lock im Kontext von GetTask verwendet.

Das Problem liegt darin, dass zwischen dem Zeitpunkt, an dem der Produzent prüft, ob ein Thread gestartet worden ist, und dem Zeitpunkt, an dem der Konsument den Thread verlässt, eine gewisse, wenn auch kurze Zeit vergeht. Wenn der Konsument in dieser kurzen Zeitspanne den Thread verlässt und der Produzent keinen neuen Thread startet, enthält die Queue einen Task, der auf seine Ausführung wartet. Die einfachste Lösung besteht darin, dem Konsumenten das Verlassen des Threads zu verwehren und den Thread schlafen zu schicken, wenn der Konsument nichts zu tun hat. Eine andere Lösung besteht darin, mit dem Kosumenten-

Thread, wenn dieser beendet wird, eine Sperre zu erstellen, die den Produzenten zum Warten zwingt, während das Datenelement _thread zurückgesetzt wird.

Die Logik wird komplett in dem Konsumenten und der Methode `ProcessTasks` implementiert. Hier noch einmal der Ablauf:

```
public void ProcessTasks() {
    ITask Task = null;
    while(true) {
        Task = GetTask();
        if(Task != null) {
            Task.Execute(this);
            lock(_completedTasks) {
                _completedTasks.Enqueue(Task);
            }
        }
        else {
            lock(this) {
                Task = GetTask();
                if(Task == null) {
                    _thread = null;
                    break;
                }
            }
        }
    }
}
```

Das Problem, dass die Queue einen wartenden Task enthält, wird dadurch verursacht, dass das Datenelement _thread nicht zum richtigen Zeitpunkt gesetzt und geprüft wird. Falls der Konsumenten-Thread den letzten lock-Befehl mit der Objektreferenz this erreicht, ist eine Bedingung für das Verlassen des Threads eingetreten. Der erste Schritt der Exit-Strategie besteht darin, das aktuelle Objekt zu sperren. Dann kann der Produzent keinen Task hinzufügen und muss deshalb warten, bevor er einen Task hinzufügen und prüfen kann, ob ein Konsumenten-Thread gestartet werden muss. Der nächste Schritt der Exit-Strategie besteht darin, zu prüfen, ob in der Queue Tasks warten (GetTask). Denn es könnte sein, dass der Produzent einen Task zu der Queue hinzugefügt hat, während die Exit-Strategie noch versuchte, einen Lock (die Sperre) zu bekommen. Falls kein Task in der Queue wartet, kann der Konsumenten-Thread beendet und dem Datenelement _thread sicher der Wert null zugewiesen werden.

Einige .NET-Leser mögen darauf hinweisen, dass dieses Problem mit ThreadPool gelöst werden sollte. ThreadPool ist eine gute Idee, aber Tatsache ist, dass Sie das Verhalten des Standard-Thread-Pools nicht kontrollieren können; außerdem existiert eine Obergrenze für die Anzahl der Threads, die das Leistungsverhalten des Servers unnötig einschränken könnte. Eine .NET-Implementierung eines flexiblen Thread-Pools finden Sie unter dem URL `http://www.codeproject.com/csharp/SmartThreadPool.asp`. Für Java-Entwickler gilt Ähnliches, und Apache Jakarta Commons (`http://Jakarta.apache.org`) verfügt über eine nützliche Thread-Pool-Implementierung.

Unabhängig davon, ob Sie einen Thread-Pool verwenden, die Threads selbst verwalten oder einen Anwendungsserver einsetzen, werden zahlreiche Threads nebenläufig ausgeführt werden. Deshalb müssen Sie, wenn Sie das *Infinite Data*-Pattern oder das *Persistent Connections*-Pattern implementieren, über Nebenläufigkeit und Synchronisation Bescheid wissen. Ohne diese Konzepte zu beherrschen, könnten Ihre Programme zu den ungünstigsten Zeitpunkten in einen Deadlock (eine Verklemmung) geraten. Natürlich könnten Sie versuchen, einen Deadlock zu debuggen, doch sobald Sie den Debugger starten, verschwindet der Deadlock wie von Zauberhand. Dann haben Sie die Wahl, die Anwendung mit laufendem Debugger zu vertreiben oder logisch korrekten Code zu schreiben. (Für die Multithreaded-Programmierung in Java empfehle ich *Concurrent Programming in Java* von Doug Lea, Addison-Wesley Professional, 1999. Für .NET gibt es das Buch *.NET Multithreading* von Alan Dennis, Manning Publications, 2002.)

Der letzte Teil des Task-Managers besteht aus Methoden zur Verwaltung der Ergebnisse. Diese Methoden verwenden Synchronisierungstechniken, in denen das Schlüsselwort `lock` nicht verwendet wird. Ihr Synchronisierungsmechanismus ist ein `Monitor`. Ein `Monitor` und `lock` verhalten sich ähnlich, aber ein `Monitor` verfügt über eine zusätzliche Fähigkeit, die `lock` nicht hat: Monitore können Signale empfangen. *Signalisierung* ist die Fähigkeit eines Threads, sich selbst in einen Wartezustand zu versetzen und auf das Eintreten eines Ereignisses zu warten. Ist das Ereignis eingetreten, sendet ein anderer Thread ein Signal. Gibt es Threads im Wartezustand, werden sie aktiviert und erhalten die Gelegenheit, die Daten des Ereignisses zu verarbeiten.

Die Funktionen zur Ergebnisverwaltung sind wie folgt implementiert:

```
public void AddResult(IResult result) {
    Monitor.Enter(_results);
    _results.Enqueue(result);
    Monitor.Pulse(_results);
    Monitor.Exit(_results);
}
private IResult GetSingleResult() {
    IResult result = null;
    if(_results.Count > 0) {
        result = _results.Dequeue();
    }
```

```
      return result;
   }
   public IResult GetResult() {
      Monitor.Enter(_results);
      IResult result = GetSingleResult();
      Monitor.Exit(_results);
      return result;
   }
   public IResult GetResultWait(int timeout) {
      IResult result = null;
      Monitor.Enter(_results);
      result = GetSingleResult();
      if(result == null) {
         Monitor.Wait(_results, timeout * 1000);
         result = GetSingleResult();
      }
      Monitor.Exit(_results);
      return result;
}
```

Es gibt drei public-Methoden: AddResult, mit der ein Ergebnis in die Ergebnis-Queue (_results) eingefügt wird; GetResult, mit der ein einzelnes Ergebnis abgerufen wird; und GetResultWait, mit dem ein einzelnes Ergebnis abgerufen wird, während die Methode auf ein Ergebnis wartet. Im Detail: GetResultWait prüft, ob Ergebnisse verfügbar sind; falls nicht, versetzt sich die Methode in einen Wartezustand, bis Ergebnisse zur Verfügung stehen. Das Datenelement _results wird nicht erläutert, aber es ist als Collection definiert. Alle public-Methoden rufen zunächst die Methode Monitor.Enter auf, mit der das Objekt _results gesperrt wird. Am Ende der public-Methoden wird die Methode Monitor.Exit aufgerufen, um die Sperre des Objekts _results aufzuheben. Der Code zwischen den Aufrufen der Methoden Monitor.Enter und Monitor.Exit ist synchronisierter Code, in dem nur ein Thread Aktionen ausführen kann.

Die Synchronisation und ihre Anwendung ist für alle Methoden leicht nachzuvollziehen. Komplizierter ist die Signalisierung des wartenden Threads. Wenn die Methode GetResultWait die Methode Monitor.Wait ausführt, hat sie Kontrolle über die Sperre. Keine andere Methode kann Ergebnisse zu der Collection hinzufügen oder aus ihr entfernen. Wenn die Methode GetResultWait feststellt, dass die Collection keine Ergebnisse enthält, ruft sie die Methode Monitor.Wait auf, um den Thread, der GetResultWait ausführt, in den Wartezustand zu versetzen. Die Methode Monitor.Wait enthält einen Timeout, was bedeutet, dass der Wartezustand des Threads nicht unendlich lange dauert. Ein Timeout verursacht ein automatisches Wiedererwachen des Threads, selbst wenn kein Signal gesendet worden ist. Wenn der Thread wiedererwacht, muss er prüfen, ob das Wiedererwachen

Folge eines Signals oder eines Timeouts war, und bei unserer Implementierung wird geprüft, ob die Collection Ergebnisse enthält.

Ein Signal, um einen Thread im Wartezustand wieder aufzuwecken, wird gesendet, wenn die Methode `Monitor.Pulse` aufgerufen wird, allerdings von einem Thread, der sich nicht im Wartezustand befindet. In unserem Beispiel ist dies die Methode `AddResult`.

Aus dem Code geht nicht hervor, was mit der Sperre passiert, wenn ein Thread in den Wartezustand versetzt und dann wieder aufgeweckt wird. Wird ein Thread in den Wartezustand versetzt, während er eine Sperre besitzt, könnten keinen anderen Threads ausgeführt werden, weil die darauf warten würden, dass der Thread wieder erwacht. Die Lösung eines Monitors besteht darin, die Sperre aufzuheben, wenn ein Thread in den Wartezustand versetzt wird. Wenn ein Signal gesendet wird, setzt der wiedererwachte Thread seine Ausführung nicht sofort fort, sondern fordert die Sperre an, bevor er seine Ausführung fortsetzt. Wenn ein Signal gesendet wird, wird der wiedererwachte Thread also nur ausgeführt, nachdem er die Sperre wiederbekommen hat.

Monitore als Synchronisierungsmechanismus zu verwenden ist unumgänglich, wenn Sie die Anforderungen des *Persistent Communications*-Patterns implementieren wollen, ohne Ressourcen verschwenden zu müssen. Während ein Monitor auf ein Ergebnis wartet, verwendet er so wenig Ressourcen wie möglich. Vielleicht haben Sie sich gefragt, ob auch der Hintergrund-Thread mit Monitoren implementiert werden könnte. Die Antwort lautet ja, obwohl ein Thread-Pool für den Hintergrund-Thread die bessere Lösung wäre. Mit einem Thread-Pool ist es einfacher, eine Producer-Consumer-Architektur zu implementieren.

Den Task implementieren

Das letzte zu erklärende Codesegment ist der Task selbst. In unserem Beispiel geht es also um die Klasse `Calculator`. Einige Teile der Klasse wurden der Klarheit halber weggelassen:

```
public class Calculator : TaskManager.ITask {
   private long _transactionIdentifier;
   private long _number;
   public long TransactionIdentifier {
      get {
         return _transactionIdentifier;
      }
      set {
         _transactionIdentifier = value;
      }
   }
   public void Execute(TaskManager.ITaskManager mgr) {
```

```
            mgr.AddResult(new PrimeNumberData(1, _transactionIdentifier));
            for(int c1 = 2; c1 <= _number; c1 ++) {
                if(IsPrime(c1)) {
                    mgr.AddResult(
                        new PrimeNumberData(c1,
                        _transactionIdentifier));
                }
            }
        }
        public Calculator(long number, long transactionIdentifier) {
            if(number < 1) {
                throw new IndexOutOfRangeException(
                    "Die Zahl muss größer als 0 sein.");
            }
            _number = number;
            _transactionIdentifier = transactionIdentifier;
        }
    }
```

Der Konstruktor von `Calculator` akzeptiert zwei Parameter: die Zahl, für die die Primzahlen berechnet werden sollen, und den Transaktionsbezeichner. Hier werden die Laufzeitdaten mittels der Konstruktor-Parameter kopiert. Alternativ könnten sie über eine Eigenschaft oder Methode zugewiesen werden. Der Task-Manager weist die Laufzeitdaten nicht zu, weshalb diese auf andere Weise zugewiesen werden müssen. Der logischste Platz findet sich in der Implementierung der Methode `ITaskData.InstantiateTask`. In dem Beispiel referenziert der Konstruktor die Task-Daten explizit, er hätte aber auch die folgende Form haben können:

```
public Calculator(ActionData data) { ...}
```

Die Klasse `Calculator` implementiert das `Itask`-Interface, was bedeutet, dass die Eigenschaft `TransactionIdentifier` und die Methode `Execute` implementiert werden. Die Eigenschaft `TransactionIdentifier` ist eine einfache Eigenschaft für die Zuweisung des Datenelements `_transactionIdentifier`. In der Methode `Execute` werden die Ergebnisse mit der Methode `mgr.AddResult` addiert. Zunächst fügt die Methode `Execute` die Primzahl 1 in die Ergebnisliste ein. Dann startet eine Schleife, die alle Zahlen bis zu der Obergrenze durchläuft und testet, ob es sich um eine Primzahl handelt. Die Methode `IsPrime` wird nicht gezeigt; sie enthält eine einfache Berechnung, um zu testen, ob eine Zahl eine Primzahl ist. Ist die Zahl eine Primzahl, wird sie mit der Methode `mgr.AddResult` zu der Ergebnisliste hinzugefügt.

Die Implementierung des Tasks ist die Komponente des *Infinite Data*-Patterns. An diesem Punkt können Sie die Anwendung ausführen und anfangen, Primzahlensequenzen zu generieren.

10.7 Besonderheiten des Patterns

Die Implementierung des *Infinite Data*-Patterns hängt zu einem großen Teil von der Server-Implementierung ab, weil der Server für die Generierung der Daten verantwortlich ist. Der Client ist dafür verantwortlich, die korrekten Task-Daten zu erstellen und die Ergebnisse mit den eingesendeten Task-Daten zu verbinden.

Hier sind die wichtigen Aspekte des *Infinite Data*-Patterns:

- Das Pattern wird verwendet, um Daten stückweise zu generieren.
- Das Pattern ist in Situationen nützlich, in denen der ausgeführte Task Daten während seiner Ausführung generieren kann. Wenn beispielsweise eine relationale Datenbank verwendet wird, die Teilergebnisse unterstützt, ist es notwendig, mit asynchronen Callbacks zu arbeiten.
- Synchronisation und Hintergrund-Threads oder -Prozesse müssen verwendet werden. Es ist wichtig, Probleme der Nebenläufigkeit zu verstehen, um Deadlocks (Verklemmungen) zu vermeiden.
- XML-Nachrichten zu senden und zu empfangen und Datentypen und Tasks zu verbinden, erfordert ein gewisses Maß an Automatisierung. XML-Schemas sind sehr hilfreich.
- Auch wenn XML das vorzuziehende Format ist, kann ein Format wie etwa JSON bei der Implementierung dieses Patterns nützlich sein, weil Serialisierung und Marshaling in größerem Umfang erforderlich sind.
- Die Basis des *Infinite Data*-Patterns ist das *Persistent Communications*-Pattern.

Kapitel 11

REST-Based Model View Controller-Pattern

11.1 Zweck

Das *REST-Based Model View Controller*-Pattern wird verwendet, um auf Inhalte zuzugreifen, die, bezogen auf die Webanwendung, extern sind, und sie so zu transformieren, dass sie so dargestellt werden, als seien sie von der Webanwendung generiert worden.

11.2 Motivation

Anwendungen lösen Probleme. Die Probleme sind in der Regel anwendungsspezifisch und haben wenig mit anderen Bereichen gemeinsam. Ein Textverarbeitungsprogramm ist ein Textverarbeitungsprogramm und ein E-Mail-Programm ist ein E-Mail-Programm. Jede Anwendung ist für ihrer eigenen Daten und ihre Benutzerschnittstelle verantwortlich. Die Frage stellt sich: Warum kann man nicht einfach ein Dokument durch Anklicken einer Schaltfläche in eine E-Mail umwandeln oder umgekehrt? Warum muss eine Anwendung von einer anderen getrennt sein? Die typische Lösung, eine E-Mail in ein Dokument umzuwandeln, besteht darin, Inhalte der einen Anwendung zu kopieren und in der anderen einzufügen. Dies funktioniert ganz gut, erfordert aber einen zusätzlichen Schritt.

Nehmen Sie jetzt an, eine Anwendung habe die Fähigkeit, Inhalte oder Funktionalität einer anderen Anwendung zu integrieren und sie zu einem Teil von sich zu machen. Dann erhielten Sie eine Lösung wie die aus Abbildung 11.1.

Die Anwendung aus Abbildung 11.1 heißt *Lilina*. Es handelt sich um einen Blog News Aggregator. Mit Lilina können Sie mehrere Blogs lesen und als Webseiten präsentieren. Das Besondere an Lilina ist ihre Fähigkeit, Blog-Einträge mit der Google-Suchmaschine zu suchen und die Ergebnisse als Teil eines Blog-Eintrags darzustellen. Lilina ist eine einzigartige Next-Generation-Anwendung, da sie über die Fähigkeit verfügt, mehrere Datenströme (Blogs und Google-Suchergebnisse) zu einem einzigen Strom zusammenzuführen. Kurz gesagt: Lilina ist ein Beispiel für das *REST-Based Model View Controller*-Pattern.

Kapitel 11
REST-Based Model View Controller-Pattern

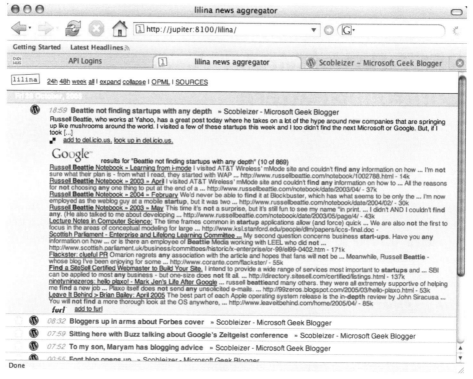

Abb. 11.1: Beispielanwendung, die externe Funktionalität integriert

Warum sollte es erforderlich sein, das *REST-Based Model View Controller*-Pattern zu verwenden, wenn doch das XMLHttpRequest-Objekt existiert? Schließlich könnten Inhalte aus verschiedenen Quellen auch mit dem XMLHttpRequest-Objekt integriert werden. Nun – aufgrund der Same Origin Policy ist es nicht immer möglich, Inhalte aus verschiedenen Quellen problemlos zu integrieren.

Die Same Origin Policy wurde in Kapitel 2 beschrieben. Im Wesentlichen soll diese Richtlinie JavaScript-Skripte an domainübergreifenden Aufrufen hindern (XSS; http://de.wikipedia.org/wiki/XSS). Sie soll die Sicherheit verbessern und darf nicht als Programmierhindernis betrachtet werden. Hacker haben immer wieder Websites unter ihre Kontrolle gebracht und bereits viel Schaden angerichtet. Deshalb ist ein Schutz unverzichtbar.

Es gibt zwei weitere Gründe für die Anwendung des *REST-Based Model View Controller*-Patterns: dem Anwender eine einheitliche Benutzeroberfläche zu präsentieren und den Webbrowser nicht unnötig mit Geschäftslogik zu überlasten. Die HTML-Inhalte aus Abbildung 11.1 haben das Aussehen und Verhalten einer einzigen Anwendung, obwohl mehrere Datenströme zu einem einzigen HTML-Strom integriert werden. Die Integration wird vom Server geleistet. Er extrahiert die wichtigen Daten aus den einzelnen Datenströmen und benutzt sie als Komponenten der neuen HTML-Inhalte.

Theoretisch kann auch der Browser alles tun, was der Server tut. Dazu zählt auch das Extrahieren und Transformieren von Daten. Zwar ist ein Webbrowser eine sehr nützliche Software, die komplizierte Skripts ausführen kann; das bedeutet aber nicht, dass er eine zwei Megabyte große JavaScript-Datei herunterladen und ausführen sollte. Ein Webbrowser sollte als intelligenter Thin Client aufgefasst werden. Außerdem hat das *REST-Based Model View Controller*-Pattern den Zweck, Verarbeitungsaufgaben vom Client auf den Server zu verlagern, Näheres dazu erfahren Sie im Abschnitt *Architektur* dieses Kapitels.

11.3 Anwendbarkeit

Szenarien für den Einsatz des *REST-Based Model View Controller*-Patterns sind nicht schwer zu finden. Sie benötigen es, wenn Sie auf Inhalte zugreifen wollen, die in der laufenden Webanwendung aufgrund der Same Origin Policy nicht verfügbar sind. Deshalb könnte dieses Pattern wie ein Hilfsmittel aussehen, um etwas zu umgehen, das Sie bei der Entwicklung von Anwendungen hindert. Diese Annahme ist jedoch falsch. Der Zweck des *REST-Based Model View Controller*-Patterns besteht darin, mehrere Datenströme zu kombinieren und als einen einzigen Strom zu präsentieren, der zur Architektur einer benutzerspezifischen Webanwendung passt.

Das *REST-Based Model View Controller*-Pattern wird in den folgenden Kontexten eingesetzt:

- Zum Zugriff auf einen Datenstrom, auf den der Client wegen der Same Origin Policy nicht zugreifen kann
- Einfach ausgedrückt: Als Methode, um das Format eines Datensets in das Format einer spezifischen Anwendungsarchitektur umzuwandeln. Ein Beispiel ist die Integration von Datenströmen aus älteren Versionen der Webanwendung. Mit dem *REST-Based Model View Controller*-Pattern können Sie so mehrere Versionen derselben Webanwendung ohne Konflikte parallel benutzen.
- Als Methode, verschiedenartige Technologien zu integrieren. Beispielsweise stellt Google die Funktionalität seiner Suchmaschine mit der Webservice-Technologie SOAP (Simple Object Access Protocol) zur Verfügung. SOAP kann mit HTTP verwendet werden, aber ein Webbrowser versteht SOAP nicht, und deshalb werden SOAP-Anfragen mit dem *REST-Based Model View Controller*-Pattern in Ajax-HTTP-Anfragen umgewandelt.

11.4 Verwandte Patterns

Das *REST-Based Model View Controller*-Pattern ähnelt einer n-schichtigen Architektur und einer *Model View Controller*-(MVC-)Architektur. Im Vergleich zu MVC besteht das *Model* aus anderen Servern (beispielsweise Webquellen, Datenquellen), der *Controller* ist der Controller, der die Inhalte der anderen Server verwaltet, und die *View* ist der REST-Client, der die Daten liest. Der REST-Client kann ein Browser, ein XMLHttpRequest-Objekt oder sogar ein Befehlszeilen-Utility sein. Das Pattern weicht von dem klassischen MVC durch die Ereignissteuerung ab. Im Gegensatz zu dem klassischen MVC implementiert dieses Pattern kein Ereignismodell.

Das *REST-Based Model View Controller*-Pattern kann synchron oder asynchron verwendet werden. Bei der synchronen Form erfolgt eine Anfrage, und der Client wartet darauf, dass die Aufrufe des externen Netzwerks zurückkehren, aggregiert dann die Ergebnisse und stellt sie im Client dar. Im asynchronen Modus erfolgt eine Anfrage, und der Client wartet nicht auf die Ergebnisse, sondern die Ergebnisse werden ihm asynchron gesendet.

Wird das *REST-Based Model View Controller*-Pattern synchron eingesetzt, ähneln die generierten Daten den Daten, die von dem *Content Chunking*-Pattern generiert werden. Wird es asynchron eingesetzt, ähneln die generierten Daten den Daten, die von dem *Infinite Data*-Pattern generiert werden. Außerdem implementiert in diesem Fall das *Persistent Communications*-Pattern.

Unabhängig davon, ob das Pattern synchron oder asynchron verwendet wird, wird das *Permutations*-Pattern benötigt, um die Daten aus einem Format in ein anderes umzuwandeln, das vom Client gewünscht oder benötigt wird. Die generierten Daten ändern sich laufend, weil sie aus dem externen Netzwerk stammen und deshalb das *Cache Controller*-Pattern nicht anwendbar ist. Eine Ausnahme bilden Daten, die von der externen Anfrage generiert werden und vom *Cache Controller*-Pattern verwendet werden können. Doch darauf können Sie sich nicht verlassen; meistens müssen Sie damit rechnen, dass das *Cache Controller*-Pattern nicht anwendbar ist.

11.5 Architektur

Das *REST-Based Model View Controller*-Pattern implementiert mehrere Patterns und die *Model View Controller*-Architektur. In seiner einfachsten Form ist das Pattern ein Wrapper (Umhüllung) für den Zugriff auf externe Inhalte. In seiner komplexesten Form ist es eine eigenständige Anwendung.

11.5.1 Das große Bild

Analysiert man den *Model View Controller*-Aspekt des Patterns, besteht das *Model* aus den externen Inhalten, die von den diversen HTTP-Servern generiert werden.

Der *Controller* bearbeitet das Modell und generiert eine *View*, allerdings nur die View, die vom Client benötigt wird. Die *View* ist eine Implementierung des *Permutations*-Patterns und definiert eine Ressource und eine Repräsentation. Abbildung 11.2 zeigt ein Beispiel für eine Architektur, die das *REST-Based Model View Controller*-Pattern implementiert.

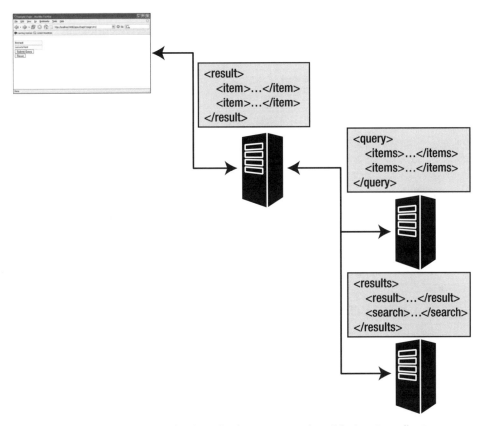

Abb. 11.2: Beispiel für eine Architektur, die das *REST-Based Model View Controller*-Pattern implementiert

Der Webbrowser (in diesem Kapitel die *View*) aus Abbildung 11.2 sendet eine Anfrage an den lokalen Server (in diesem Kapitel der *Controller*). Der Controller sendet mit einem lokalen Client Anfragen an externe Server (in diesem Kapitel das *Model*). Je nach Anwendung kann der Controller zu diesem Zweck einen oder mehrere lokale Client-Aufrufe absetzen. Der lokale Client ist dafür verantwortlich, die Ergebnisse zu empfangen und in eine Struktur umzuwandeln, die der Controller erwartet. Der Controller sammelt die Ergebnisse, führt einige Geschäftsoperationen aus, konvertiert sie in eine View, die der Client erwartet, und sendet schließlich die View an den Client.

Kurz gesagt: Bei dieser Architektur kann der Client den Controller aufrufen und eine spezielle View erwarten. Die lokalen Clients (des Controllers) wandeln die Remote-Ergebnisse in stabile, präsentierbare Daten um. Der Controller kann Ergebnisse optimieren und bei Bedarf in anderen Quellen integrieren, um die Ergebnisse zu verbessern. Er könnte das *Permutations-* und das *Persistent Communications-*Pattern implementieren. Grundidee ist, dass der Controller als Aggregator agiert, der die abgerufenen Daten zweckbezogen aufbereitet. Abbildung 11.3 zeigt den Platz der verschiedenen Konzepte in der übergreifenden Architektur.

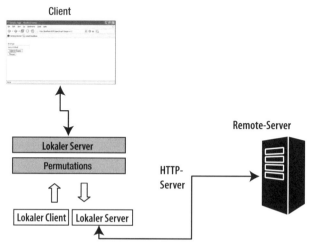

Abb. 11.3: Übergreifende Architektur des *REST-Based Model View Controller-*Patterns

In Abbildung 11.3 ruft der Client den lokalen Server oder Controller auf; dieser ruft die *Permutations-*Schicht auf; diese ruft den lokalen Client auf; dieser ruft den Remote-Server auf. Der Controller kann Geschäftslogik enthalten und – was wichtiger ist – kann als lokal installierte Anwendung agieren. Betrachten Sie es so: Ein traditioneller Client ist auf dem lokalen Computer installiert. Bis jetzt wurden alle Ajax-Anwendungen so dargestellt, als würden sie auf zwei separaten Computern ausgeführt. Doch mit dem *REST-Based Model View Controller-*Pattern kann das Konzept einer traditionellen Anwendung implementiert werden, wenn sich der HTTP-Server, der den Controller ausführt, auf demselben Computer wie der Webbrowser befindet. Das Ergebnis ist eine Server-Anwendung, die mit anderen Server-Anwendungen kommuniziert, wodurch eine Matrix von Anwendungen entsteht, die nahtlos interagieren und Daten austauschen kann. Gegenwärtig ist es nicht leicht, traditionelle Anwendungen dazu zu bringen, miteinander zu kommunizieren, und es erfordert zusätzliche, oft manuelle Schritte wie etwa das Kopieren und Einfügen. Doch mit dem *REST-Based Model View Controller-*Pattern könnte ein Dokumentenprozessor eine E-Mail lesen und die Daten direkt in ein Dokument umwandeln und umgekehrt.

Das Konzept eines Standorts wird mit dem *REST-Based Model View Controller* irrelevant, weil Anwender von überall auf ihre Daten zugreifen können, von zu Hause, aus dem Büro oder von unterwegs, wenn sie auf Reisen sind. Der Standort ist irrelevant, weil er durch eine Ressource ersetzt wird. Aber ist denn nicht die Ressource unter dem URL http://myserver.mydomain.com/resource an den Server myserver.mydomain.com gebunden? Dies Frage lässt außer Acht, dass myserver.mydomain.com ein Servername und eine Ressource ist, die von einem Domain Name System (DNS; http://de.wikipedia.org/wiki/Domian_Name_System) in eine IP-Adresse übersetzt wird; und DNS-Server implementieren eine Form des *Permutations*-Patterns. Indem Sie einen DNS-Server mit der HTTP-Server-basierten *Permutations*-Pattern-Implementierung verbinden, können Sie aus einem URL eine abstrakte Ressource machen.

11.5.2 Eine geeignete Ressource definieren

Die Ressource, mit der auf eine View des Controllers zugegriffen wird, spielt bei der Implementierung des *REST-Based Model View Controller*-Patterns eine wichtige Rolle. Man könnte versucht sein, das Pattern zu vereinfachen und einen URL zu generieren, der mit dem URL, mit dem auf ein Model zugegriffen wird, zumindest weitgehend übereinstimmt. Der Controller wäre ein Spiegel des Remote-Servers und würde so ein Mittel darstellen, um die Einschränkungen der Same Origin Policy zu umgehen. Hier ist ein technisches Beispiel für einen Spiegel: Um die Suchmaschine Alexa aufzurufen, können Sie mit dem URL http://awis.amazonaws.com/onca/xml eine REST-Anfrage machen. Der gespiegelte Controller-URL wäre http://amazon.mydomain.com/onca/xml; er würde die Funktionalität vom Controller an das Model delegieren. Die Implementierung einer Delegation ist keine Implementierung des *REST-Based Model View Controller*-Patterns, sondern eine Implementierung des *Proxy*-Patterns.

Eine Implementierung des *Proxy*-Patterns liegt vor, wenn das Interface, das vom Controller veröffentlicht wird, mit dem Interface identisch ist, das von dem Remote-Server veröffentlicht wird. Das Wort *Interface* bezieht sich auf den Code, nicht etwa auf eine Benutzerschnittstelle. Ein korrekt implementiertes *Proxy*-Pattern ist für den Client transparent (unsichtbar, durchsichtig); der Client denkt, er sei direkt mit dem Remote-Server verbunden.

Die Implementierung des *Proxy*-Patterns ergibt eine Architektur wie aus Abbildung 11.4.

Abbildung 11.4 zeigt einen Client, der eine Anfrage stellt, um eine Suche mit den Suchmaschinen von Google und bei Amazon.com durchzuführen. Der Client kommuniziert mit dem lokalen Server, der seinerseits mit den Remote-Servern von Amazon.com und Google kommuniziert. Falls der lokale Server als Proxy agieren würde, müssten der URL, die Anfragedaten und die Antwortdaten für jede Suchmaschine eindeutig sein. Der Client müsste Schwerarbeit leisten, um herauszufinden, was er senden und wie er die Antworten verarbeiten muss. Natürlich sollte der Client dies nicht tun müssen. Das clientseitige JavaScript-Skript würde sehr umfangreich, kompliziert und wartungsunfreundlich werden.

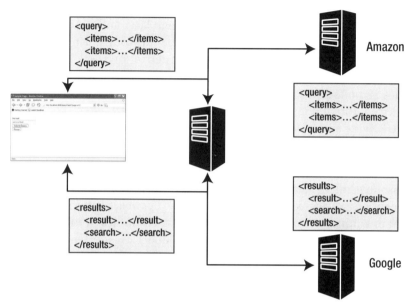

Abb. 11.4: Architektur eines Servers, der als Proxy agiert

Die Lösung besteht darin, die Arbeit auf den Controller und seine lokalen Clients zu verlagern. Insbesondere soll der Controller

- die Views definieren, die für den Client verfügbar sind
- die Ressourcen definieren, die vom Client verwendet werden
- die lokalen Clients ausführen und verwalten, mit denen die Remote-Server aufgerufen werden

Doch welchen URL verwendet der Client für seine Abfrage? Dies hängt von der Anwendung ab. Im Abschnitt *Verwandte Patterns* wurde erwähnt, dass das synchrone Interface ähnliche Daten wie das *Content Chunking*-Pattern und das asynchrone Interface ähnliche Daten wie das *Persistent Communications*-Pattern generiert. Dies bedeutet, dass der URL den Empfehlungen dieser beiden Patterns entsprechen sollte.

In dem Suchbeispiel wäre der vorgeschlagene URL `http://mydomain.com/search`. Der Bezeichner `/search` wurde willkürlich gewählt; er soll die auszuführende Aufgabe ausdrücken. In vorangegangenen Patterns wie etwa dem *Content Chunking* und anderen wurden verschiedene Methoden zur Definition von URL-Bezeichnern beschrieben. Der Controller benutzt den Bezeichner `/search`, um die lokalen Clients für Amazon.com und Google auszuführen. Falls der Client nur bei Amazon.com suchen wollte, wäre der Amazon.com-spezifische Such-URL `http://mydomain.com/search/impl/amazon`. Der Bezeichner `impl` verweist auf eine Implementierung, und der Bezeichner `amazon` verweist auf die Amazon.com-Suchmaschine.

Wenn mit `http://mydomain.com/search` sowohl Amazon.com als auch Google durchsucht werden und mit `http://mydomain.com/search/impl/amazon` Amazon.com allein durchsucht wird, woher weiß ich überhaupt, dass `amazon` ein gültiger Bezeichner ist, den ich an den URL anhängen kann? Was wäre, wenn ich `yahoo` an den URL anhängen würde: `http://mydomain.com/search/impl/yahoo`? Würde ich dann eine Antwort bekommen? Die wirklich einfache Antwort lautet: Wenn jemand sagt, dass dieses Yahoo! existiert, existiert der URL. Falsch an diesem Ansatz ist, dass ein Anwender auf die Intervention einer Person angewiesen ist. Die verfügbaren Implementierungen zu kennen und aufzulisten, ist eine Aufgabe, die von einem Controller erledigt werden sollte. Wenn der Client den URL anforderte, würden dann die folgenden Links zurückgegeben werden:

```
http://mydomain.com/search/impl
http://mydomain.com/search/impl/amazon
http://mydomain.com/search/impl/google
```

Als Nächstes muss der Abfragetext definiert werden, der an den Controller gesendet und an die lokalen Clients delegiert wird. Die einfache Strategie bestünde darin, den Suchbegriff in den URL einzufügen, z.B.: `http://mydomain.com/search?query=Ajax+Applications`. Der URL wird in CGI-Form (CGI = Common Gateway Interface) aufgebaut. Der Text nach dem Fragezeichen ist der so genannte *CGI-Querystring* oder kurz *Querystring* (Anfragestring). Er besteht aus einem oder mehreren Variable-Wert-Paaren. Mangels einer besseren Bezeichnung sollen die einzelnen Variablen in diesem Kapitel als *URL-Anfragevariablen* bezeichnet werden. Die URL-Anfragevariablen werden mit CGI verschlüsselt.

Ein anderer Ansatz, der bei vielen anderen Patterns in diesem Buch gewählt wurde, besteht darin, die Daten als XML-Dokumente zu übertragen. Und noch ein anderer Ansatz, den URL umzuschreiben, besteht darin, einen URL ohne Querystring zu referenzieren, etwa: `http://mydomain.com/search/query/Ajax+Applications`. Dieser Ansatz wäre besser und würde eher zu den Patterns in diesem Buch passen.

Der anscheinend korrekte URL würde funktionieren, hinterlässt aber ein ungutes Gefühl, weil die von ihm referenzierten Daten per se nicht konstant sind. Was passiert beispielsweise, wenn Sie die Suchbegriffe umstellen: `Applications+Ajax`? Erhielten Sie dann dasselbe Ergebnisset, obwohl die beiden URLs verschieden sind? Was wäre mit `Apps+Ajax`? Die Kombinationen und Permutationen sind zu zahlreich und würden zu viele eindeutige URLs erfordern. Es geht nicht darum, dass ein anscheinend korrekter URL im Allgemeinen unbrauchbar ist; denn in dem Suchbeispiel leistet er, was er leisten soll. So lautete bei `Map.search.ch` der URL zu meinem früheren Haus `http://map.search.ch/8143-Stallikon/3-Muelistrasse`. In diesem Fall war es in Ordnung, den Querystring in eine Ressource umzuwandeln, weil die Ressource stabil war. Wahrscheinlich wird sie sich auch in Zukunft nicht allzu schnell ändern (abgesehen von Naturkatastrophen natürlich, aber dann hätten Sie sicher größere Probleme, als die Brauchbarkeit eines URLs herauszufinden).

Eine Faustregel: Wann ein Querystring und wann ein kompletter URL verwendet werden sollte, hängt von den Daten ab, die von der Ressource referenziert werden. Falls die Ressource Mailboxen, Rechnungen, Adressen, Modellteile oder etwas anderes repräsentiert, was mit einem Substantiv beschrieben wird, haben Sie es mit einer komplett definierten Ressource zu tun. Falls die Daten eine Aktion repräsentieren, die auf ein Objekt (Substantiv) angewendet werden, sollten Sie einen Querystring verwenden. Dies bedeutet, Sie können Adressen suchen oder Rechnungen filtern.

Der Unterschied zwischen einem Querystring und einem kompletten URL ist in einigen Fällen minimal; und einige Entwickler ziehen einen Querystring einem URL vor. Ein wesentlicher Grund, URLs und nicht Querystrings zu benutzen, hat mit der Internet-Infrastruktur zu tun. Betrachten Sie den folgenden URL und den entsprechenden Querystring:

URL:	`http://mydomain.com/8143-Stallikon/3-Muelistrasse`
Querystring:	`http://mydomain.com/?zip=8143&city=Stallikon&street=3+Muelistrasse`

Bei der Querystring-Variante lautet der URL ohne Querystring `http://mydomain.com`. Weil derselbe URL aufgerufen wird, kann die Internet-Infrastruktur keine HTTP-Validierung durchführen, weil die Variante des URLs nur den Querystring enthält. Wenn viele Daten heruntergeladen werden, könnten die Ressourcen überlastet werden. Besser wäre es, einen eindeutigen URL zu verwenden, der validiert oder zwischengespeichert werden kann.

Nachdem all dies geschrieben worden ist: Einige Server speichern Daten auf der Basis des Querystrings zwischen. Doch aus Sicht der Zwischenspeicherung kann dies sehr gefährlich sein. Der Grund hat damit zu tun, dass ein Querystring für HTML-Formulare bestimmt ist oder als Verarbeitungsdirektive betrachtet wird. Wenn Sie unsicher sind und korrekt sein wollen, sollten Sie einen eindeutigen URL verwenden.

11.5.3 Das Interface für die Aufrufe erstellen

Jetzt haben wir die Ressource oder den URL und den Querystring definiert, mit dem der Client den Controller aufruft. Unklar ist noch, welche HTTP-Verben verwendet werden und wie sie aufgerufen werden. Den Patterns aus diesem Buch zufolge können die HTTP-Verben entweder mit dem *Content Chunking*-Pattern (synchron) oder dem *Persistent Communications*-Pattern (asynchron) aufgerufen werden.

Wenn die Ressource mit dem *Content Chunking*-Pattern aufgerufen wird, verwendet der Webbrowser das XMLHttpRequest-Objekt. Abbildung 11.5 zeigt ein Beispiel für eine solche HTTP-Kommunikation.

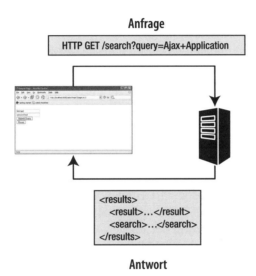

Abb. 11.5: HTTP-Kommunikation für ein synchrones Interface

Bei einer synchronen Anfrage gibt es eine einzige HTTP-GET-Anfrage. Sie ist an den Controller gerichtet, und der Client wartet auf die Ergebnisse. Der Server sendet die Ergebnisse als einzelnen Inhaltsblock; in Abbildung 11.5 besteht dieser Block aus XML-Code. Der Inhaltsblock ist das Ergebnis der Anwendung des *Permutations*-Patterns; er muss nicht aus XML-Code bestehen (sondern könnte auch HTML enthalten).

In vorangegangenen Implementierungen des *Permutations*-Patterns wurde ein HTTP-Filter verwendet. Die HTTP-Filter reagiert auf alle HTTP-Anfragen, führt einige Filteroperation mit der Anfrage durch, ohne diese aber zu verarbeiten. Die Implementierung des *REST-Based Model View Controller*-Patterns mit dem *Permutations*-Pattern erfordert einen anderen Ansatz, weil für diesen Kontext der HTTP-Filter-Ansatz zu langatmig ist.

In den vorangegangenen Implementierungen des *Permutations*-Patterns erfolgte die Umlenkung von einem HTTP-Filter zu einem anderen Verarbeitungsframework, etwa einem HTTP-Handler. Es wurde angenommen, dass das *Permutations*-Pattern eine Umlenkung zu einer anderen Logikkomponente durchführt. Bei dem *REST-based MVC* verwaltet der Handler, der den globalen Ressourcen-URL verwaltet, auch den umgeschriebenen URL. Wenn der ursprüngliche URL beispielsweise http://mydomain.com/search lautete und ein Client HTML-Inhalte anforderte, wäre der umgeschriebene URL http://mydomain.com/search/html. Wenn derselbe Handler beide URLs verwaltet, ist es überflüssig, einen HTTP-Filter hinzuzufügen, der eine Umlenkung von einem URL zu einem anderen URL bewirkt. Der Grund, warum das *REST-Based Model View Controller*-Pattern und nicht der von dem *Permutations*-Pattern implementierte Filter die Umlenkung steuert, liegt darin, dass die Logik der Umlenkung speziell für den *REST-Based Model View Controller* gilt. Der bessere Ansatz besteht darin, dem HTTP-Handler die gesamte Verwaltung zu überlassen und keinen HTTP-Filter zu verwenden.

Wenn ein HTTP-Handler eine synchrone Anfrage implementiert, die das *Content Chunking*-Pattern verwendet, werden die HTTP-Verben GET und POST in einem speziellen Kontext benutzt. Wenn Sie die asynchrone Anfrage mit dem *Persistent Communications*-Pattern implementieren, könnten Sie versucht sein, dieselben HTTP-Verb-Implementierungen zu benutzen. Dies ist nicht möglich, weil die HTTP-Verben GET und POST im Kontext des *Persistent Communications*-Patterns verschiedene Rollen erfüllen. Bei der asynchronen Anfrage ruft HTTP-GET Ergebnisse ab, und HTTP-POST oder -PUT senden Daten an den Server. Unabhängig davon, ob HTTP-GET oder -POST/PUT verwendet wird, werden die Daten, die gesendet werden, um die Ausführung der lokalen Clients zu starten, immer noch in einen Querystring eingebunden. Abbildung 11.6 illustriert die Kommunikation zwischen Server und Client für das asynchrone Interface.

Laut *Persistent Communications*-Pattern gibt es zwei Kommunikationsströme. Daten werden mit einem HTTP-POST/PUT gesendet, und Ergebnisse werden mit HTTP-GET abgerufen. Abbildung 11.6 zeigt nicht, woher HTTP-GET weiß, aus welcher Suche die Ergebnisse entnommen werden sollen. Die Lösung besteht darin, einen eindeutigen Bezeichner zu verwenden, der einem Anwender-Cookie oder, falls möglich, den Authentifizierungsdaten eines Anwenders zugeordnet ist. Diese Lösung wurde im *Infinite Data*-Pattern gezeigt. Für die synchrone Anfrage kann das *Permutations*-Pattern implementiert werden.

Weil synchrone und asynchrone Anfragen die HTTP-Verben unterschiedlich anwenden, stellt sich die Frage, ob beide Anfrage-Interfaces einen gemeinsamen URL verwenden können. Die Abbildungen 11.5 und 11.6 zeigen, dass die HTTP-GET-Operationen verschiedene Funktionen haben und deswegen miteinander in Konflikt stehen. Die einfachste Lösung besteht darin, die beiden HTTP-GET-Implementierungen mit zwei separaten URLs zu referenzieren. Doch Sie könnten einen gemeinsamen URL verwenden. Wie später gezeigt wird, kann der Server synchrone und asynchrone Anfragen unterscheiden. Dennoch muss der Client auf jeden Fall entweder das *Permutations*-Pattern für asynchrone Anfragen oder das *Content Chunking*-Pattern für synchrone Anfragen implementieren.

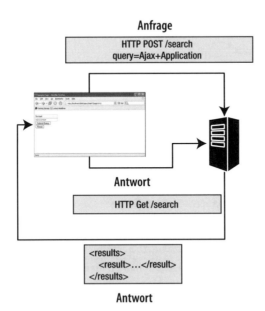

Abb. 11.6: HTTP-Kommunikation für ein asynchrones Interface

Ein synchroner Client stellt eine Anfrage und wartet auf die Antwort. Ein asynchroner Client kann mehrere Anfragen stellen und mehrere Antworten verarbeiten. Der asynchrone Client muss die Anfragen verwalten und den Anfragebezeichner mit einer geposteten Abfrage verbinden. Im Wesentlichen unterscheiden sich synchrone und asynchrone Anfragen durch den Anfragebezeichner. Eine Kombination des asynchronen und des synchronen Interface würde die HTTP-Anfragedefinitionen ergeben, die in Abbildung 11.7 illustriert sind.

In Abbildung 11.7 wird derselbe URL (/search/query) für drei Anfragen verwendet. Zwei gehören zu dem asynchronen Interface, einer zu dem synchronen. Der asynchrone und der synchrone HTTP-GET unterscheiden sich durch den HTTP-Header X-query-identifier, also den Anfragebezeichner. Ein weiterer Unterschied besteht darin, dass der asynchrone HTTP-GET keinen Querystring verwendet. Der Bezeichner X-query-identifier hätte auch in den HTTP-Querystring eingefügt werden können. (Tatsächlich muss dies von einer Implementierung entschieden werden.) In diesem Fall könnte ein normaler Webbrowser per Refresh asynchrone Abfrageergebnisse herunterladen und anzeigen. Doch egal, wie der Bezeichner X-query-identifier definiert wird, er definiert den Unterschied zwischen einer synchronen und einer asynchronen Anfrage.

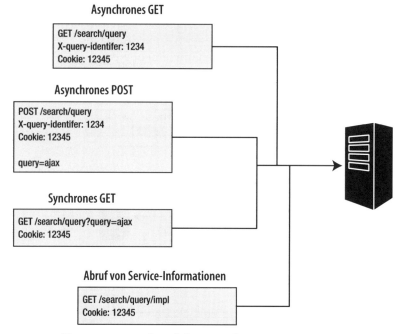

Abb. 11.7: HTTP-Anfragedefinitionen für ein einziges Interface

11.5.4 Datenformate und Extras definieren

Jetzt muss für unsere Architektur nur noch das Format der Daten definiert werden, die zwischen dem Client und dem Controller mit dem synchronen oder asynchronen Interface ausgetauscht werden. Der Einfachheit halber sollen beide Interfaces mit denselben Datenformaten arbeiten.

Wenn dieselbe Repräsentation gesendet wird, müssen die übertragenen Daten unabhängig vom Interface-Typ identisch sein. Wenn zwei identische Anfragen jeweils über ein synchrones und ein asynchrones Interface gestellt werden und beide ein Ergebnis vom Typ text/xml erhalten, müssen die generierten Ergebnisse identisch sein. Verschiedene Client-Typen müssen bei identischen Anfragen dieselben Ergebnisdaten erhalten, egal wie das Interface aufgerufen wird.

Die Daten, die zwischen Server und Client ausgetauscht werden, könnten mit dem kleinsten gemeinsamen Nenner beschrieben werden, aber dies wäre nicht ganz korrekt. Das Format der Daten wird am besten als kleinstmöglicher Umfang der Daten erläutert, die erforderlich sind, um Anfrage und Ergebnis eindeutig zu beschreiben. Dagegen bedeutet kleinster gemeinsamer Nenner, die Ergebnisse aller lokalen Clients zu analysieren und davon ausgehend ein gemeinsames Format abzuleiten. Das eigentliche Problem bei der Definition eines Formats besteht darin, die vom Client benötigten Daten festzustellen, und dann mit allen lokalen Clients diese Daten zu generieren. Auf den Kontext einer Suche übertragen, bedeutet dies: Die für eine Anfrage benötigten Daten müssen den Querystring enthalten, der an die Suchmaschine übertragen wird; und die für eine Antwort benötigten Daten müssen den Titel, den URL des gefundenen Links und eine kurze Beschreibung enthalten. Sowohl Amazon.com als auch Google erfüllen die Anforderungen an die benötigten Daten; beide generieren zusätzliche Daten, die nicht benötigt werden.

Die für eine Anfrage benötigten Daten wurden bereits in Form eines Querystrings beschrieben. Das folgende Beispiel zeigt, wie das Format für die Daten definiert werden könnte, die für die Antwort benötigt werden:

```
<results>
   <result>
      <URL>http://forum.goteamspeak.com/showthread.php?t=6885</URL>
      <Title>TeamSpeak - How do I set the Max-Users to
         <b>another</b> <b>value</b> than 16?</Title>
      <Snippet><![CDATA[Go Back, TeamSpeak &gt; General &gt;
         FAQ &middot; Reload this Page How do I set the Max-Users
         <br> to <b>another</b> <b>value</b> than 16? User Name,
         Remember Me? Password <b>...</b>]]></Snippet>
   </result>
</results>
```

Das XML-Beispiel enthält die Daten, die zur Definition eines Ergebnisses benötigt werden: Es gibt URL, `Title` und `Snippet` (eine kurze Beschreibung von URL). In den `Snippet`-Inhalten wird ein CDATA-Tag verwendet, damit die Daten, die von dem `Snippet`-Tag eingeschlossen werden, nicht fälschlicherweise als XML-Code interpretiert werden. Schlimmer noch: Das Snippet könnte falsch formatierten XML- oder HTML-Code enthalten, was zu Fehlern beim Parsen des XML-Codes führen würde.

Viel gibt es zu dem Ergebnis nicht zu sagen. Der Client und der lokale Client könnten zusätzliche Daten in das Ergebnis einfügen, etwa spezielle Informationen für eine bestimmte Suchmaschine. Der Client muss natürlich mit diesen Daten umgehen können. Eine Möglichkeit, zusätzliche Daten hinzuzufügen, besteht darin, die Anfrage- und Antwortstrukturen entsprechend zu erweitern. Falls es zusätzliche Daten für Amazon.com, aber nicht für Google gibt, würde die Anfrage- oder Antwortstruktur einen gültigen Wert und die Antwortstruktur einen Standardwert enthalten. Zusätzliche Daten für alle Instanzen der Anfrage einzufügen, funktioniert, wird aber per Programm gelöst.

Es gibt eine XML-Lösung für dieses Problem: Sie können zusätzliche Daten, die zwar zu dem Ergebnis gehören, aber mit den anderen Daten nichts zu tun haben, mithilfe von Namensräumen einfügen. Der folgende XML-Code enthält Daten, die von der Google-Suchmaschine generiert wurden:

```xml
<results>
 <result>
  <google:cachesize xmlns:google="http://google.search.devspace.com">
    100
  </google:cachesize>
  <URL>http://forum.goteamspeak.com/showthread.php?t=6885</URL>
  <Title>TeamSpeak - How do I set the Max-Users to
    <b>another</b> <b>value</b> than 16?</Title>
  <Snippet><![CDATA[Go Back, TeamSpeak &gt; General &gt;
    FAQ &middot; Reload this Page How do I set the Max-Users
    <br> to <b>another</b> <b>value</b> than 16? User Name,
    Remember Me? Password <b>...</b>]]></Snippet>
 </result>
</results>
```

Der generierte XML-Code enthält ein zusätzliches XML-Element, `cachesize`, mit dem Präfix `google`. Dieser Bezeichner und das Attribut `xmlns:google` zeigen die Notation, mit der ein XML-Namensraum namens `google` definiert wird. Der zusätzliche Namensraumbezeichner sagt aus, dass die mit ihm gekennzeichneten XML-Elemente spezielle Daten enthalten, die nicht zum Hauptergebnis gehören. Mit XML-Namensräumen können Sie Daten hinzufügen, ohne Konflikte mit den XML-Elementen des Standardnamensraums zu erzeugen. Dies ist nützlich, wenn Sie XML-Code automatisch mit Werkzeugen bearbeiten.

Es gibt noch andere potenziell interessante zusätzliche Daten, die Sie zu der Antwort hinzufügen könnten: beispielsweise einen Bezeichner, der anzeigt, welche Implementierung die Antwort generiert hat. Mit dieser Information könnte der Client weitere Daten einer speziellen Implementierung abrufen. Auch hier löst ein Namensraum das Problem:

```xml
<results>
 <result>
 <google:cachesize xmlns:google="http://google.search.devspace.com">
    100
 </google:cachesize>
 <implementation:Link
    href="/search/impl/google"
    xmlns:implementation="http://search.devspace.com" />
 <URL>http://forum.goteamspeak.com/showthread.php?t=6885</URL>
 <Title>TeamSpeak - How do I set the Max-Users to
    <b>another</b> <b>value</b> than 16?</Title>
 <Snippet><![CDATA[Go Back, TeamSpeak &gt; General &gt;
    FAQ &middot; Reload this Page How do I set the Max-Users
    <br> to <b>another</b> <b>value</b> than 16? User Name,
    Remember Me? Password <b>...</b>]]></Snippet>
```

```
    </result>
</results>
```

Der generierte XML-Code enthält das zusätzliche `Link`-Element, das über das Attribut `href` verfügt. Dieses enthält einen Link zu der Implementierung, die das Ergebnis generiert hat. Das `Link`-Element ist in einen weiteren Namensraum eingeschlossen. Jetzt enthält der XML-Code zwei Elemente, die zusätzliche Informationen definieren und nicht mit dem Hauptergebnis in Konflikt stehen. Eine Nebenbemerkung: In der letzten SOAP-Spezifikation wird strikt gefordert, Namensräume aus genau den gerade beschriebenen Gründen zu verwenden.

Damit ist die Architektur fertig. Sie können jetzt das Pattern mit Ihrer Technologie implementieren. Im folgenden Abschnitt wird das Suchbeispiel aus diesem Abschnitt mit Java-Servlets implementiert.

11.6 Implementierung

Die Implementierung des Suchmaschinenbeispiels ist insofern einzigartig, weil dies das einzige Pattern ist, das ohne Client-Code illustriert wird. Aus Sicht des Servers spielt es keine Rolle, wo welcher Code clientseitig aktiv ist. Das *REST-Based Model View Controller*-Pattern konzentriert sich ganz auf den Server – insbesondere den Controller, die lokalen Clients und die Remote-Server. Wir wollen uns zunächst mit den Remote-Servern, dann mit den lokalen Clients, dann mit dem Controller und schließlich mit einer übergreifenden Gesamtlösung befassen. Bedenken Sie beim Lesen des Codes der Implementierung, dass es sich nur um einen Prototyp handelt. Ihre Implementierung kann dieselbe Struktur haben, aber wahrscheinlich müssen Sie vollkommen andere Komponenten schreiben.

11.6.1 Eine Suche implementieren

Eine Implementierung des lokalen Clients bedeutet die Implementierung eines Such-Clients, der sowohl von den synchronen als auch den asynchronen Interfaces aufgerufen wird. Die Suchmaschinen von Amazon.com und Google wurden als Beispiele ausgewählt, weil sie jeweils eine andere Webservice-Technologie verwenden. Für die Amazon.com-Suchmaschine verwendet der lokale Client clientseitige REST-Technologien, für die Google-Suchmaschine clientseitige SOAP-Technologien. Beide Implementierungen des lokalen Clients müssen Thread-sicher und skalierbar sein, was natürlich die meisten Client-Technologien in .NET und Java sind.

Mit Amazon.com suchen

Für eine REST-Anfrage werden zwei Technologien benötigt: ein XML-Prozessor und eine HTTP-Client-Bibliothek. Bei der Erklärung des *Infinite Data*-Patterns habe ich das Konzept illustriert, mit XML-Schema Stubs zu generieren, mit denen

XML-Code gelesen und geschrieben wird. Dieselbe XML-Strategie wird hier verwendet. Die Details sprengen allerdings den Rahmen dieses Kapitels. Sie finden sie bei Bedarf im Abschnitt *Vorsicht bei mehreren Typen* in dem Kapitel über das *Infinite Data*-Pattern. Dort wird erklärt, wie XML-Code gelesen und geschrieben wird.

Die Details der REST-Anfrage

Eine Anfrage mit dem Amazon.com-*REST*-Interface auszuführen ist mit dem Aufruf eines anderen Webservice vom Ajax-Typ identisch. Die Amazon.com-REST-Anfrage ist eine HTTP-Anfrage. Das folgende Beispiel wird auf dem Server `awis.amazonawis.com` ausgeführt:

```
GET /onca/xml?Service=AlexaWebInfoService&
    Operation=WebSearch&
    AWSAccessKeyId=[REPLACED]&
    Signature=FQTh4DvvIwVB1QrVcUrgSqFXgNo%3D&
    Timestamp=2005-10-31T19%3A44%3A24.516Z&
    ResponseGroup=Results&
    Query=Applications HTTP/1.1
Content-Type: text/html; charset=UTF-8
User-Agent: Jakarta Commons-HttpClient/3.0-rc3
Host: awis.amazonaws.com:80
```

Der eingerückte Code ist eigentlich Teil einer einzigen Zeile, wurde der Klarheit halber aber umbrochen. Der Text [REPLACED] ist ein Pseudotext für den Amazon.com-Zugriffsschlüssel, den Sie für eine Suche benötigen. Es gibt mehrere Variablen: `Service`, `Operation`, `AWSAccessKeyId`, `Signature`, `Timestamp`, `ResponseGroup` und `Query`. Den Zweck dieser Variablen zu erläutern, sprengt den Rahmen dieses Kapitels; die besten Erklärungen finden Sie bei Bedarf in der Amazon.com-Dokumentation. Hier soll mit den Variablen gezeigt werden, dass für eine Suche mit der Amazon.com-Suchmaschine zusätzlich Daten benötigt werden, die in den notwendigen Daten nicht enthalten sind, die der Client an den lokalen Client sendet. Wenn der Client das synchrone oder asynchrone Interface aufruft, übergibt er nur den Querystring, der der Amazon.com-Variablen `Query` zugeordnet ist. Die restlichen Variablen sind Konstanten. Sie müssen als Konfigurationseinträge zur Verfügung gestellt, dynamisch generiert oder vom Client geliefert werden.

Bei der Amazon.com-Suchmaschine muss der Client die zusätzlichen Daten nicht liefern, weil die Variablen Konstanten sind, die an anderer Stelle definiert werden können. Doch nicht alle Anwendungen sind so unkompliziert. Das fängt schon mit dem Amazon.com-Zugriffsschlüsselbezeichner (`AWSAccessKeyId`) an. Er dient dazu, den registrierten Entwickler zu identifizieren, der die Anfrage stellt. Die meisten Webservice-Provider wie etwa Amazon.com schränken die Anzahl der möglichen Anfragen pro Tag, Woche oder Monat ein. In unserer aktuellen Implementierung des lokalen Clients verwendet die Anfrage denselben Amazon.com-

Implementierung

Zugriffsschlüssel. Dies ist möglicherweise nicht akzeptabel, weil der Eigentümer des Controllers und des lokalen Clients zu viele Anfragen stellen könnte und für die zusätzlichen Anfragen bezahlen müsste. Eine Möglichkeit besteht darin, von jedem Anwender zu verlangen, seinen eigenen Zugriffsschlüssel zu verwenden, der an den lokalen Client übergeben werden muss. Die notwendigen Daten müssten dann um ein entsprechendes Datenelement für den Zugriffsschlüsselbezeichner erweitert werden, und der URL müsste folgendermaßen geändert werden:

```
http://mydomain.com/search?Abfrage=Applications&Amazon=[REPLACED]
```

Die zusätzliche Variable heißt **Amazon**; ihr Wert ist der Zugriffsbezeichner. Wie der Client diesen Wert von dem Anwender der HTML-Seite bekommt, hängt davon ab, wie die HTML-Seite implementiert ist. Nehmen Sie an, ein Client verfüge nicht über einen Amazon.com-Zugriffsschlüssel. Dann gäbe es keine **Amazon**-Variable. In diesem Fall könnte der Server eine Abfrage nicht ausführen und würde deshalb die Amazon.com-Suchanfrage ignorieren.

Falls der Client über einen Amazon.com-Zugriffsbezeichner verfügt, könnte dieser mit clientseitigen Cookies permanent gespeichert werden. Alternativ könnte der Controller eine Client-Autorisierung implementieren und den Amazon.com-Zugriffsbezeichner speichern, wenn sich der Client authentifiziert. Auf jeden Fall muss der Amazon.com-Zugriffsbezeichner irgendwo herkommen. Bei der Planung der lokalen Clients stellt sich dann das Problem, wo und wie die zusätzlich erforderlichen Daten definiert und eingefügt werden sollen.

Eine Anfrage mit einer HTTP-Client-Bibliothek ausführen Bei der Erstellung einer HTTP-Anfrage müssen einige Dinge beachtet werden. Wenn Sie beispielsweise eine Anfrage mit dem Suchbegriff `Newest Applications` stellen wollen, muss der Suchbegriff URL-codiert werden: `Newest+Applications`. Wird dies versäumt, können Probleme auftreten, weil der Server die Anfrage höchstwahrscheinlich nicht verarbeiten kann. Deshalb sollten Sie für HTTP-Anfragen möglichst eine Client-Bibliothek verwenden, die Funktionen für URL-Verschlüsselungen, HTTP-Cookies und ähnliche Details des HTTP-Protokolls zur Verfügung stellt.

Die Beispiele in diesem Buch verwenden Java und die Bibliothek `HttpClient`, eine Apache-Jakarta-Commons-Bibliothek (`http://jakarta.apache.org`). Mit dem folgenden Java-Code wird eine Anfrage vorbereitet:

```
HttpClient client = new HttpClient();
HttpMethod method = new GetMethod(_endpoint);
String timeStamp = Signature.generateTimestamp();
String signature;
String operation = "WebSearch";
try {
```

```
      signature = Signature.generateSignature(operation,
         timeStamp, _secretAccessKey);
   }
   catch (SignatureException e) {
      return;
   }
```

Die Variable `client` ist »oberste« Variable einer HTTP-Anfrage. Die Variable `method` definiert die Parameter der HTTP-Anfrage. Eine Amazon.com-Suchanfrage erfordert ein HTTP-GET; der entsprechende Befehl kann durch Instanzierung der Klasse `GetMethod` generiert werden. Die Variablen `signature` und `operation` enthalten die Werte, um die zugehörigen URL-Variablen zu definieren. Die Variable `_endpoint` enthält einen Wert aus der Konfigurationsdatei. Er gibt den HTTP-URL an, mit dem der Amazon.com-Webservice aufgerufen wird. Die Methode `Signature.generateSignature` wandelt den in der Konfiguration definierten geheimen Zugriffsschlüssel (`_secretAccessKey`) von Amazon.com in einen Hashcode um.

Um den Amazon.com-REST-Webservice aufzurufen, wird aus den Variablen eine HTTP-Anfrage geformt:

```
NameValuePair[] items = new NameValuePair[] {
   new NameValuePair("Service", "AlexaWebInfoService"),
   new NameValuePair("Operation", operation),
   new NameValuePair("AWSAccessKeyId", _accessKey),
   new NameValuePair("Signature", signature),
   new NameValuePair("Timestamp", timeStamp),
   new NameValuePair("ResponseGroup", "Results"),
   new NameValuePair("Query", _request.getQueryString())
};
method.setQueryString(items);
try {
   client.executeMethod(method);
   if(method.getStatusCode() == 200) {
      processResults(_request.getQueryIdentifier(),
         method.getResponseBodyAsStream());
   }
}
catch (IOException e) {
   System.out.println("oop error (" + e.getMessage() + ")");
}
```

Der Typ `NameValuePair` definiert ein Array von Schlüssel-Wert-Paaren, die zu einem Querystring zusammengefügt und URL-codiert werden. Die Methode `setQueryString` wandelt das Array in einen Querystring um. Um die HTTP-Anfrage auszuführen, wird die Methode `executeMethod` aufgerufen. Falls sie den Wert 200 zurückgibt, war die Anfrage erfolgreich, was noch nicht bedeutet, dass die Antwort Daten enthält. Deshalb muss die Antwort mit einem Parser untersucht werden. Die undefinierte Methode `processResults` wandelt die Antwort aus XML-Form in ein Ergebnis um, das zum Controller hinzugefügt wird (weitere Details dieser Methode sprengen den Rahmen dieses Kapitels). Mit der Methode `getQueryIdentifier` wird der Bezeichner der Anfrage abgerufen, zu der das Ergebnis gehört. Der Anfragebezeichner ist Teil des *Persistent Communications*-Patterns und dient dazu festzustellen, zu welcher Anfrage ein Ergebnis gehört.

Mit Google suchen

Google ermöglicht externen Entwicklern den Zugriff mit dem SOAP-Webservice-API auf ihre Suchmaschinen-Technologien. In dem Beispiel wurde die Java-basierte Axis-1.x-Engine verwendet, um eine WSDL-Datei (WSDL = Webservices Description Language) in ein Client-Stub umzuwandeln. Der Client serialisiert die XML-Daten automatisch. Im Wesentlichen leistet eine WSDL-Datei dasselbe wie eine XML-Schema-Datei, mit der ein Serialisierungs-Stub generiert wurde. Das Serialisierung-Stub enthält mehrere Typen für die Serialisierung und Deserialisierung von XML-Code. Für Referenzzwecke: Eine WSDL-Datei enthält eine XML-Schema-Datei.

Der folgende Code zeigt, wie der Google-Suchmaschinen-Webservice aufgerufen wird:

```
String queryIdentifier = _parent.getQueryIdentifier();
GoogleSearch searchRequest = new GoogleSearch();
if(_endPoint.length() > 0) {
    searchRequest.setSoapServiceURL(_endPoint);
}
searchRequest.setKey(_key);
searchRequest.setQueryString(_request.getQueryString());
try {
    GoogleSearchResult searchResult = searchRequest.doSearch();
    if(searchResult != null) {
        GoogleSearchResultElement[] results =
            searchResult.getResultElements();
        for(int c1 = 0; c1 < results.length; c1 ++) {
            _parent.addResult(new SearchResult(
                results[c1].getURL(),
                results[c1].getTitle(),
```

```
                results[c1].getSnippet(),
                transactionIdentifier));
        }
      }
   }
}
catch (GoogleSearchFault e)
{
   return;
}
```

Die Implementierung der Google-Suche ist einfacher als die von Amazon.com, weil sie das generierte Client-Stub verwendet. Alle Klassen, die mit dem Präfix Google beginnen, sind generierte Klassen. Die Variablen _endpoint und _key sind Werte aus einer Konfigurationsdatei. Mit der Variablen _endpoint wird der Server definiert, der aufgerufen wird, um eine Suche auszuführen. Die Variable _key ist ein Google-Schlüssel. Er hat genau dieselbe Aufgabe wie der Amazon.com-Zugriffsbezeichner. Die Variable queryIdentifier ist der vom Client zur Verfügung gestellte Anfragebezeichner. Bei einer asynchronen Anfrage enthält er einen Wert, bei einer synchronen ist er leer (Länge null). In der Implementierung wird die Methode addResult jedoch immer mit einem Anfragebezeichner aufgerufen. Dies ist in Ordnung, weil das Servlet oder der Handler, das bzw. der die Ergebnisse in XML (oder HTML oder andere Inhalte für den Client) umwandelt, weiß, ob der Anfragebezeichner verarbeitet werden muss.

Wenn die ausgeführte Suche Ergebnisse zurückgibt, werden diese zu einem Ergebnisset hinzugefügt, indem sie in den Typ SearchResult umgewandelt werden Die gefundenen Typen werden nicht in XML umgewandelt, weil dies die Ergebnisse mit einem speziellen Datenformat verbinden würde. Dies würde Probleme mit dem *Permutations*-Pattern ergeben, das das vom Client gewünschte Format generiert und deshalb lieber Objekte manipuliert und nicht erneut eine XML-Datei parsen möchte.

11.6.2 Eine Client-Infrastruktur für eine Suchmaschine erstellen

Ich habe die Implementierungen einer Suche bei Amazon.com und Google sehr schnell beschrieben. Mein Ziel ist nicht zu erklären, wie die Amazon.com- und Google-Suchmaschinen-APIs funktionieren, sondern die folgenden Anforderungen zu illustrieren, mit denen die Implementierung eines Controllers abgeschlossen wird:

- Die Anfragedaten des Clients reichen in den meisten Fällen nicht aus, um eine Anfrage bei den Remote-Servern auszuführen. Ein Client kann die zusätzlichen Daten zur Verfügung stellen; doch dies sollte möglichst vermieden werden, weil eine Abhängigkeit von einer speziellen Implementierung entsteht.

- Zusätzliche Anfragedaten können als Konfigurationsdaten gespeichert werden, die vom Controller geladen und an den lokalen Client übergeben werden. Parameter fest einzucodieren wird nicht empfohlen.
- Die lokalen Clients sollten sich nicht an spezielle Datenformate oder -typen binden. Dies bedeutet, sie sollten nicht annehmen, dass die Daten als XML vorliegen oder dass sie von einer speziellen Controller-Technologie wie etwa Java-Servlets oder ASP.NET-Handler aufgerufen werden.

Der Controller soll also so allgemein wie möglich implementiert werden. Modelldetails werden von den lokalen Clients gehandhabt, die die Details in ein allgemeines Modell umwandeln, das von dem Controller verwendet wird. In der Realität gibt es immer wieder spezielle Details. Beispielsweise benötigt der Amazon-Zugriffsbezeichner zusätzliche Daten, die in einer Konfigurationsdatei gespeichert sind oder vom Client an den Controller und dann an den lokalen Client gesendet werden. Programmtechnisch kann etwas nicht gleichzeitig generisch und speziell sein. Das Dilemma kann mit dem *Extension*-Pattern gelöst werden.

Mit dem *Extension*-Pattern soll zugleich eine allgemeine und eine spezielle Lösung zur Verfügung gestellt werden. Dies lässt sich am besten anhand des folgenden Quellcodes verstehen:

```
interface General { }

interface Specialization {
   public void Method();
}
class Implementation implements General, Specialization {
   public Implementation(String extraInfo) { }
   public void Method() { }
}
class Factory {
   public static General CreateInstance(String extraInfo) {
      return new Implementation(extraInfo);
   }
}
```

Das Interface `General` ist ein minimales Interface, eine Art Platzhalter. In diesem Beispiel hat das `General`-Interface keine Methoden, aber es könnte Methoden enthalten. Es sollen einfach so wenig Methoden und Eigenschaften wie möglich deklariert werden. Das andere Interface, `Specialization`, enthält eine einzige Methode. Sein Zweck besteht darin, eine bestimmte Funktionalität zu spezialisieren oder zur Verfügung zu stellen, die von dem `General`-Interface nicht angeboten wird.

Das *Extension*-Pattern kommt ins Spiel, wenn die Klasse `Implementation` sowohl `General` als auch `Specialization` implementiert. Ein Anwender von `Implementation` würde das `General`-Interface sehen, könnte aber einen Typecast ausführen, der `General` in `Specialization` umwandelt, was von dem folgenden Quellcode illustriert wird:

```
Specialization specialized = (Specialization)genericInstance;
```

Dieser Typecast erfolgt von einem Interface zu einem anderen und zu dem Implementierungstyp `Implementation`! Dies ist die Essenz des *Extension*-Patterns: Interface-Instanzen werden per Typecast in das benötigte Interface umgewandelt. Vorausgesetzt wird, dass das Interface-Objekt alle benötigten Interfaces implementiert. Mit dem *Extension*-Pattern kann ein Framework Objekte generisch handhaben und dann per Typecast eine spezialisierte Funktionalität anfordern. Vielleicht fragen Sie: »Warum wird nicht einfach der Typ `Object` herumgereicht, weil er doch sehr generisch ist – schließlich führen Sie Typecasts aus, und ein Typecast von `Object` ist leicht?« Ein `Object` ist ungeeignet, weil es zu generisch ist. Auch wenn das `General`-Interface keine Methoden hat, handelt es sich immer noch um einen Typ, der anzeigt, dass Entwickler, die `General` implementieren, erkennen, dass es andere Interfaces gibt, die ebenfalls implementiert werden könnten. Wird `Object` verwendet, so sagt das nur, dass irgendein Objekt gespeichert werden kann, selbst wenn dieses Objekt überhaupt nichts mit dem zu lösenden Problem zu tun hat.

Obwohl ich gesagt habe, dass Sie keinen Typecast zu `Implementation`, sondern zu einem Interface ausführen, gibt es Situationen, in denen ein Typecast zu `Implementation` akzeptabel wäre. Beispielsweise wäre es manchmal dumm, ein Interface zu implementieren, nur um ein Interface zu implementieren, wenn der abgeleitete Typ nur in einem einzigen Lösungsbereich eingesetzt wird. Dieses Szenario wird von den Typen `SearchResult` und `SearchRequest` illustriert.

Mit Java 1.5 und .NET 2.0 wurde eine weitere Programmiertechnik namens *Generics* eingeführt. Generics können in Verbindung mit Constraints sehr gut verwendet werden, um das *Extension*-Pattern zu implementieren, aber dies würde den Rahmen dieses Kapitels sprengen. Interessierte sollten sich Literatur zu diesem Thema suchen. .NET-Entwicklern empfehle ich mein Buch, *Foundations of Object-Oriented Programmierung Using .NET 2.0 Patterns*, Apress, 2005, in dem auch auf die Details der Anwendung von .NET Generics eingegangen wird.

Das abstrahierte REST-Based Model View Controller-Pattern definieren

Um die Controller-Implementierung abzuschließen, muss das *Extension*-Pattern auf zwei Abstraktionsebenen angewendet werden. Die erste Ebene ist der allgemeine Fall der Implementierung des *REST-Based Model View Controller*-Patterns. Die zweite Ebene ist der spezielle Fall der Implementierung einer Suchmaschine, basierend auf dem *REST-Based Model View Controller*-Pattern. In diesem Abschnitt geht es um die erste Abstraktionsebene.

Der Controller verwaltet die lokalen Clients. Im Kontext des *REST-Based Model View Controller*-Patterns erfüllt der Controller die abstrakte Rolle der Ausführung der lokalen Clients, Verwaltung der lokalen Clients, Verwaltung der Anfrage und Verwaltung der Ergebnisse, die an den Client zurückgegeben werden. Die Controller veröffentlicht seine Funktionalität für die lokalen Clients durch ein Interface namens Parent, das folgendermaßen definiert ist:

```
public interface Parent {
    public void addResult(Result result);
    public Request getRequest();
    public void addCommand(Command cmd);
    public Iterator getCommands();
    public void processRequest(Request request);
    public void processRequest(String type, Request request);
    public String getTransactionIdentifier();
}
```

Die Methoden von Parent verwenden allgemeine Typen wie etwa Result, Command oder Request. Result definiert ein Ergebnis, das von einem lokalen Client generiert wird. Request definiert die HTTP-Anfrageparameter, etwa den Querystring. Und die lokalen Clients implementieren Command. Es gibt zwei Varianten der Methode processRequest. Die processRequest-Variante mit einem einzigen Parameter führt eine Suche über alle lokalen Clients aus. Die processRequest-Variante mit zwei Parametern hat als ersten Parameter den Bezeichner eines lokalen Clients, der die Anfrage verarbeitet und die Ergebnisse generiert (beispielsweise amazon).

Die Interfaces Request und Result sind folgendermaßen definiert:

```
public interface Result {
}
public interface Request {
}
```

Die Interfaces enthalten keine Methoden und repräsentieren deshalb reine allgemeine Typen, wie sie in dem *Extension*-Pattern-Beispiel illustriert wurden. Die lokalen Clients implementieren das Command-Interface, das folgendermaßen definiert ist:

```
public interface Command {
    public void setRequest(Request request);
    public void assignParent(Parent parent);
    public String getIdentifier();
}
```

Mit der Methode `assignParent` wird der `parent`-Controller dem lokalen Client zugewiesen. Die Verbindung wird benötigt, wenn der lokale Client ein Ergebnis generiert und an den Controller übergeben will, der es dann an den Client weiterleitet. Die Methode `getIdentifier` wird von der Methode `Parent.processRequest(String type, Request request)` verwendet, um festzustellen, welches Command-Objekt ausgeführt wird.

Die Suchabstraktionen implementieren

Die lokalen Suchmaschinen-Clients (für Amazon.com und Google) implementieren zwei Interfaces: `Command` und `Runnable`. Sie werden von `Parent` mit dem Command-Interface verwaltet, aber mit dem Interface `Runnable` ausgeführt. Der Grund dafür liegt darin, dass der Controller jeden lokalen Client in einem separaten Thread ausführt. Der Grund für die separaten Threads wird etwas später erklärt. Der folgende Code zeigt ein Beispiel für die Implementierung des lokalen Suchmaschinen-Clients für Amazon.com (einige Details wurden der Klarheit halber weggelassen):

```java
public class AmazonSearchCommand implements Command, Runnable {
    private String _endpoint;
    private String _accessKey;
    private String _secretAccessKey;
    private Parent _parent;

    public void assignParent(Parent parent) {
        _parent = parent;
    }
    public AmazonSearchCommand(String endpoint,
        String accessKey, String secretAccessKey) {
        _endpoint = endpoint;
        _accessKey = accessKey;
        _secretAccessKey = secretAccessKey;
    }
    public String getIdentifier() {
        return "amazon";
    }
}
```

Die Implementierung der `run`-Methode wurde weggelassen; sie wurde bereits im Abschnitt *Mit Amazon.com suchen* gezeigt. Hier werden die Details aufgeführt, die die Instanziierung und Konfiguration des lokalen Clients für Amazon.com betreffen. Die Methode `getIdentifier` ist ein fest eincodierter String, der den Bezeichner amazon zurückgibt. Normalerweise ist diese Technik abzulehnen, aber weil der lokale Client für Amazon.com referenziert wird, wird sich der Bezeichner nicht ändern. Anders ausgedrückt: Sie werden den lokalen Client für Amazon.com nicht als »Google«, »Thalia« oder »Mayersche« referenzieren. Der Bezeichner amazon ist identisch mit dem URL /search/impl/amazon – natürlich nicht zufällig; denn wenn /search/impl abgerufen wird, werden die Links von dem Controller generiert, der die lokalen Clients iteriert, die ihrerseits mit der Methode getIdentifier abgefragt werden.

Im Abschnitt *Mit Amazon.com suchen* wurden Konfigurationseinträge wie etwa der Zugriffsschlüssel erwähnt. Die Konfigurationseinträge werden mit dem Konstruktor an den Client übergeben. Die Konstruktor wurde gewählt, damit der lokale Client für Amazon.com unter keinen Umständen ohne gültige Konfiguration instanziert werden kann. Dasselbe gilt natürlich auch für den lokalen Client der Google-Suchmaschine und andere lokale Clients.

Um die lokalen Clients mit dem Controller zu verbinden, wird eine weitere Methode verwendet, die das *Builder*-Pattern implementiert. Das folgende Beispiel zeigt eine Implementierung des *Builder*-Patterns für die lokalen Clients:

```java
public class SearchBuilder {
    private static String _amazonEndPoint;
    private static String _googleEndPoint;
    private static String _amazonAccessKey;
    private static String _amazonSecretKey;
    private static String _googleAccessKey;
    private static boolean _didAssign = false;

    public static void assignConfiguration(String amazon,
        String amazonAccessKey, String amazonSecretKey,
        String google, String googleAccessKey) {
        _amazonEndPoint = amazon;
        _amazonAccessKey = amazonAccessKey;
        _amazonSecretKey = amazonSecretKey;
        _googleEndPoint = google;
        _googleAccessKey = googleAccessKey;
        if(_amazonEndPoint == null || _amazonEndPoint.length() == 0 ||
            _googleEndPoint == null || _googleEndPoint.length() == 0 ||
            _amazonAccessKey == null || _amazonAccessKey.length() == 0 ||
            _amazonSecretKey == null || _amazonAccessKey.length() == 0 ||
            _googleAccessKey == null || _googleAccessKey.length() == 0) {
                throw new IllegalStateException(
                    "Ungültige Konfigurationsdaten");
        }
        _didAssign = true;
    }
}
```

```
    public static void buildCommands(Parent parent) {
        if(! _didAssign) {
            throw new IllegalStateException(
                "Konfigurationsdaten wurden nicht zugewiesen");
        }
        parent.clearAllCommands();
        parent.addCommand(new AmazonSearchCommand(
            _amazonEndPoint, _amazonAccessKey, _amazonSecretKey));
        parent.addCommand(new GoogleSearchCommand(
            _googleEndPoint, _googleAccessKey));
    }
}
```

Die Klasse `SearchBuilder` enthält zwei statische Methoden: `assignConfiguration` und `buildCommands`. Die Methode `assignConfiguration` weist den lokalen Clients für Amazon.com oder Google die Standardkonfiguration zu, wenn die lokalen Clients instanziert werden. Im Beispiel bestehen die Konfigurationswerte einfach aus Strings. Diese Strings hätten auch in Typen umgewandelt und dann von der Methode `assignConfiguration` referenziert werden können. Eine Umwandlung der Strings wäre wahrscheinlich vorteilhaft, weil die Wartung von fünf Parametern mühsam werden kann. Die Validierung der Daten in der Methode `assignConfiguration` zeige ich nur mit dem allernotwendigsten Code. Die Validierung der Daten ist immer sinnvoll, damit die lokalen Clients nur mit gültigen Werten instanziert werden.

Die andere Methode, `buildCommands`, fügt von den lokalen Clients instanzierte Objekte zu dem Controller hinzu. Diese Objekte können ausgeführt werden, sobald eine entsprechende Aufforderung zur Ausführung erfolgt. Die Methode `clearAllCommands` entfernt alle alten, zuvor instanzierten Command-Instanzen, damit nicht mehrere Threads dieselben lokalen Client-Instanzen verwenden. Die Methode `addCommand` fügt die lokalen Clients für Amazon.com bzw. Google in den Controller ein. Wenn die Methode `buildCommands` zurückkehrt, enthält das Parent-Interface-Objekt eine Collection von Command-Instanzen, die es aufrufen kann, um Aktionen auszuführen und Ergebnisse zu generieren.

Schließlich noch die Implementierungen der Interfaces `Result` und `Request`:

```
public class SearchRequest implements Request {
    private String _Abfrage;

    public SearchRequest(String Abfrage) {
        _Abfrage = Abfrage;
    }
    public String getQueryString() {
        return _Abfrage;
```

```
    }
}
public class SearchResult implements Result {
    String _url;
    String _title;
    String _snippet;
    String _transactionIdentifier;

    public SearchResult(String url, String title, String snippet, String transId) {
        _url = url;
        _title = title;
        _snippet = snippet;
        _transactionIdentifier = transId;
    }
    public String getTransactionIdentifier() {
        return _transactionIdentifier;
    }
    public String getURL() {
        return _url;
    }
    public String getTitle() {
        return _title;
    }
    public String getSnippet() {
        return _snippet;
    }
}
```

Als ich das *Extension*-Pattern erklärt habe, habe ich Ihnen empfohlen, Interfaces zu benutzen, um Typecasts auszuführen, aber in diesem Fall gibt es nur die Basis-Interfaces Request und Result. Es gibt keine SearchResult- und SearchRequest-Interfaces, weil die Klassen SearchResult und SearchRequest spezielle Klassen der Such-Domain sind. Die Wahrscheinlichkeit, dass die Klassen SearchResult und SearchRequest in einem anderen Kontext verwendet werden, ist ziemlich gering. Also: Obwohl wir das *Extension*-Pattern immer noch implementieren wollen, sind wir nicht gezwungen, ein Interface zu benutzen, aber wir dürfen ein Interface und eine Klassendeklaration verwenden.

Bemerkenswert ist ebenfalls, dass sowohl SearchResult als auch SearchRequest unveränderliche Typen sind. Ein *unveränderlicher Typ* ist ein Typ, der nach seiner Instanzierung nicht geändert werden kann. Bei SearchResult und SearchRequest werden die Datenelemente im Konstruktor zugewiesen. Mit den einzigen öffentlichen Methoden können Datenelemente nur abgerufen, nicht aber modifiziert oder neu initialisiert werden.

11.6.3 Alle Komponenten kombinieren

Die letzte Schritt nach der Definition der Architektur und der Implementierung der einzelnen Komponenten besteht darin, alle Komponenten zu einer funktionsfähigen Lösung zusammenzufügen, die als ein *REST-Based Model View Controller*-Pattern bezeichnet werden kann. Aus architektonischer Sicht soll ein Java-Servlet oder ASP.NET-Handler mit einer Parent-Implementierung interagieren. Die Parent-Implementierung ist die zentrale Komponente, die alles zusammenhält und das Model, die View und den Controller definiert. Abbildung 11.8 zeigt die entsprechende Architektur.

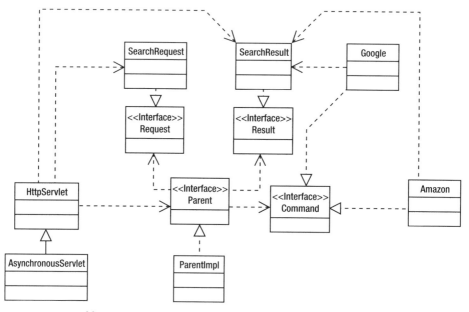

Abb. 11.8: Architektur, in der alle Komponenten kombiniert sind

Das UML-Diagramm aus Abbildung 11.8 sieht kompliziert aus, aber es kann in zwei Funktionalitätsblöcke zerlegt werden. Es gibt einen inneren Kreis von Interfaces und einen äußeren Kreis von Implementierungen. Der innere Kreis umfasst die Typen Request, Result, Parent und Command. Der äußere Kreis umfasst die Typen Amazon, Google, SearchResult, SearchRequest, ParentImpl, HttpServlet und AsynchronousServlet.

Parent bildet den Kern des gesamten Systems und ist die Brücke, die alle Komponenten verbindet. Doch um es Parent nicht zu schwer zu machen, kennt Parent nur die Typen des inneren Kreises. In dem Diagramm kennen Google, Amazon und HttpServlet die Typen SearchRequest und SearchResult des äußeren Kreises, die über die Brücke weitergereicht werden.

Implementierung

Einen Parent implementieren

Die Implementierung des `Parent`-Interface besteht aus zwei Schritten, weil es die zentrale Rolle bei der Verarbeitung der Daten spielt. Betrachten wir den Kontext. Das `Parent`-Interface-Objekt ist dafür verantwortlich, die `Command`-Objekte auszuführen, die Ergebnisse zu sammeln und die Anfragedaten zur Verfügung zu stellen. Bei diesen Aufgaben darf das `Parent`-Interface keine speziellen Typen verwenden, sondern muss die allgemein definierten Typen benutzen. Außerdem muss es herausfinden, ob die Anfrage asynchron oder synchron ist.

Zunächst definieren wir eine Basisklasse, die eine gewisse gemeinsame Funktionalität zur Verfügung stellt. Dann erstellen wir entweder eine asynchrone oder eine synchrone Implementierung. Asynchrone und synchrone Implementierung müssen getrennt werden, weil die Ergebnisse und Threads unterschiedlich verwaltet werden.

Die Basisklasse implementieren Die Klasse `ParentBase` implementiert das `Parent`-Interface. Der folgende Codeausschnitt zeigt einen Teil der implementierten Funktionalität (die restlichen Teile folgen später):

```java
public abstract class ParentBase implements Parent {
    private List _commands = new LinkedList();

    public void addCommand(Command cmd) {
        _commands.add(cmd);
    }
    public Iterator getCommands() {
        return _commands.iterator();
    }
    public void clearAllCommands() {
        _commands.clear();
    }
```

Die einzelnen lokalen Client-Instanzen (`_commands`) werden in einer `LinkedList`, einer verketteten Liste, verwaltet. Mit der Methode `addCommand` wird ein lokaler Client hinzugefügt. Mit der Methode `clearAllCommands` werden alle lokalen Client-Instanzen entfernt. Weil wir in einer verwalteten Code-Umgebung programmieren, bedeutet dies nicht, dass die `Command`-Instanzen gelöscht werden. Sie werden gelöscht, wenn keine Referenzen der lokalen Client-Instanzen existieren. Dies ist wichtig; denn wenn die lokalen Client-Instanzen entfernt werden, werden die Threads, die sie referenzieren, immer noch ausgeführt. Es wäre unangebracht, warten zu müssen, bis alle alten lokalen Client-Instanzen die Ausführung beendet haben, oder die Ausführung mittendrin abzubrechen.

Die restliche Funktionalität von `ParentBase` bezieht sich auf die Ausführung der lokalen Clients mit dem `Command`-Interface. Die Ausführung erfolgt Thread-bezogen. Jeder lokale Client erhält einen separaten Thread, wodurch die Clients nebenläufig ausgeführt werden können. Zwar ist die Erstellung separater Threads in einer Umgebung mit zahlreichen Threads nicht sehr effizient. Aber im Gesamtkontext werden die höheren Kosten durch Wartezeiten der Netzwerkkommunikation verursacht. Um eine robuste Lösung zu erstellen, ist es am besten, wenn jeder lokale Client einzeln wartet und dem Controller anzeigt, wann die Ausführung beendet ist. Während ein einzelner Thread wartet, konsumiert er keine Ressourcen; deshalb sind mehrere wartende Threads kein Problem für den Server. Die Ausführung der lokalen Clients ist folgendermaßen implementiert:

```
protected List _runningThreads = new LinkedList();
public abstract void addResult(Result result);

public void processRequest(Request request) {
    Iterator iter = _commands.iterator();
    _runningThreads.clear();
    while(iter.hasNext()) {
        Command cmd = (Command)iter.next();
        cmd.setRequest(request);
        cmd.assignParent(this);
        Thread thrd = new Thread((Runnable)cmd);
        _runningThreads.add(thrd);
        thrd.start();
    }
}
public void processRequest(String impl, Request request) {
    Iterator iter = _commands.iterator();
    _runningThreads.clear();
    while(iter.hasNext()) {
        Command cmd = (Command)iter.next();
        if(cmd.getIdentifier().compareTo(impl) == 0) {
            cmd.setRequest(request);
            cmd.assignParent(this);
            Thread thrd = new Thread((Runnable)cmd);
            _runningThreads.add(thrd);
            thrd.start();
            break;
        }
    }
}
```

Das Datenelement _runningThreads ist eine Liste der Threads, die gerade ausgeführt werden. Der synchrone oder asynchrone Controller benötigt diese Liste, um zu erfahren, wann ein Thread fertig ist. Die Methode addResult, mit der ein Ergebnis zu dem Controller hinzugefügt wird, ist als abstract definiert, weil die synchrone oder asynchrone Implementierung die Ergebnisse selbst verwaltet. Der Unterschied wird gleich erläutert. Mit den beiden processRequest-Methoden werden die Command-Objekte ausgeführt. Die erste Variante dieser Methode hat einen einzigen Parameter; sie führt alle lokalen Clients aus. Die zweite Variante mit zwei Parametern führt einen ganz bestimmten lokalen Client aus. Doch unabhängig von der Variante wird jeder Client in einem separaten Thread ausgeführt. Dadurch bleibt die Architektur einfach, weshalb Sie nicht zu viele architektonische Varianten berücksichtigen müssen.

Die asynchrone Parent-Interface-Instanz implementieren Die große Herausforderung bei der Implementierung eines asynchronen Parent-Interface-Objekts ist die Verwaltung der Ergebnisse; denn mehrere Threads repräsentieren mehrere lokale Clients, und jeder lokale Client generiert Ergebnisse, die an den Controller übergeben werden müssen. Wenn mehrere Command-Objekte ihre Ergebnisse an das Parent-Objekt übergeben, das in einem anderen Thread als die lokalen Clients ausgeführt wird, ist eine Synchronisation erforderlich. Der folgende Code zeigt die Implementierung der asynchronen Klasse, die von der weiter vorne definierten ParentBase-Klasse abgeleitet ist:

```java
public class AsynchronousParent extends ParentBase {
    private LinkedList _results = new LinkedList();

    public void addResult(Result result) {
        synchronized(_results) {
            _results.addLast(result);
            _results.notify();
        }
    }
    public Object getResult() {
        synchronized(_results) {
            if(_results.size() > 0) {
                return _results.removeFirst();
            }
            else {
                try {
                    _results.wait(15000);
                }
```

```
                    catch (InterruptedException e) {
                        return null;
                    }
                    if(_results.size() > 0) {
                        return _results.removeFirst();
                    }
                    else {
                        return null;
                    }
                }
            }
        }
        public AsynchronousParent() { }
    }
```

Das Datenelement `_results` ist die Liste, mit der die Ergebnisse verwaltet werden. Mit der Methode `addResult` wird ein Ergebnis zu der Liste hinzugefügt; mit `getResult` wird ein Ergebnis abgerufen. Beide Aktionen sind in eine `synchronized`-Funktion eingeschlossen; das Synchronisierungsobjekt ist die Liste selbst. Die `synchronized`-Funktion gewährleistet, dass nur jeweils ein Thread Ergebnisse in die Liste einfügt oder aus ihr entfernt.

Bemerkenswert ist auch, dass die `wait`-Funktion mit dem Wert `15000` verwendet wird. Sie hat dieselbe Aufgabe wie ein `Monitor` in .NET. Die `wait`-Funktion wartet maximal 15 Sekunden auf ein Wecksignal, das von der Funktion `addResult` mit der `notify`-Methode gesendet wird. Zweck ist es, die Wartezeit des Threads auf maximal 15 Sekunden zu begrenzen, falls keine Ergebnisse zur Verfügung stehen. Die Wartestrategie ist Teil des *Persistent Communications*-Pattern, bei dem der Server darauf wartet, dass ein Ergebnis verfügbar wird.

Einen synchronen Parent implementieren Bei der Implementierung eines synchronen `Parent`-Interface-Objekts wird die Klasse `SynchronousParent` von der Klasse `ParentBase` abgeleitet. Sie verwendet ebenfalls Synchronisierungstechniken, aber anders als das asynchrone `Parent`-Interface-Objekt. Das `Parent`-Interface-Objekt instanziert die lokalen Clients und wartet darauf, dass alle `Command`-Objekte ihre Ausführung beenden. Während der Ausführung akzeptiert das `Parent`-Interface-Objekt keine weiteren Anfragen. Bei der synchronen Implementierung wird die Synchronisierung benötigt, wenn die einzelnen `Command`-Objekte ihre Ergebnisse an das wartende `Command`-Interface-Objekt übergeben. Wenn dieses die Ergebnisse verarbeitet, haben alle `Command`-Objekte ihre Ausführung beendet, wodurch es keine Nebenläufigkeit gibt. Hier ist die synchrone Implementierung:

```
public class SynchronousParent extends ParentBase {
    private List _results = new LinkedList();
```

```java
public synchronized void addResult(Result result) {
   _results.add(result);
}
public Iterator getResultsIterator() {
   return _results.iterator();
}
public SynchronousParent() {
}
public void processRequest(Request request) {
   super.processRequest(request);
   Iterator iter = _runningThreads.iterator();
   while(iter.hasNext()) {
      Thread thrd = (Thread)iter.next();
      try {
         thrd.join();
      }
      catch (InterruptedException e) {}
   }
}
}
```

Die Klasse SynchronousParent hat nur ein Datenelement, `_results`, in dem die Ergebnisse der Command-Objekte gespeichert werden. Die Methode addResult ist synchronisiert, weshalb jeweils nur ein einziger Thread auf die Methode zugreifen und ein Ergebnis in die Ergebnisliste einfügen kann.

In der Methode processRequest wird zuerst die Methode super.processRequest, das heißt die gleichnamige Methode der übergeordneten Klasse (also ParentBase.processRequest), aufgerufen. Die Methode der Basisklasse startet alle Threads. Wenn sie zurückkehrt, ruft SynchronousParent das IteratorObjekt für die gegenwärtig ausgeführten Threads ab und durchläuft damit alle Threads. In der Schleife ruft sie für den jeweiligen Thread die Methode thrd.join auf, die den aufrufenden Thread veranlasst zu warten, bis der Thread beendet ist, der von der Variablen thrd referenziert wird. Wenn die join-Methode für jeden ausgeführten Thread aufgerufen worden ist, wird kein Thread mehr ausgeführt.

Was hat dies mit der Methode addResult zu tun? Nun, es passiert Folgendes: Ein Aufrufer von SynchronousParent erwartet, dass alle Command-Objekte ausgeführt werden. Wir wollen diesen Thread als *Haupt-Thread* bezeichnen. SynchronousParent startet dann mehrere Unter-Threads (*child threads*). Der Haupt-Thread wartet dann, bis alle Unter-Threads ausgeführt worden sind. Während der Ausführung der Unter-Threads werden Ergebnisse mit der Methode addResult hinzugefügt. Doch es werden keine Ergebnisse abgerufen, weil der Haupt-Thread darauf wartet, dass alle Unter-Threads beendet werden. Danach gibt er die Kontrolle an den Aufrufer von SynchronousParent zurück, der dann mit der Iteration der Ergebnisse fortfährt. Ist diese beendet, gibt es nur einen Thread, der auf die Daten zugreift.

Damit ist die grundlegende Architektur des *REST-Based Model View Controller*-Patterns fertig. Zuletzt muss noch das Java-Servlet implementiert werden. Wegen der Komplexität der Aufgabe zerlege ich die Implementierung in zwei Teile: einen für asynchrone und einen für synchrone Anfragen. Denken Sie daran, dass das *REST-Based Model View Controller*-Pattern das *Permutations*-Pattern implementieren muss. Das *Permutations*-Pattern mit der asynchronen und der synchronen Implementierungen zu kombinieren, wäre zu viel Komplexität in einer Erklärung.

Eine asynchrone Suche durchführen

Das Java-Servlet für die asynchrone Suche wird zuerst beschrieben, weil es das *Permutations*-Pattern nicht implementiert. An diesem Servlet soll gezeigt werden, wie die Implementierung des *REST-Based Model View Controller*-Patterns konfiguriert wird, wie ein Aufruf erfolgt und wie die Ergebnisse verarbeitet werden.

Eine Anfrage posten Der folgende Code definiert die Java-Servlet-Klasse AsynchronousServlet und konfiguriert die Klasse SearchBuilder:

```
public class AsynchronousServlet extends HttpServlet {
   public void init(javax.servlet.ServletConfig config)
      throws javax.servlet.ServletException {
      SearchBuilder.assignConfiguration(
         config.getInitParameter("amazon-endpoint"),
         config.getInitParameter("amazon-access-key"),
         config.getInitParameter("amazon-secret-key"),
         config.getInitParameter("google-endpoint"),
         config.getInitParameter("google-access-key"));
}
```

Die Konfiguration der SearchBuilder-Klasse ist relativ einfach. Die init-Methode wird überschrieben und die Konfigurationsdaten werden aus der Konfigurationsdatei der Webanwendung abgerufen.

Im Abschnitt *Architektur* dieses Kapitels implementiert das asynchrone Interface das *Persistent Communications*-Pattern sowie HTTP-GET und HTTP-POST, die in Java-Servlets mit den Methoden doPost und doGet implementiert werden. Hier ist die Implementierung der doPost-Methode:

```
protected void doPost(HttpServletRequest request,
   HttpServletResponse response)
   throws javax.servlet.ServletException, java.io.IOException {
   HttpSession session = request.getSession(true);
```

```java
    AsynchronousParent parent = null;
    if(session.isNew()) {
        parent = new AsynchronousParent();
        session.setAttribute("parent", parent);
    }
    else {
        parent = (AsynchronousParent)session.getAttribute("parent");
    }
    String value = request.getParameter("Abfrage");
    String queryIdentifier = request.getHeader("X-Abfrage-identifier");
    if(value != null && value.length() > 0) {
        synchronized(parent) {
            SearchBuilder.buildCommands(parent);
            parent.processRequest(
                new SearchRequest(queryIdentifier, value));
        }
        response.setContentType("text/xml");
        PrintWriter out = response.getWriter();
        out.println("<result>success</result>");
    }
}
```

Am Anfang von `doPost` wird die Sitzung mit der Methode `getSession` abgerufen und der Variablen `session` zugewiesen. Die Sitzung ist mit einem HTTP-Cookie verbunden. In Java-Servlets können Sie mit der Methode `isNew` abfragen, ob eine neue Sitzung erstellt worden ist. Falls `isNew` den Wert `true` zurückgibt, wird ein Objekt vom Typ `AsynchronousParent` (der asynchrone Controller) instanziert und mit der Methode `setAttribute` der Sitzung zugewiesen. Andernfalls wird das existierende `AsynchronousParent`-Objekt mit der Methode `getAttribute` abgerufen.

Von diesem Punkt an existiert ein gültiges `AsynchronousParent`-Objekt, das dafür verantwortlich ist, die `Command`-Objekte zu instanzieren und die Ergebnisse zu sammeln. Um eine Suche durchzuführen, wird der Wert der Querystring-Variablen `query` mit der Methode `getParameter` abgerufen, die auch bei einem HTTP-POST aufgerufen werden kann. Der Anfragebezeichner, der als HTTP-Header gespeichert ist, wird mit der Methode `getHeader` abgerufen und `queryIdentifier` zugewiesen.

Wenn der Querystring (in `value`) nicht `null` ist und einen Wert hat, wird die Funktion `synchronized` aufgerufen, weil keine zwei Anfragen gleichzeitig gestellt werden sollten. Sehen Sie es so: Ein Client erstellt eine Anwendung, mit der ein Anwender sehr schnell Suchanfragen generieren kann. Zwei sehr schnell ausgeführte Anfragen könnten nebenläufig ausgeführt werden, sollten es aber nicht.

Sie dürfen daraus nicht fälschlicherweise schließen, dass der synchronisierte Block nicht mehrere Anfragen gleichzeitig ausführen kann. Es können durchaus mehrere Abfragen gleichzeitig laufen. Es ist jedoch nicht möglich, mehrere Anfragen gleichzeitig zu starten. Das Problem, mehrere Abfragen gleichzeitig zu starten, liegt darin, dass das `AsynchronousParent`-Objekt eine Sitzungsvariable ist, die mit mehreren Browsern verbunden werden könnte. Denken Sie an vorangegangene Beispiele: Ein HTTP-Cookie ist mit einem URL verbunden, und wenn mehrere Fenster eines Webbrowsers denselben URL referenzieren, handelt es sich immer um dasselbe HTTP-Cookie.

Vielleicht meinen einige Leser, mein Code sei nicht effizient genug. Mag sein, aber ich wollte zeigen, dass es bei der Ausführung von asynchronen Anfragen *ein* `AsynchronousParent`-Objekt gibt, das mit *einer* Sitzung und *einem* Cookie verbunden ist; dieses Objekt sammelt alle Ergebnisse und führt mehrere Anfragen gleichzeitig aus. Bei einer asynchronen Ausführung treten Nebenläufigkeitsprobleme auf, die nicht leichtfertig abgetan werden dürfen.

Zurück zu dem Synchronisierungsblock: Nachdem die Methode `processRequest` aufgerufen worden ist, ist der generierte Output ein einfacher Erfolg. Etwas anderes wird nicht benötigt, da das *Persistent Communications*-Pattern Ergebnisse erwartet, wenn ein HTTP-GET gesendet wird.

Bevor die Beschreibung fortgesetzt wird, ist eine Nebenbemerkung zu dem Anfragebezeichner erforderlich: In dem *Persistent Communications*-Pattern wurde der Anfragebezeichner als *Versionsnummer* bezeichnet. Anhand dieser Nummer konnte der Server feststellen, wann er Daten an den Client zurückgeben musste. Der Anfragebezeichner im Beispiel wird verwendet, um die Versionsnummer der Abfrage zu identifizieren.

Ein Ergebnis abrufen Um ein Ergebnis abzurufen, wird ein HTTP-GET ausgeführt, das heißt, die `doGet`-Methode muss implementiert werden. Dabei wird getestet, ob das `AsynchronousParent`-Objekt verfügbare Ergebnisse enthält. Die Methode ist folgendermaßen implementiert:

```
protected void doGet(HttpServletRequest request,
    HttpServletResponse response)
    throws ServletException, IOException {
        HttpSession session = request.getSession(true);
        Object obj = session.getAttribute("parent");
        if(obj != null) {
            AsynchronousParent parent = (AsynchronousParent)obj;
            SearchResult result = (SearchResult)parent.getResult();
            if(result != null) {
                response.setHeader("X-transaction-identifier",
                    result.getTransactionIdentifier());
```

```
            PrintWriter out = response.getWriter();
            out.println("<results>");
            out.println("<result>");
        out.println("<URL>" + result.getURL() + "</URL>");
        out.println("<Title>" + result.getTitle() + "</Title>");
        out.println("<Snippet><! [CDATA[" +
        result.getSnippet() + "]]></Snippet>");
        out.println("</result></results>");
        }
    }
    return;
}
```

Zunächst werden mit `getSession` die Sitzung und dann mit `getAttribute` das `AsynchronousParent`-Objekt abgerufen. Der Rückgabewert von `getAttribute` wird einer Variablen (`obj`) vom Typ `Object` zugewiesen, um einen möglichen Fehler bei einem Typecast zu vermeiden. Denn hätte `obj` den Wert `null`, würde bei einem versuchten Typecast eine Ausnahme ausgelöst werden. Falls `obj` nicht den Wert `null` hat, kann der Typecast zu `AsynchronousParent` erfolgen. Der Wert wird der Variablen `parent` zugewiesen, die einen Wert mit der Methode `getResult` abruft. Gibt es ein Ergebnis, ist der abgerufene Wert nicht `null`, so dass die entsprechenden XML-Inhalte generiert werden können.

Der Anfragebezeichner wird einem HTTP-Header zugewiesen (`response.setHeader`), den der Client verarbeiten muss. Anhand des Anfragebezeichners kann der Client feststellen, ob das Ergebnis überholt ist oder zu welcher Anfrage es gehört. Ist das Ergebnis gültig, kann es von dem Client manipuliert, in HTML transformiert oder für andere Zwecke geparst werden.

Eine synchrone Suche durchführen

Das synchrone Interface ist die andere Methode, die Implementierung des *REST-Based Model View Controller*-Patterns aufzurufen. Ein Webbrowser, ein HTTP-Client oder sogar eine weitere Implementierung des *REST-Based Model View Controller*-Patterns können das synchrone Interface aufrufen. Da das synchrone Interface einen normalen HTTP-GET ausführt, ist das *Permutations*-Pattern anwendbar.

Das servletbasierte Permutations-Pattern implementieren In dem Beispiel zu dem *Permutations*-Pattern wurde illustriert, wie das Pattern mit einem HTTP-Filter oder -Modul implementiert wird. Das *Permutations*-Pattern wird in dem Java-Servlet oder ASP.NET-Handler implementiert, um die Anzahl der Umlenkungen zu reduzieren. Doch wenn ein Java-Servlet oder ASP.NET-Handler das *Permutations*-Pattern implementiert, erfolgt eine Objekt-Umlenkung (statt einer URL-Umlenkung oder URL-Umschreibung). Abbildung 11.9 illustriert die Objekt-Umlenkung.

Kapitel 11
REST-Based Model View Controller-Pattern

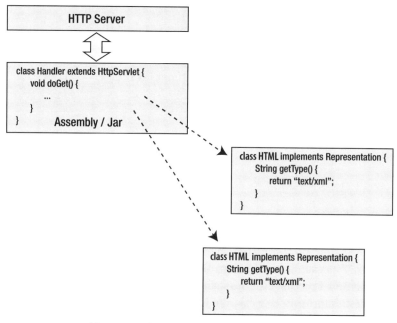

Abb. 11.9: Architektur für die Objekt-Umlenkung

In Abbildung 11.9 empfängt die `Handler`-Klasse eine HTTP-Anfrage. In der Methode `doGet` ist das *Permutations*-Pattern implementiert. Der URL sowie die HTTP-Header werden in der `doGet`-Methode gelesen. Wie bei dem ursprünglichen *Permutations*-Pattern werden die akzeptablen Typen iteriert, um festzustellen, für welchen eine URL-Umschreibung oder URL-Umlenkung erfolgen könnte. In dieser Implementierung des *Permutations*-Patterns werden die akzeptablen Typen iteriert und mit einem Objekt abgeglichen, das den akzeptablen Typ verarbeiten kann. Die Objekt-Instanzen implementieren das `Representation`-Interface. Für `Handler` gibt es zwei entsprechende Repräsentationen: XML und HTML. Die Querverbindung des akzeptablen Typs mit dem Objekt basiert auf der Methode `getType`, die den MIME-Typ zurückgibt, den sie verarbeiten kann. Die umrissene Architektur ist der Umlenkungsinfrastruktur von Java-Servlets oder ASP.NET-Handlern nachempfunden.

Für die Implementierung der Architektur wird ein Servlet benötigt, das die verschiedenen Repräsentationsimplementierungen verwaltet und entsprechend auf eine HTTP-Anfrage reagiert. Der folgende Code zeigt die Implementierung der Klasse `PermutationsServlet` (einige Teile wurden der Klarheit halber weggelassen):

```
public abstract class PermutationsServlet extends HttpServlet {
  List _representations = new LinkedList();
```

Implementierung

```
public PermutationsServlet() {
}
protected Representation getRepresentationInternal(
  String mimetype, HttpServletRequest request) {
  Iterator repIter = _representations.iterator();
  while(repIter.hasNext()) {
    Representation representation = (Representation)repIter.next();
    if(representation.canProcess(mimetype, request)) {
      return representation;
    }
  }
  return null;
}
protected Representation getRepresentation(HttpServletRequest request)
{
  ArrayList elements = parseHeaders(request.getHeader("Accept"));
  Iterator iter = elements.iterator();
  while(iter.hasNext()) {
    StringTokenizer tokenizer = new StringTokenizer(
      (String)iter.next(), ";");
    Representation representation =
      getRepresentationInternal(tokenizer.nextToken(), request);
    if(representation != null) {
      return representation;
    }
  }
  return getRepresentationInternal("*/*", request);
}
protected void doGet(HttpServletRequest request,
  HttpServletResponse response)
  throws ServletException, IOException {
  Representation representation = getRepresentation(request);
  if(representation != null) {
    representation.doGet(request, response);
  }
  return;
}
}
```

Die Datenelement _representations ist eine Liste, die alle Repräsentationen enthält. Wird eine HTTP-GET-Anfrage empfangen, wird die Methode doGet und dort die Methode getRepresentation aufgerufen, die das *Permutations*-Pattern implementiert. Sie ist dafür verantwortlich, die akzeptablen Typen, die der Client gesendet hat, mit einer Repräsentation aus der Liste der Repräsentationen zu verbinden.

In `getRepresentation` wird der HTTP-Header `Accept` mit der Methode `parseHeaders` geparst, um die akzeptablen MIME-Typen zu ermitteln. Der Klarheit halber ist die Methode `parseHeaders` nicht illustriert. Eine Implementierung finden Sie im Kapitel über das *Permutations*-Pattern. Nachdem die MIME-Typen sortiert worden sind, werden alle Werte durchlaufen. Mit der Methode `getRepresentationInternal` wird versucht, den jeweiligen Wert mit einer Repräsentation zu verbinden. In `getRepresentationInternal` wird die Methode `representation.canProcess` aufgerufen, die zwei Parameter verlangt: den MIME-Typ und die HTTP-Anfrage. Wichtig ist: Nicht nur der MIME-Typ, sondern auch die Anfrageparameter bestimmen, ob eine Repräsentation die Anfrage verarbeiten kann. Falls ein Abgleich erfolgt, kehrt `getRepresentation` sofort zurück, und die Iteration wird abgebrochen. Falls kein Abgleich zustande kommt, wird der Allzweck-MIME-Typ (*/*) nach einer Repräsentation abgefragt. Zurück zu der `doGet`-Implementierung: Wenn eine Repräsentation gefunden worden ist, wird die Methode `representation.doGet` mit der HTTP-Anfrage und den Antworttypen aufgerufen.

Eine Anfrage verarbeiten Die Klasse `PermutationsServlet` ist als abstrakte Klasse implementiert. Es wird eine Subklasse benötigt, die die Klasse `PermutationsServlet` mit Repräsentationen verbindet, die Anfragen verarbeiten. Die folgende Klasse `SynchronousServlet` ist ein Beispiel für eine solche Subklasse:

```
public class SynchronousServlet extends PermutationsServlet {
   public void init(javax.servlet.ServletConfig config)
   throws javax.servlet.ServletException {
      SearchBuilder.assignConfiguration(
         config.getInitParameter("amazon-endpoint"),
         config.getInitParameter("amazon-access-key"),
         config.getInitParameter("amazon-secret-key"),
         config.getInitParameter("google-endpoint"),
         config.getInitParameter("google-access-key"));
      addRepresentation(new XMLContent());
      addRepresentation(new OtherContent());
   }
}
```

In der Klasse `SynchronousServlet` muss nur die Methode `init` implementiert werden, mit der die Konfigurationsdaten aus der Konfigurationsdatei der Webanwendung abgerufen werden. Die beiden `addRepresentation`-Methoden können zwei Typen instanzieren: `XMLContent` und `OtherContent`, mit denen entweder XML- oder die standardmäßigen HTML-Inhalte generiert werden.

Bemerkenswert ist, dass die Implementierungen der Klassen `XMLContent` und `OtherContent` der Implementierung von `AsynchronousServlet` sehr ähneln.

Der Hauptunterschied liegt darin, dass SynchronousParent statt AsynchronousParent verwendet wird.

Aufgrund der vielen Ähnlichkeiten könnte man dafür plädieren, die synchrone und asynchrone Funktionalität in einer einzigen Implementierung zu kombinieren. Tatsächlich wäre es wahrscheinlich möglich. Hier wurde dies nicht getan, um die Überlegungen bei der Implementierung eines synchronen oder asynchronen Interface zu illustrieren.

11.7 Besonderheiten des Patterns

Zusammenfassend kann gesagt werden, dass das *REST-Based Model View Controller*-Pattern ein Beispiel für ein Pattern ist, bei dem es wichtiger ist, die Details der Architektur zu verstehen als die Beispielimplementierung. Auch wenn ich es gerne sehen würde, dass die Beispielimplementierung immer verwendet wird, ist dies nicht möglich, weil jede *REST-Based Model View Controller*-Implementierung anwendungsspezifisch ist, da die Remote-Server das Modell definieren. Vielleicht müssen Sie nur einen einzigen Remote-Server aufrufen. Vielleicht rufen Sie erst den einen Remote-Server und dann einen anderen auf. Von diesen Details hängt ab, wie der lokale Client implementiert werden muss und potenziell, wie der Controller mit dem lokalen Client interagiert.

Hier sind die wichtigen Aspekte des *REST-Based Model View Controller*-Patterns:

- Jede Implementierung des Patterns sollte einen Controller, einen lokalen Client und ein Modell haben. Der Controller und der lokale Client werden als Paket verwaltet, sind aber zwei separate Softwarekomponenten. Der Controller führt die lokalen Clients aus, verwaltet die Anfragedaten, verwaltet die Ergebnisse und ist für die Interaktion mit dem Client verantwortlich. Die lokalen Clients verwalten die Modelle, die von den Remote-Servern veröffentlicht werden.
- Eine Pattern-Implementierung veröffentlicht entweder ein asynchrones oder ein synchrones Interface oder möglicherweise beide. Ein synchrones Interface erfüllt das *Chunked Content*-Pattern, ein asynchrones das *Persistent Communications*-Pattern.
- Die View interagiert mit dem Controller über wohldefinierte problembereichsspezifische URLs.
- Die Daten, die zwischen Client und Server ausgetauscht werden, haben den minimalen Umfang, mit dem die Informationen eindeutig beschrieben werden können.

Nicholas C. Zakas,
Jeremy McPeak, Joe Fawcett

Ajax
Professionell

Dieses Buch liefert umfassendes Praxiswissen und alle Techniken, die Sie brauchen, um Ihre eigenen Ajax-Lösungen zu implementieren.

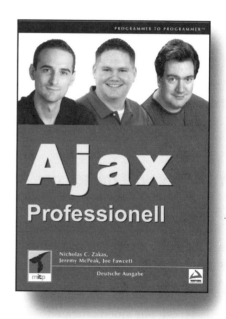

Ajax ist die Abkürzung für Asynchronous JavaScript and XML. Es ist eine Sammelbezeichnung für asynchrone http-Anfragen, die mit JavaScript abgesetzt werden, um Informationen von einem Server abzurufen, ohne die Seite neu zu laden. Damit ist eine neue Generation von Webanwendungen entstanden, mit der das bisherige „Klicken-und-Warten-Paradigma" endlich der Vergangenheit angehört.

Dieses Buch behandelt die vielfältigen Aspekte von Ajax und erläutert, wie diese zusammen eingesetzt werden. Sie lernen zahlreiche Ajax-Techniken und Patterns zur Ausführung der Client-Server-Kommunikation auf Ihrer Webseite und in Ihren Webanwendungen kennen.

Nach einer Einführung in die grundlegenden Ajax-Techniken wird die Implementierung spezieller Ajax-Techniken behandelt. Hierbei werden Request Broker wie verborgene Frames, dynamische IFrames und XMLHttp verglichen und erklärt, wann welche Methode verwendet werden sollte. Daraufhin zeigen Ihnen die Autoren ausführliche Beispiele für den Einsatz von Ajax auf Websites

und in Webanwendungen. Es werden verschiedene Formate für die Datenübertragung – darunter HTML, XML und JSON – vorgestellt sowie deren Vor- und Nachteile. Dabei gehen die Autoren auch auf Webservices ein und beschreiben, wie mit ihnen Ajax-Techniken angewendet werden können. Der letzte Teil des Buches erläutert eine komplette Ajax-Webanwendung namens AjaxMail, in der die im Buch behandelten Techniken im Zusammenspiel eingesetzt werden.

Aus dem Inhalt:
- Frames, Cookies, XMLHttp
- XML, XPath, XSLT
- Verborgene Frames und dynamische IFrames
- Syndication mit RSS und Atom
- Ajax und Webservices
- JavaScript-Objekt-Notation (JSON)
- Website-Komponenten: Newsticker, Wetterdienst, Websuche, Sitesuche
- AjaxMail, ein Ajax-basiertes E-Mail-System
- Ajax-Frameworks: JPSpan, DWR, Ajax.NET

Ihr direkter Draht zum Verlag:
Internet: http://www.mitp.de

ISBN-10: 3-8266-1669-3
ISBN-13: 978-3-8266-1669-3

Stichwortverzeichnis

Symbole
/ (MIME-Typ) 155
<% und %> 303

A
Abfrage
  proaktive 103
abort (XMLHttpRequest) 43
Accept (HTTP-Header) 155
Action 194
Action-Funktionalität 196
Actionset-Interface 128
Active-Server-Dienst 295
Adapter-Implementierung 228
Ajax 17
  Abkürzung 12
  Architektur 25
  Benutzerschnittstelle 29
  Definition 17
  Grundlagen 35
  nahtlose Integration 20, 33
  Patterns 14
  Pipes and Filters-Pattern 26
  Rolle der Daten 26
  Rolle der Navigation 28
  Same Origin Policy 40
  spezifische Problemlösungen 33
  und lokale Rich-Client-Installation 30
  und REST 37, 40
  und Rich Client Webservice 32
  und simple Webanwendung 32
  Urheberrechte 34
  Vision 13
Ajax-Anwendung
  Appartement-Suche 25
  Diamantensuche 28
  Factory-Pattern 47
  Google Maps 23
  implementieren 38
  Kontrakt 367
  map.search.ch 18
  Multidimensionalität 23, 25
  Popup-Feld generieren 225

Starbucks-Suche 24
Aktivitätsdiagramm 361
Amazon 28
Amazon.com 359
  Suche 411
Anfrage
  asynchrone 48
  auf dem Client verarbeiten 333
  auf dem Server verarbeiten 344
  Callbacks 57
  domainübergreifende 66
  mehrere 57
  Sicherheit 66
  synchrone 49
Anwendbarkeit
  Cache Controller 105
  Content Chunking 76
  Decoupled Navigation 190
  Infinite Data 358
  Permutations 143
  Persistent Communications 271
  Representation Morphing 243
  REST-Based Model View Controller 397
  State Navigation 318
Anwender
  authentifizieren 167
  Autorisierung 150
  mit Cookie identifizieren 180
Anwender siehe auch: Benutzer
Anwenderidentifikation Authentifizierung
Anwendung
  mehrere Anwenundegn integrieren 395
  Navigation 187
  Schwarzes Brett 269
  Standort 401
Anwesenheitserkennung 272, 296
Apache HTTPD Web Server 158
Apple Safari 68
application/xhtml+xml (MIME-Typ) 155
application/xml (MIME-Typ) 155
Architektur
  Cache Controller 106
  Content Chunking 77
  Decoupled Navigation 193

Stichwortverzeichnis

Infinite Data 359
Permutations 144
Persistent Communications 273
Representation Morphing 244
REST 35
REST-Based Model View Controller 398
State Navigation 319
von Ajax 25
ASP.NET
URL-Umschreibung 158
Asynchrone Anfrage 48
Feedback 63
Asynchroner Aufrufmechanismus 53
Asynchrones JavaScript und XML 17
Asynchronous (Klasse) 55, 59, 83
attributes (Eigenschaft) 91
Aufruf
Remote-Aufruf 218
Aufrufsequenz 216
Authentifizierung 167
HTTP-Authentifizierung 168
Nebeneffekte 176
Autorisierung
Cookies 150
HTML-Formularumschreibung 150
HTTP-Authentifizierung 150
URL-Umschreibung 150

B

Benutzer
authentifizieren 296
Benutzerkennung
und URL 303
Benutzerschnittstelle 29
Besonderheiten
Cache Controller 137
Content Chunking 102
Infinite Data 393
Motivation
Decoupled Navigation 233
Permutations 184
Persistent Communications 313
Representation Morphing 267
REST-Based Model View Controller 437
State Navigation 356
Bilder
XMLHttpRequest 93
Bilder (Datenformat) 81
Binärdaten
XMLHttpRequest 93
Blog News Aggregator 395
Browser
Apple Safari 68
Ereignisse 233

Microsoft Internet Explorer 68
Mozilla Firefox 70
Buch
Anwendungsbeispiel 151
Überblick 14
Buch-Anwendung 128
Builder 421
Build-Nummer 312

C

Cache 104
Cache Controller 15
Anwendbarkeit 105
Architektur 106
Besonderheiten 137
HTML-Client 118
Implementierung 117
Motivation 103
Verwandte Patterns 106
Zweck 103
Cache-Control (HTTP-Bezeichner) 107
CacheController implementieren 121
CacheProxy implementieren 126
Callback 57
CGI-Parameter
an URL anhängen 364
childNodes (Eigenschaft) 92
className (Eigenschaft) 92
Client
Anfragen verarbeiten 333
Cookie-Verwaltung 179
Kommunikation mit Server 269
ClientCommunicator 282
Client-Infrastruktur 416
Client-Server-Programmierung 269
Common Data 194
Common Data-Funktionalität 207
entkoppelte Bibliothek 211
Faustregeln 235
Content Chunking 14
Anwendbarkeit 76
Architektur 77
Besonderheiten 102
Decoupled Navigation 193
Implementierung 82
Motivation 75
Verwandte Patterns 77
Zweck 75
Cookie 150, 151
Anwender identifizieren 180
clientseitig verwalten 179
generieren 179
verwenden 178
Zugriffsautorisierung 147

D

Datamining 103
Daten
  zeitnah verwalten 357
  zwischenspeichern 103
Datenbanken 357
Datenformat
  Bild 81
  HTML 81
  JavaScript 81
  REST-Based Model View Controller 408
  XML 82
Datenmenge
  große Datenmenge bewältigen 357
Decorator-Pattern 133, 332
  HTTP-Server-Validierung 133
Decoupled Navigation 15, 187
  Action-Funktionalität 196
  Anwendbarkeit 190
  Architektur 193
  Besonderheiten 233
  Common Data-Funktionalität 207, 225
  Content Chunking 193
  Funktionalitäten 195
  Implementierung 196
  Motivation 187
  Verwandte Patterns 193
  Zweck 187
Definition
  von Zustandsblöcken 247
DHTML 42, 84
dir (Eigenschaft) 92
disabled (Eigenschaft) 92
Distributionseinheit 375
Document Object Model 84
DOM 84
  JavaScript 97
Dynamic HTML 42, 84
Dynamische Sprache 46, 246
DynamischeHTTP-Validierung 115, 133

E

eBay 359
Einkaufswagen
  Anwendungsbeispiel 166
  implementieren 182
Einmal-Timer 64
Element siehe: HTML-Element
E-Mail-Server 277
Entity-Tag 110
Ereignis
  browserübergreifende Ereignisse 233
Ereignis siehe: Event

Ergebnisset
  inkrementell aufbauen 359
Ergebnisverwaltung 389
eval-Funktion 96
Event
  beim Event-Bubbling annullieren 203
  verknüpfen 206
Event Bubbling 199, 233
Events annullieren
  Event Bubbling 203
Expires (HTTP-Bezeichner) 107

F

Factory-Pattern 44
Feedback
  bei asynchronen Anfragen 63
  Timer 63
Firefox siehe Mozilla Firefox
firstChild (Eigenschaft) 92
Flugticketkauf
  Anwendungsbeispiel 315

G

Generics 418
Generischer URL 148
getAllResponseHeaders (XMLHttpRequest) 43
getResponseHeader (XMLHttpRequest) 43
Gleicher-Urspung-Richtlinie 40
Google 359
  Suche 415
Google Maps 23
Google-Suchmaschine 237
GUI-Link 187

H

History siehe: Verlauf
HTML
  DHTML 42
  Dynamic HTML 42
HTML (Datenformat) 81
HTML DOM 84
HTML-Client
  Cache Controller 118
  Infinite Data 365
HTML-Element 91
  Eigenschaften 91
HTML-Formular 240
  Beispiel 248
  Zustand 321
HTML-Formularumschreibung 150
HTML-Framework-Seite 83

HTML-Inhalte
  Navigation 315
HTML-Komponente
  verwenden 230
  Zustand 245
HTML-Seite
  Funktionalität 190
  Infinite Data 366
  inkrementell erstellen 75
  Sitzungszustand 321
  URL referenzieren 219
  Zustandsnavigation 334
HTTP
  Client-Server-Programmierung 269
HTTP-Authentifizierung 150, 168
  Arbeitsweise 168
  Dialogablauf 170
  implementieren 171
  Zugriffsautorisierung 147
HTTP-Client-Bibliothek 413
HTTP-Cookie siehe: Cookie
HTTP-Digest-Authentifizierung 168, 170
HTTP-Expiration-Modell 107
  Performance 108
HTTP-Filter
  aktivieren 345
  implementieren 346
HTTP-GET 279
HTTP-Header 292
  Accept 155
  HTTP-Filter 345
HTTP-Kommunikation 327
HTTP-POST 279
HTTP-Protokoll
  Zustände 318
HTTP-PUT 279
HTTP-Server-Validierung
  Decorator-Pattern 133
HTTP-Umlenkung 304
HTTP-Validator
  Serverseite 127
HTTP-Validierung
  dynamische 115, 133
  statische 113, 131
HTTP-Validierungsmodell 109
  Dialogablauf 109
HTTP-Zwischenspeicherung 111

I
id (Eigenschaft) 92
image/png (MIME-Typ) 155
img-Tag 93
Implementierung
  Cache Controller 117

Content Chunking 82
Decoupled Navigation 196
Infinite Data 360, 363
Permutations 157
Persistent Communications 279
Representation Morphing 252
REST-Based Model View Controller 411
State Navigation 332
Infinite Data 15
  Aktivitätsdiagramm 361
  Anwendbarkeit 358
  Architektur 359
  Besonderheiten 393
  Ergebnisse abrufen 379
  Ergebnisverwaltung 389
  HTML-Client 365
  HTML-Seite 366
  Implementierung 363
  Implementierung paketieren 374
  Implementierungsschritte 360
  Interface-Implementierungen aufrufen 376
  Komponenten 363
  Kontrakt 367
  Motivation 357
  Persistent Communications 359
  Protokoll 370
  Server-Push 363
  Task-Implementierung 391
  Task-Manager 373, 384
  Task-Manager-Interfaces 373
  Tasks senden 379
  Threads 385
  Verwandte Patterns 359
  Zweck 357
Inhalt
  aus Blöcken zusammensetzen 80
  dynamisch einfügen 84
  dynamisch laden 102
  mit XSLT transformieren 262
Inhalte
  auf externe zugreifen 395
Inhaltsblock 80
innerHTML (Eigenschaft) 87
Instant Messaging 269
Interface
  REST-Based Model View Controller 405
Interface-Implementierungen aufrufen 376
Internet
  Architektur 274
  Probleme 273
  Web 275
Internet Protocol 273
IP 273

Stichwortverzeichnis

J
JavaScript 46, 254
 ausführen 96
 Blockbildung 95
 DOM 97
 Objekt instanzieren 99
 Sandbox 97
 Sicherheit 97
JavaScript (Datenformat) 81
JavaScript Object Notation 82
JavaScript-Repräsentationsreferenzpunkt 255
JSON 82
JSP 303

K
Komponente
 URL 218
Komponentenarchitektur 218
Konstruktor 56
Kontrakt 367
 Infinite Data 367
 Inhalte generieren 369

L
lastChild (Eigenschaft) 92
Lilina 395
Link
 Arten 187
 dynamischer 189
 GUI-Link 187
 klassischer 187
 Navigation 187
 statischer 187
 URL 187
Lokale Rich-Client-Installation 30
look-ahead query 103

M
Map.search.ch 18
MapQuest 103
Maps.google.com 104
Mechanical Turk 28
meta (HTML-Tag) 107
Microsoft Internet Explorer 68
MIME-Typ 155
 / 155
 application/xhtml+xml 155
 application/xml 155
 image/png 155
 Priorität 155
 text/html 155
 text/plain 155
 text/xml 155

mod_rewrite 158
Model View Controller
 Representation Morphing 244
Model View Controller siehe auch: MVC
Motivation
 Cache Controller 103
 Content Chunking 75
 Decoupled Navigation 187
 Infinite Data 357
 Permutations 139
 Persistent Communications 269
 Representation Morphing 237
 REST-Based Model View Controller 395
 State Navigation 315
Mozilla Firefox 70
MVC 398
 und REST-Based Model View Controller 398

N
Namensraum 410
Navigation
 Anwendung 187
 HTML-Inhalte 315
 klassische 193
 Link 187
Netzwerk 274
Next-Generation-Anwendung 395
nextSibling (Eigenschaft) 92

O
Objekt
 instanzieren 99
onreadystatechange 51
open (XMLHttpRequest) 43

P
Paketierung
 Infinite Data-Implementierung 374
Passive Zwischenspeicherung 105, 117
Passiver Zwischenspeicher 117
Pattern
 Cache Controller 15, 103
 Content Chunking 14
 Decoupled Navigation 15, 187
 Factory-Pattern 44
 Infinite Data 15, 357
 Permutations 15, 139
 Persistent Communications 15, 269
 Representation Morphing 15, 237
 REST-Based Model View Controller 15, 395
 State Navigation 15, 315
 Überblick 14

443

Patterns
    Content Chunking 75
Performance
    HTTP Expiration 108
    Persistent Communications 313
Periodischer Timer 65
Permutations 15
    Anwendbarkeit 143
    Architektur 144
    Besonderheiten 184
    Implementierung 157
    Motivation 139
    REST-Based Model View Controller 405
    Servlets 433
    Verwandte Patterns 144
    Zweck 139
Permutations-Pattern
    als Filter 347
Persistent Communications 15, 269, 360
    Anwendbarkeit 271
    Anwesenheitserkennung 272, 296
    Architektur 273
    Besonderheiten 313
    ClientCommunicator 282
    Implementierung 279
    Infinite Data 359
    Motivation 269
    Performance 313
    Server aufrufebn 292
    ServerCommunicator 288
    Server-Push 272, 301
    Statusaktualisierung 271, 279
    Verwandte Patterns 272
    Zweck 269
PHP 303
Pipes and Filters-Pattern 26
Polling 271, 276
Polling-Frequenz 277
POP3 277
Post Office Protocol 277
Prädiktive Zwischenspeicherung 106, 117
Prädiktiver Zwischenspeicher 117
Presentation 194
Presentation-Funktionalität 216, 225
    Faustregeln 235
previousSibling (Eigenschaft) 92
Primzahlenberechnung
    Anwendungsbeispiel 363
Proaktive Abfrage 103
Producer-Consumer-Architektur 385
Programmiersprache
    dynamische 46
Protokoll
    Infinite Data 370
prototype-Eigenschaft 57

Proxy 401
Proxy-Pattern 126

R

read-mostly 279
readyState 51
Reaktiver Server 295
RealPlayer 78
Remote-Aufruf 218
Repräsentation 237
    von Ressource trennen 139, 144
    Zustand
        als Basis 244
Repräsentationsreferenzpunkt 254
Representation Morphing 15
    Anwendbarkeit 243
    Architektur 244
    Besonderheiten 267
    Framework 252
    Implementierung 252
    Kalenderkomponente 242
    Model View Controller 244
    Motivation 237
    Navigation 243
    Verwandte Patterns 244
    Zweck 237
Representational State Transfer 26
Ressource
    mit Zustand verbinden 320
    temporär speichern 103
    URL 218
    von Repräsentation trennen 139, 144
REST 12, 26, 35
    und Ajax 37, 40
REST-Anfrage
    Details 412
REST-Architektur 37
REST-Based Model View Controller 15, 395
    abstrakt definiert 418
    Anfrage posten 430
    Anwendbarkeit 397
    Architektur 398
    asynchrone Suche 427
    asynchroner Einsatz 430
    Besonderheiten 437
    Datenformate 408
    Einsatzbereiche 397
    Implementierung 411
    Interface erstellen 405
    Komponenten integrieren 424
    Lilina 395
    Motivation 395
    Namensraum definieren 410
    Parent implementieren 425

Stichwortverzeichnis

Permutations 405
Ressource definieren 401
Standort 401
synchrone Suche 428
synchroner Einsatz 433
UML-Diagramm 424
und MVC 398
Verwandte Patterns 398
XMLHttpRequest-Objekt 405
Zweck 395, 397
Rich Client 30, 32
Rich Client Webservice 32

S

Same Origin Policy 40, 97, 396
Sandbox 97
Schwarzes Brett (Anwendung) 269
Screenscraping 139
Security-Manager 71
send (XMLHttpRequest) 43
Server
    Kommunikation mit Client 269
    mit URL referenzieren 221
    Namen herauszufinden 221
    pollen 271
    reaktiver 295
Server_Anfrage verarbeiten 344
ServerCommunicator 288
Server-Push 272, 301
    Infinite Data 363
    realisieren 305
Servlet
    Permutations-Pattern 433
setRequestHeader (XMLHttpRequest) 43
Sicherheit 66
Simple Webanwendung 32
Sitzungszustand 321
Skriptsprache 246
Slashdot 240
Sprache
    dynamische 246
Standort
    einer Anwendung 401
State Navigation 15
    Anwendbarkeit 318
    Architektur 319
    Besonderheiten 356
    Implementierung 332
    Motivation 315
    Verwandte Patterns 318
    Zweck 315
Statische HTTP-Validierung 113, 131
Statusaktualisierung 271, 279
Suchabstraktionen implementieren 420

Suche
    Amazon.com 411
    Google 415
Suche implementieren 411
Suchmaschine
    Client-Infrastruktur 416
Synchrone Anfrage 49
System.Threading.Thread.Sleep 49

T

Task-Implementierung
    Infinite Data 391
Task-Manager 384
    Infinite Data 373
Task-Manager-Interfaces 373
Task-Typ 380
text/html (MIME-Typ) 155
text/plain (MIME-Typ) 155
text/xml (MIME-Typ) 155
Thin Client 397
Thread
    Infinite Data 385
ThreadPool 388
Ticket
    HTTP-Validierungsmodell 109
TiddlyWiki 251
Timer
    Einmal-Timer 64
    Feedback 63
    periodischer Timer 65
Transaktionsbezeichner 363
    Form 368

U

Überblick
    über das Buch 14
    über die Patterns 14
UML-Diagramm 424
Uniform Resource Locator 38
Urheberrecht 34
URL 38
    als Komponente 218
    als Ressource 218
    Benutzerkennung 303
    CGI-Parameter anhängen 364
    definieren 151
    Definition 234
    dynamisch generieren 220
    generischer 148
    hard-coded 302
    HTTP-Filter 345
    HTTP-Umlenkung 304
    in HTML-Seite referenzieren 219
    Link 187

Server referenzieren 221
spezifizieren 302
umschreiben 158
Verlauf 326
URL-Referenz 302
URL-Umschreibung 150
ASP.NET 158
Gründe 157

V

Verlauf
der URLs 326
Versionsnummer 312
Verwandte Patterns
Cache Controller 106
Content Chunking 77
Decoupled Navigation 193
Infinite Data 359
Permutations 144
Persistent Communications 272
Representation Morphing 244
REST-Based Model View Controller 398
State Navigation 318

W

W3C 84
Wartezeiten vermeiden 358
Web 275
Webanwendung 29
Ablauf ordnen 77
erstellen 13
Webanwendung siehe auch: Anwendung
Webanwendungen
auf externe Inhalte zugreifen 395
Webseite
aus Komponenten zusammensetzen 75
Webservice Application Programming Interfaces 359
Wikipedia 17

X

Xform 250
XHTML 81
XML (Datenformat) 82
XMLHttpRequest 83
abort 43
asynchrone Anfragen 51
Bilder 93
Binärdaten 93
Eigenschaften 43
Ergebniseigenschaften 52
Factory definieren 46
getAllResponseHeaders 43

getResponseHeader 43
Methoden 43
onreadystatechange 51
open 43
readyState 51
send 43
setRequestHeader 43
XMLHttpRequest-Objekt 14
erstellen 47
REST-Based Model View Controller 405
XML-Schema 381
XOAD-Toolkit 248
XSLT 254
Inhalt transformieren 262
XSLT-Bibliothek 264
XSLT-Repräsentationsreferenzpunkt 262
XSLT-Stylesheet 264

Y

Yahoo!
Portal-Website 142
Yahoo! Instant Messaging 269

Z

Zugriffsautorisierung
mit Cookies 147
mit HTTP-Authentifizierung 147
Zustand 207
als Basis der Repräsentation 244
auf Protokollebene verwalten 327
HTML-Formular 321
HTML-Komponente 245
laden 337
mit Ressource verbinden 320
speichern 341
stale 271
Zustandsanfragen
verwalten 349
Zustandsbezeichner 325
Zustandsblock
definieren 247
Zustandsmanager-Handler 355
Zustandsmanipulation 207
Zustandsnavigation
Details 336
HTML-Seite 334
Zustandsobjekt 256
Zustandsoperationen 354
Zustandsschicht implementieren 349
Zweck
Cache Controller 103
Content Chunking 75
Decoupled Navigation 187

Infinite Data 357
Permutations 139
Persistent Communications 269
Representation Morphing 237
REST-Based Model View Controller 395
State Navigation 315
Zwischenspeicher 104
   mit HTML-Tags kontrollieren 107

passiver 117
prädiktiver 117
Zwischenspeicherung
   Dauer festlegen 107
   passive 105
   prädiktive 106
   serverseitige Aspkete 111

Jonas Jacobi, John R. Fallows

JSF und Ajax

Rich-Internet-Komponenten entwickeln mit JavaServer Faces und Ajax

- Entwicklung Ajax-fähiger JSF-Komponenten
- Mozilla XUL und Microsoft HTC
- Zahlreiche wiederverwendbare Praxisbeispiele

JavaServer Faces ist ein Komponenten-Framework für Java-Webanwendungen. Der Schwerpunkt dieses Buches liegt auf der Entwicklung wiederverwendbarer, Ajax-fähiger JSF-Komponenten für Rich Internet Applications.

Die Autoren liefern im ersten Kapitel einen kompakten Überblick über die Kernfunktionalität von JSF, sein Komponentenmodell und sein Lifecycle. Bereits ab dem zweiten Kapitel werden einzelne JSF-Komponenten entwickelt. Anhand einer Datumsfeld-Komponente lernen Sie zunächst die Grundlagen der Komponenten-Entwicklung kennen wie beispielsweise die Erstellung von Prototypen, die Verwaltung von Ressourcen und das Erstellen von Renderern. Alle einzelnen Schritte für die Erstellung einer JSF-Komponente werden anhand eines Entwurfsplans dargestellt. Im Folgenden erläutern die Autoren das JSF-Ereignismodell und zeigen anhand praxisnaher Anwendungen die wichtigsten Funktionsmerkmale. Im Verlauf des Buches werden komplexere Komponenten mit umfangreicher Benutzerinteraktivität entwickelt. Darüber hinaus stellen die Autoren Ajax, Mozilla XUL und Microsoft HTC vor und erläutern detailliert das Erstellen Ajax-fähiger JSF-Komponenten mit HTML, XUL und HTC. Im letzten Kapitel erfahren Sie, wie Sie JSF-Komponenten für die Enterprise-Klasse entwickeln, die mehrere Clients unterstützen.

Mit diesem Buch erhalten Sie umfangreiches Praxiswissen, das Sie sofort für Ihre eigenen Aufgaben und Lösungen einsetzen können.

Adam Winer, Mitglied der JSF Expert Group: „Braucht die Welt wirklich noch ein Buch über JavaServer Faces? Dieses Buch geht sehr viel weiter: zu Ajax, HTC, XUL und wie Sie dieses ganze Sammelsurium unter JSF zusammenfassen. Sie lernen sein Komponentenmodell kennen und wie Sie es schließlich nutzen können, um Web-Anwendungen zu entwickeln, die nicht jedes Mal völlig umgekrempelt werden müssen, wenn sich die Client-Technologie in eine andere Richtung weiterbewegt. Gleichzeitig lernen Sie zahlreiche Open-Source-Toolkits kennen, die die Web-Magie wahr werden lassen, selbst wenn Sie kein JavaScript-Guru sind. Also ließ ich mich überzeugen. Die Welt braucht sehr wohl noch ein JSF-Buch."

Alle Quellcode-Beispiele können Sie kostenlos im Internet downloaden.

Probekapitel und Infos erhalten Sie unter: www.mitp.de

ISBN-10: 3-8266-1691-X
ISBN-13: 978-3-8266-1691-4